Digitalisierung des Handels mit ePace

Lizenz zum Wissen.

Sichern Sie sich umfassendes Wirtschaftswissen mit Sofortzugriff auf tausende Fachbücher und Fachzeitschriften aus den Bereichen: Management, Finance & Controlling, Business IT, Marketing, Public Relations, Vertrieb und Banking.

Exklusiv für Leser von Springer-Fachbüchern: Testen Sie Springer für Professionals 30 Tage unverbindlich. Nutzen Sie dazu im Bestellverlauf Ihren persönlichen Aktionscode C0005407 auf *www.springerprofessional.de/buchkunden/*

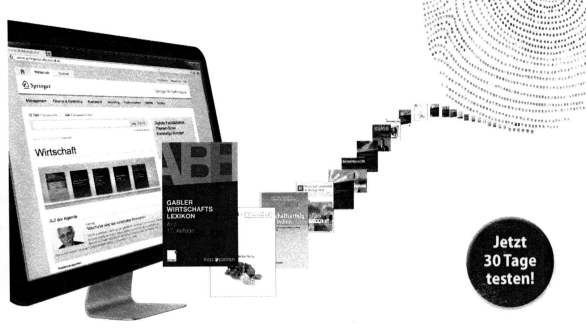

Springer für Professionals.
Digitale Fachbibliothek. Themen-Scout. Knowledge-Manager.

- Zugriff auf tausende von Fachbüchern und Fachzeitschriften
- Selektion, Komprimierung und Verknüpfung relevanter Themen durch Fachredaktionen
- Tools zur persönlichen Wissensorganisation und Vernetzung

www.entschieden-intelligenter.de

Springer für Professionals

Gerrit Heinemann · Kathrin Haug
Mathias Gehrckens · dgroup
Herausgeber

Digitalisierung des Handels mit ePace

Innovative E-Commerce-Geschäftsmodelle und digitale Zeitvorteile

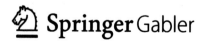

Herausgeber
Gerrit Heinemann
Hochschule Niederrhein
Mönchengladbach, Deutschland

Kathrin Haug
Hamburg, Deutschland

Mathias Gehrckens
Düsseldorf, Deutschland

dgroup
Beratung und Agentur
Düsseldorf, Deutschland

ISBN 978-3-658-01299-1　　ISBN 978-3-658-01300-4　(eBook)
DOI 10.1007/978-3-658-01300-4

Die Deutsche Nationalbibliothek verzeichnet diese Publikation in der Deutschen Nationalbibliografie; detaillierte bibliografische Daten sind im Internet über http://dnb.d-nb.de abrufbar.

Springer Gabler
© Springer Fachmedien Wiesbaden 2013
Das Werk einschließlich aller seiner Teile ist urheberrechtlich geschützt. Jede Verwertung, die nicht ausdrücklich vom Urheberrechtsgesetz zugelassen ist, bedarf der vorherigen Zustimmung des Verlags. Das gilt insbesondere für Vervielfältigungen, Bearbeitungen, Übersetzungen, Mikroverfilmungen und die Einspeicherung und Verarbeitung in elektronischen Systemen.

Die Wiedergabe von Gebrauchsnamen, Handelsnamen, Warenbezeichnungen usw. in diesem Werk berechtigt auch ohne besondere Kennzeichnung nicht zu der Annahme, dass solche Namen im Sinne der Warenzeichen- und Markenschutz-Gesetzgebung als frei zu betrachten wären und daher von jedermann benutzt werden dürften.

Lektorat: Barbara Roscher, Jutta Hinrichsen

Gedruckt auf säurefreiem und chlorfrei gebleichtem Papier

Springer Gabler ist eine Marke von Springer DE. Springer DE ist Teil der Fachverlagsgruppe Springer Science+Business Media
www.springer-gabler.de

Vorwort

In den letzten Jahren ist im Handelssektor eine extreme Dynamik wie in kaum einem anderen Wirtschaftssektor zu beobachten. Neue treibende Kräfte haben dazu beigetragen, dass sich schon jetzt der Stellenwert des Handels nachhaltig gewandelt hat. Zweifelsohne haben dabei die fortschreitende Digitalisierung und damit der E-Commerce die gravierendsten Auswirkungen auf den Einzelhandel gehabt. Experten gehen diesbezüglich davon aus, dass sich dieser in den nächsten beiden Jahren noch stärker verändern wird als in den vergangenen 15 Jahren. Durch das Internet entstehen neue Geschäftsmodelle und Betriebstypen, die stationär nicht umsetzbar sind, aber im Web in kurzer Zeit hohe Umsätze generieren können. Eindrucksvoll zeigt sich diese Entwicklung bei Amazon und eBay, die zusammen im deutschen Online-Markt rund 50 Prozent Marktanteil auf sich vereinen mit jeweils deutlich über 8 Milliarden Euro Handelsvolumen. Bisherige, im Stationärgeschäft als Nische besetzte Märkte, öffnen sich durch den Online-Kanal einer breiten Masse und wirken sich disruptiv auf den stationären Einzelhandel aus. Als Beispiele lassen sich die Shopping-Clubs oder Gebraucht-Warenbörsen nennen, wo der Kunde nicht nur als Konsument in Erscheinung tritt, sondern zusätzlich selbst Handel betreibt. Auch das mobile Internet begünstigt diese Entwicklung und nährt die Kundenerwartungen in Hinblick auf „anytime and anywhere". Eine Schlüsselrolle bei den genannten Veränderungen spielt der Zeitfaktor. Kunden erwarten zunehmend die sofortige Erfüllung ihrer Bedürfnisse und schnelle, serviceorientierte Prozesse. Begriffe wie Fast-Fashion, Same Day Delivery, sofortige Verfügbarkeit, Immediate Gratification u.v.m. bestätigen diesen Trend, der höchste Anforderungen an Handelsunternehmen stellt. Es geht aber auch darum, im Sinne der Effizienz Zeit- und damit Transaktionskostenvorteile zu generieren und diese als Wettbewerbsvorteil auszuspielen („ePace"). Dabei spielt nicht nur Schnelligkeit, sondern auch situations- und zeitgerechtes Agieren eine wesentliche Rolle („Timing-Aspekt"). Die alles entscheidende Frage ist, inwieweit innovative Geschäftsmodelle den steigenden Zeitanforderungen Rechnung tragen und damit den Trend zum Online-Handel noch besser für sich nutzen können.

Für alle, die sich mit innovativen E-Commerce-Geschäftsmodellen im Handel beschäftigen, soll das vorliegende Buch den notwendigen Leitfaden liefern, sich in der schnell wandelnden digitalen Revolution zurechtzufinden. Es soll, anhand von vielen nützlichen Benchmarks, Transparenz in die Erfolgsfaktoren von neuen Geschäftsmodellen, Marktmechanismen und Anwendungen bringen und Sie dabei unterstützen, die Entwicklungen richtig einschätzen und aussteuern zu können.

Gemäß dieser Zielsetzung soll das vorliegende Herausgeberwerk einen Beitrag zum besseren Verständnis und zur zukünftigen Bewältigung der Herausforderungen leisten, denen die Entscheidungsträger im Online-Retailing sowie auch im klassischen Handel gegenüberstehen. In Form von 19 Fachbeiträgen, bei denen es sich überwiegend um Fallstudien handelt, geben anerkannte Experten sowie hochrangige Unternehmensvertreter Einblicke in die zentralen Themen des modernen E-Commerce und zeigen Lösungsansätze für einen nachhaltigen Online-Erfolg auf.

Das Buch richtet sich vornehmlich an das Management von Handelsunternehmen, auf dem Weg zu Multi-Channel-Unternehmen, an sämtliche Entscheidungsträger im Online-Handel selbst sowie auch an die Wissenschaftler der Handelstheorie, die aufgrund der Internettechnologie derzeit einen völligen Umbruch erfährt. Die praxisnahe Darstellung der digitalen Geschäftsmodelle erfolgreicher Online-Händler ermöglicht einen Transfer der Erkenntnisse auf andere Unternehmen und Forschungsthemen im Handel.

Ohne das Engagement und die Unterstützung vieler Personen wäre die Umsetzung dieses Herausgeberbandes kaum möglich gewesen. Unser Dank gilt zunächst den Autoren der Beiträge, die durch tiefe Einblicke in die Praxis des digitalisierten Handels, die Grundlage für dieses Buch geschaffen haben. Ein ganz besonderer Dank gilt auch Herrn Jérémy Küper, der den „organisatorischen Lead" für dieses Werk mit guten Nerven durchgezogen hat. Weiterhin danken wir dem Springer Verlag für die stets hervorragende und unkomplizierte Zusammenarbeit bei der Drucklegung des Buches.

Hamburg und Mönchengladbach

Gerrit Heinemann
Mathias Gehrckens
Kathrin Haug

Inhaltsverzeichnis

Teil I   ePace als Schlüsselqualifikation im eCommerce

Digitale Revolution im Handel – steigende Handelsdynamik und disruptive Veränderung der Handelsstrukturen................... 3
Gerrit Heinemann

Digitale Potenziale für den stationären Handel durch Empfehlungsprozesse, lokale Relevanz und mobile Geräte (SoLoMo)............................. 27
Kathrin Haug

Zukunftsvision Retail – Hat der Handel eine Daseinsberechtigung?........... 51
Mathias Gehrckens und Thorsten Boersma

Teil II   Kundenmehrwert durch ePace

Richtiges Timing als Erfolgsfaktor im Digital Business...................... 77
Andreas Haug und Linda Dannenberg

Virale Beschleunigung durch „Social Media" – am Beispiel der Parfümerie Douglas GmbH.. 91
Hinrich Tode und Jan-Dieter Schaap

E-Commerce an der Schwelle zur Sättigungsphase – *Produktivität von E-Commerce-Aktivitäten wird erfolgskritisch*........................ 105
Dirk Lauber

Integrierte Multi-Channel-Geschäftsmodelle ermöglichen Zeitersparnis beim Einkauf.. 123
Silvia Zaharia

Teil III E-Geschäftsmodelle mit Zeitvorteil

Zeitvorteile als Treiber der Digitalisierung von Wissenschafts-, Lehr- und Fachmedien 139
Ralf Birkelbach

Erlösmodelle im Internet – Neue Schnelligkeit im Pricing 153
Michael Schleusener

Disruptiv direkt statt dreistufig zementiert – Online-Handel für SHK am Beispiel von Reuter.de 171
Bernd Reuter

Curated Shopping als Alternative zu ePace getriebenen Category-Killer-Konzepten 187
Dominik Gyllensvärd und Sebastian Kaufmann

Social TV als Chance für neue Geschäftsmodelle mit ePace am Beispiel von ProSiebenSat.1. 201
Karl König, Arnd Benninghoff und Marcus Prosch

Teil IV E-Organisation und E-Prozesse mit Cycle-Time-Reduction

Erfolgsfaktoren von Online-Projekten – Beobachtungen und Erfahrungen aus der Praxis 215
Olaf Rotax

Beschleunigte Internationalisierung von Pure Plays – Glossybox als Erfolgsbeispiel für einen globalen Ramp-up 235
Floriane von der Forst

Hohe Innovationsgeschwindigkeit durch Best-Practice-Corporate-Venture-Capital 255
Detlev Hülsebusch und Andreas Haug

Teil V Spezialaspekte ePace

Im Labyrinth der Screens – Produktstrategien in einem Multi-Device-E-Commerce. 277
Andreas Haack, Lars Finger und Remigiusz Smolinski

Beschleunigte Expansion von Markenherstellern – CBR als Erfolgsbeispiel für eine Multi-Brand- und Multi-Channel-Company 297
Marcus Krekeler und Nicolas Speeck

**Beschleunigte Conversion – Sellaround-Widgets
als modernes Verkaufsinstrument im Zeitalter des SoLoMo** 315
Felix von Kunhardt

Mobile Innovation bei ZEIT ONLINE oder Mobility is the message 331
Thorsten Pannen

Teil I
ePace als Schlüsselqualifikation im eCommerce

Digitale Revolution im Handel – steigende Handelsdynamik und disruptive Veränderung der Handelsstrukturen

Gerrit Heinemann

> **Zusammenfassung**
>
> Derzeit ist im Handelssektor wie in kaum einem anderen Wirtschaftssektor eine extreme Dynamik zu beobachten, die zu disruptiven Veränderungen der Handelsstrukturen führt. Die Kombination aus technologischem Fortschritt einerseits sowie Nutzung der neuen Technologien durch die Kunden andererseits führt zu veränderten Anforderungen der Kunden an den Handel. Im Zuge der sich daraus ergebenden fortschreitenden Digitalisierung des Handels zeichnet sich ab, dass in den kommenden Jahren in Deutschland der Verkauf über den Online-Handel und dabei vor allem über den mobilen Online-Kanal weiter boomen und bei insgesamt stagnierenden Einzelhandelsumsätzen zu massiven Umsatzverlusten auf den stationären Einzelhandelsflächen führen wird. Die zentrale Herausforderung für alle Handelsunternehmen liegt darin, eine entsprechende Wettbewerbsstrategie zu finden, die es ermöglicht, kundenorientierte Wettbewerbsvorteile zu generieren und zukunftsfähige Geschäftsmodelle zu gestalten. Eine Schlüsselrolle spielen dabei zweifelsohne innovative E-Commerce-Geschäftsmodelle, die als wesentlicher Treiber der Handelsdynamik angesehen werden kann. Dieses bietet aber Chancen und ermöglicht an Timing- und Geschwindigkeitsaspekten ausgerichtete Kundenmehrwerte, die über Geschäftsmodellgestaltung, Organisation und Prozesse umzusetzen sind.

Inhaltsverzeichnis

1	Aktuelle Entwicklungen im Handel	4
	1.1 Neue Treiber der Handelsdynamik	4
	1.2 Disruptive Veränderung der Handelsstrukturen.........................	7
	1.3 Neudefinierter Wettbewerb für Handelsunternehmen................	10

G. Heinemann (✉)
eWeb Research Center, Hochschule Niederrhein, Webschulstr. 31,
41065 Mönchengladbach, Deutschland
e-mail: gerrit.heinemann@hs-niederrhein.de

2	Innovation von Geschäftsmodellen im Handel	11
	2.1 Digitalisiertes Kaufverhalten	11
	2.2 Vielfältigere Kontaktpunkte zum Kunden	13
	2.3 Zeitbezogene Anforderungen an Geschäftsmodelle im Handel	15
3	Zusammenfassung und Ausblick	22
Literatur		23

1 Aktuelle Entwicklungen im Handel

Mit über 400 Milliarden Euro Umsatz und knapp 3 Millionen Beschäftigten stellt der Einzelhandel die drittgrößte Wirtschaftsbranche in Deutschland dar und nimmt eine Schlüsselstellung ein (Müller-Hagedorn und Natter 2011, S. 15; HDE 2012). In den letzten Jahren finden jedoch an der Nahtstelle zwischen Produzent und Verbrauchern Entwicklungen statt, welche die bisherige Rolle des Handels dramatisch verändern (HDE 2012; Heinemann 2012a). Im ursprünglichen Verständnis lag die Aufgabe des Einzelhandels darin, produzierte wirtschaftliche Güter vom Produzenten in den Verfügungsbereich des Konsumenten zu bringen (Müller Hagedorn und Natter 2011). Der Handel hatte somit überwiegend Distributionsaufgaben zu bewältigen. Neue treibende Kräfte tragen allerdings dazu bei, dass sich die Rolle und der Stellenwert des Handels dramatisch verändern. So ist derzeit im Handelssektor wie in kaum einem anderen Wirtschaftssektor eine extreme Dynamik zu beobachten, die zu disruptiven Veränderungen der Handelsstrukturen führt (Krafft und Matrala 2006; Zentes et al. 2011; Riekhof 2008; Heinemann 2013b; Bruhn und Heinemann 2013).

1.1 Neue Treiber der Handelsdynamik

Die neuen treibenden Kräfte der Handelsdynamik lassen sich in technologische, nachfragebezogene, demografische, marktbezogene und gesellschaftliche Entwicklungen kategorisieren. Ein Überblick der verschiedenen treibenden Kräfte des Handels ist in Abb. 1 dargestellt (Bruhn und Heinemann 2013).

Zu den technologischen Entwicklungen zählen insbesondere der mit dem Internet verbundene technologische Fortschritt sowie die damit verbundene Digitalisierung des Handels, die mit der Internetpenetration einhergeht. Diese elektronischen Märkte führen aufgrund der hohen Transparenz sowie ausgeprägten Informationsdichte zu einem Abbau von Wechselbarrieren und damit zu einer zunehmenden Marktmacht der Nachfrager (Möhlenbruch et al. 2008, S. 222). Dem gegenüber stehen vielfältige Wege, die Kunden durch Web 2.0 aktiv und erlebnisorientiert in den Wertschöpfungsprozess einzubeziehen und eine Informationsbereitstellung sowohl in zeitlicher, räumlicher und

Digitale Revolution im Handel

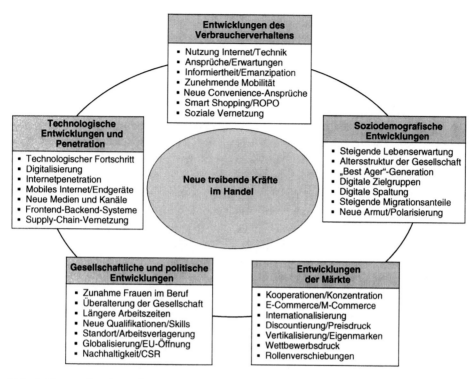

Abb. 1 Neue treibende Kräfte im Handel (Bruhn und Heinemann 2013)

sprachlicher Hinsicht zu vereinfachen (Möhlenbruch et al. 2012, S. 129). War vor ein paar Jahren der Trend zum Online-Shopping und E-Commerce zu beobachten, besteht heute die Möglichkeit, über Handys, Smartphones und sonstige mobile Endgeräte ortsungebunden Produkte und Leistungen zu beziehen (Sadeh 2002; Heinemann 2012b). Der Trend zum mobilen Internet wird das anhaltende Online-Wachstum weiter antreiben. Dieser geht einher mit einer Rollenveränderung der neuen Medien und neuen Kanäle. Eine sinnvolle Klassifizierung der einzelnen Instrumente des elektronischen und mobilen Handels gewinnt daher stetig an Bedeutung (Möhlenbruch et al. 2008, S. 223). Als nächste Entwicklungsstufe gilt diesbezüglich das Hybrid-TV, also die Kombination von Fernsehen und Internet. Eine Schlüsselstellung in der technologischen Entwicklung des Handels kommt den Systemen im Frontend und Backend zu. Nur durch sie ist eine Automatisierung der Prozesse sicherzustellen, was Voraussetzung für eine exzellente Prozessqualität ist. Diese ermöglicht ebenfalls eine lückenlose Vernetzung innerhalb der Supply-Chain, die bis zur Kundenlieferung eine zentrale Brückenfunktion zur Nachfrageseite ausübt (Heinemann 2013b; Bruhn und Heinemann 2013).

Zu den bedeutenden Entwicklungen auf der Nachfrageseite zählen zunächst die Nutzung der neuen Technologien sowie die daraus erwachsenden steigenden Ansprüche an den Handel. Diese gehen auch mit einer zunehmenden Informiertheit und

Emanzipation der Kunden einher. Steigende Mobilität, neue Convenience-Orientierung, Smart-Shopping und Mitgliedschaften in sozialen Netzen sind Bestandteil der nachfragerelevanten Entwicklungen (Go_Smart 2012). Die neue Convenience-Orientierung äußert sich z. B. darin, neben dem *One-Stop-Shopping* und Einkauf in Tankstellenshops auf Offline-Seite zusätzlich auch Mindestanforderungen an die Usability und den Lieferservice auf Online-Seite zu stellen (Liebman et al. 2008, S. 72; Heinemann 2013b). Die Veränderung der Altersstruktur durch steigende Lebenserwartungen betrifft soziodemografische Entwicklungen. Dadurch erlangt die Generation der *Best Ager* und deren besondere Bedürfnisse auch für Handelsunternehmen steigende Bedeutung. Gleiches gilt aber auch für die Digital und Smart Natives, also die neuen digitalen Zielgruppen, die sich immer weiter von den rund 28 Prozent *Internet-Analphabeten* in Deutschland entfernen und damit den Graben der digitalen Spaltung immer mehr vergrößern (Go_Smart 2012; Heinemann 2012a). Über alle Altersgruppen hinweg wird allerdings für die nächsten Jahre auch eine steigende Armut prognostiziert, so dass die einkommensschwachen Zielgruppen an Bedeutung gewinnen werden (Bruhn und Heinemann 2013). Auf den Märkten ist schließlich eine steigende Konzentration und Kooperation zu beobachten. Zu den größten Gewinnern zählen diesbezüglich die E-Commerce-Anbieter wie Amazon und eBay, die mittlerweile auch große Zuwachsraten im M-Commerce realisieren (Heinemann 2012b). Dabei handelt es sich überwiegend um ausländische Anbieter, so dass das Online-Wachstum einerseits den internationalen Wettbewerb in der deutschen Handelslandschaft fördert. Andererseits ist E-Commerce aber auch ein geeignetes Instrument zur beschleunigten Internationalisierung in neue Märkte außerhalb Deutschlands (Heinemann und Haug 2010). Neben den weiter steigenden Marktanteilen der Discounter verursachen die Online-Händler einen weiter zunehmenden Preisdruck, der durch die fortschreitende Vertikalisierung von Handelssystemen noch verstärkt wird. Diese äußert sich auf Seiten des Handels in der Ausweitung der Eigenmarkenanteile (Tietz 1984; Ahlert et al. 2009), die darüber hinaus zu einer Verschiebung der bisherigen Rollenverteilung zwischen Herstellern und Händlern führt (Ahlert et al. 2009; Bruhn und Heinemann 2013). Gesellschaftliche und politische Entwicklungen zeichnen sich u. a. durch den gestiegenen Anteil erwerbstätiger Frauen aus. Dies führt dazu, dass das klassische Rollenverständnis nicht mehr gilt, in dem überwiegend die Frauen für die Einkäufe zuständig waren und verlangt von Handelsunternehmen, bei der Ausgestaltung des Angebots verstärkt die Bedürfnisse der männlichen Kunden mit einzubeziehen. Darüber hinaus stellt die Überalterung der Bevölkerung den Handel vor neue Herausforderungen und wird auch längere Arbeitszeiten erforderlich machen, so dass die Konsumenten unter der Woche vermehrt auf längere Öffnungszeiten angewiesen sind, um ihre Einkäufe nach Feierabend zu erledigen. Davon profitiert vor allem der Online-Handel, der keine Öffnungszeiten kennt (Bruhn und Heinemann 2013).

Als Folge der digitalen Revolution werden auch neue Fähigkeiten und Qualifikationen erforderlich (*Skills*), die in Ausbildungs- und Studienangeboten zu berücksichtigen sind (Heinemann 2011). Der Zugang zu derartigen Angeboten wird auch die Standortqualitäten verändern und zu Verschiebungen führen, die sich durch die Auswirkungen der Globalisierung und die weitere Verschmelzung des EU-Binnenmarktes zusätzlich verändern. Beides wird zu Arbeitsplatzverlagerungen führen, so wie auch das Abwandern von Einzelhandelsumsätzen in das Netz (Heinemann 2013b). Zugleich werden Politik und Gesellschaft verstärkt auf Nachhaltigkeit achten, um die natürlichen Ressourcen zu erhalten bzw. zu stabilisieren (Bruhn und Heinemann 2013).

1.2 Disruptive Veränderung der Handelsstrukturen

Die Kombination aus technologischem Fortschritt einerseits sowie Nutzung der neuen Technologien durch die Kunden andererseits führt zu veränderten Anforderungen der Kunden an den Handel. Im Zuge der sich daraus ergebenden, fortschreitenden Digitalisierung des Handels zeichnet sich ab, dass in den kommenden Jahren in Deutschland der Verkauf über den Online-Handel und dabei vor allem über den mobilen Online-Kanal weiter boomen wird. Das anhaltende Online-Wachstum wird insofern bei insgesamt stagnierenden Einzelhandelsumsätzen zu massiven Umsatzverlusten auf den stationären Einzelhandelsflächen führen (HSNR 2011) und die Handelsstrukturen dramatisch verändern. Dieser Wirkungszusammenhang ist in Abb. 2 dargestellt.

Durch das Internet entstehen zudem neue Geschäftsmodelle und Betriebstypen, die stationär nicht umsetzbar sind, aber im Web in kurzer Zeit hohe Umsätze generieren

Abb. 2 Veränderung der Handelsstrukturen durch Digitalisierung (eWeb Research Center 2011)

können. Bisherige, im Stationärgeschäft als Nische besetzte Märkte, öffnen sich durch den Online-Kanal einer breiten Masse und wirken sich disruptiv auf den stationären Einzelhandel aus. Als Beispiele lassen sich die Shopping-Clubs oder Gebraucht-Warenbörsen nennen, wo der Kunde nicht nur als Konsument in Erscheinung tritt, sondern zusätzlich selbst Handel betreibt (Boersma 2010). Eindrucksvoll zeigt sich diese Entwicklung derzeit durch den enormen Erfolg von Zalando, das als Online-Pure-Player innerhalb von nicht einmal 4 Jahren nach Unternehmensgründung mit rund 570 Millionen Euro Nettoumsatz in 2012 in Deutschland mehr als annähernd 5 Prozent Marktanteil im rund 8 Milliarden großen Schuhmarkt auf sich vereinen kann (LZ 2012, S. 33). Weiteres Beispiel ist Amazon, mit rund 30 Prozent Marktanteil in 2012 unangefochtener Marktführer im deutschen B2C-Buchmarkt. Von den Umsatzrückgängen im klassischen stationären Einzelhandel ist auch die Konsumgüterindustrie betroffen, da sie dadurch ihre wesentlichen Absatzkanäle verliert. Auf dieses Bedrohungspotenzial reagieren immer mehr Anbieter mit herstellereigenem Einzelhandel (BV Capital 2011). Aber auch dieser wird zunehmend durch die Entwicklung in Richtung Online-Handel bedroht. Im Vergleich erzielen Hersteller bisher mit herstellereigenem Einzelhandel deutlich geringere Renditen als im klassischen Wholesaling, also dem Absatz über Händler, der jedoch immer weiter zurückgeht. Die alles entscheidende Frage ist, inwieweit die sich abzeichnende Verlagerung von stationären Umsätzen in das Internet neue Formate und Betriebstypen erfordert, die entweder einen Teil der Umsätze zurückgewinnen, oder aber den Trend zum Online-Handel verstärkt für sich nutzen können. Diesbezüglich spielt das mobile Internet eine Schlüsselrolle, da die Kunden zunehmend bei ihren stationären Einkäufen im Geschäft das Smartphone unterstützend nutzen und damit in den Läden auch *online* sind. Eine weitere Steigerung der Online-Anteile an den Einzelhandelsumsätzen ist offensichtlich auch für die nächsten Jahre sichergestellt. Alleine in 2012 sind die Online-Umsätze nach BVH-Zahlen um über 27 Prozent gewachsen, während die Umsätze im stationären Einzelhandel (Offline-Umsätze) rückläufig waren. Sie werden bis 2020 auf mindestens 30 Prozent anwachsen (Heinemann 2012a). Bereits 2012 konnte rund 12,5 Prozent Online-Anteil in diesem Jahr im Non-Food-Einzelhandel erzielt werden. Auch wenn diesbezüglich digitalisierbare Leistungen wie Medien und Bücher die höchsten Online-Anteile erreichen, so kann mittlerweile bis auf die gängigen Food-Sortimente jede Warengruppe als internet-affin angesehen werden. Gemessen am Branchenumsatz nahmen zwar Medien und Bücher 2012 mit einem Online-Anteil von rund 25 Prozent den Spitzenplatz ein, allerdings lagen bereits Unterhaltungselektronik und Spielwaren ebenfalls gleichauf.

In allen Einzelhandelsbranchen ist zu beobachten, dass die mobile Internetnutzung im Rahmen des Einkaufsprozesses und damit auch der Mobile-Commerce-Umsatz zunimmt. Bis 2020 wird dieser – bezogen auf Smartphones und Handys – mindestens doppelt so stark wachsen wie der *normale Online-Handel* (Schürmann 2012). Dabei bewegt sich der mobile Anteil am Online-Handel in 2012 für haptische Produkte bei rund 3 Prozent, was in Deutschland rund über 2 Milliarden Euro und in Europa über 20 Milliarden Euro Umsatz entspricht. Bis 2020 wird dieses Umsatzvolumen auf mehr als 125 Milliarden ansteigen, was dann rund 25 Prozent vom gesamten Online-Handelsumsatz, also von rund 500 Milliarden Euro, entspricht. Nicht darin enthalten sind allerdings Apps- und Serviceumsätze, die mindestens noch einmal 30 Milliarden Euro ausmachen dürften, was dann zusammen mit rund 155 Milliarden Euro einem Anteil von über 30 Prozent am Online-Handel entspricht. Dieser Umsatz gibt allerdings bei Weitem nicht die tatsächliche Bedeutung des Mobile-Commerce wieder, denn diese ergibt sich aus der Vernetzung des Mobile-Kanals mit dem Offline- und Online-Kanal. Denn im Zuge der parallelen Nutzung der unterschiedlichen Einkaufs- und Informationskanäle – also der Omni-Channel-Nutzung – kommt dem mobilen Internet immer mehr eine Schlüsselrolle für das stationäre Geschäft zu. Dieses betrifft die Rolle des mobilen Internets zur generellen Kaufvorbereitung für den Kauf im Laden. In bis zu 60 Prozent der Einkaufsfälle steht mittlerweile zuerst das Searching und Browsing, also das Stöbern im Netz, als Einstieg in einen Kaufprozess. Dazu wird zunehmend das Smartphone oder der Tablet-PC benutzt. Insofern wird ein immer größerer Anteil des stationären Einzelhandelsumsatzes im Internet induziert. Bereits heute erhalten mehr als 10 Prozent der stationären Käufer im Non-Food-Handel ihren Kaufimpuls im Internet, bevor sie dann im Geschäft einkaufen (Heinemann 2011). Dadurch wird es zukünftig immer weniger möglich, von den reinen Online- und Offline-Welten zu sprechen, denn beides verschmilzt zu *No-Line*-Systemen, in denen die Betriebsformen ineinander übergehen. Damit ergeben sich enorme Chancen für die gebeutelten, stationären Einzelhändler. Denn die technologischen Innovationen ermöglichen eine völlig neue Form der Kundenorientierung, die insbesondere der von den Kunden geforderten Multi-Optionalität Rechnung trägt. Es kann davon ausgegangen werden, dass in 2020 mindestens 20 Prozent aller stationären Einkäufe durch mobiles ROPO beeinflusst werden wird. Insofern sollten sich vor allem stationäre Händler mit dem Mobile-Commerce auseinandersetzen. Vor allem die Smartphones der vierten Generation machen ein völlig neues Einkaufserlebnis möglich, das vor allem die stationären Handelsformen sich zunutze machen können, indem sie beispielsweise Konsumenten gezielt mit mobilen Werbeformen in ihre Geschäfte lenken. Schon heute ist es möglich, die sich beim Einkaufsbummel befindenden Kunden gezielt mit Werbeanzeigen anzusprechen, wie bereits in den USA praktiziert. Der Elektronikhändler BestBuy, die Modekette American Eagle Outfitter und der Kaufhausbetreiber Macy's haben Hunderte von Filialen aufgerüstet, sodass sie zentimetergenau verfolgen können, wo ein Konsument steht. Die neue Ortungstechnik verbinden sie mit sofortiger Handywerbung, die auf Ort, Zeit, Person und bald sogar aufs Regal zugeschnitten ist. Die Kunden erhalten dann einen Gutschein für ein bestimmtes Geschäft oder bekommen die Verfügbarkeit des gewünschten Produkts in umliegenden Stores angezeigt. In Kombination mit ihren intuitiven Navigationsfunktionen bringen die Smartphones die Kunden dann sprichwörtlich in die Filialen. Dem Käufer der Zukunft wird dabei kaum noch bewusst sein, ob er online, offline oder mobil einkauft. Er erwartet insofern, dass es keine verwirrenden Unterschiede zwischen den Online- und Offline-Einkaufswelten gibt und die Einkaufskanäle *wie aus einem Guss* miteinander verschmolzen werden (Heinemann 2012b). Diese Entwicklung führt zunehmend zu No-Line-Systemen, der höchsten Evolutionsstufe im Multi-Channel-Handel (Heinemann 2013b).

1.3 Neudefinierter Wettbewerb für Handelsunternehmen

Die zentrale Herausforderung für alle Handelsunternehmen liegt nun darin, eine entsprechende Wettbewerbsstrategie zu finden, um geeignete Maßnahmen abzuleiten, die es ermöglichen, neu digitale Wettbewerbsvorteile zu generieren. Diesbezüglich ist eine optimale Kombination der unternehmensinternen und -externen Ressourcen sicherzustellen (Wernerfelt 1984; Bamberger und Wrona 1996, S. 131; Bruhn und Heinemann 2013).

Zu den unternehmensinternen Ressourcen zählen neben den finanziellen und materiellen (z. B. Sortimente) Ressourcen in diesem Zusammenhang vor allem das vorhandene Wissen und Fähigkeiten, wie z. B. das *digitale Know-how* der Mitarbeitenden, aber auch Kundendatenbanksysteme, die eine individuelle Kundenansprache ermöglichen. Im Rahmen der unternehmensexternen Ressourcen ist darauf zu achten, dass das Unternehmen über entsprechende Zugangsmöglichkeiten zu den Beschaffungs-, Arbeits- und Kapitalmärkten verfügt (Pfeffer und Salancik 1978, S. 258; Pfeffer 1982, S. 192). Hierzu ist es erforderlich, dass das Unternehmen mit den Anspruchsgruppen in Beziehungen tritt, die über die benötigten Ressourcen verfügen, wodurch ein Einfluss der Umwelt auf die Aktivitäten des Unternehmens entsteht (Aldrich und Pfeffer 1976). Diese Anspruchsgruppen lassen sich nach dem Stakeholder-Ansatz in verschiedene Gruppen unterteilen, wie z. B. Gläubiger, Lieferanten, Konkurrenten, Kunden, Staat, Gesellschaft und Mitarbeiter (Bruhn 2013, S. 49; Bruhn und Heinemann 2013).

Den Handelsunternehmen stehen in Bezug auf den Ressourceneinsatz vielfältige Möglichkeiten zur Verfügung, die in einer spezifischen Branchenstruktur zum Erfolg führen. Sei es durch ein qualitativ hochwertiges Sortiment, günstige Preise, modernes und ansprechendes Shop-Design, exklusives Image, Kundenorientierung u.a.m. In diesem Zusammenhang stellt sich die Frage, wie der Ressourceneinsatz zu planen ist, um Wettbewerbsvorteile generieren zu können. Bei der Auswahl der Ressourcen ist grundsätzlich darauf zu achten, dass mit Hilfe des Ressourceneinsatzes ein Leistungsversprechen generiert wird, das

- ein relevantes Kaufentscheidungskriterium beim Kunden darstellt,
- als Geschäftsmodell für das Unternehmen geeignet ist,
- von der Öffentlichkeit als Erwartung an Unternehmen formuliert und überprüft wird,
- aus Kundensicht ein Differenzierungsmerkmal darstellt und
- von Konkurrenzunternehmen nur schwer zu imitieren ist.

Mit anderen Worten: Es muss vom Kunden deutlich wahrgenommen werden, kaufentscheidungsrelevant sein und von den Konkurrenten schlecht imitierbar sein (für einen Überblick über die Erfolgsfaktorenforschung im Handel siehe Müller-Hagedorn und Natter 2011). Der Standort des Handelsunternehmens spielt beispielsweise für die Kunden nach wie vor eine wichtige Rolle, allerdings in deutlich veränderter Form (Heinemann 2013). So ist auch das Internet zu einem wichtigen Standort geworden, wo Unternehmen präsent sein müssen. Der Standortfaktor alleine reicht jedoch nicht aus.

Das Handelsunternehmen benötigt andere Ressourcen, wie z. B. die Systemausstattung, das Sortiment, die Kompetenz der Mitarbeiter usw., um sich weiterhin langfristig von der Konkurrenz zu differenzieren (Bruhn und Heinemann 2013).

2 Innovation von Geschäftsmodellen im Handel

2.1 Digitalisiertes Kaufverhalten

Zweifelsohne hat die Nutzung von Internet und Mobile Auswirkungen auf das Einkaufsverhalten der Konsumenten. Diesbezüglich stellt sich heraus, dass das Internet die einzelnen Phasen im Kaufentscheidungsprozess verschiebt und sich damit der Point of Decision vom Point of Sale loslöst (Boersma 2010, S. 25ff.). Dabei stellt sich der neue (Online-)Kaufprozess so dar, dass der Kunde im Internet zuallererst ein Produkt auswählt, das seinen Bedürfnissen entspricht (Bruce 2011). Mit Hilfe von Preissuchmaschinen, Online-Marktplätzen, Social-Shopping-Diensten, sozialen Netzwerken oder Communities verschafft er sich dazu einen Produktüberblick über interessante Produkte. Danach vergleicht er die Produkte anhand von Produktinformationen z. B. mithilfe von Herstellerseiten, Testberichten, Meinungsportalen oder sozialen Netzwerken und trifft dann eine Produktauswahl. Erst zum Schluss wählt der Kunde den aus seiner Sicht optimalen Anbieter – online oder offline – aus, bei dem er kauft. Insofern findet eine nachhaltige Digitalisierung des Kaufverhaltens statt. Das liegt auch daran, dass im Internet die benötigten Informationen zur Produktauswahl in viel größerem Umfang vorhanden sind. Für den Kunden bietet das Auffinden der richtigen Information den größten Nutzen und wird damit zum wertvollsten Teil der Wertschöpfungskette (Bruce 2011). Selbst wenn das Produkt nicht in einem Online-Shop gekauft wird, ist das Internet für die meisten seiner Nutzer das glaubwürdigste Medium im Zusammenhang mit Kaufentscheidungen. Untersuchungen zeigen, dass 97 Prozent aller deutschen Haushalte mit Internetanschluss zunächst im Web recherchieren, bevor sie eine Kaufentscheidung treffen (Schneller 2008, S. 28). Dabei stellen gut die Hälfte der Internetnutzer Preisvergleiche an, informieren sich auf Herstellerseiten, lesen Testberichte in Internet oder berücksichtigen Kommentare und Diskussionsbeiträge anderer Nutzer (Schneller 2008, S. 28). Mit der zunehmenden Verlagerung der Kommunikation ins Netz verschiebt sich auch die Relevanz einzelner Informationsquellen für den Internetnutzer: Mittlerweile zählen Bewertungen anderer Internetnutzer zu den vertrauenswürdigsten Quellen (Boersma 2010). Diese spielen insbesondere bei der Vorbereitung von Käufen eine große Rolle. Die Orientierung an der letzten Handlung des Kunden vor dem Einstieg in den Kaufprozess – in der Regel Googeln – darf insofern die so genannte Customer Journey nicht ausblenden (Internet World Business 2011, S. 16; Heinemann 2012a). Diesbezüglich haben mittlerweile die digitalen Informationskanäle die größte Bedeutung in der Startphase des Kaufprozesses erlangt (Heinemann 2012a). Dabei beginnt dieser zunehmend in sozialen Medien. In Abb. 3 ist eine typische Customer Journey dargestellt.

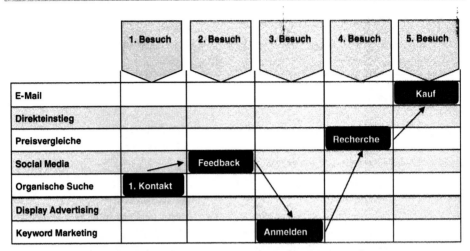

Abb. 3 Typische Customer Journey (Heinemann 2012a). *Quelle* In Anlehnung an Internet World Business 2011, Nr. 10/11, S. 16

Die dabei praktizierte Mediennutzung erfolgt entweder sequentiell oder parallel. Allerdings nimmt die parallele Nutzung der Kanäle, die so genannte Omni-Channel-Nutzung, immer mehr zu, was vor allem der explodierenden Smartphone-Penetration geschuldet ist. Im Rahmen dieser Omni-Channel-Nutzung kaufen immer mehr Konsumenten nicht mehr nur online oder offline, sondern quasi in beiden Kanälen simultan ein, dadurch dass sie zum Beispiel mit ihren Smartphones in den Läden auch online sind. Zunehmend informieren sich die Käufer während des Kaufs direkt am PoS via Mobile. Nicht ohne Grund widmete auch das Harvard Business Review in der März-Ausgabe 2012 diesem Thema einen Artikel (ohne tüte 2012). Unter dem Titel *die neue Kunst zu verkaufen* wird der Trend Omni-Channeling zwar primär aus Unternehmensperspektive erläutert, gibt aber ebenfalls wichtige Hinweise auf das veränderte Konsumentenverhalten. Experten gehen davon aus, dass bereits heute schon viele Kunden so genannte Omni-Channel-Nutzer sind, also mehrere Kanäle gleichzeitig in Anspruch nehmen, während sie einkaufen. Ob das bewusst oder unbewusst erfolgt, ändert nichts an der Tatsache, dass sie dieses tun (ohne tüte 2012). Es unterstreicht aber auch die Notwendigkeit für Multi-Channel-Händler, dass sie zur Optimierung nicht nur ihren Online-Shop (re)launchen, sondern diesen auch enger mit ihrem stationären Geschäft verknüpfen sollten. Für Konsumenten ergeben sich mit der Omni-Channel-Nutzung folgende Vorteile, die er auch honorieren dürfte (ohne tüte 2012):

Flexibilität: Eine Kundin kauft online ein und probiert die Sachen zu Hause an. Falls sie das Kleid doch in einer anderen Farbe oder Größe bevorzugt, sucht sie auf dem Weg zur Arbeit kurz die nächste Filiale auf und tauscht den Artikel dort um. Sie nutzt dabei die fortschreitende Verschmelzung der verschiedenen Vertriebskanäle.

Erlebnis: Der Kunde kann sich wie im Adidas Neo Store in Hamburg von einem interaktiven Spiegel fotografieren lassen und über Facebook seine Freunde mit in die Kaufentscheidung einbeziehen.

Einfachheit: Der Ladenbesucher findet keine begrenzten Produktinformationen mehr auf Preisschildern oder Etiketten, sondern kann alle benötigten Informationen entweder direkt mit dem potenziellen Produkt oder mit einem Smartphone online abfragen.

Diese Beispiele scheinen für viele Internetnutzer bereits eine Selbstverständlichkeit zu sein, denn Konsumenten gewöhnen sich rasch an neues Einkaufsverhalten und setzen es dann als Service voraus. Davon betroffen sind zum Beispiel Erwartungen an die situative und lebensstilgerechte Anpassung der Angebote an die individuellen Einkaufsgewohnheiten der Kunden. Dabei möchten die Nutzer zunehmend Informationen zu ihrem Aufenthaltsort und zu lokalen Angeboten austauschen können (mindwyse 2011).

2.2 Vielfältigere Kontaktpunkte zum Kunden

Das neue Einkaufsverhalten stellt sich als vielschichtiger Kaufentscheidungsprozess mit neuen, veränderten Phasen wie Anregung, Information und Bewertung von Alternativen neben dem Kauf dar. Dabei werden viele Kundenkontaktpunkte durchlaufen, die jeweils zur Bewertung der Handelsleistung und zur Kundenzufriedenheit beitragen. Zur Ermittlung und Gestaltung des Kaufprozesses sind so genannte Kundenkontaktpunktanalysen (auch: Customer Journeys, Customer-Touchpoint-Analysen) durchzuführen (Bruhn und Heinemann 2013).

Unter einem Kundenkontaktpunkt (Customer Touchpoint) wird jede Schnittstelle zwischen Anbieter und Nachfrager verstanden, in der ein Kunde mit dem Anbieter in Berührung kommt. Dabei ist zu unterscheiden, ob es bei dem Kundenkontaktpunkt zu einer Interaktion mit einem Mitarbeitenden kommt (z. B. Beratungsgespräch, Telefonat, Chat), oder ob kein direkter Kontakt zwischen dem Kunden und einem Mitarbeitenden vorliegt (z. B. Informationssuche auf der Homepage des Handelsunternehmens, Anruf im Call-Center) (Mayer-Vorfelder 2012, S. 72). Jeder dieser Kontaktpunkte wird von dem Konsumenten beurteilt und wirkt sich somit auf die wahrgenommene Qualität des Handelsunternehmens aus (Schmitt und Mangold 2005). Vor diesem Hintergrund sind Customer-Touchpoint-Analysen durchzuführen, um die wahrgenommenen Kundenerlebnisse an den einzelnen Kundenkontaktpunkten zu beurteilen und die relevanten Erfolgstreiber der einzelnen Kontaktpunkte zu identifizieren (Bruhn und Meffert 2012, S. 293). Abbildung 4 zeigt exemplarisch die Auswirkungen einzelner Customer Touchpoints auf die psychologischen, verhaltensbezogenen und ökonomischen Wirkungen bei den Kunden (Bruhn und Heinemann 2013).

Durch die technologischen Entwicklungen haben sich jedoch die einzelnen Kundenkontaktpunkte verändert. Während vor ein paar Jahren noch alle Kontaktpunkte überwiegend beim Händler vor Ort in einem Geschäft stattgefunden haben, ist es heute häufig der Fall, dass die Kunden im Kaufprozess mehrere Kanäle parallel oder

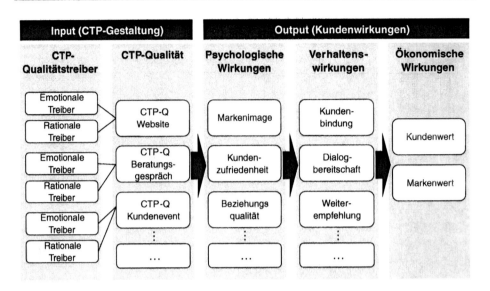

Abb. 4 Wirkungen von Customer Touchpoints (Bruhn und Meffert 2012, S. 294)

sequenziell nutzen. Beim Kauf eines Laptops wird sich der Kunde z. B. im Vorfeld bereits in den meisten Fällen im Internet über Herstellerseiten, Bewertungsportale usw. informieren und eine Vorauswahl einzelner Geräte treffen, bevor er sich in einem Fachgeschäft vielleicht noch beraten lässt. Nach der Beratung hat der Kunde wiederum die Wahl, das Gerät entweder direkt in dem Fachgeschäft zu beziehen oder erneut im Internet nach dem günstigsten Anbieter zu suchen. Andere Kaufentscheidungen, wie z. B. bei Produkten des täglichen Bedarfs oder bei so genannten Impulskäufen, werden direkt am Point of Sale oder am Regal getroffen. Daher ist es für den stationären und elektronischen Handel erforderlich, eine systematische Kundenkontaktanalyse durchzuführen, d. h. eine Abbildung des Kaufentscheidungsprozesses mit allen Kontaktpunkten darzustellen. Darüber hinaus ist sicherzustellen, dass an den einzelnen Kundenkontaktpunkten ausreichende Kommunikationsmöglichkeiten vorhanden sind. Ziel sollte es sein, dass der Kunde bei Bedarf jederzeit mit dem Unternehmen in Kontakt treten kann. Für die Homepage bedeutet dies, dass Dialogmöglichkeiten, wie z. B. eine Hotline-Nummer oder eine Email-Adresse verfügbar sind, an die sich der Kunde bei weiteren Fragen wenden kann. Am Point of Sale ist sicherzustellen, dass vor allem kompetentes Verkaufs- und Beratungspersonal zur Verfügung steht, mit dem der Kunde in einen Dialog treten kann. Hier ist auch zu prüfen, in welcher Form Pull-Maßnahmen, also unternehmensinitiierte Kommunikationsaktivitäten, einzusetzen sind. Ein Beispiel ist die gezielte Ansprache von Kunden in einem Fachgeschäft durch das Servicepersonal.

In ähnlicher Weise ist sicherzustellen, dass an jedem Kundenkontaktpunkt für den Kunden die Möglichkeit besteht, einen Kauf abzuschließen bzw. eine Transaktion durchzuführen. So ist auf der Homepage eines Handelsunternehmens idealerweise ein Link zu einem Online-Shop des Unternehmens zu finden, in dem die betrachteten Produkte direkt beziehbar sind. Ansonsten besteht die Gefahr, dass die Homepage lediglich als Informationskanal genutzt wird und die Transaktion schließlich in einem Online-Shop eines Konkurrenzunternehmens getätigt wird. Ähnlich verhält es sich mit Events und Veranstaltungen. In Möbelhäusern ist häufig z. B. zu beobachten, dass an einem *Tag der Offenen Tür* die Produkte zwar ausgestellt, aber keine Möglichkeiten zum Kauf angeboten werden. Hier sind zumindest die Bestellaufnahme und Reservierung sicherzustellen, um die Gefahr einer Abwanderung bzw. Wahl einer anderen Alternative seitens des Kunden zu reduzieren (Bruhn und Heinemann 2013).

Abschließend lässt sich festhalten, dass die Kenntnis der einzelnen Kundenkontaktpunkte sowie deren Relevanz für den Kaufentscheidungsprozess aus Kundensicht für ein zukunftsgerichtetes Handelsmanagement unerlässlich sind. Gelingt es den Unternehmen, die einzelnen Kontaktpunkte nach den Bedürfnissen der Kunden auszurichten, ausreichende Kommunikations- und Interaktionsmöglichkeiten bereitzustellen sowie jederzeit die Möglichkeit eines Kaufabschlusses zu bieten, wird sich dies auf lange Sicht positiv auf die Kundenzufriedenheit und entsprechend auf die Kundenbindung auswirken (Bruhn und Heinemann 2013).

2.3 Zeitbezogene Anforderungen an Geschäftsmodelle im Handel

Das neue Kaufverhalten als auch die fortschreitende Digitalisierung im Handel verändern die Anforderungen an Geschäftsmodelle gleichermaßen. So ermöglicht das Internet einerseits die Externalisierung von Unternehmensleistungen an den Kunden, wodurch unternehmensinterne Ressourcen entlastet werden und Zeitvorteile entstehen (Heinemann 2012a). Andererseits erfordert das Web neue und andere Fähigkeiten als bisher, wodurch neue unternehmensinterne Ressourcen benötigt werden. Zugleich ermöglicht das Internet eine neue und schnellere Art des Kundenzugangs und damit neue Geschäftsmodelle bzw. Formate, die sowohl Kunden als auch Lieferanten Zeit- und Transaktionskostenvorteile bieten und damit Auswirkungen auf sämtliche unternehmensexternen Ressourcen haben. Insgesamt wird jedoch deutlich, dass vor allem der Zeitbezug eine herausragende Rolle erhält (Bruhn und Heinemann 2013).

Die folgenden fünf Thesen versuchen, die wesentlichen zeitbezogenen Anforderungen an Geschäftsmodelle im Handel zu berücksichtigen. Sie befassen sich zunächst mit der veränderten Rolle des Kunden als Prosumenten und den daraus entstehenden zeitbezogenen Anforderungen und Fähigkeiten (*These 1*). Sie setzen sich darüber hinaus mit daraus resultierenden neuen Geschäftsmodellen auseinander (*These 2*) und vertiefen diese dann unter dem Aspekt der Vertikalisierung (*These 3*), die insbesondere unter dem Aspekt des Fast Fashion dramatische Veränderungen für unternehmensinterne Ressourcen mit sich bringt. Dieses gilt vor allem auch für Geschäftssysteme und Supply Chain (*These 4*). Zusammenfassend wird schließlich diskutiert, inwieweit in der Handelsbetriebslehre das *Wheel of Retailing* noch Gültigkeit hat angesichts der digitalen Revolution im Handel (*These 5*).

These 1 Die neuen Kunden stellen als Prosumenten immer komplexere und zeitbezogene Anforderungen an den Handel, die neue *Communities der Fähigkeiten* sowie *Knowledge Based Skills* erfordern.

In dem Ausmaß, wie die Nachfragemacht weiter steigt und die Kunden im Zuge der Internetpenetration sowie Externalisierung von Unternehmensleistungen zunehmend mit in die Leistungserstellung einbezogen werden, wird von den Handelsunternehmen zur Erreichung der höheren Leistungs- und Geschwindigkeits-anforderungen weitaus mehr abverlangt werden als nur Kundenorientierung und Supply-Chain-Optimierung (Ahlert et al. 2009). Die Kunden selbst werden ihren Beitrag leisten, indem sie neue *Communities der Fähigkeiten* gründen und formen (Kaul und Steinmann 2008). Zukünftige Kundenanforderungen werden derart unterschiedlich und komplex sein, dass kaum eine einzelne Organisation in der Lage sein wird, diese komplett zu erfüllen. Handelsunternehmen nehmen dabei eher eine Agentenfunktion gegenüber ihren Kunden ein und treten dabei als Broker für eigene Produkte und Verkaufskanäle in Erscheinung, so wie Amazon und eBay es heute schon mit ihren offenen Marktplätzen bereits erfolgreich tun. Dieses wird viele Einzelhändler auch dazu bewegen, strategische Allianzen einzugehen, auch mit Unternehmen aus anderen Branchen, wenn diese die gleichen Kunden teilen. Der britische Lebensmitteleinzelhändler Tesco hat sich zum Beispiel zu einem regelrechten *Sammelbecken* kleiner Angebotsnischen entwickelt, das von Tesco-Finanzdienstleistungen (ein Joint Venture mit der Bank of Scotland) über Tesco-Mobilfunkprodukte (mit O2) bis hin zu Tesco-Reisen (mit LastMinute.com) reicht (Heinemann und Schwarzl 2011). Die Hauptnachfrage wird sich auf spezialisierte, *knowledge based skills* beziehen, mit denen Werte jenseits der bestehenden Distribution geschaffen werden können. Diese Fähigkeiten kommen sehr wahrscheinlich aus verschiedenen Quellen, aber natürlich auch aus dem eigenen Unternehmen. Diese werden i.d.R. mit einem Outsourcing für bestimmte Fähigkeiten beginnen, wovon ein beträchtlicher Anteil mobil sein und von mehreren Händlern in Anspruch genommen werden wird.

Die Entwicklung zu *Communities der Fähigkeiten* bezieht auch Mitarbeiter ein, die für verschiedene Unternehmen arbeiten, manchmal auch gleichzeitig im Sinne eines *Open Sourcing*. Google und auch Procter & Gamble haben z. B. Mitarbeiter für eine begrenzte Zeit ausgetauscht, um voneinander zu lernen (mindwyse 2011). Japans Otetsudai-Netzwerke erlauben es jedem, sich auf der Suche nach Beschäftigung zu registrieren und seine Dienste und Kernkompetenzen anzubieten. Mitarbeiter mit kurzfristigen Arbeitswünschen können eine Aufgabenbeschreibung einsehen und dabei auch bereits registrierte Mitarbeiter bzw. Bewerber finden (Heinemann und Schwarzl 2011). Die Kunden von heute sind fordernd, aber die zukünftigen Kunden werden noch anspruchsvoller sein. Angespornt von neuen Technologien und einer immer größeren Auswahl werden sie Produkte und Services nachfragen, die ihren ständig ändernden Erwartungen entsprechen – ob Convenience, Preisgünstigkeit oder Umweltverträglichkeit. Sie erwarten Zugang zu derartigen Produkten *anywhere and anytime* (Go_Smart 2012). Neben anderen Dingen ist es vor allem der Drang der Kunden nach sofortiger Bedürfnisbefriedigung, der die Einzelhandelsbranche nachhaltig verändern wird.

These 2 Es entstehen immer neuere Geschäftsmodelle und vielfältigere Formate, in denen Kunden *schneller* einkaufen und dadurch erwarten, in allen die gleichen Angebote und relevanten Inhalte vorzufinden.

Durch das Internet werden neue Geschäftsmodelle und Betriebstypen gefördert, die stationär nicht umsetzbar sind, aber im Web in kurzer Zeit hohe Umsätze generieren können (Heinemann 2012a; Boersma 2010). Bisherige, im Stationärgeschäft als Nische besetzte Märkte öffnen sich durch den Online-Kanal einer breiten Masse und wirken sich disruptiv auf den stationären Einzelhandel aus. Als Beispiele lassen sich die Shopping-Clubs oder Gebrauchtwarenbörsen nennen, wo der Kunde nicht nur als Konsument in Erscheinung tritt, sondern zusätzlich selbst Handel betreibt (Boersma 2010). Eindrucksvoll zeigt sich diese Entwicklung derzeit durch den enormen Erfolg von Zalando, das als Online-Pure-Player innerhalb von nicht einmal vier Jahren nach Unternehmensgründung mit rund 570 Millionen Euro Nettoumsatz in 2012 in Deutschland und damit rund 5 Prozent Marktanteil im Schuhmarkt auf sich vereinen kann (LZ 2012). Ein weiteres Beispiel ist Amazon mit annähernd 1,5 Milliarden Euro Buchumsatz in Deutschland und mit mehr als 30 Prozent Marktanteil in 2012 unangefochtener Marktführer im deutschen Buchmarkt.

Von den Umsatzrückgängen im klassischen stationären Einzelhandel ist auch die Konsumgüterindustrie betroffen, da sie dadurch ihre wesentlichen Absatzkanäle verliert. Auf dieses Bedrohungspotenzial reagieren immer mehr Anbieter mit herstellereigenem Einzelhandel (BV Capital 2011). Aber auch dieser wird zunehmend durch die Entwicklung in Richtung Online-Handel bedroht. Im Vergleich erzielen Hersteller bisher mit herstellereigenem Einzelhandel deutlich geringere Renditen als im klassischen Wholesaling, also dem Absatz über Händler, der jedoch immer weiter zurückgeht. Die alles entscheidende Frage ist, inwieweit die sich abzeichnende Verlagerung von stationären Umsätzen in das Internet neue Formate und Betriebstypen erfordert, die entweder einen Teil der Umsätze zurückgewinnen oder aber den Trend zum Online-Handel verstärkt für sich nutzen können. Diesbezüglich spielt das mobile Internet eine Schlüsselrolle, da die Kunden zunehmend bei ihren stationären Einkäufen im Geschäft das Smartphone unterstützend nutzen und damit in den Läden auch *online* sind (Heinemann 2013b).

Dabei werden insbesondere solche Geschäftsmodelle erfolgreich sein, die ihre Beziehungen zu den Kunden sowie Zeitvorteile ausspielen und für die Bedürfnisbefriedigung einsetzen können. Einige Anbieter könnten sich dabei auf Kunden fokussieren, die in Eile sind, andere auf Kunden, die *umweltorientiert* sind, während einige Geschäfte sich vielleicht auch zu reinen Showrooms entwickeln. Modemagazine animieren Besucher dazu, Kleidungsstücke von Displays anzuprobieren mit dazugehöriger Beratung von Stylisten und Produktproben von Duft- oder Make-Up-Ständern. Das Geschäft verkauft keine Produkte mehr, aber die dabei gewonnenen Informationen von speziell dafür geschulten Mitarbeitern liefern Einblicke in die Wünsche der Kunden, die vielleicht in Zukunft keinen Wert mehr haben.

Kunden, die auch zukünftig stationäre Geschäfte aufsuchen, werden dabei nach aufmunternden, genussvollen und unterhaltsamen *Erlebnissen* suchen. Sie werden

Buchgeschäfte bevorzugen, auf anregende Autoren treffen oder Spielwarengeschäfte besuchen, in denen sich ihre Kinder mit Spielsachen und Spielen beschäftigen können, während reale und virtuelle In-Store-Experten den Eltern ihre Fragen beantworten. Gekauft werden kann unabhängig vom Geschäft über QR-Code (Heinemann 2013a). Die Kunden weisen eine hohe Bereitschaft für mobile und interaktive Technologien auf, die auch Möglichkeiten für derartige neue Erlebnisse und Erfahrungen bieten. So geben bereits drei Viertel aller Europäer an, dass sie auch Handys zum Scannen von Produkten in Geschäften benutzen würden und mehr darüber erfahren möchten (Heinemann und Schwarzl 2011). Mehr als die Hälfte würde es begrüßen, in einem Geschäft mit Produktexperten online kommunizieren zu können, um Zeit zu sparen.

These 3 *Fast Fashion* wird zu einem De-facto-Branchenstandard im Handel mit dramatischen Veränderungen für die Bevorratung und Warenwirtschaft von Einzelhändlern.

Die Produktlebenszyklen werden sich in Zukunft signifikant verkürzen und damit die Produktinnovation zu einem Schlüsselfaktor machen. *Fast Fashion* wird zu einem dominierenden Geschäftsmodell und zugleich Geschäftssystem, und zwar nicht nur für Bekleidung wie bei den Vertikalen beispielsweise H&M oder Inditex, wo die Kombination von beschleunigter Kollektionsfrequenz und schnellem Online-Kanal bereits etabliert ist, sondern auch für anderen Kategorien und Branchen (Heinemann 2012a). Die durch die vertikalen Anbieter induzierte und getriebene Entwicklung macht es notwendig, insbesondere die Supply Chains zu flexibilisieren und grundlegend neu auszurichten (Ahlert et al. 2009).

Die mit der von den Kunden geforderten Sortimentsvielfalt einhergehende Ausweitung der SKUs (stock keeping units) hat zur Folge, dass Einzelhändler eine immer größere Auswahl bieten müssen, um für die Kunden attraktiv zu bleiben. Zugleich wird die Supply Chain des Einzelhandels von solchen Waren beherrscht werden, die zum Zeitpunkt der Nachfrage *just in time* angeliefert werden. Demzufolge werden Händler allenfalls Wochenbestände vorhalten können, was völlig veränderte Anforderungen an die Warenwirtschaftssysteme stellt (Heinemann und Schwarzl 2011). Lieferzeiten für nationale Lieferanten sind dabei in Stunden oder in Tagen zu messen. Prognoserechnungen, Dispositionsplanungen und Warenwirtschaftssysteme werden diesbezüglich *Real Time*-Allokationen unterstützen müssen. Es ist davon auszugehen, dass Systeminnovationen in diesen Bereichen der Warenwirtschaft die *In Store*-Lagerbestände auf den Flächen um mindestens ein Drittel senken werden.

Das Geschäftsmodell *Fast Fashion* hat aber auch eine Reihe von Vorteilen (Heinemann und Schwarzl 2011). Kunden werden die ständigen Veränderungen auf den Flächen registrieren und sich dazu verleiten lassen, immer wieder in die Läden zurückzukehren, wodurch zusätzlicher Umsatz generierbar ist. Schnelleres Reagieren auf Abverkaufsdaten (*Quick Response*) kann dabei helfen, die Effizienz der Leistungserbringung zu erhöhen, zugleich die Abverkäufe zu verbessern und damit ebenfalls die Abschriften zu reduzieren. Dieses Modell stellt sicher, dass Bestseller und Basics permanent vorrätig sind.

Es separiert und beschleunigt designnahe Funktionen, wodurch ein schnellerer und präziserer Austausch zwischen Design- und Produktionsteams möglich wird. Die Lieferzeiten der Produktion werden sich dabei radikal verkürzen, insoweit gemeinsame Komponenten verwendet werden. Dieses bedingt eine engere Zusammenarbeit mit den Lieferanten (Ahlert et al. 2009). Führende Einzelhändler haben bereits damit begonnen, Kundendaten zu nutzen, um sich zum *Fast-Fashion*-Geschäftsmodell hin zu bewegen. So hat die Filialkette Target aus den USA ihr ursprünglich nur auf Bekleidung ausgerichtetes Fashion-Konzept auf Gartenbedarf, Einrichtungsbedarf sowie Küchenprodukte ausgeweitet. Damit wird Target in Zukunft in der Lage sein, Abverkaufsdaten nach unterschiedlichen Facetten detailliert analysieren zu können. Sei es zur Identifizierung der von den Kunden bevorzugten Produkteigenschaften, zur Bestimmung des Wertes dieser Produkte für einzelne Kunden oder zur kundenspezifischen Ausrichtung von Produktlinien, die damit auch noch individualisierbar sind. Zukünftig werden schnell drehende Artikel in kleineren Betriebstypen und Verkaufsstellen bis hin zu Automaten oder Kiosken vorgehalten (Heinemann und Schwarzl 2011). Dies bedeutet mehr Convenience für die Kunden und verbessert zugleich die Kosteneffizienz der Einzelhändler.

These 4 Ganzheitlich optimierte Supply Chains werden zukünftig unter Zeitaspekten entlang des gesamten Produktlebenszyklus ausgerichtet und erfordern hohe Investitionen in Systeme.

Da sich die natürlichen Ressourcen verknappen, werden die Konsumenten zunehmend wert- und umweltbewusster, aber auch ungeduldiger. Kunden sehen sich dabei auch in der Verantwortung, aufwändige Verpackungen zu vermeiden und auf umweltverträgliche Produktionsverfahren zu achten. Allerdings sind die Verbraucher noch nicht darauf vorbereitet und bereit, auch die vollen Kosten dafür zu tragen (Heinemann und Schwarzl 2011). Dennoch werden die Einzelhändler sich damit auseinandersetzen und entsprechende Strategien entwickeln müssen. Diesbezüglich wird auch die ganzheitliche Optimierung der Supply Chain entlang des gesamten Produktlebenszyklus zu einem erfolgskritischen Thema werden, und zwar unter Zeitaspekten (Ahlert et al. 2009). Wiederverwertbare und recyclingfähige *Taschen fürs Leben*, von Lebensmittelhändlern wie Tesco und Whole Food Market herausgegeben, werden vielleicht durch nachfüllbare Behälterlösungen ersetzt. Miet- und Retourendienste werden immer beliebter, und zwar für alle Arten von Produkten wie z. B. hochwertige Handtaschen oder Kinderspielzeug. Vielleicht wird das Zeitalter des *Auffrischens und Nachfüllens* für Güter des täglichen Bedarfs kommen, wobei die Kunden dann mit ihren mobilen Applikationen bezahlen oder vorbestellen können.

Das Umweltbewusstsein verändert zunehmend auch das Einkaufsverhalten nicht nur in Europa, sondern auch in den USA, wo die Nachfrage nach umweltverträglichen Produkten und Dienstleistungen neue *Organic*-Lebensmittelhändler auf den Plan gerufen hat. In Brasilien hat zum Beispiel mit Pão de Açúcar der größte Lebensmittelhändler des Landes auf die zunehmenden Bedenken der Kunden mit *grünen Geschäften* reagiert, die 10 Prozent weniger Wasser und 14 Prozent weniger Energie verbrauchen als die bisherigen Läden.

Der Einzelhandel wird in Zukunft auch verstärkt zusammenarbeiten müssen. Einzelne Händler erkennen die Vorteile der Arbeitsteilung, insbesondere in der Logistik. Allianzen in der Supply Chain werden sich zu einem ganz normalen Phänomen entwickeln. Allerdings wird die Ausweitung der Distributionspunkte dies für die Unternehmen auch notwendig machen (Heinemann und Schwarzl 2011). Meadowhall, ein britischer Betreiber von Einkaufszentren, hat sich zum Beispiel mit Clipper Logistics zusammengeschlossen, um ein Distributionscenter für alle Einzelhändler der Einkaufszentren gemeinschaftlich zu betreiben. Durch diese Zusammenarbeit konnten die *In Store*-Lagerbestände der Mieter erheblich gesenkt und zugleich die Abverkäufe deutlich gesteigert werden, in einzelnen Fällen um bis zu 10 Prozent.

These 5 Das *Wheel of Retailing* wird sich immer schneller drehen und entwickelt sich angesichts der neuen digitalen Kundenanforderungen zu einem *Turbolader*.

Immer mehr Kunden machen sich den technologischen Fortschritt zu eigen und nutzen im Rahmen ihres Kaufprozesses das Internet. Sie recherchieren im Netz zunehmend, um auch ihre stationären Käufe vorzubereiten (Bruce 2011; Heinemann 2011). Dieses betrifft sowohl die Suche nach Produktinformationen als auch Preisvergleiche. Dabei werden Preise nicht mehr sequenziell verglichen, indem der Kunde mehrere stationäre Ladengeschäfte nacheinander abläuft. Durch das Internet und Preissuchmaschinen findet mittlerweile eher ein paralleler Preisvergleich statt, der durch einen Click die Produkte und Preise sämtlicher Händler offenlegt. Befindet sich der Kunde doch im stationären Ladengeschäft, vergleicht er über sein Smartphone den angegebenen Preis des Händlers mit dem Online-Angebot der Konkurrenz und bestellt dort gegebenenfalls direkt vor Ort über das mobile Internet das günstigste Angebot im Web (Bruce 2011; Heinemann 2011). Der technologische Fortschritt auf der einen Seite sowie das veränderte Käuferverhalten auf der anderen Seite führen zu einer nie dagewesenen Transparenz im Handel, die den Preisdruck für klassische Betriebsformen erhöht. Zugleich kaufen immer mehr Konsumenten ihre Produkte und Dienstleistungen bei E-Commerce-Unternehmen bzw. Online-Händlern ein, die dadurch große Marktanteilsgewinne zu verzeichnen haben.

Bei mehr als der Hälfte aller Online-Käufe geht der Besuch eines stationären Geschäftes voraus, so dass *Channel Hopping* in alle Richtungen betrieben wird. Diese Art des Informationsverhaltens wird auch als *ROPO* bezeichnet, das entweder für *research online – purchase offline* oder für *research offline – purchase online* steht (Bruce 2011; Heinenmann 2011). Am eindrucksvollsten wird das sich ändernde Kaufverhalten derzeit durch die Zunahme der mobilen Internetnutzung sichtbar. So verdeutlicht die Entwicklung mobiler Suchanfragen, dass das mobile Web enorm wächst und schon bald Laptop und PC als primäres Gerät für die Internetnutzung ablösen wird. Schon jetzt haben die Notebook-Verkaufszahlen den PC-Markt überholt. Nach Prognosen der Investmentbank Morgan Stanley soll es 2014 weltweit mehr mobile Internetnutzer als Desktop-Nutzer geben, mit entsprechender Mobilitätswirkung auf Kunden und Händler (Bruce 2011). Schon heute sind mehr als 1 Milliarde UMTS-Nutzer (*Universal Mobile Telecommunications System*) weltweit zu verzeichnen. Das weckt auch neue Erwartungen und Bedürfnisse bei den Kunden, die aus deren Sicht auch von traditionellen Einzelhändlern zu erfüllen sind. Zweifelsohne spielt der *Mobile Commerce der neuen Generation* diesbezüglich eine Schlüsselrolle im zukünftigen Online-Handel, da damit der simultane Kauf auf allen Kanälen am konsequentesten möglich wird, und zwar mit dem Smartphone im Laden (Heinemann 2012b). Aktuelle Studien belegen, dass 65 Prozent der Smartphone-Besitzer ihr Gerät im Geschäft nutzen (Eckstein 2012). Ein Großteil der mobilen Internetdienste wird dabei für kaufvorbereitende Aktivitäten von Produkten genutzt (Accenture 2010; Eckstein 2012). Dementsprechend besuchen Kunden, die offline kaufen, vorher im Schnitt drei Web-Seiten. Wie Abb. 5 zeigt, sind Suchmaschinen bei der Produktrecherche im Internet die am häufigsten genutzte Informationsquelle, mit einem Nutzungsgrad von 66 Prozent aller Deutschen (Bruce 2011). Sie nutzen dieses Angebot, um sich über Produkte zu informieren, gefolgt von Internetseiten der Einzelhändler (59 Prozent) sowie Preisvergleichsseiten (43 Prozent).

Es kann davon ausgegangen werden, dass der ROPO-beziehungsweise Online-to-Store-Effekt durch das Wachstum des mobilen Internet noch deutlich zunehmen wird. Bereits ein Drittel aller in Deutschland getätigten mobilen Suchanfragen hat bei der Produktrecherche im Internet einen lokalen Bezug. Der ROPO-Effekt ist ein herausragendes Argument für die ganzheitliche Betrachtung des Online- und Stationärgeschäfts. Hat der Kunde im Internet gekauft, erwartet er nach dem Kauf eine nahtlose Abwicklung seiner Umtäusche oder Retouren, egal an welchem Verkaufsort und über welchen Kanal. Das erfordert nicht nur eine Online-Präsenz der stationären Händler im Netz, sondern das Verschmelzen von Online- und Offline-Kanälen zu einem

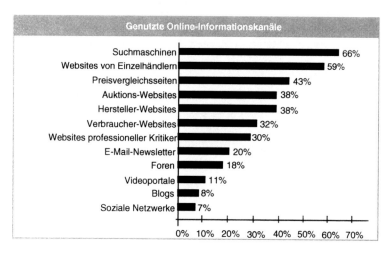

Abb. 5 Online-Informationskanäle bei der Produktrecherche. *Quelle* Bruce (2011)

Gesamtsystem aus einem Guss. Es geht darum, die Kanäle derart zu vernetzen, dass der Kunde diese gar nicht mehr als getrennte Verkaufsformen wahrnimmt. Dies führt zu so genannten No-Line-Systemen, in denen die Betriebsformen ineinander übergehen. Das gilt auch für die *Dinosaurier* unter den Betriebsformen, zumindest in den USA, wo JC Penney, Sears und auch Nordstrom als ehemalige Warenhausbetreiber zu integrierten *No-Line*-Händlern mutiert sind und dabei eine Renaissance erleben. Damit zeigt sich eine wesentliche Entwicklung, die McNairs und auch Nieschlag mit ihren Theorien zum *Wheel of Retailing* nicht voraussehen konnten, nämlich die Verschmelzung von alten und neuen Betriebsformen zu Verkaufssystemen, die veralteten Formaten zu neuem Leben verhelfen kann und diese damit vom Ende des Lebenszyklus wieder an seinen Anfang katapultiert. Bereits heute gelten ehemalige Traditionshändler aus den USA wie u. a. WalMart, Sears und Nordstrom zu den führenden No-Line-Systemen, denen die größten Zukunftschancen im Handel beigemessen werden (Heinemann 2013b).

3   Zusammenfassung und Ausblick

Zweifelsohne hat die fortschreitende Digitalisierung die nachhaltigsten und gravierendsten Auswirkungen auf den Handel. Dieses gilt sowohl für die externen als auch für die internen Ressourcen. Experten gehen davon aus, dass diese den Handel in den nächsten beiden Jahren stärker verändern wird als in den vergangenen 15 Jahren. Eine Schlüsselrolle spielt dabei das mobile Internet (Heinemann 2013a). In 2014 wird fast jeder zweite Deutsche ein Smartphone nutzen und dieses als natürlichen Bestandteil seiner Einkaufsprozesse betrachten (Go_Smart 2012). Diese zukünftigen Kunden erwarten auf ihrem Smartphone ein weitaus größeres Leistungsspektrum, als sie es aus der stationären Internetnutzung kennen. Vor allem lokale Funktionen und soziale Netzwerke werden über sie eine noch größere Rolle spielen als heute schon. Insbesondere die Smartphones der vierten Generation machen ein völlig neues Einkaufserlebnis möglich, das die Anbieter sich zunutze machen können, indem sie beispielsweise Konsumenten gezielt mit mobilen Werbeformen in ihre Geschäfte lenken. Schon heute ist es möglich, die sich beim Einkaufsbummel befindenden Kunden gezielt mit Werbeanzeigen anzusprechen, wie bereits in den USA praktiziert. Der Elektronikhändler Best Buy, die Modekette American Eagle Outfitter und der Kaufhausbetreiber Macy's haben Hunderte von Filialen aufgerüstet, so dass sie zentimetergenau verfolgen können, wo ein Konsument steht. Die neue Ortungstechnik verbinden sie mit sofortiger Handywerbung, die auf Ort, Zeit, Person und bald sogar aufs Regal zugeschnitten ist. Die Kunden erhalten dann einen Gutschein für ein bestimmtes Geschäft oder bekommen die Verfügbarkeit des gewünschten Produkts in umliegenden Stores angezeigt. In Kombination mit ihren intuitiven Navigationsfunktionen bringen die Smartphones die Kunden sprichwörtlich in die Filialen. Nur so ist zu verstehen, dass E-Commerce-Experten sagen: *Die Zukunft von online ist offline.*

Zukünftig wird es immer weniger möglich, von den reinen Online- und Offline-Welten zu sprechen, denn beides verschmilzt zu *No-Line*-Systemen. Als Paradebeispiel für ein derartiges No-Line-System gilt der britische Elektronik-Händler Argos. Dieser erklärt, dass es für ihn nicht mehr wichtig ist, in welchem Kanal seine Kunden einkaufen, sondern dass sie es überhaupt bei ihm und nicht bei den Mitbewerbern tun. Dementsprechend hat Argos Online-Shop, Mobile-Shop, Filialen und Katalog zu einem geschlossenen Gesamtsystem integriert, das den Kunden alle Möglichkeiten des Kanalwechsels erlaubt. Bemerkenswert dabei ist, dass über 10 Prozent der Gesamtumsätze bei Argos Online-Umsätze sind, die in den Filialen an Terminals bestellt wurden. Mehr als ein Drittel aller Verkäufe kommt bei dem britischen Paradebeispiel bereits durch Kunden zustande, die gleichzeitig mehr als einen Absatzkanal benutzen (Heinemann 2013b). Auch wenn sich in Deutschland Kunden mit der Transformation zu derartigen No-Line-Systemen wie bei Argos (noch) schwertun, eines ist sicher: Auch in den kommenden Jahren wird in Deutschland der Verkauf über den Online-Kanal weiter boomen, während der stationäre Einzelhandel seit Jahren nur auf der Stelle tritt. Eine weitere Steigerung der Online-Anteile an den Einzelhandelsumsätzen ist offensichtlich auch für die nächsten Jahre sichergestellt. Das *Wheel of Retailing* wird sich weiterdrehen, jedoch beschleunigt in nie dagewesener Drehzahl.

Literatur

Accenture (Hrsg.). (2010). *Non-Food Multichannel-Handel 2015 – Vom Krieg der Kanäle zur Multichannel-Synergie*, Studie von Accenture und GfK.

Ahlert, D., Große-Bölting, K., & Heinemann, G. (2009). *Handelsmanagement in der Textilwirtschaft – Einzelhandel und Wertschöpfungspartnerschaften*. Frankfurt.

Aldrich, H., & Pfeffer, J. (1976). Environments of organizations. In A. Inkeles, J. Coleman, & N. Smelser (Hrsg.), *Annual review of sociology* (S. 79–105). Palo Alto.

Bamberger, I., & Wrona, T. (1996). Der Ressourcenansatz und seine Bedeutung für die Strategische Unternehmensführung. *Schmalenbachs Zeitschrift für betriebswirtschaftliche Forschung, 48*(2), 130–153.

Boersma, T. (2010). Warum Web-Exzellenz Schlüsselthema für erfolgreiche Händler ist – Wie das Internet den Handel revolutioniert. In G. Heinemann, & A. Haug (Hrsg.), *Web-Exzellenz im E-Commerce – Innovation und Transformation im Handel* (S. 21–42, 1. Aufl.). Wiesbaden: Gabler Verlag.

Bruce, A. (2011). Multi-Channeling der Zukunft – Multi-Channel-Erfolgsfaktoren im wachsenden Markt aus Sicht von Google. In G. Heinemann, M. Schleusener, & S. Zaharia (Hrsg.), *Modernes Multi-Channeling im Fashion-Handel* (S. 50–69). Frankfurt.

Bruhn, M. (2013). *Relationship Marketing – Das Management von Kundenbeziehungen* (3. Aufl.). München.

Bruhn, M., & Heinemann, G. (2013). Entwicklungsperspektiven im Handel – Thesen aus der ressourcen- und beziehungsorientierten Perspektive. In G. Crockford, F. Ritschel, & U.-M. Schmieder (Hrsg.), *Handel in Theorie und Praxis – Festschrift zum 60. Geburtstag von Prof. Dr. Dirk Möhlenbruch* (S. 31–67). Wiesbaden.

Bruhn, M., & Meffert, H. (2012). *Handbuch Dienstleistungsmarketing – Planung, Umsetzung und Kontrolle*. Wiesbaden.

BV Capital, eVenture (2011). *Overview: eCommerce & Online Trends San Francisco*, April 2011.
Eckstein, A. (2012). *Digitalisierung des Handels über Smartphones*. Vortrag auf dem Mobile-Gipfel vom 27. Juni 2012 in Düsseldorf.
eWeb-Research-Center (2011). *Non-Food-Handel erreicht 10 Prozent Onlineanteil in 2011 – mindestens Verdopplung bis 2020 prognostiziert*. Pressemitteilung vom 10. Februar 2011.
Go_Smart (2012). *Allways-In-Touch, Studie zur Smartphone-Nutzung 2012*. Google, Otto Group, TNS-Infratest, Trendbüro. Go_Smart_Studie 2012.
HDE (2012). *Factbook Einzelhandel 2012*. Köln.
Heinemann, G. (2011). *Cross-Channel-Management – Integrationserfordernisse im Multi-Channel-Handel* (3. Aufl.). Wiesbaden.
Heinemann, G. (2012a). *Der neue Online-Handel, Erfolgsfaktoren und Best Practices* (4. Aufl.). Wiesbaden.
Heinemann, G. (2012b). *Mobile-Commerce, Erfolgsfaktoren und Best Practices*. Wiesbaden.
Heinemann, G. (2013a). *Social Media als Spiegelbild des neuen Kaufverhaltens*. In M. Bruhn, & K. Hadwich (Hrsg.), *Dienstleistungsmanagement und Social Media – Forum Dienstleistungsmanagement*. Wiesbaden (in Vorbereitung).
Heinemann, G. (2013b). *No-Line-Handel – Höchste Evolutionsstufe im Multi-Channeling*. Wiesbaden.
Heinemann, G. (2013c). *Online-Handel 2012 weiter auf Kosten des stationären Einzelhandels gewachsen*. In hs-niederrhein.de [Online]. Verfügbar unter: http://www.hs-niederrhein.de/news/news-detailseite/online-handel-2012-weiter-auf-kosten-des-stationaren-einzelhandels-gewachsen-6692. Zugegriffen: 21. Jan 2013.
Heinemann, G., & Haug, A. (2010). *Web-Exzellenz im E-Commerce – Innovation und Transformation im Handel*. Wiesbaden.
Heinemann, G., & Schwarzl, C. (2011). *New Online Retailing – Innovation and Transformation*. Wiesbaden.
HSNR (2011). *Non-Food-Handel erreicht 10 Prozent Onlineanteil in 2011 – mindestens Verdopplung bis 2020 prognostiziert*. Pressemitteilung der Hochschule Niederrhein vom 10. Feb 2011.
Internet World Business (2011). *Auf die Touchpoints achten*, Heft 10/11 vom 16. Mai 2011, S. 16–17.
Kaul, H., & Steinmann, C. (2008). *Community Marketing – Wie Unternehmen in sozialen Netzwerken Werte schaffen*. Stuttgart.
Krafft, M., & Matrala, M. K. (Hrsg.). (2006). *Retailing in the 21st century*. Berlin.
Liebman, H. P., Zentes, J., & Swoboda, B. (2008). *Handelsmanagement* (2. Aufl.). München.
LZ Lebensmittel Zeitung (2012). *Vom Schuhverkäufer zum Milliardär* (S. 33), Nr. 33 vom 17. Aug 2012.
Mayer-Vorfelder, M. (2012). *Kundenerfahrungen im Dienstleistungsprozess – Eine theoretische und empirische Analyse*. Wiesbaden.
mindwyse (2011). Company 2.0 Social Media im Unternehmen, Präsentationsunterlage Kathrin Haug. Deutscher Versandhandelskongress 2011, Managementforum-Handelsblatt, 6. Okt 2011, Wiesbaden.
Möhlenbruch, D., Dölling, S., & Elste, I. (2012). Einsatzpotenziale des Web 2.0 zur erlebnisorientierten Kundenintegration in der Verlagsbranche. In H. H. Bauer, D. Heinrich, & M. Samak (Hrsg.), *Erlebniskommunikation – Erfolgsfaktoren für die Marketingpraxis*. Berlin.
Möhlenbruch, D., Dölling, S., & Ritschel, F. (2008). Web 2.0-Anwendungen im Kundenbindungsmanagement des M-Commerce. In H. H. Bauer, T. Dirks, & M. D. Bryant (Hrsg.), *Erfolgsfaktoren des Mobile Marketing* (S. 221–240). Wiesbaden.
Müller-Hagedorn, L., & Natter, M. (2011). *Handelsmarketing* (5. Aufl.). Stuttgart.

ohne tüte (2012). *Bist Du noch Multi- oder schon Omni-Channel? Kathrin Haug* [Online]. Verfügbar unter: http://ohnetuete.wordpress.com/vom 22. Apr 2012. Zugegriffen: 12. Aug 2012.

Pfeffer, J. (1982). *Organizations and organization theory*. Cambridge.

Pfeffer, J., & Salancik, G. (1978). *The external control of organizations*. A Resource Dependence Perspective: New York.

Riekhof, H. C. (2008). Strategische Herausforderungen für das Retail Business. In H. C. Riekhof (Hrsg.), *Retail Business in Deutschland Perspektiven – Strategien, Erfolgsmuster* (2. Aufl., S. 3–32). Wiesbaden.

Sadeh, N. (2002). *M-Commerce: Technologies, Services, and Business Models*. New York.

Schmitt, B. H., & Mangold, M. (2005). Customer Experience Management als zentrale Erfolgsgröße der Markenführung. In F.-R. Esch (Hrsg.), *Moderne Markenführung. Grundlagen, Innovative Ansätze, Praktische Umsetzungen* (4. Aufl., S. 287–303). Wiesbaden.

Schneller, D. (2008). Die Meinung der Anderen. In Statista.com am 17.10.2008. Verfügbar unter: http://de.statista.com/statistik/daten/studie/2051/umfrage/produktrecherche-im-internet-in-deutschland-in-2008/ [14. Okt 2009; 15:30 Uhr MEZ].

Schott, R. (2012). *Foursquare marketing: Tools for brands looking to tap in to check-ins*. In searchenginewatch.com [Online]. Verfügbar unter: http://searchenginewatch.com/article/2170860/Foursquare-Marketing-Tools-for-Brands-Looking-to-Tap-in-to-Check-ins. Zugegriffen: 6. Jan 2013.

Schürmann, J. (2012). *Die mobile Revolution – Kernfaktoren für ein erfolgreiches Mobile-Business*. Vortrag auf dem Mobile-Gipfel vom 26. Juni 2012 in Düsseldorf.

Tietz, B. (1984). Zur Emanzipation des Handels-Marketing vom Hersteller-Marketing. In W. Hasitschka & H. Hruschka (Hrsg.), *Handels-Marketing* (S. 53–79). Berlin.

Wernerfelt, B. (1984). A Resource-Based View of the Firm. *Strategic Management Journal, 5*(2), 171–180.

Zentes, J., Morschett, D., & Schramm-Klein, H. (2011). *Strategic Retail Management – Text and International Cases* (2. Aufl.). Wiesbaden.

Über den Autor

Gerrit Heinemann studierte BWL mit Schwerpunkt Marketing und Handel an der Universität in Münster und promovierte als wissenschaftlicher Mitarbeiter bei Prof. Dr. Dr. hc. mult. Heribert Meffert. Danach begann der seine außeruniversitäre Laufbahn als Assistent und später Zentralbereichsleiter Marketing des Vorstandsvorsitzenden der Douglas Holding AG, bevor er ein Traineeprogramm bei der Kaufhof Warenhaus AG nachholte und dann Warenhausgeschäftsführer war. 1995 kehrte er zurück zur Douglas-Gruppe, wo er als Zentralgeschäftsführer der Drospa Holding tätig wurde und danach als Leiter „Competence Center Handel und Konsumgüter" zur internationalen Unternehmensberatung Droege&Comp. wechselte. Dort war er auch in zahlreichen Interimsfunktionen tätig, u. a. als Leiter der E-Plus-Shops und als CEO der Kettner-Gruppe. 2004 begann er seine wissenschaftliche Laufbahn und erhielt 2005 einen Ruf zum Professor für BWL, Management und Handel an die Hochschule Niederrhein. Hier war er 2010 Gründungsmitglied des fachbereichsübergreifenden eWeb Research Centers, das er mit leitet. Neben mehr als 100 Fachbeiträgen zu aktuellen Themen des Handels ist er Autor bzw. Herausgeber der Fachbuch-Bestseller „Multi-Channel-Handel", „Der neue Online-Handel" – mittlerweile auch in englischer und chinesischer Sprache erschienen – sowie „Web-Exzellenz im E-Commerce", „Cross-Channel-Management" und „Der neue Mobile-Commerce". Im Januar 2013 ist sein neues Buch „No-Line-Handel" bei Springer Gabler erschienen. Neben anderen Beiratsfunktionen ist er auch Aufsichtsratsmitglied der buch.de internetstores AG.

Digitale Potenziale für den stationären Handel durch Empfehlungsprozesse, lokale Relevanz und mobile Geräte (SoLoMo)

Kathrin Haug

Zusammenfassung

Die Digitalisierung hat den Handel verändert. Innovative Online-Anbieter greifen etablierte Geschäftskonzepte an und sichern sich immer größere Umsatzanteile. Die Online-Kanalvorteile sind für viele Kunden relevant und nicht mehr wegzudenken. Durch die entstandene Transparenz des Marktes ist die Notwendigkeit für alle Anbieter gegeben, differenzierte Leistungsversprechen zu entwickeln. In der Folge sind die Kundenerwartungen in allen Kanälen gestiegen und hohe Service- und Convenience-Anforderungen sind zum Standard geworden. Moderne technikaffine Kunden sind mit ihrem Smartphone always on und können sich somit zu jeder Zeit ins Internet verlängern. Entsprechend wirken soziale Vernetzung und Empfehlungsprozesse zunehmend auf Kaufsituationen ein und sind wichtige Einflussfaktoren für die Kundenentscheidung. Aufgrund der Vielfalt von alternativen Angeboten sucht der Kunde immer stärker nach personalisierten, passgenauen Informationen und Produkten. Getrieben durch diese Entwicklungen ergeben sich folgende Anforderungen und Chancen für den stationären Handel: Neue lokale Kommunikations- bzw. Transaktionsstätten werden erschlossen und lokale Sortimente werden über Markplatzanwendungen online verfügbar gemacht. Durch eine geschickte Kanalverknüpfung, z.B. über den Einsatz von Tablets, Infoterminals, QR-Codes an Regalen, Instore-Apps etc. werden Online-Vorteile (große Produktauswahl, Produktinformationen, Kundenempfehlungen etc.) am Point of Sale zunehmend verfügbar. Kunden erhalten somit ein integriertes, barrierefreies Multi-Channel-Erlebnis. Stationäre Läden werden Event- und Erlebnisraum und Händler qualifizieren ihr Verkaufspersonal zu Fach- und Styleberatern. Kundendaten werden in allen Kanälen systematisch erfasst, um moderne integrierte Kundenbindungssysteme aufzubauen, die nicht kanalzentriert, sondern kundenzentriert aufgesetzt sind und ein personalisiertes Kundenerlebnis ermöglichen.

K. Haug (✉)
dgroup, Große Elbstraße 279, 22767 Hamburg, Deutschland
e-mail: kathrin.haug@d-group.com

Inhaltsverzeichnis

1	Marktsituation	28
	1.1 Marktveränderung durch Digitalisierung	28
	1.2 Steigende mobile Internetnutzung	30
	1.3 Attraktivität des lokalen Handels	32
	1.4 Vollständige Social-Media-Integration	32
2	Herausforderungen und Chancen für Stationärhändler durch veränderte und beschleunigte Marktprozesse	33
	2.1 Herausforderungen für Stationärhändler durch veränderte Marktprozesse	33
	2.2 Chancen des Stationärhandels bei Erfüllung der Kundenerwartung	34
3	Mobile Anwendungen und Plattformen zur Nutzung der digitalen Potenziale für Stationärhändler	36
	3.1 Die Optimierung der lokalen Suche mit Google	36
	3.2 Aggregatorenplattformen bündeln Sortimente und Angebote – eBay, Milo, Shutl, Radcarpet	38
	3.3 Empfehlungen über soziale Netzwerke – Qype, Foursquare, Instagram, Facebook	41
	3.4 Echtzeitangebote und Yield Management – Groupon Now, Hotel Tonight	43
	3.5 Stärkung der stationären Vorteile mit Hilfe von Instore-Anwendungen	45
4	Zusammenfassung und Ausblick	46
Literatur		47

1 Marktsituation

1.1 Marktveränderung durch Digitalisierung

Die Digitalisierung hat das Kommunikations- und Transaktionsverhalten substanziell verändert. Durch das Internet besteht unbeschränkter Zugang zu jeder erdenklichen Art von Informationen. Menschen sind über soziale Netzwerke, wie Facebook, weltweit verbunden und jeder Einzelne kann sein spezifisches Wissen oder auch nur seine eigene Meinung beliebig und zu jeder Zeit verbreiten. Alle Wirtschaftsprozesse sind von dieser Entwicklung betroffen und Anbieter, die sich nicht auf die neuen Kundenbedürfnisse einstellen, werden vom Strukturwandel eingeholt.

Typisch für die vielfachen Veränderungen ist ein synchroner Ablauf von Online- und Offline-Prozessen, eine Entwicklung, die insbesondere durch mobile internetfähige Geräte in allen Lebensbereichen noch weiter fortschreiten wird. Dies zeigt sich beispielsweise bei der Mediennutzung. Der Konsum der klassischen Kanäle wie TV, Print und Radio geht zugunsten der Internetnutzung zunehmend zurück. Digital Natives, die eine Welt ohne Internet nicht erfahren haben, interessieren sich abnehmend für Programmfernsehen und bevorzugen ihre Serien und Filme lieber auf Streaming- und Downloadplattformen oder tauschen YouTube-Videos. Wenn das TV-Gerät läuft, dann ist das Internet über Laptop, Tablet-PC oder Smartphone als *Second Screen* fast immer mit dabei mit allen Konsequenzen für die Wirksamkeit von klassischer

Werbung gegenüber sozialen Empfehlungsprozessen. Die Tourismusbranche musste sich daran gewöhnen, dass Reisen vermehrt im Netz geplant und auch gebucht werden. Der reisende Kunde dokumentiert sein Urlaubserlebnis fortlaufend mit seinem Smartphone und stellt die *Realität* von Luxushotels und einsamen Stränden auf Hotelbewertungsplattformen, wie *holidaycheck* oder *Tripadvisor* zur Verfügung. Reise-Plattformen, wie *Virtual Tourist* bieten Erste-Hand-Informationen über jedes beliebige Urlaubsziel, meist dokumentiert mit dem Smartphone.

Anbieter werden vielfach zuerst im Netz erlebt. Menschen starten die Suche nach einem gewünschten Produkt vermehrt bei Google und erwarten als Ergebnis detaillierte Produktinformationen, Hilfe-Videos zur Anwendung, Outfit-Empfehlungen oder Expertentipps. Circa 70 Prozent aller Kaufprozesse, online wie offline, haben im Laufe der *Customer Journey*, von der Phase der ersten Aufmerksamkeit für ein Produkt bis zum Kauf, Kontakt mit dem Internet (OC&C 2011). Selbst bei anschließendem Stationärkauf wird vielfach zuerst das Internet zur Meinungsbildung und zum Produktvergleich herangezogen. Marken bzw. Händler müssen somit alle möglichen Kontaktpunkte zu ihren potenziellen Kunden aufbauen und haben zunehmend die Aufgabe, neben dem eigenen Webshop, Soziale Netzwerke, Aggregatorenplattformen, Preisvergleicher und Suchmaschinen wie Google etc. zu bespielen.

Der Handel durchläuft einen grundlegenden Wandel, der bedingt ist durch neue, branchenfremde bzw. ausländische Anbieter und entsprechend veränderter Kundenerwartung. In Deutschland werden ca. 26 Milliarden Euro Umsatz im E-Commerce erzielt und somit ca. acht Prozent des gesamten Einzelhandelsumsatzes inkl. Lebensmittel (Heinemann 2013). In einigen Branchen, wie z. B. bei Büchern und Unterhaltungselektronik beträgt der Online-Anteil schon mehr als 20 Prozent und bis zum Jahr 2025 wird ein Online-Anteil am gesamten Einzelhandel in Deutschland von 15-25 Prozent prognostiziert (Gerling 2012). Aufgrund der entstandenen Transparenz müssen sich erfolgreiche Online-Händler sehr kundenorientiert aufstellen, da die Kundenadressierung nur noch durch den Aufbau von konkreten Kundenmehrwerten erfolgreich sein kann. Sie achten auf ein differenzierendes und überzeugendes Leistungsversprechen, z. B. durch ein umfassendes Sortiment oder ein begeisterndes Kundenerlebnis in Form von attraktiven Services. Durch hohe Investitionen in Technologie und Prozessoptimierung ist es bspw. Amazon in den letzten Jahren gelungen, sich als unangefochtener Serviceführer unter den deutschen Händlern zu positionieren. Entsprechend belegt dieser Online-Händler regelmäßig Top-Platzierungen bei Kundenzufriedenheit und wahrgenommenem Leistungsversprechen (OC&C 2012). Amazons Exzellenz in den Dimensionen Preisführerschaft, Sortimentsauswahl und Kundenzufriedenheit ist eine echte Bedrohung für jahrzehntelang erfolgreiche Einzelhandelsformate. Der Online-Handel nimmt dem Stationärhandel dadurch nicht nur Umsatzanteile weg, sondern prägt auch eine gesteigerte Kundenerwartung. So möchten die Kunden, die Vorteile des Online-Kanals, wie Produktinformationen, Bewertungen und Empfehlungen, sowie eine große Produktauswahl auch beim Stationärkauf nicht mehr missen. Zusätzlich erwarten sie, dass der Offline-Kanal die stationärspezifischen Vorteile, wie qualifizierte Beratung, Erlebnisshopping und sofortige Verfügbarkeit entsprechend optimiert. Hauptverlierer im Einzelhandel sind daher vor allem unprofilierte (Warenhaus-)Konzepte mit undifferenziertem Sortiment und fehlendem

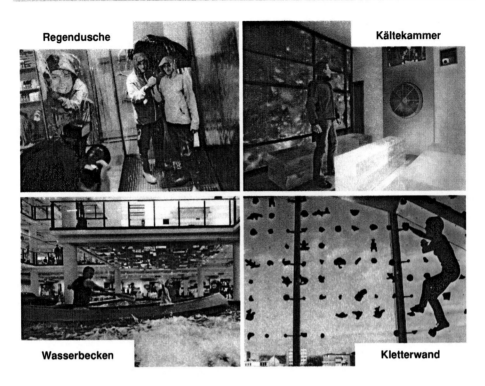

Abb. 1 Der Stationärhandel besinnt sich auf seine Stärken: Erlebniswelten in Globetrotter-Filialen (Globetrotter 2013)

Erlebnischarakter. Globetrotter, führender Anbieter von Outdoor-Equipment in Deutschland, zeigt wie es richtig geht und setzt mit seinen stationären Geschäften erfolgreich auf Erlebnismarketing. In den Filialen von Globetrotter lassen sich die Produkte direkt testen – ob Jacke in einer Kälte- und Regenkammer oder Kanu in einem Schwimmbecken (vgl. Abb. 1).

Das Jahr 2012 hat eindrucksvoll verdeutlicht, wie Online-Anbieter die deutsche Handelslandschaft verändern. Ehemals erfolgreiche Einzelhändler wie Neckermann und Thalia gelangten in wirtschaftliche Schräglage und auch etablierte Stationärhändler wie MediaMarkt und Görtz spürten den steigenden Online-Wettbewerbsdruck. Der Distanzhandel gewinnt via Online-Handel weiter zulasten des Stationärgeschäftes. Durch aufstrebende Online-Shops wie Zalando und ASOS erhöht sich der Wettbewerbsdruck auf reine stationäre Händler weiter.

1.2 Steigende mobile Internetnutzung

Verschärft wird diese Entwicklung durch die steigende Verbreitung der Smartphones, die das *immer-dabei-Internet* ermöglicht und eine Verschmelzung des On- und

Offline-Kanals nach sich zieht. Das internetfähige Mobiltelefon, oftmals als „Schweizer Taschenmesser der Neuzeit" bezeichnet, wird heute schon von 37 Prozent der Deutschen genutzt und die schnellen Wachstumsraten signalisieren, dass innerhalb der nächsten zwei Jahre die überwiegende Zahl der Mobilfunknutzer mit einem internetfähigen Gerät unterwegs ist (Aquino und Radwanick 2012). Rund 70 Prozent der US-Nutzer setzen ihr Mobiltelefon am Point of Sale ein und ca. die Hälfte nutzt es zum Auffinden eines Ladengeschäftes sowie zum Preisvergleich (vgl. Abb. 2). Das Smartphone wird auch in deutschen Filialgeschäften immer stärker eingesetzt und die Bedeutung von mobilen Endgeräten wird sich in den nächsten ein bis zwei Jahren der amerikanischen Entwicklung angleichen.

Zusätzlich beteiligen sich Smartphone-Nutzer häufig an sozialen Netzwerken. So besuchen 73 Prozent von ihnen über Mobilgeräte soziale Netzwerke, davon 38 Prozent sogar täglich (Google und Ipsos OTX MediaCT 2012). Einer der nächsten Wachstumsfelder der Werbung ist Mobile Advertising. Für 2012 wird dem Brutto-Werbevolumen ein Umsatzwachstum von 70 Prozent gegenüber dem Vorjahr prognostiziert (Hofmann 2012). Die Brutto-Werbeaufwendungen in Zeitschriften und Zeitungen gehen zugunsten von Online-Werbung zurück (BVDW 2012, S. 13). Dieser Trend ist auch bei stationären Händlern zu beobachten (EHI und KPMG 2012, S. 37).

Der Stationärhandel droht zum *Showroom* zu verkommen, in dem Produkte haptisch erfahren und ausprobiert werden oder eine Fachberatung in Anspruch genommen, die Bestellung jedoch danach oft im Internet getätigt wird. Keinesfalls sind dafür ausschließlich Preisvorteile ausschlaggebend. Die Gründe dafür liegen oft auch in der Nichtverfügbarkeit von Größen und Farben oder in einem mühsamen und nicht inspirierenden Einkaufsprozess.

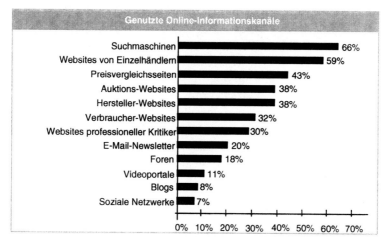

Abb. 2 Das Smartphone wird im stationären Kaufprozess intensiv integriert (Google und Ipsos OTX MediaCT 2011)

1.3 Attraktivität des lokalen Handels

Während die Desktop-Internetnutzung den User eher zum ortsunabhängigen Käufer macht, verstärkt das mobile Internet das lokale Konsumverhalten der Nutzer. Je stärker sich die mobile Internetnutzung ausbreitet, desto interessanter wird das Internet daher für den auf das lokale Geschäft ausgerichteten Mittelstand sowie für kleine Einzelhändler und Dienstleister, die bis dato das Internet vernachlässigt haben (Ringel 2011). So haben 82 Prozent der deutschen Smartphone-Nutzer schon nach lokalen Informationen gesucht und 80 Prozent der Nutzer sind danach aktiv geworden, haben also z. B. einen Laden aufgesucht (Google und Ipsos OTX MediaCT 2012). Der multivernetzte Käufer verlangt nach personalisierten Kauferlebnissen entsprechend seinen Bedürfnissen und seinem Aufenthaltsort, die am besten vom lokalen Handel erfüllt werden können.

1.4 Vollständige Social-Media-Integration

Empfehlungsprozesse sind durch Social Media zu einem essenziellen Faktor des Shopping-Erlebnisses geworden. So lesen 61 Prozent aller Konsumenten vor einem Kauf Produktbewertungen und finden die Meinungen von anderen zwölfmal glaubwürdiger, als Informationen, die direkt vom Anbieter kommen (Charlton 2012). Social-Media-Aktivitäten beeinflussen viele Unternehmens-KPIs positiv und führen zu wirtschaftlich relevanten Effekten, wie z. B. Verbesserung der Retourenquoten, Erhöhung der durchschnittlichen Warenkörbe, Reduzierung der Marketingkosten, Unterstützung von Marktforschung und Markenbildung, Optimierung der Serviceangebote sowie einer Verbesserung der Produktauswahl. Die Diskussion über einen werthaltigen ROI (Return on Investment) von Social-Media-Aktivitäten geht vielfach in die falsche Richtung. Die Transparenz und Vernetzung, die durch das Internet geschaffen wird, bedingt eine Integration von Empfehlungsprozessen in alle Marktabläufe, unabhängig davon, ob ein Unternehmen sich entscheidet daran teilzunehmen. Die Frage ist also nicht: „Bringt es überhaupt etwas mitzumachen?", sondern eher „Wie kann ein Unternehmen Empfehlungsprozesse für sich nutzen?" Shiv Singh, *Global Head of Digital für Pepsi*, bezeichnet Social Media als *Luft*, die überall vorhanden ist und alles umgibt: "Social media is like air. It should flow through anything and everything and completely." (Singh 2012) Für den Stationärhandel ist diese Tatsache besonders relevant, denn durch mobile Geräte sind Menschen dauerhaft online und navigieren durch die Offline-Welt. Wenn es Anbietern gelingt die On- und Offline-Welten zu verbinden, könnte durch diese Dualität der Kanäle ein großes Potenzial genutzt werden.

Die moderne *Customer Journey* gleicht einem Kreislauf mit vielfachen Rückkopplungen der Kunden zu Erfahrungsberichten und Empfehlungen von anderen Teilnehmern, und Unternehmen muss es gelingen an allen Touchpoints präsent zu sein (vgl. Abb. 3).

Digitale Potenziale für den stationären Handel 33

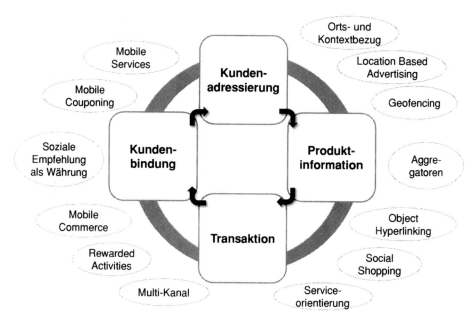

Abb. 3 Die mobile Customer Journey hat vielfache Touchpoints mit Rückkopplungen (eigene Darstellung)

2 Herausforderungen und Chancen für Stationärhändler durch veränderte und beschleunigte Marktprozesse

2.1 Herausforderungen für Stationärhändler durch veränderte Marktprozesse

Der Stationärhandel befindet sich zunehmend in einer Kosten- und Servicefalle. Miet-, Energie- und Personalkosten in den Filialen steigen kontinuierlich, wohingegen die Handelsmargen durch zunehmende Preistransparenz im Internet sinken. Anstatt sich auf herkömmliche Erfolgskennzahlen wie flächenbereinigter Umsatz, Ladenumsatz pro Arbeitsstunde oder Gewinnmarge zu konzentrieren, gilt es, zukünftige Managementsysteme im Einzelhandel eher auf die Maximierung von Kapitalrendite und Wachstum auszurichten (Rigby 2012). Die Standardreaktion im Handel ist jedoch häufig eine Reduktion der Personalkostenbasis mit entsprechenden negativen Auswirkungen auf das Service- und Ergebnisniveau. Die Folge ist eine existenzbedrohende Negativ-Spirale, welche die Wettbewerbsfähigkeit des stationären Einzelhandels langfristig erodiert.

Der Kaufentscheidungsprozess der Kunden ist komplexer geworden und läuft heute über viel mehr Touchpoints. Zusätzlich suchen Kunden dort oft nach Feedback, Produktbewertungen und Empfehlungen – sogenannten Rückkopplungen. Damit

Abb. 4 Prognose Umsatzanteile im deutschen Non-Food-Multi-Channel-Handel 2015 (Accenture und GfK 2010)

verlieren Unternehmen ihre Interpretationshoheit über die Marken. Um überhaupt zum Kunden durchdringen zu können, muss ihre Kommunikation im richtigen Moment am richtigen Ort und über den richtigen Kanal erfolgen.

Die größten Wachstumsraten im Handel werden den Multi-Channel-Anbietern prognostiziert. Hier wird zwischen 2009 und 2015 ein Wachstum von 78 Prozent erwartet, wohingegen der reine Online-Handel in diesem Zeitraum um 48 Prozent wächst und diese Entwicklungen zulasten des Stationärhandels gehen, dem ein Rückgang um 13 Prozent vorausgesagt wird (Accenture und GfK 2010). Reine Stationärhandelskonzepte verlieren gegenüber Online- und Multi-Channel-Handel (vgl. Abb. 4).

2.2 Chancen des Stationärhandels bei Erfüllung der Kundenerwartung

Trotz der disruptiven Wachstumsraten im Online-Handel sollte nicht vergessen werden, dass in den meisten Produktkategorien über 80 Prozent der Handelsumsätze im Stationärhandel getätigt werden (Gerling 2012). Der Stationärhandel bietet große Vorteile für Kunden, die insbesondere in der sofortigen Verfügbarkeit, der Haptik, der qualifizierten persönlichen Beratung und dem Erlebnischarakter von realen Shopping-Ausflügen gesehen werden. Zusätzlich besteht die Möglichkeit über eine Multi-Channel-Strategie die Potenziale des Internets ins Stationärgeschäft zu transportieren. Neue Technologien und Formate in der Filiale bieten Zusatz-Services und Interaktionsmöglichkeiten (z. B. über Mobile Apps und Instore-Terminals). Kanalübergreifende Services bieten echte Mehrwerte gegenüber dem Pure-Online-Wettbewerb (z. B. Online-Filialbestand, Zusammenstellung individueller Sortimente, Abholung und Rückgabe im Store). Aktive Kundensteuerung über alle Kanäle steigert die Kundenausschöpfung (z. B. Couponing, Cross-Promotions, Online-Kundenkarte). In Abb. 5 werden die verschiedenen stationären Multi-Channel-Maßnahmen dargestellt.

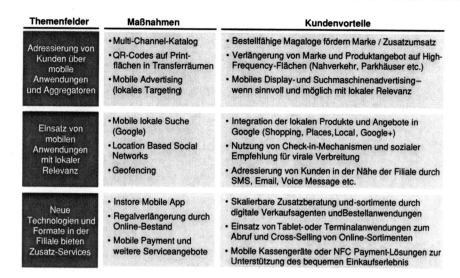

Abb. 5 Mobile Maßnahmen und Anwendungen für den Stationärhandel (eigene Darstellung)

Der richtige Einsatz von Technologie ermöglicht mit geringem Mittelaufwand mehr Service und Erlebnis und steigert somit die Kundenloyalität und die Bildung von Stammkundschaft. Auch belegen Studien, dass Multi-Channel-Kunden, die bei einem Händler sowohl online wie offline einkaufen, mit dem jeweiligen Unternehmen deutlich zufriedener sind (OC&C 2012). Dazu ist die Kaufbereitschaft bei Multi-Channel-Nutzern größer. Kunden von Sainsburys beispielsweise, geben mehr als doppelt so viel aus, wenn sie multikanal einkaufen (InternetRetailing 2012a). In der Multi-Channel-Exzellenz dominieren aktuell Anbieter aus den USA und UK. Für den entsprechenden Umbau der Organisation und der bestehenden Prozesse, investieren amerikanische Händler teilweise bis zu 30 Prozent ihrer Gesamtausgaben. Nordstroms geplante E-Commerce Ausgaben in 2012 von über 140 Millionen US-Dollar verdeutlichen dies eindrucksvoll (Brohan 2012). Doch diese hohen Investitionen in den Ausbau der Online-Aktivitäten zahlen sich für den Einzelhandel meistens aus. Macy's, einer der erfolgreichsten Multi-Channel-Händler in den USA, ist es in den letzten zwei Jahren gelungen, das Umsatzwachstum im E-Commerce um mehr als 30 Prozent zu steigern, sowie im renommierten L2 Digital IQ Index für den Fachhandel jeweils den ersten Platz zu belegen (L2 2012) – dicht gefolgt von Nordstrom. Auch bei englischen Händlern, die in Multi-Channel-Initiativen investieren, zeigen sich positive Umsatzeffekte. Beim UK Multi-Channel-Händler Argos sind bereits 51 Prozent der Gesamtumsätze Multi-Channel-getrieben und 30 Prozent kommen direkt aus dem ‚Check & Reserve'-Angebot, bei dem die Kunden Artikel online reservieren und in der Filiale abholen. Um schneller auf veränderte Marktanforderungen zu reagieren, werden in den nächsten fünf Jahren mindestens 75 Filialen verlagert oder geschlossen (und die Mietdauer für Filialen auf 5 Jahre begrenzt). Die Multi-Channel-Vision von Argos verändert das bestehende Geschäftskonzept nachhaltig: „In the new-look Argos, the store will remain key but it will be focused on fast track product pick-up and customer service for transactions made primarily online or using mobile devices" (InternetRetailing 2012b).

In Deutschland sind ebenfalls bereits gute Multi-Channel-Ansätze sichtbar, wenn auch noch in einer frühen Entwicklungsstufe. So werden aktuell von immer mehr deutschen Stationärhändlern Filialabhol-Konzepte (Click & Collect) eingeführt, wie z. B. bei Media Markt, Douglas, C&A und Karstadt (dgroup 2012a). Zur Ausschöpfung digitaler Kanalpotenziale sollten sich Stationärhändler daher fragen, wie sie das Einkaufs- und Serviceerlebnis ihrer Kunden kanalübergreifend verbessern können.

3 Mobile Anwendungen und Plattformen zur Nutzung der digitalen Potenziale für Stationärhändler

Die vermehrte Nutzung von mobilen internetfähigen Geräten stellt eine große Chance für den stationären Handel dar. Die Vorteile digitaler Kanäle, wie die Suche, die Kaufvorbereitung und die große Auswahl von Produkten können mit den Vorteilen sofortiger Verfügbarkeit, realer haptischer und visueller Produktüberprüfung und einem Einkaufserlebnis verbunden werden. Zusätzlich ist es möglich für den Kunden detaillierte Produktinformationen, Empfehlungen und Produktbewertungen für seine stationäre Kaufentscheidung zur Verfügung zu stellen.

Attraktiv ist es auch, Kunden unterwegs in *Transferräumen* zu erreichen, am besten, wenn sie eine kontextuelle (z. B. beim Sportereignis) oder lokale Nähe zu einem Produktangebot haben. Die Verbreitung der internetfähigen mobilen Geräte führt vielfach zu einer Entkopplung des Kaufprozesses von einer Kaufstätte oder einer konkreten Einkaufssituation.

3.1 Die Optimierung der lokalen Suche mit Google

Kaufanstöße und die Kaufvorbereitung erfolgen zunehmend im Internet und mit Hilfe mobiler Geräte auch zwischendurch, in der Bahn, auf dem Weg ins Büro, an der Supermarktkasse zur Überbrückung der Wartezeit oder parallel zu einem Gespräch mit Freunden, da gerade eine interessante Produktempfehlung ausgesprochen wurde. Amazon, Zalando und Co. liefern bei diesen digitalen Suchen oft relevante Ergebnisse, da sie über ein sehr umfassendes Sortiment verfügen und professionelles Online-Marketing betreiben. Das hohe Serviceversprechen der Online-Anbieter am nächsten oder spätestens übernächsten Tag zu liefern, macht es sehr wahrscheinlich, dass Kunden ihren Kauf im Internet tätigen. Es wäre jedoch noch weitaus attraktiver, wenn die Verfügbarkeit des gewünschten Produktes bei einem Laden im Umkreis des momentanen Aufenthaltsortes angezeigt werden würde. Somit könnte der Kunde sehr zielgerichtet diesen Anbieter ansteuern, das Produkt überprüfen und direkt mitnehmen. Ziel für alle stationären Anbieter muss es daher sein, bei digitalen Suchen, besonders wenn sie eine lokale Relevanz haben, mit ihren verfügbaren Produkten gefunden zu werden. In diesem Zusammenhang ist es sinnvoll alle Möglichkeiten, die Google für die Auffindbarkeit und Platzierung zur Verfügung stellt, vollständig zu nutzen.

Google für stationäre Händler Der Suchmaschinen-Gigant Google bedient aus seiner Historie heraus insbesondere Bedarfskunden. Diese Kunden kommen mit einem konkreten Kaufwunsch oder haben bereits eine Produktidee und nutzen Services von Google, um sich umfassend über Optionen und Alternativen zu informieren und schließlich zu einem Kaufvorschlag zu kommen.

In der Vergangenheit hat Google dieses Kernprodukt durch eine Reihe von Services ergänzt, die mit lokalen und kontextuellen Informationen angereichert sind. Damit reagiert Google auf die steigende Anzahl von mobilen Suchanfragen mit oftmals lokalem Bezug. Ende 2011 wurden bereits 12,3 Prozent der Klicks auf SEM-Anzeigen in den USA durch mobile Geräte getätigt – für Ende 2012 wird ein Anstieg auf 25 Prozent prognostiziert (Marine Software 2012, S. 6f.). Um das lokale Angebot von Google zu stärken, spielen verschiedene Produkte zusammen, wie z. B. Google+, Google Places und Google Shopping. Über die Integration von Google+, Google Places und Adwords Express können Geschäfte ihren Auftritt online mit kleinen Handgriffen aufbauen und vermarkten. Lokale Geschäfte können sich über Google Places registrieren und Fotos, Öffnungszeiten, eine Adresse und Kontaktdetails angeben. Über eine Google+ Integration können Kunden das stationäre Geschäft bewerten, mit Freunden teilen, weiterempfehlen und in Interaktion mit Inhabern und Angestellten vor Ort treten. Eine Integration von Google Places in den Dienst Google Local sowie in die Google Maps App auf iOS und Android ermöglicht Kunden unterwegs den Zugriff auf Öffnungszeiten und Bewertungen. Unternehmen können dann über Adwords Express lokalbezogene Anzeigen schalten, die nur bei Suchanfragen in der Umgebung eines Geschäftes ausgespielt werden. Mit dem mobilen Ausspielen dieser Anzeigen kann der Kunde in einer akuten Bedürfnissituation erreicht werden, in der die Wahrscheinlichkeit einer *Conversion* sehr hoch ist. So fand Google in einer Studie heraus, dass 82 Prozent der Smartphone-Besitzer nach lokalen Informationen mobil suchen und dass 80 Prozent dieser Suchanfragen eine direkte Reaktion auf die Suchergebnisse einleiten (z. B. Aufsuchen eines Shops) (Google und Ipsos OTX MediaCT 2012, S. 22).

Erweitert wird die Präsenz lokaler Händler über die Integration in Google Shopping, die Produktsuche der Suchmaschine. Über das Google-Shopping-Angebot können neben Web-Händlern auch Stationärhändler ihre Produkte im Rahmen der Google-Suche mittels Product Listing Ads bewerben. Hierfür muss für die stationär verfügbaren Produkte ein entsprechender Produktdatenfeed aufbereitet und regelmäßig über den Google Merchant Center eingespeist werden. So erhält der potenzielle Kunde z. B. bei der Sucheingabe ‚Handschuh' jeweils auch einen Hinweis, dass es das Produkt in der Nähe zu kaufen gibt. Nach einem nächsten Klick werden auf dem Smartphone die Händler samt Kontaktdetails und der Information, ob das Produkt auf Lager ist, angezeigt. Das Händlerprofil ist wiederum mit den Angaben des Händlers aus Google Places und den Bewertungen auf Google+ verknüpft, sodass der geneigte Kunde schnell zu einer Kaufentscheidung kommt, die ihm ermöglicht, die Ware sofort beim lokalen Händler seiner Wahl zu erwerben.

Mit der Zusammenführung seiner unterschiedlichen Produkte positioniert sich Google auch für den mobilen Konsumenten als praktische Lebenshilfe, die mit lokal relevanten Informationen und sozialen Empfehlungen angereichert ist. Der Konsument

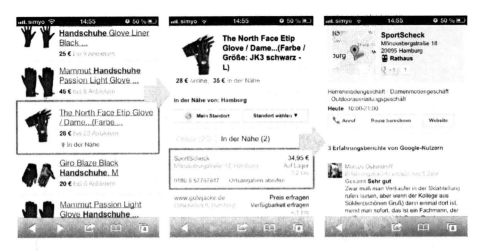

Abb. 6 Die mobile Suche von Google liefert stationäre Produktverfügbarkeiten und Bewertungen

von heute ist durch das Kauferlebnis im Internet zunehmend geprägt und schätzt das effiziente Finden und Vergleichen von Waren. Google überträgt durch die Zusammenführung von Google Shopping und Google Places bzw. Google+, Online-Mechanismen auf das stationäre Einkaufserlebnis (vgl. Abb. 6). Um ein wirklich relevanter Service zur Kaufvorbereitung zu werden, müssen sich lokale Händler jedoch noch besser hinsichtlich der Echtzeitverfügbarkeit ihrer Datenfeeds aufstellen. Noch sind die wenigsten stationären Händler in der Lage ihre aktuelle Warenverfügbarkeit akkurat und automatisiert weiterzugeben.

Ein wesentlicher Hebel für den Mehrwert der Produktsuche ist die Anzeige der Verfügbarkeit. Nur wenn Kunden sicher sein können, dass das gewünschte Produkt vor Ort ist, lohnt sich der schnelle Weg zur Abholung. Wenn jedoch alle Produkte von stationären Anbietern über die digitale Suche oder Aggregatorenplattformen aufgefunden werden können, dann erhalten Kunden auf mehr Produkte Zugriff, als selbst Marktplatzanbieter wie Amazon mit ihrem Online-Shop gewährleisten können, mit dem Vorteil, dass diese Produkte sofort physisch ausprobiert und abgeholt werden können.

3.2 Aggregatorenplattformen bündeln Sortimente und Angebote – eBay, Milo, Shutl, Radcarpet

Wie relevant dieses Thema für die Wettbewerbspositionierung der Zukunft ist, zeigt die Tatsache, dass eine Reihe großer Online-Player hierfür Konzepte entwickelt.

Ein weiterer Mitspieler ist z. B. *eBay*, der durch diverse Akquisitionen, wie *Red Laser, Milo, Where* und *GiftsNearby* Brückenköpfe in den Stationärhandel aufbaut.

eBay goes local mit Milo Milo greift als Aggregatorenplattform auf lokale Inventarlisten zu, um Sortimente vor Ort, online verfügbar zu machen. Das Start-up positioniert sich als lokaler Einkaufsführer und listet Produkte stationärer Händler sowie deren Preis und Verfügbarkeit. Konsumenten können so gewünschte Produkte online oder mobil recherchieren, über Produktbewertungen weitere kaufrelevante Informationen abrufen und schließlich gezielt den Einkauf noch am selben Tag zu den besten Konditionen im Geschäft durchführen. Für den Einsatz während des Einkaufs ist die App außerdem mit einem Barcodescanner ausgestattet, sodass die Preise der umliegenden Händler miteinander verglichen werden können. Die Händler hingegen erhalten durch die App ein höheres Volumen von Kunden mit gezieltem Kaufinteresse und können die Anbieterwahl des Konsumenten noch durch das Ausspielen von Coupons über Milo beeinflussen. In 2010 übernahm eBay das Startup für 75 Millionen US-Dollar, integrierte Milos Suchergebnisse in seine Preisvergleichs-App *Red Laser* und setzte auf dem Datenfeed den lokalen Geschenkefinder *GiftsNearby*, heute *eBay Local*, auf. Inzwischen kooperiert Milo mit 140 stationären Händlern, darunter Target, RadioShack, Toys-R-Us, und Sears. Insgesamt hat der Service damit Zugriff auf die Warenmanagementsysteme von 50.000 Filialen in den USA (Kessler 2011). Im Gegensatz zu Googles Lösung bietet Milo bei teilnehmenden Händlern, wie Best Buy und Toys-R-Us, heute schon eine Reservierungsoption und die Zahlungsabwicklung mit Paypal über das Telefon an. Ein ähnlicher Schritt ist mit der Weiterentwicklung des *Google Wallets* allerdings zukünftig auch für den Suchmaschinenriesen denkbar.

Der Echtzeit-Warenbestand lokaler Händler wird durch eBay in verschiedenen strategischen Local-Shopping-Produkten eingesetzt. Zurzeit experimentiert das Unternehmen mit der Integration des lokalen Suchdienstes und seinem *Same Day Delivery*-Ansatz *eBay Now*. Stationäre Produkte von Händlern, deren Echtzeitbestand über Milo abgerufen wird, konnten bei einem Test in San Francisco über die App *eBay Now* bestellt werden und wurden i.d.R. innerhalb einer Stunde an den Kunden ausgeliefert (Internetworld 2012). Für viele moderne Konsumenten ist es die Ideallösung, wenn die Such- und Kaufvorbereitungsphase effizient über digitale Kanäle erfolgen kann, der konkrete Kaufprozess – mit haptischer und visueller Überprüfung der Produkte, persönlicher fachlicher Beratung und direkter Abholung – jedoch stationär um die Ecke stattfindet.

Lokale Lieferdienste – Shutl, tiramizoo, Postmates Doch auch der Versand von lokal verfügbaren Produkten aus Stationärgeschäften wird durch innovative Logistik- und Lieferdienstleister wie *Shutl* aus London, *Postmates* aus San Francisco oder *tiramizoo* aus München innerhalb kürzester Zeit ermöglicht. In Abb. 7 werden die Prozesse bei tiramizoo zur lokalen Sofortlieferung exemplarisch dargestellt.

Shutl ist eine Plattform, die durch eine intelligente Technologie einen Marktplatz für lokale Lieferdienste und Produktanbieter schafft. Für jede Lieferung wird der beste Zulieferer gewählt, der die Produkte beim Anbieter abholt und schnellstmöglich an den Kunden ausliefert. Hierbei werden sowohl Preis als auch gewünschte Servicestandards

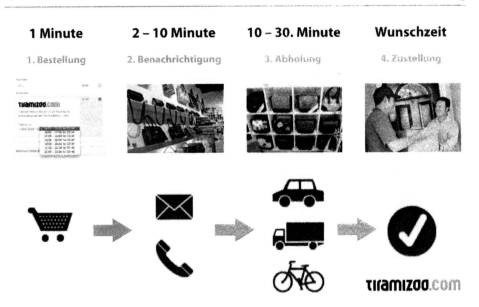

Abb. 7 Durch Plattformen wie tiramizoo werden lokale Lieferdienste zur schnellen Auslieferung koordiniert (tiramizoo 2013)

berücksichtigt, außerdem ist die Plattform technologisch mit allen gängigen Warenwirtschafts- und ERP-Systemen kompatibel. Der UK Multi-Channel-Händler *Argos*, der sich, wie beschrieben auf einem sehr erfolgreichen Multi-Channel-Wachstumspfad befindet, nutzt Shutl als Kooperationspartner (Argos 2012). Mit Shutl wird es möglich, Produkte innerhalb weniger Stunden oder sogar Minuten dem Kunden zukommen zu lassen und somit den *Next day delivery*-Standards von Amazon und Co. die Stirn zu bieten.

Bedarfsweckung über mobile Kundenadressierung Konsumenten sind durch das Smartphone theoretisch jederzeit adressierbar. Erfolgreich werden Anbieter mit ihren Strategien zur Bedarfsweckung jedoch nur sein, wenn sie relevante, zielgruppenspezifische Angebote formulieren, die den detaillierten Interessen ihrer Kunden entsprechen. Dies können Gutscheine, Rabatte, besondere Produkte oder auch Serviceangebote, wie z. B. eine Fachberatung sein, oder Angebote, die einen sehr engen Zusammenhang zum konkreten Bedürfnis der Kunden haben (z. B. Urlaubsvorbereitung, Schwangerschaft). Im günstigsten Fall wird ein Bezug zu der aktuellen Situation des Kunden hergestellt, der zeitlich, örtlich oder anlassbezogen sein kann. Befinden sich Kunden also in der Nähe des Ladens, so ist es sinnvoll sie per SMS, Email oder Voicemessage mit einem personalisierten Angebot zu adressieren und ihnen beispielsweise einen Rabatt auf eine passende Produktkategorie anzubieten. Aufgrund der sofortigen Verfügbarkeit und der örtlichen Nähe, ist es sehr wahrscheinlich, dass viele Kunden den Laden aufsuchen werden. Diese als *Geo-Fencing* bekannte Aktivierungsmethode erfordert einen vorher stattgefundenen *opt-in*-Prozess, bei dem der Kunde seine Daten für die mobile Kontaktaufnahme freigegeben hat.

Sollen Menschen kontaktiert werden, die in der Nähe sind, jedoch noch keine Zustimmung zu einer konkreten Ansprache gegeben haben, so ist es möglich, mobile lokale Werbung zu platzieren, wie es beispielsweise Radcarpet anbietet.

Location-basiertes Advertising – Radcarpet Mobile Advertising ermöglicht es, potenzielle Kunden auf mobilen Endgeräten zu erreichen und Werbebotschaften kontextuell auszuspielen. Der Konsument kann beispielsweise basierend auf seinen GPS-Daten zielgenau durch Mobile Advertising von Händlern in seiner unmittelbaren Nähe angesprochen werden. Radcarpet ist eine Advertising-Plattform, die sich auf dieses Segment spezialisiert hat. Der Werbedienstleister baut zurzeit ein Netzwerk von reichweitenstarken Verlagen auf (bislang u. a. Bild), über deren mobile Angebote ortsbasierte Werbeanzeigen geschaltet werden können. Der Leser der Bild-App erhält bspw. ein Banner eingeblendet, auf dem Starbucks den Kauf eines Getränks in der 300 Meter entfernten Filiale bewirbt. Klickt der Kunde auf das Banner in der Bild-App, wird er auf eine kampagnenindividualisierte Landingpage mit klarem Handlungsaufruf geleitet. So wird er bspw. aufgefordert, eine Kartenansicht aufzurufen, einen Rückruf anzufordern oder eine SMS bzw. Email zu versenden. Der Werbetreibende bezahlt für die Anzeige erst, wenn eine dieser Handlungen erfolgt ist. Die verfügbaren Werbeplätze erwerben Unternehmen in einem an Google angelehnten Echtzeit-Auktionsverfahren (Real Time Bidding).

Nach eigenen Angaben kann Radcarpet die Aussteuerung der Anzeigen auf bis zu 10 Meter genau um eine Filiale herum justieren. Durch die lokale Relevanz der Werbeanzeige soll sich die Wirkung stark verbessern. In einem Test des Unternehmens mit 8 Millionen Werbemittelkontakten stieg die Interaktionsrate um 50 Prozent, wenn das Werbemittel die Angabe „Noch 200 Meter entfernt" enthielt. (Eisenbrand 2012).

Die Lösung von Radcarpet bietet Unternehmen die Möglichkeit, Kunden in Transferräumen auf ihr Angebot aufmerksam zu machen und kontextbasiert zu einem Besuch anzuregen. Die Relevanz solcher Anzeigen kann insbesondere dann noch gesteigert werden, wenn nicht nur Aufenthaltsort, sondern auch rezipierter Inhalt des mobilen Angebotes bei der Konzeption der Werbeanzeige bedacht wird. So nutzte z. B. die Brauerei Blue Moon in den USA das mobile Angebot des Kinobetreibers Fandango, um Kinobesucher noch vor ihrem Besuch auf die Möglichkeit aufmerksam zu machen, einen Drink in einer ihrer Bars in nächster Nähe einzunehmen (Johnson 2012). Kontext und Nähe werden damit in Zukunft ein wichtiges Instrument der Kundenadressierung, insbesondere von Spontankäufern sein.

3.3 Empfehlungen über soziale Netzwerke – Qype, Foursquare, Instagram, Facebook

Da Empfehlungen von anderen Konsumenten die höchste Glaubwürdigkeit im Kaufprozess genießen, ist es sinnvoll intensiv Bewertungs- und Social-Media-Plattformen für die Kundenadressierung zu nutzen. Die Attraktivität der sozialen Netzwerke liegt neben der Authentizität der Anwendermeinungen, in dem digitalen Verbreitungsmechanismus, der vormals nicht existent war. Jeder Anwender, der eine Meinung, ein Foto, ein Video oder eine Produktempfehlung *postet*, erreicht damit sein gesamtes Netzwerk und schafft die Möglichkeit der *viralen Verbreitung*, also die Weitergabe der Information von Nutzer zu Nutzer.

Das größte Bewertungsportal in Deutschland in Bezug zum lokalen Handel stellt zur Zeit Qype dar. Qype verzeichnet ca. 7,5 Millionen Besucher im Monat und liefert Bewertungen zu Restaurants, Bars, Läden, lokalen Dienstleistungen und Ärzten (Qype 2012). Es ist möglich das eigene Profil zu pflegen, Daten, wie Fotos, Öffnungszeiten etc. zu ergänzen und auf Bewertungen zu antworten. Zusätzlich können stationär Anreize gesetzt werden, damit Kunden weitere Bewertungen abgeben, wie z. B. ein Hinweis auf dem Kassenzettel oder Aufkleber im Verkaufsraum. Wenn es gelingt, die Email-Adresse der Kunden über attraktive Kundenbindungsmaßnahmen und Loyalitätsvorteile zu registrieren, dann können über Email-Marketing weitere Anstöße zur Bewertung in sozialen Netzwerken gesetzt werden.

Neben Bewertungsplattformen wie Qype entstehen für Smartphone-Nutzer immer mehr Location-Based-Netzwerke, bei denen der Kunde *Einchecken* kann, wie z. B. bei Facebook, Twitter, Instagram, Google + und Foursquare. Alle bieten ihren Nutzern die Möglichkeit entweder einen direkten Check-in durchzuführen, oder den veröffentlichten Inhalt mit einem Geo-Tag (Ortsangabe) zu versehen und immer mehr Nutzer machen von den Features Gebrauch (Firsching 2012). Mit dem Check-in zeigt der Anwender seinem Netzwerk an, wo er sich befindet und kann diese Information meist noch mit Kommentaren, Bewertungen oder Fotos der Lokalität ergänzen. Das Check-in ist eine kleinere Dateneinheit als die Bewertung. Es kann schneller abgegeben und damit schneller in größerer Zahl gesammelt werden. Mittlerweile kann z. B. Foursquare über eine Milliarde Check-ins weltweit verzeichnen (Weiss 2011). Foursquare bietet sehr differenzierte Instrumente, um Kunden lokal zu adressieren oder über Anreizsysteme und Rewards auch zu binden. Foursquare vereint mittlerweile 20 Millionen Nutzer weltweit und ca. 750 000 angeschlossene Unternehmen. Das Unternehmen zeigt damit ein rasantes Wachstum, da im Jahr 2011 lediglich ca. 7 Millionen Nutzer registriert waren (Schott 2012). Foursquare integriert durch offene Systemschnittstellen viele attraktive Zusatzinhalte in seine Produkte und schafft auf Basis der gesammelten Daten Anwendungen, welche die geosoziale und lokale Suche auf die nächste Ebene heben. So ist bspw. *Foursquare Explore* eine web-basierte personalisierte Suchmaschine, mit der Nutzer beliebige Anbieter, inkl. Tipps, Fotos und Bewertungen an beliebigen Orten suchen können. Für Deutschland lässt sich feststellen, dass noch relativ wenige Unternehmensangebote auf Foursquare vorhanden sind. Zwar gibt es vereinzelt Check-in-Deals, doch selbst in Großstädten wie Berlin sind nur sehr wenige Foursquare Specials verfügbar. Zudem handelt es sich meist um nicht wirklich attraktive Angebote.

Die Weitergabe der geographischen Position, so genannte Geo-Tags, sind vor allem bei jüngeren Nutzern beliebt und werden zukünftig eine immer größere Rolle spielen, wenn Unternehmen in ortsbasierte Kampagnen einsteigen, um die Chancen der Smartphone-Nutzung im Laden für sich zu heben. Insbesondere das Verbreiten und Geo-taggen von Fotos über Location-Based-Netzwerke wie *Foodspotting* oder *Instagram* zeigen große Wachstumsraten. Instagram wurde im letzten Jahr für eine Milliarde US-Dollar von Facebook übernommen und kann weltweit ca. 100 Millionen registrierte Nutzer aufweisen, von denen ca. 11 Millionen täglich aktiv sind (Kirch 2012).

Für Deutschland auch relevant sind Aktionen und Kampagnen über Facebook. Facebook verfügt über weltweit eine Milliarde Nutzer und 25 Millionen Anwender in Deutschland, von denen die Hälfte täglich aktiv ist (Buggisch 2013). Geeignet sind insofern Aktionen über Facebook, die Nutzer dazu bewegen ihren Aufenthaltsort mitzuteilen und ggf. über ihr Einkaufserlebnis oder ihren Produktkauf zu berichten.

3.4 Echtzeitangebote und Yield Management – Groupon Now, Hotel Tonight

Die mobile orts- und zeitabhängige Adressierung von Kunden ermöglicht die Platzierung von Angeboten, die die momentane Auslastung oder den Lagerbestand berücksichtigt. So schafft z. B. Groupon mit seiner Mobile App, *Groupon Now*, diese Möglichkeit.

Groupon Now Das Groupon-Geschäftsmodell basiert auf dem Vermarkten von täglichen Angeboten mit Rabatten von 50–70 Prozent auf Produkte und Services von Geschäften einer Stadt. Grundsätzlich bietet Groupon damit lokalen Händlern eine Online-Plattform mit hoher Reichweite, um eine lokale Zielgruppe anzusprechen und diese über Einsteigerangebote als Neukunden zu gewinnen. Die Deals erhalten über den großen Email-Verteiler von Groupon und über die Verbreitung in sozialen Netzwerken eine hohe Sichtbarkeit. Im Jahr 2011 hat Groupon seinen Dienst erweitert und in den USA Groupon Now gelauncht, eine mobile Deal-Plattform mit Location-Based-Service-Ansatz. Nutzer der Groupon Now App erhalten standortbezogene Echtzeitangebote, die in der nächsten Umgebung angezeigt werden (vgl. Abb. 8). Somit schafft die App Inspiration für Nutzungsanlässe, wie z. B. Einkauf, Wellness, Essen und Sport. Auch wenn Groupon immer wieder wegen mangelhafter Durchführung der Deals und hoher Provisionen, die Händler abgeben müssen, in der Kritik steht, bietet das Geschäftsmodell für den Stationärhandel grundsätzlich neue Chancen im Lokalmarketing. Händler erhalten mit dem mobilen Location-Based-Couponing-Angebot die Möglichkeit, ihre klassische Zielgruppe der *Laufkundschaft* zu erweitern. Mit dem mobilen Couponing-Service kann auch die Person in der übernächsten Querstraße erreicht werden und einen Anreiz für einen Besuch noch am gleichen Tag erhalten. Das Besondere an *Groupon Now* ist der Echtzeitaspekt. Händler haben die Möglichkeit, Angebote ad hoc und nur für ein paar Stunden am Tag einzustellen und können so ihre Auslastung bzw. ihr Yield Management optimieren. Hat ein Friseur beispielsweise nachmittags noch freie Termine, kann er über die App spontane Kunden

Abb. 8 Mobile Anwendungen wie Groupon Now ermöglichen Angebote in Echtzeit und ortsspezifisch (Groupon 2013)

ansprechen, die gerade Zeit haben und sich in der Nähe befinden. Mobile Angebote haben hohe strategische Relevanz für Groupon. In den USA erfolgt über die Hälfte des Traffics über mobile Endgeräte und im April 2012 wurden bereits 30 Prozent der Transaktionen mobil durchgeführt (Walsh 2012).

In den USA erhöht Groupon die Reichweite seiner Echtzeitangebote noch über eine Kooperation mit der Location-Based-Service-Plattform *Foursquare*. Die Groupon-Now-Angebote werden bei Foursquare in den dort genannten *Specials* mit angezeigt. In Deutschland ist der Echtzeitdienst offiziell noch nicht aktiv. Händler können über das Merchant Center allerdings heute schon Echtzeitangebote schalten, die laut Groupon minutengenau ausgesteuert werden können. Über eine strategische Partnerschaft mit der Telekom soll die mobile Reichweite der Plattform auch in Deutschland vergrößert werden (Telekom 2013).

Die Möglichkeit von Echtzeitangeboten und somit auslastungsorientierter Preisgestaltung wird zukünftig von weiteren Anbietern in innovativen Geschäftsmodellen oder Marketingtools umgesetzt werden. *Hotel Tonight* und *Jetsetter* z. B. zeigen für Hotelkunden attraktive Lösungen, indem lastminute gebuchte Hotels zu sensationell günstigen Preisen angeboten werden. *resmio*, ein soziales Reservierungssystem für Restaurants, ermöglicht Yield Management im Gastronomie-Bereich, um mehr Gäste zu Zeiten niedriger Auslastung zu gewinnen und so Erträge zu erhöhen.

3.5 Stärkung der stationären Vorteile mit Hilfe von Instore-Anwendungen

Die Kundenadressierung über mobile Devices und die Verfügbarmachung von lokalen Sortimenten über Online-offline-Kanalverknüpfungen erhöhen die Kundenfrequenz in den Stationärshops. Die volle Ausschöpfung der Potenziale kann jedoch nur erfolgen, wenn die Anbieter die Kundenerwartung am *Point of Sale* bestmöglich erfüllen. Daher gilt es, ein inspirierendes Multi-Channel-Einkaufserlebnis, mit guter Beratung und unkomplizierten Prozessen zu schaffen.

Globetrotter ist derzeit ein beeindruckender Best-Practice-Case für Instore-Anwendungen und zeigt, wie eine ausgewogene Multi-Channel-Strategie die Stärken einzelner Kanäle ausnutzt und verbindet. Die Kunden werden dazu angehalten mit der Globetrotter-Mobile-App Barcodes zu scannen, um detaillierte Produktinformationen und Kundenbewertungen abzurufen. Das Smartphone wird zum digitalen Kundenberater und Kundenbindungsinstrument. Daneben publiziert Globetrotter einen Katalog mit einer Auflage von 1,2 Millionen Exemplaren, der sowohl online als auch über die Mobile App verfügbar ist. Die Vernetzung des digitalen Katalogs ist gut gelungen. Produktbewertungen und zusätzliche Detailbeschreibungen sowie die Anbindung an soziale Netzwerke sind aus der Browseransicht genauso intuitiv zugänglich wie beim Stöbern in der App. Außerdem betreibt Globetrotter den Web-TV Sender 4-seasons.tv. Die Produkte aus den Sendungen können oft direkt aus dem Video in den Warenkorb gelegt werden. Zusätzlich bietet Globetrotter über die eigene Outdoor-Community auf 4-seasons.de ein umfangreiches Portal an, über das Kunden untereinander aber auch mit Experten kommunizieren können (dgroup 2012b).

Die Smartphone-Nutzung im Laden findet bei Globetrotter genauso statt, wie bei anderen Anbietern. Globetrotter fördert sie sogar durch mobile Apps, mit denen Produktinformationen abgerufen werden können. Hierdurch wird eine integrierte Alternative zu externen Preisvergleichs-Apps geboten und Globetrotter hält die Kunden innerhalb des eigenen Ökosystems. *Showrooming* und Abwandern von Kunden zu andern Anbietern wird dadurch stärker verhindert. Diese Strategie verfolgen zunehmend auch andere innovative Stationärhändler, wie z. B. Lowe's, die weltweit zweitgrößte Baumarktkette. Mit über 1.700 Filialen in den USA und Kanada bedient Lowe's jede Woche mehr als 14 Millionen Kunden. Lowe's mobile App ermöglicht das Scannen des Produktbarcodes im Baumarkt und liefert als Ergebnis Produktinformationen, Anwendungstipps, Kundenbewertungen und sogar Cross-Selling-Angebote mit Produkten von umliegenden Läden. Lowe's erreicht ein starkes Engagement der Kunden mit der eigenen Produktwelt, sodass die Kunden viel seltener einen mobilen Suchprozess bei Amazon oder Google durchführen (Reilly 2012).

Eines der größten Probleme im Stationärhandel besteht in der eingeschränkten Sortimentsauswahl, aufgrund begrenzter Flächenkapazität. Durch eine geschickte Kanalverknüpfung lässt sich in den Läden eine *digitale Regalverlängerung* herstellen. Über Terminals oder auch Tablet-Anwendungen können größere Sortimente aus dem eigenen Online-Shop gezeigt werden. Sehr gute Erfahrungen machen Anbieter, wie *Apple* oder *Nordstrom*, die ihr Verkaufspersonal mit iPads ausstatten und damit den Service für Kunden deutlich verbessern. Mit diesen Geräten können die Filialmitarbeiter nicht nur weitere Größen, Farben und Zusatzprodukte heraussuchen und in den Laden oder direkt zum Kunden nach Hause liefern lassen, sondern auch den Zahlungsprozess darüber abwickeln. Lange nervenaufreibende Schlangen vor den Filialkassen gehören somit der Vergangenheit an. Technologische Innovationen dieser Art werden zukünftig vermehrt im Stationärhandel Einzug halten, um das Einkaufserlebnis noch komfortabler und einfacher zu gestalten.

4 Zusammenfassung und Ausblick

Die Digitalisierung hat den Handel verändert. Innovative Online-Anbieter greifen etablierte Geschäftskonzepte an und sichern sich immer größere Umsatzanteile. Die Online-Kanalvorteile sind für viele Kunden relevant und nicht mehr wegzudenken. Durch die entstandene Transparenz des Marktes ist die Notwendigkeit für alle Anbieter gegeben, differenzierte Leistungsversprechen zu entwickeln. In der Folge sind die Kundenerwartungen in allen Kanälen gestiegen und hohe Service- und Convenience-Anforderungen sind zum Standard geworden.

Moderne technikaffine Kunden sind mit ihrem Smartphone *always on* und können sich somit zu jeder Zeit ins Internet verlängern. Entsprechend wirken soziale Vernetzung und Empfehlungsprozesse zunehmend auf Kaufsituationen ein und sind wichtige Einflussfaktoren für die Kundenentscheidung. Aufgrund der Vielfalt von alternativen Angeboten sucht der Kunde immer stärker nach personalisierten, passgenauen Informationen und Produkten. Getrieben durch diese Entwicklungen ergeben sich folgende Anforderungen und Chancen für den stationären Handel:

- Neue lokale Kommunikations- bzw. Transaktionsstätten werden erschlossen. Durch die internetfähigen mobilen Geräte sind Kunden an jedem Ort zu jeder Zeit in der Lage eine Produktrecherche durchzuführen oder einen Kauf abzuschließen. Anbieter werden daher auch offline in Transferräumen (U-Bahn, Bus, Konzertarena) vermehrt verfügbar sein und z. B. über Plakatwände mit QR-Codes ihre Produkte zum Kauf anbieten, wie es Tesco in Südkorea mit den U-Bahn-Supermarkt-Wänden erstmals gezeigt hat.
- Anbieter adressieren Kunden zunehmend über mobile Anwendungen, wie Apps oder Aggregatorenplattformen, und bieten somit kontextuelle und lokale Relevanz, die zu weniger Streuverlusten bei der Zielgruppenadressierung führt.
- Lokale Sortimente werden über Markplatzanwendungen, wie Milo (eBay) online verfügbar gemacht. Hier ist anzunehmen, dass auch Google eine große Rolle spielen wird, indem Produkt-Verfügbarkeitsdaten systematisch in die lokale Suche integriert werden.
- Für digitale Konsumenten werden mobile und stationär attraktive Angebote aufgebaut. Coupons und Rabatte werden mobile über Apps oder Plattformen, wie *Kaufda* bzw. *Groupon* verfügbar gemacht. Instore liefern technologische Lösungen, wie z. B.

Shopkick die Möglichkeit personalisierte Angebote an die Smartphones der Kunden auszusenden, bzw. Kundendaten zu gewinnen.

- Kundendaten werden in allen Kanälen systematisch erfasst, um moderne integrierte Kundenbindungssysteme aufzubauen, die nicht kanalzentriert, sondern kundenzentriert aufgesetzt sind und ein personalisiertes Kundenerlebnis ermöglichen.
- Die Einbeziehung von Social Media erfolgt in allen Kanälen. Produktbewertungen und Empfehlungen werden verfügbar gemacht. Anbieter schaffen vermehrt Anreizsysteme für ihre Kunden, um auf sozialen Netzwerken, wie Facebook, Qype oder Foursquare eine stärkere Verbreitung zu finden.
- Das Einkauferlebnis in vielen Stationärgeschäften wird zunehmend attraktiver. Läden werden Event- und Erlebnisraum und Händler qualifizieren ihr Verkaufspersonal zu Fach- und Styleberatern. Technologische Innovationen, wie digitale Info-Displays, mobile Zahlungsmöglichkeiten oder Instore-Navigations-Anwendungen erhöhen den Komfort des stationären Einkaufs zusätzlich.
- Durch eine geschickte Kanalverknüpfung, z. B. über den Einsatz von Tablets, Infoterminals, QR-Codes an Regalen, Instore-Apps etc. werden Online-Vorteile (große Produktauswahl, Produktinformationen, Kundenempfehlungen etc.) am Point of Sale zunehmend verfügbar gemacht.
- Über etablierte und innovative Logistikanbieter, wie *Shutl*, wird es für den stationären Handel möglich, dem Kunden die Produkte in kürzester Zeit zu liefern. Diese Möglichkeit bildet für den Stationärhandel einen wichtigen strategischen Eckpfeiler, um sich im Wettbewerb mit den Online-Pure-Playern zu behaupten. Denn die Lieferzeiten der Online-Anbieter reduzieren sich fortschreitend. Amazon baut zusätzliche Logistikzentren auf, um Same-Day-Delivery anzubieten und diese Entwicklung wird die Kundenaffinität zum Online-Distanzhandel weiter erhöhen.

Anbieter werden ihre Kanäle stärker verknüpfen, deren spezifische Vorteile schärfen und den Kunden ein integriertes, barrierefreies Multi-Channel-Erlebnis bieten.

Literatur

Accenture, & GfK (Hrsg.). (2010). *Non-Food Multichannel-Handel 2015; Vom Krieg der Kanäle zur Multichannel-Synergie*. Verfügbar unter: http://www.gfk.com/imperia/md/content/presse/press emeldungen2010/accenture_gfk_mc_studie.pdf. Zugegriffen: 9. Jan 2013.

Aquino, C., & Radwanick, S. (2012). *2012 Mobile Future in Focus*. Verfügbar unter: http://www.c omscore.com/Insights/Presentations_and_Whitepapers/2012/2012_Mobile_Future_in_Focus. Zugegriffen: 8. Jan 2013.

Argos (2012). *What is shutl?* In argosshutl.co.uk [Online]. Verfügbar unter: https://www.argosshutl. co.uk/faqs. Zugegriffen: 4. Jan 2013.

Brohan, M., (2012). *Nordstrom doubles up on the web*. In internetretailer.com [Online]. Verfügbar unter: http://www.internetretailer.com/2012/02/20/nordtrom-doubles-web. Zugegriffen: 21. Dez 2012.

Buggisch, C. (2013). *Social Media Nutzerzahlen in Deutschland – Update 2013*. In buggisch.wordpress.com [Online]. Verfügbar unter: http://buggisch.wordpress.com/2013/01/0 2/social-media-nutzerzahlen-in-deutschland-update-2013/. Zugegriffen: 5. Jan 2013.

BVDW (Hrsg.). (2012). OVK online-report 2012/01. Verfügbar unter: http://www.ovk.de/fileadmin/downloads/ovk/ovk-report/OVK_Report2012_1_Web.pdf. Zugegriffen: 26. Dez 2012.
Charlton, G. (2012). *E-commerce consumer reviews: Why you need them and how to use them.* In econsultancy.com [Online]. Verfügbar unter: http://econsultancy.com/de/blog/9366-e-commerce-consumer-reviews-why-you-need-them-and-how-to-use-them. Zugegriffen: 21. Dez 2012.
dgroup (Hrsg.). (2012a). *Im Test: Click & Collect von Karstadt.* In institut.diligenz.de [Online]. Verfügbar unter: http://d-lab.com/2012/12/im-test-clickcollect-von-karstadt/. Zugegriffen: 21. Dez 2012.
dgroup (Hrsg.). (2012b). *Multichannel: Perspektiven für den Stationärhandel.* Best Practice: Globetrotter. Verfügbar unter: http://d-lab.com/wp-content/uploads/2012/12/diligenZ_Group_ePaper_Multichannel_Dez20121.pdf. Zugegriffen: 21. Dez 2012.
EHI, & KPMG (Hrsg.). (2012). *Consumer Markets. Trends im Handel 2020.* Verfügbar unter: http://www.kpmg.de/docs/20120418-Trends-im-Handel-2020.pdf. Zugegriffen: 23. Dez 2012.
Eisenbrand, R. (2012). *Radcarpet zeigt Entfernung zur Filiale in mobilem Banner an.* In onetoone.de [Online]. Verfügbar unter: http://www.onetoone.de/Radcarpet-zeigt-Entfernung-zur-Filiale-in-mobilem-Banner-an-22001.html. Zugegriffen: 23. Dez 2012.
Firsching, J. (2012). *Geo-Tags auf dem Vormarsch – Immer mehr Content enthält Ortsinformationen.* In futurebiz.com [Online]. Verfügbar unter: http://www.futurebiz.de/artikel/geo-tags-auf-dem-vormarsch-immer-mehr-content-enthalt-ortsinformationen/. Zugegriffen: 17. Dez 2012.
Gerling, M. (2012). *Goldrausch 2.0: Online-Handel und Mobile-Commerce überschätzt?* In ehi.org [Online]. Verfügbar unter: http://www.ehi.org/presse/lifeehi/detailanzeige/article/goldrausch-20.html. Zugegriffen: 09. Jan 2013.
Globetrotter (2013). *Pressebilder.* In globetrotter.de [Online]. Verfügbar unter: http://www.globetrotter.de/de/wir/presse/index.php?part=Pressebilder. Zugegriffen: 9. Jan 2013.
Google, & Ipsos OTX MediaCT (2011). *The mobile movement – Understanding smartphone users.* Verfügbar unter: http://www.gstatic.com/ads/research/en/2011_TheMobileMovement.pdf. Zugegriffen: 27. Dez 2012.
Google, & Ipsos OTX MediaCT (2012). Unser mobiler Planet: Deutschland. In services.google.com [Online]. Verfügbar unter: http://services.google.com/fh/files/blogs/our_mobile_planet_germany_de.pdf. Zugegriffen: 2. Jan 2013.
Groupon (2013). *Introducing Groupon Now! auf YouTube* [Online]. Verfügbar unter: http://youtu.be/Vgk1YfInZoM. Zugegriffen: 21. Jan 2013.
Heinemann, G. (2013). *Online-Handel 2012 weiter auf Kosten des stationären Einzelhandels gewachsen.* In hs-niederrhein.de [Online]. Verfügbar unter: http://www.hs-niederrhein.de/news/news-detailseite/online-handel-2012-weiter-auf-kosten-des-stationaren-einzelhandels-gewachsen-6692. Zugegriffen: 21. Jan 2013.
Hofmann, A. (2012). *Radcarpet startet mit Location-based-Advertising.* In gruenderszene.de [Online]. Verfügbar unter: http://www.gruenderszene.de/news/radcarpet-location-based-advertising. Zugegriffen: 23. Dez 2012.
InternetRetailing (Hrsg.). (2012a). *Three-channel shoppers spend more than twice as much with Sainsbury's.* In internetretailing.net [Online]. Verfügbar unter: http://internetretailing.net/2012/11/three-channel-shoppers-spend-more-than-twice-as-much-with-sainsburys/. Zugegriffen: 21. Dez 2012.
InternetRetailing (Hrsg.). (2012b) *Argos to 'redefine multichannel shopping' in transformation plan.* In internetretailing.net [Online]. Verfügbar unter: http://internetretailing.net/2012/10/argos-to-redefine-multichannel-shopping-in-transformation-plan/. Zugegriffen: 21. Dez 2012.
Internetworld (2012). *Beta-Test zu Same-Day-Delivery mit stationären Händlern.* In internetworld.de [Online]. Verfügbar unter: http://www.internetworld.de/Nachrichten/E-Commerce/Dienstleistungen/eBay-forciert-Local-Shopping-Beta-Test-zu-Same-Day-Delivery-mit-stationaeren-Haendlern-68310.html. Zugegriffen: 23. Dez 2012.

Johnson, L. (2012). *Blue Moon spearheads location, context via mobile ads.* In mobilemarketer.com [Online]. Verfügbar unter: http://www.mobilemarketer.com/cms/news/advertising/13202.html. Zugegriffen: 24. Dez 2012.

Kessler, S. (2011). *eBay takes local shopping mobile.* In mashable.com [Online]. Verfügbar unter: http://mashable.com/2011/06/16/ebay-milo-app/. Zugegriffen: 3. Dez 2012.

Kirch, N. (2012). *Instagram hat 100 Millionen registrierte Nutzer – aktive Nutzer wachsen exorbitant.* In socialmediastatistik.de [Online]. Verfügbar unter: http://www.socialmediastatistik.de/instagram-hat-100-millionen-registrierte-nutzer-aktive-nutzer-wachsen-exorbitant/. Zugegriffen: 5. Jan 2013.

L2 (Hrsg.). (2012). *L2 Digital IQ Index – Specialty Retail.* In l2thinktank.com [Online]. Verfügbar unter: http://www.l2thinktank.com/research/specialty-retail-2012. Zugegriffen: 21. Dez 2012.

Marine Software (Hrsg.). (2012). *The state of mobile search advertising in the US. How the emergence of smartphones and tablets changes paid search.* In marinsoftware.com [Online]. Verfügbar unter: http://www.marinsoftware.com/downloads/mobile_search_us2012_marin.pdf. Zugegriffen: 27. Dez 2012.

OC&C Strategy Consultants (Hrsg.). (2011). *Kanal Total – Kundenbasierte Strategien im Multi-Channel-Handel.* Verfügbar unter: http://www.atmedia.at/red/dateien/17846_Kanal_total_2011.pdf. Zugegriffen: 20. Dez 2012.

OC&C Strategy Consultants (Hrsg.). (2012) *Stationäre Eiszeit. Wie Online-Anbieter die Handelslandschaft verändern. Der OC&C-Proposition-Index 2012.* Verfügbar unter: http://www.atmedia.at/red/dateien/46959_OCC-Proposition-Index_2012.pdf. Zugegriffen: 20. Dez 2012.

Qype (Hrsg.). (2012). *Über Qype.* In qype.com [Online]. Verfügbar unter: http://www.qype.com/business_pitch/what_we_do. Zugegriffen: 20. Dez 2012.

Reilly, B. (2012). *Lowe's mobile app is worth writing home about.* In econsultancy.com [Online]. Verfügbar unter: http://econsultancy.com/de/blog/10666-lowe-s-mobile-app-is-worth-writing-home-about. Zugegriffen: 2. Jan 2013.

Rigby, D. (2012). Die Zukunft des Einkaufens. In *Harvard Business Manager* (März 2012, S. 22–35). Harvard Business Publishing.

Ringel, T. (2011). *SoLoMo – Die Social Local Mobile Bewegung.* In marketing-boerse.de [Online]. Verfügbar unter: http://www.marketing-boerse.de/Fachartikel/details/SoLoMo-%96-Die-Social-Local-Mobile-Bewegung/33255. Zugegriffen: 19. Dez 2012.

Schott, R. (2012). *Foursquare marketing: Tools for brands looking to tap in to check-ins.* In searchenginewatch.com [Online]. Verfügbar unter: http://searchenginewatch.com/article/2170860/Foursquare-Marketing-Tools-for-Brands-Looking-to-Tap-in-to-Check-ins. Zugegriffen: 6. Jan 2013.

Singh, S. (2012). *Google 'Messed Up' With Google+, Instagram Is 'Phenomenal'.* In mashable.com [Online]. Verfügbar unter: http://mashable.com/2012/05/12/shiv-signh-pepsi-interview/. Zugegriffen: 5. Jan 2013.

Telekom (Hrsg.). (2013). *Telekom and Groupon form strategic partnership to accelerate local commerce offerings across Europe.* In telekom.com [Online]. Verfügbar unter: http://www.telekom.com/media/company/99368. Zugegriffen: 4. Jan 2013.

tiramizoo (2013). *Unternehmensvorstellung.* In tiramizoo.com [Online]. Verfügbar unter: https://www.tiramizoo.com/docs/tiramizoo_teaser_deutsch.pdf. Zugegriffen: 21. Jan 2013.

Walsh, M. (2012). *Mobile traffic tops desktop for Groupon, LivingSocial.* In mediapost.com [Online]. Verfügbar unter: http://www.mediapost.com/publications/article/181460/mobile-traffic-tops-desktop-for-groupon-livingsoc.html#axzz2H0BflZsu. Zugegriffen: 4. Jan 2013.

Weiss, M. (2011). *Foursquare ist auf dem Weg zur ersten großen mobilen Plattform.* In neunetz.com [Online]. Verfügbar unter: http://www.neunetz.com/2011/11/16/foursquare-ist-auf-dem-weg-zur-ersten-grossen-mobilen-plattform/. Zugegriffen: 10. Nov 2012.

Über die Autorin

Kathrin Haug Dipl. Volkswirtin, studierte VWL an den Universitäten in Berkeley (USA), Wien und der Westfälischen-Wilhelms-Universität in Münster. Sie war Mitgründerin der Multimedia-Agentur infoMedia, die E-Commerce und eMarketing-Projekte für diverse große Markenunternehmen, wie beispielsweise die Aral AG, IKEA oder Lufthansa umsetzte. Kathrin Haug war anschließend drei Jahre bei der Thyssen Telekom AG als Geschäftsführerin für die Xtend New Media tätig und wechselte dann in den Vorstand der AllaboutMedia AG, einem von ihr mitgegründeten Beteiligungsunternehmen. Kathrin Haug ist geschäftsführende Gesellschafterin der mindwyse GmbH und realisiert hier Online- und E-Commerce-Projekte für diverse Marken-, Handels- und Mittelstandskunden, wie beispielsweise Otto, tesa oder bonprix. Kathrin Haug ist als Expertin, Moderatorin und Referentin bei diversen Konferenzen (AdTech, Internetworld, OnLine Handel, Online Marketing Gipfel, Mobile Gipfel, Social Media Conference, Neocom, Payment World etc.) und schult Führungskräfte zum Thema Digitale Potenziale und Multi-Channel.

Zukunftsvision Retail – Hat der Handel eine Daseinsberechtigung?

Mathias Gehrckens und Thorsten Boersma

Zusammenfassung

Der gesamte Handel verändert sich durch die Digitalisierung fundamental, der Wettbewerbsdruck steigt zunehmend und es tauchen immer neue und innovative Marktteilnehmer auf. In mittlerweile fast 20 Jahren ist im E-Commerce eine hohe Professionalisierung/Spezialisierung entstanden. Damit ist der reine Online-Shop heute zur Commodity geworden. Erst durch die konsequente Weiterentwicklung und Professionalisierung aller Funktionen, Prozesse und Systeme lässt sich heute Web-Exzellenz erreichen und ein USP innerhalb der einzelnen Strategieebenen umsetzen. Mittel- und langfristig werden sich nur die Händler durchsetzen, die unabhängig vom Vertriebskanal, die digitalen Anforderungen an ihre Strategie annehmen und beherrschen: Die extern mehrere vom Kunden wahrgenommene einzigartige Nutzenversprechen bieten, welche intern exzellent umgesetzt werden. Egal ob lokale oder internationale Unternehmen, egal ob Stationär- oder Online-Händler, egal ob Pure Player oder Multi-Channler: Nur wer sowohl die externen als auch die internen Erfolgsfaktoren des neuen, transformierten Handels meistert, kann zukünftig weiter wachsen und Erfolg haben, nur wer einen rigorosen Kundenfokus praktiziert, kann in Zukunft noch „handeln". Der Handel muss sich selbst hinterfragen, dabei sind Zielgruppe, Geschäftsmodell, Sortiment, Kommunikation, Kundenerlebnis und Multi-Channel-Ansätze von höchster Bedeutung.

M. Gehrckens (✉)
diligenZ management consulting GmbH, Schwerinstraße 22, 40477 Düsseldorf, Deutschland
e-mail: m.gehrckens@diligenz.de

T. Boersma
diligenZ management consulting GmbH, Große Elbstraße 279, 22767 Hamburg, Deutschland
e-mail: t.boersma@diligenz.de

Inhaltsverzeichnis

1   Digitalisierung treibt die Transformation im Handel 52
    1.1   Ausgangssituation des Handels 52
    1.2   Beschreibung der Wettbewerbsarena 52
    1.3   Verändertes Kaufverhalten 53
    1.4   Wertschöpfung im Wandel 55
    1.5   Zwischenfazit 56
2   In Zukunft noch *handeln* können 58
    2.1   Externe Strategiedimensionen und Erfolgsfaktoren im Handel 58
    2.2   Key-Enabler und interne Erfolgsfaktoren – Elemente für den Handel 67
    2.3   Exemplarisches Vorgehensmodell 70
3   Auswirkungen auf die Zukunft des stationären Handels antizipieren 71
Literatur 73

1 Digitalisierung treibt die Transformation im Handel

1.1 Ausgangssituation des Handels

Das Wettbewerbsumfeld für den Handel hat sich in den letzten Jahren dramatisch gewandelt. Auch hat eine Verschiebung innerhalb der Handelsformate stattgefunden. Der Online-Handel inklusive Mobile-Commerce hat sich neben dem Stationär- und Kataloghandel etabliert und gewinnt von Jahr zu Jahr weiter Marktanteile zu Lasten der anderen Absatzkanäle. Darüber hinaus ist der traditionelle Fachhandel durch die zunehmende Vertikalisierung nahezu von der Bildfläche verschwunden. Nun treibt die Digitalisierung seit einigen Jahren einen neuen noch viel tief greifenderen Veränderungsprozess der globalen Handelslandschaft. Die Digitalisierung schafft nicht nur neue Wettbewerbsformen sondern sie verändert auch das Informations- und Einkaufsverhalten der Kunden. Die ursprünglich integrierte Wertschöpfungskette wird im Rahmen dieses Transformationsprozesses entkoppelt und die früher gebündelte, klassische Handelsmarge wird auf die verschiedenen Wertschöpfungselemente neu verteilt.

1.2 Beschreibung der Wettbewerbsarena

Neben den Handelsformaten, die um die Gunst des Kunden kämpfen, dringen zusätzliche und neue Marktteilnehmer in die klassische Wertschöpfung des Handels ein. Zu ihnen gehören die vorgelagerten Marktteilnehmer wie zum Beispiel die Markenartikelhersteller, die Zugangsanbieter im Internet (z. B. Suchmaschinen wie Google oder soziale Netzwerke wie Facebook) sowie die vielen digitalen Absatzmittler. Als digitale Absatzmittler haben beispielsweise Preis- und Produktsuchmaschinen wie Idealo oder guenstiger.de, Infomediäre wie die Social-Shopping-Plattformen Polyvore oder STYLIGHT, Empfehlungs-Engines/-Plattformen wie Last.FM oder Moviepilot einzelne Wertschöpfungsstufen übernommen.

Im *Handel* selbst erhöht sich der Wettbewerb zwischen den klassischen stationären Händlern und Versandhandelsanbietern wie z. B. Mediamarkt-Saturn oder Otto und den Internet Pure Players (IPPs) wie z. B. Redcoon, Amazon oder Zalando. Zusätzlich konkurrieren Makler, wie z. B. eBay verstärkt mit dem traditionellen Handel.

Außerdem entstehen durch diesen Wettbewerb wie auch durch neue Technologien insbesondere als Reaktion des traditionellen Handels auf die IPPs neue Spielformen, wie z. B. *Multi-Channel Händler* mit hoher Integration ihrer Kanäle. Hervorragende Beispiele sind hierbei vor allem englische oder amerikanische Händler wie z. B. Tesco, Wal Mart, Macy's oder Debenham. Sie alle haben es mehr oder weniger geschafft, ihre Vertriebskanäle und Kundenkontaktpunkte so miteinander zu verzahnen, dass der Kunde sich flexibel zwischen den Kanälen hin und her bewegen kann. Er wird hier in der Kundenkommunikation kanalübergreifend mit klaren und einheitlichen Botschaften versorgt. Dieses gelang durch eine Neugestaltung ihrer Prozesse und Systeme aber auch durch eine Anpassung der Organisations- und Verantwortungsstruktur sowie durch einen kulturellen Bewusstseinswandel.

Neben einer wachsenden Wettbewerbsintensität durch neue Handelsformate verstärkt die Digitalisierung den Wettbewerbsdruck auch durch zunehmende *Internationalisierung* und Cross-Border Angebote im Internethandel. So versenden bspw. Asos, Yoox oder Net-A-Porter/Mr. Porter weltweit aus zentralen Lägern und sind überdurchschnittlich stark gewachsen. Gleichzeitig sind sie damit zu sehr ernst zu nehmenden Konkurrenten für den deutschen Fashion-Handel geworden.

Die *Zugangsanbieter* im Internet nutzen ihre Technologie- und Datenhoheit und den damit verbundenen hohen Einfluss auf das Angebot von Waren und Dienstleistungen zur Erweiterung ihrer Wertschöpfung. Dabei ist ihr Einfluss heute schon besonders groß auf die klassischen Handelsfunktionen „Information und Beratung", „Zusammenstellung von Sortimenten" sowie „Verbund-Dienstleistungen" und wird sich zukünftig z. B. durch das Angebot eigener Zahlsystemangebote und Check-out Funktionalitäten auch auf die Wertschöpfungselemente „Finanzielle Transaktion" ausweiten.

Die *digitalen Absatzmittler* übernehmen schon heute einige wichtige Teile der klassischen Sortiments- und Beratungs- sowie Informationsfunktion des Handels und zeigen erste Tendenzen, analog zu digitalen Marktplätzen, mittels eigener Zahlungs- und Check-out-Funktionalitäten auch die Transaktionsfunktion in Angriff zu nehmen.

1.3 Verändertes Kaufverhalten

Das allgemeine Kundenverhalten hat sich in den letzten Jahren stark verändert. Zunächst hat der Konsument den aus dem Stationär- bzw. traditionellen Versandhandel gelernten Kaufprozess mit einer starken Orientierung an Einkaufsstätten bzw. Händlermarken auf das Internet übertragen. Das zentrale Interesse des Kunden ist es entweder Inspiration oder ein Produkt zu finden, das seine Bedürfnisse am besten befriedigt. Im Stationärhandel hat ein Händler dann eine hohe Relevanz für den Kunden, wenn er dem Kunden dabei hilft, schnell und einfach die Auswahl des richtigen Produkts zu treffen und wenn er dem Kunden dieses Produkt zu einem akzeptablen Preis zur Verfügung stellen kann.

Da diese Funktion früher erfolgreich der Handel für den Kunden übernommen und damit den Nutzen des Kunden optimiert hat, lag auch die Wertschöpfung überwiegend im Handel. Beschaffung, Vorauswahl, Beratung etc. fand im Handel statt, weshalb der Handel den Profit nicht teilen musste.

Die Händlerauswahl lag in der Regel vor der Produktauswahl und der Point of Sale war für die meisten Kunden automatisch der Point of Decision. Davon profitiert haben traditionell insbesondere Händler mit einer starken, etablierten Marke.

Die Digitalisierung hat den Kaufprozess verändert und die Wertschöpfungskette des Handels modularisiert. Die digitalen Absatzmittler haben detaillierte Produktinformationen, Testberichte oder auch Produktbewertungen durch andere Kunden so geschickt vernetzt und aufbereitet, dass sie den Produktauswahl- und Kaufentscheidungsprozess des Kunden besser unterstützen als die traditionellen Beratungsansätze des Handels. Aber auch hinsichtlich emotionaler Kaufmotive findet der Kunde im Internet Orientierung, da er Informationen über die Akzeptanz und Beliebtheit von Produkten innerhalb seiner Peer Group, z. B. in sozialen Netzwerken, findet und somit Sicherheit bei der Kaufentscheidung erhält, da er mit dem Kauf eines Produkts Gruppenzugehörigkeit signalisieren bzw. sich der Akzeptanz seiner Kaufentscheidung in seinem sozialen Umfeld sicherer sein kann. Durch neue soziale Plattformen, wie z. B. Pinterest, verändert sich die Art, wie Online-Nutzer in Sortimenten stöbern und Inspirationen über Neuigkeiten und Trends erhalten (vgl. Abb. 1).

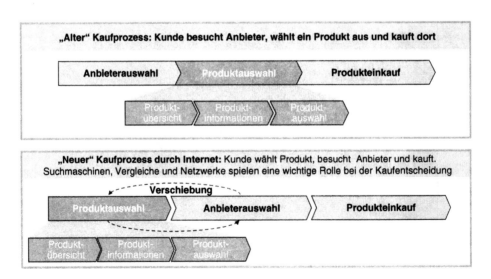

Abb. 1 Verändertes Online-Kaufverhalten. *Quelle* (dgroup 2012)

Im Gegensatz zum Point of Sale gewinnt der Point of Decision im gesamten Kaufentscheidungsprozess stark an Bedeutung. Die Kaufentscheidung fällt produktbezogen, die Händlerauswahl erfolgt zunehmend faktenbasiert über Erreichbarkeit, Preis, Verfügbarkeit und Service. Das Auffinden der richtigen Information bietet dem Kunden den größten Nutzen und wird zum wertvollsten Teil der Wertschöpfungskette. Hierfür ist keine direkte Kundenbeziehung notwendig und durch die zunehmende Verbreitung von Smartphones gepaart mit der steigenden Nutzung schneller, mobiler Internetverbindungen (UMTS, HSPA+, LTE usw.) wird die richtige Information überall sofort auffindbar – auch noch vor dem Regal im stationären Handel!

1.4 Wertschöpfung im Wandel

Durch die Entkopplung der Wertschöpfungskette haben Handelsunternehmen wesentliche wertschöpfende Aktivitäten in allen Funktionen – insbesondere in den Kernfunktionen des Sortiments- und Informationsmanagements – verloren:

- Infomediäre haben häufig höhere Sortimentskompetenz
- Makler bieten über Longtail *unendlich* große Auswahl
- Empfehlungs-Engines liefern individuelle 1:1-Empfehlungen
- Preis- und Produktsuchmaschinen bieten Beratung
- Soziale Netzwerke bündeln Meinungen und Empfehlungen.

Damit hat der Handel seine dominierende Rolle und seine Alleinstellungsmerkmale ebenfalls verloren. Durch diese stark reduzierte Rolle des Handels verliert dieser für den Kunden an Relevanz und die Kundenbindung geht zurück. Folglich reduziert sich auch die Zahlungsbereitschaft des Kunden. Für eine nicht mehr wahrgenommene Wertschöpfung ist dieser nicht mehr bereit zu zahlen. Falls hierfür trotzdem Aufwände in die Preiskalkulation einfließen, wird der klassische Handel den Pure-Online-Anbietern im Wettbewerb deutlich unterlegen sein und weiterhin Marktanteile verlieren.

Die Profite des Handels resultierten aus einer ursprünglich integrierten Wertschöpfungskette, welche für den Kunden in jeder einzelnen Stufe relevant war. Sie schuf somit einen Nutzen, für den der Kunde zu zahlen bereit war. Verteilt sich diese Wertschöpfung online auf unterschiedliche Akteure, dann verteilen sich auch die damit verbundenen Profite. Damit nehmen die Wertschöpfungstiefe des Handels sowie auch die durchsetzbaren Margen ab. Aber auch Markteintrittsbarrieren sinken. Der Markteintritt wird für kleine oder branchenfremde Wettbewerber deutlich erleichtert.

Dieser Wandel betrifft zwangsläufig und irreversibel den stationären Handel gleichermaßen. Bisher scheint noch nicht klar, auf welchen Stufen der Wertschöpfungskette sich der traditionelle Handel in Zukunft profitabel bewegen kann (vgl. Abb. 2).

Abb. 2 Wertschöpfungskette des Handels. *Quelle* (in Anlehnung an Peters et al. 2008)

1.5 Zwischenfazit

Diese explosive Mischung aus unterschiedlichen Marktteilnehmern im Wettbewerb um Kunden und die klassische Handelsmarge wirft die Frage nach den potenziellen Gewinnern des laufenden Transformationsprozesses und der zukünftigen Daseinsberechtigung des Handels auf. Durch Positionierung in den ersten Kaufphasen sind Gate-Keeper entstanden. Professionelle Onliner aus allen Wertschöpfungsstufen haben bereits auf die Veränderungen des Kaufverhaltens reagiert und sich konsequent vertikal entlang der Wertschöpfungskette weiterentwickelt. Zu nennen sind Markenartikler wie Apple, Zugangsanbieter wie Google und Online-Händler wie Amazon. Sie haben viele relevante Funktionalitäten der jeweils anderen Spezies in ihr Angebotsrepertoire mit aufgenommen. Alle drei weisen inzwischen eine starke Präsenz in den ersten Kaufphasen auf und können damit eine entscheidende Gate-Keeper-Funktion für den E-Commerce übernehmen. Sie befriedigen die zentralen Bedürfnisse des Kunden beim Einkauf, indem sie Nutzer bei der Auswahl des am besten zu ihren Bedürfnissen passenden Produkts sowie bei der Auswahl des geeigneten Händlers unterstützen. Amazon ist hier sicher die absolute Benchmark im Handel. In den USA zeigen erste Studien, dass Amazon bei der Online-Produktsuche im Internet Google bereits in 30 Prozent der Fälle von Platz 1 verdrängt hat. Somit hat Amazon – als einer der wenigen Internethändler – selbst die Gate-Keeper-Funktion übernommen und damit Google sowie auch viele der digitalen Absatzmittler auf die Plätze verwiesen (Forrester 2012).

Eine erfolgreiche Positionierung für Händler im Wettbewerb kann nur noch über absolute Kundenrelevanz erfolgen. Wie sich in den vorherigen Kapiteln gezeigt hat, ist im Handel eine enorme, grenzüberschreitende Wettbewerbsdynamik entstanden, die sich z.Zt. insbesondere im Online-Handel manifestiert. Dieser disruptive Handelsvirus hat seit geraumer Zeit auch den Kataloghandel befallen und bereits viele ehemals erfolgreiche Akteure, wie z. B. Quelle oder Neckermann, in die Insolvenz getrieben. Dieser

Virus hat auch den stationären Handel nicht verschont und bereits etliche Opfer (im Buchhandel, bei Reisebüros etc.) gefordert und wird die Brick-And-Mortar-Händler innerhalb der nächsten Monate und Jahre auch vollends infizieren. Nicht nur, dass der Flagship-Store im Zentrum oder die Boutique um die Ecke gegeneinander um die Gunst der Kunden ringen. Nein, sie rivalisieren sowohl mit internationalen Goliaths als auch mit unzähligen nationalen und internationalen Davids. Zusätzlich dirigieren zunehmend Gate-Keeper die Aufmerksamkeit der Kunden und vielfältige Spezialisten helfen den Kunden, indem sie gezielt bei der Inspiration und der Befriedigung der unterschiedlichen Kundenbedürfnisse einen relevanten Nutzen schaffen und damit zusätzlich den Kaufprozess kanalisieren. Auch in diesem extrem schwierigen Wettbewerb ist eine erfolgreiche Positionierung durch einen rigorosen Kundenfokus möglich. Dem Händler muss es gelingen, sich in einer, für den Kunden relevanten Dimension mit einem klaren Mehrwert zu positionieren. Diese für den Kunden relevanten Dimensionen stellen zugleich die bedeutsamen strategischen Ebenen im Kampf um Marktanteile dar – diese Dimensionen/Ebenen werden im Folgenden unterschieden: Zielgruppe/Geschäftsmodell, Sortiment, Kundenerlebnis, Multi-Channel und Kommunikation/Kundeninteraktion. Erfolgreiche Online-Shops differenzieren sich bereits heute dadurch, dass sie nicht einen USP sondern mehrere USPs innerhalb dieser strategischen Ebenen einnehmen. Nur die Händler werden langfristig überleben und wachsen, deren Alleinstellungsmerkmal darin besteht, dass sie dem Kunden in mehreren Dimensionen ein einzigartiges Nutzenversprechen präsentieren und erfüllen.

Genauso wie die industrielle Revolution zu einem folgenschweren und dauerhaften Wandel von wirtschaftlichen/sozialen Verhältnissen sowie von Arbeits- und Lebensbedingungen geführt hat, werden auch die disruptiven Innovationen der Digitalisierung radikale Auswirkungen haben. Die industrielle Revolution führte zu einer stark beschleunigten Entwicklung von Technik, Produktivität und Wissenschaften. Die disruptive Digitalisierung wird grundlegende Veränderungen von Technologien, gesellschaftlichen Paradigmen und der gesamten Wirtschaft nach sich ziehen. Revolutionäre, digitale Innovationen haben bereits eine Vielzahl kundenorientierter Branchen verändert: Downloads haben die westliche Buch- und Musik-Industrie innerhalb von wenigen Jahren umgekrempelt. Kolossale Veränderungen kennzeichnen die Reise-Industrie: vom Reisebüro zu Direct-to-Customer-Online-Buchungs-Plattformen. In vielen Branchen transformieren digitale Entwicklungen den Markt – während Kodak, Quelle und Nokia straucheln oder gar stürzen, entwickeln sich Instagram, Amazon oder Apple zu neuen Marktführern oder gar zum wertvollsten Unternehmen der Welt. Im Rahmen der Industrialisierung wurde die Herstellung von Waren in vielen Bereichen standardisiert, so dass diese effektiver und produktiver als im traditionellen Handwerk erfolgen konnte. Gleichzeitig war durch diese Standardisierung eine weitverbreitete Grundlage geschaffen, die durch Spezialisierung und Professionalisierung weiter konsequent optimiert werden konnte und somit einen völlig neuartigen Wettbewerb für traditionelle Handwerker bedeutete. Eine ähnlich schwerwiegende und weitreichende Bedeutung, wie die Industrialisierung für das traditionelle Handwerk hatte, haben das

Internet im Allgemeinen und der Online-Handel im Besonderen für den traditionellen Handel. Während insbesondere der stationäre (Non-Food-)Handel seit Jahrhunderten ähnlich tickt und funktioniert, führt die disruptive Kraft des E-Commerce zu einer Transformation des Handels.

In mittlerweile fast 20 Jahren ist im E-Commerce – analog zur Industrialisierung – eine hohe Professionalisierung sowie Spezialisierung entstanden. Damit ist der reine Online-Shop heute zur Commodity geworden. Erst durch die konsequente Weiterentwicklung und Professionalisierung aller Funktionen, Prozesse und Systeme lässt sich heute Web-Exzellenz erreichen und ein USP innerhalb der einzelnen Strategieebenen umsetzen. Gleichzeitig verändern sich durch die hohe Transparenz und Vergleichbarkeit im Online-Handel die Kundenerwartungen – sie wachsen viel schneller: Was gestern noch begeistert hat, kann oftmals heute nur noch Kundenzufriedenheit erzeugen. Es ist ein Trugschluss, wenn Händler glauben, dass sie in diesem Wettbewerb durch Standard-Online-Shops und Multi-Channel-Lösungen bestehen können. Mittel- und langfristig werden sich nur die Händler durchsetzen, die unabhängig vom Vertriebskanal, die digitalen Anforderungen an ihre Strategie annehmen und beherrschen (Boersma 2010). Zudem müssen sie extern mehrere vom Kunden wahrgenommene einzigartige Nutzenversprechen bieten, welche intern exzellent umgesetzt werden. Nur wer sowohl die externen als auch die internen Erfolgsfaktoren des neuen, transformierten Handels meistert, kann zukünftig weiter wachsen und Erfolg haben, kann in Zukunft noch *handeln*.

2 In Zukunft noch *handeln* können

2.1 Externe Strategiedimensionen und Erfolgsfaktoren im Handel

2.1.1 Einleitung und Übersicht

Auf jeder der zuvor beschriebenen strategischen Ebenen lassen sich verschiedene Erfolgsfaktoren identifizieren (vgl. Abb. 3).

Im Folgenden wird anhand von ausgewählten Beispielen aufgezeigt, wie sich innerhalb der einzelnen Strategieebenen aus Kundensicht relevante Positionierungen erzielen lassen.

2.1.2 Zielgruppe/Geschäftsmodell

In der Dimension Zielgruppe/Geschäftsmodell ist es entscheidend, dass das Handelsunternehmen explizite Entscheidungen trifft, welche Zielgruppe primär angesprochen werden soll und welches Geschäftsmodell damit verbunden ist.

Zielgruppe In der Vergangenheit war für viele Händler eine genaue Auswahl sowie eine exakte Adressierung und Ansprache einer konkreten Zielgruppe gar nicht notwendig oder möglich. Insbesondere stationär erfolgte durch den lokalen Standort

Strategieebene	Erfolgsfaktoren
Zielgruppe/Geschäftsmodell	- Zielgruppenfokus - Geschäftsmodelloptionen
Sortiment	- Sortimentsbreite/-tiefe - Marken - Aktualität - Preis
Kundenerlebnis	- Front-End/Online-Shop - Kundeneinbindung - Service
Multi-Channel	- Multi-Channel-Integration - Mobile
Kommunikation	- Branding - On-Site-Marketing - Off-Site-Marketing/Social Media

Abb. 3 Externe Strategieebenen und Erfolgsfaktoren. *Quelle* (dgroup 2012)

sowie durch die Ladengestaltung und die Sortimentsauswahl etc. in den meisten Fällen eine eher implizite Zielgruppenauswahl. Heute hingegen lassen sich im Internet ganz gezielt einzelne Zielgruppen adressieren. Wodurch die Frage in den Vordergrund tritt, welche Segmentierung der potenziellen Käufer eigentlich heute zu einer erfolgreichen Zielgruppendefinition führt.

Lebensentwürfe, Werte und Ziele der einzelnen Individuen sind heute so vielfältig, dass soziodemografische Zielgruppenbetrachtungen und eindimensionale Zielgruppenmodelle i.d.R. nicht mehr ausreichen, das Kundenverhalten zu verstehen. Stattdessen ist ein übergeordnetes System grundlegender und konsumrelevanter Wertorientierungen, in dem sich Bevölkerungsgruppen mit jeweils spezifischen Weltanschauungen, Überzeugungen, Kaufgewohnheiten und Kommunikationsverhalten zu charakteristischen Lebensstilen verdichten, hilfreich, um überhaupt eine Zielgruppe definieren zu können (Peichl 2009). Im Bereich Fashion sind hier bspw. die Consumer Styles der GfK oder das Zielgruppensystem der HML Modemarketing nützlich (vgl. Abb. 4).

Sobald der Händler ein Modell gefunden hat, das es erlaubt eine entsprechende Zielgruppendefinition vorzunehmen, gilt es im Anschluss die entsprechenden Marktpotenziale zu ermitteln und in den nachgelagerten Strategieebenen relevante zielgruppenspezifische Mehrwerte zu identifizieren.

Eine aus Kundensicht relevante Positionierung kann im Wesentlichen zwei unterschiedliche Ausprägungen haben:

1. *Special Shop:* Das Special-Shop-Konzept setzt den Fokus als Zielgruppenspezialist, der Marktsegmente mit spitzen und entsprechend sehr passfähigen Konzepten adressiert. Ein gutes Beispiel für einen Special Shop im Bereich Fashion/Lifestyle ist der britische Online-Händler Asos, der international überaus erfolgreich wächst und dabei

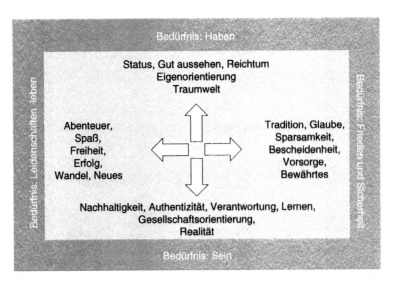

Abb. 4 Beispiel Wertorientierungen und Konsumtreiber bei GfK Consumer Styles. *Quelle* (in Anlehnung an Peichl 2009)

ganz klar auf eine Zielgruppe fokussiert ist. Die Zielgruppe von Asos lässt sich nach Modegrad und Anspruchsniveau eindeutig als Trendy/Mainstream identifizieren. Nur 15 Prozent oder weniger der angebotenen Artikel liegen in den arrondierenden Zielgruppensegmenten. Trendy/Mainstream sind (junge) Frauen und Männer, die Modetrends begeistert mitmachen. Jung bis provokant, pflegen sie einen spielerischen Umgang mit der Mode. Mode und Preis haben dabei Vorrang vor Qualität. Mithilfe einer genauen Beschreibung dieser Zielgruppe lassen sich Positionierung, Sortiment, Ansprache, Look & Feel des Online-Shops etc. soweit wie möglich optimieren. Ein weiteres Beispiel für einen erfolgreichen Special Shop sind Net-a-Porter (DOB) bzw. Mr. Porter (HAKA), welche sich ganz klar im obersten Premiumbereich positionieren und damit sehr erfolgreich sind. Ein wesentlicher USP bei Special- Shop-Konzepten ist die richtige Vorauswahl des Sortiments, das ideal zu den Bedürfnissen der (Online-)Zielgruppe passen muss. Eine Extremform des Special Shops ist das Curated Shopping, hierbei bietet der Händler eine handverlesene Auswahl an Produkten an, welche sich an Geschmack und Bedürfnissen des einzelnen Kunden orientieren.

2. *Category Killer:* Im Vergleich zum Special Shop hat das Category-Killer-Konzept einen komplett gegensätzlichen Ansatz. Ein Category Killer verkauft Waren/Leistungen in einer oderwenigen Produktkategorie(n) in – idealtypisch – endloser Artikeltiefe (*Longtail*) je Kategorie. In der extremsten Form ist die Vision eines Category Killers, die von Jeff Bezos: "Build a place where people can find and discover anything they want to buy online and endeavor to offer customers the lowest possible prices". Angesprochen werden Online-Käufer welche die größtmögliche Auswahl suchen. Dieses Konzept bietet weniger Inspirationen, sondern zielt

auf bedarfsdeckende Käufer ab. Normalerweise ist auch in den nachfolgenden Strategieebenen die Positionierung konsequent hieran ausgerichtet. Weitere Beispiele für eine solche Ausrichtung sind z. B. Globetrotter für Outdoor-Artikel, Fahrrad.de für alles rund ums Fahrrad, notebooksbilliger.de oder Zappos/Zalando. Ein solches Konzept ist erst seit dem Entstehen des Online-Handels möglich. Sowohl im stationären Handel als auch im klassischen Versandhandel sind Sortimentsumfang und Anzahl der Artikel beschränkt. Verkaufs- und Katalogflächen sind stets ein limitierender Faktor. Neben den eher physikalischen Beschränkungen der Angebotsflächen, würde ein zu großes Angebot den Kunden im klassischen Handel zusätzlich überfordern, da er den Überblick verlieren würde. Im E-Commerce hingegen ist die Anzahl der Sortimente und Artikel nicht beschränkt und somit ist, bei geringen Grenzkosten, ein nahezu unbegrenztes Sortiment möglich. Zusätzlich lassen sich Nischenprodukte (*Longtail*) mit geringer Nachfrage rentabel anbieten und eröffnen dem Händler sogar höhere Margen als preissensitive Bestseller. Dadurch kann ein Category Killer im Online-Shopping eine für den Handel völlig neue Angebotsvielfalt bereitstellen, die auch im stationären Handel bisher nur begrenzt verfügbar war.

Geschäftsmodell Untrennbar verknüpft mit der Frage nach dem Zielgruppenfokus, ist die Frage nach der konkreten Ausprägung des Geschäftsmodells. Auch die Festlegung des Geschäftsmodells ist eine grundlegende Fragestellung, in der sich ein Händler ganz gezielt positionieren kann. Dabei ist eine bewusste Entscheidung über Leistungsversprechen sowie über das Wertschöpfungs- und Ertragsmodell zu treffen. Allein für den Handel lassen sich online bis zu 20 verschiedene relevante Geschäftsmodelle unterscheiden, welche alle ihre eigene, spezifische Ausrichtung haben (vgl. Abb. 5). So differenzieren sich Private-Shopping-Modelle wie Vente Privée deutlich von Live–Shopping-Anbietern wie z. B. Woot!. Oder Re-Commerce-Modelle à la gazelle.com unterscheiden sich von Shopping-Abo-Modellen wie jewelmint.com oder von Rental Services wie renttherunway.com. Auch hier zeigt sich die Professionalisierung des Handels dadurch, dass in dem vorhandenen Optionenraum eine gezielte Entscheidung getroffen wird, welche hinsichtlich ihrer Auswirkungen auf alle anderen strategischen Dimensionen orchestriert ist.

2.1.3 Sortiment

Die nächste wichtige strategische Dimension, in der ein Händler heute einen klaren Mehrwert aus Kundensicht bieten muss, um erfolgreich zu sein, ist das Sortiment. Der Fokus auf eine Zielgruppe/Geschäftsmodell muss hier konsequent den Rahmen vorgeben, nach dem die Positionierung im Sortiment erfolgt. So brauchen z. B. Special Shops genau die Marken und Styles sowie das Aktualitäts- und Preisniveau, das den Bedürfnissen der Zielgruppe entspricht. Dagegen braucht ein Category Killer tatsächlich in seiner Kategorie oder für seine Zielgruppe das umfangreichste Sortiment. Mindestanforderung ist es für den Händler, seinen USP für den Kunden in den Bereichen Sortimentsbreite/-tiefe, Markenauswahl, Aktualität und Preis zu definieren.

Transaktion	Advertising	Subscription	Community
• Shopping-Portal • Category Killer • Special Shop • Private Shopping • Live Shopping • Mass Customization • Re-Commerce • Shopping-Abos • Social Shopping • Rental Services • Bit Vendor • Auction Broker • Virtueller Marktplatz • Classifieds • Internetshopping Enabler • Shopsystem SaaS	• Suche • Portal • Affiliate Networks • Search Engine Optimization (SEO) • Content/News • Social Bookmarking • Preisvergleiche/ Reviews • Advertising Networks • Incentive Marketing • Mobile Marketing • Behavioural Marketing	• Abo-Services • Peer-to-Peer Services • Service Provider	• Social Networking Services • Empfehlungs- und Wissensportale • Media Sharing • Open Source/ Open Content

			Andere
			• z.B. • Gaming

Abb. 5 Übersicht Online-Geschäftsfelder und -Geschäftsmodelle. *Quelle* (dgroup 2012)

Für Sortimentsbreite/-tiefe z. B. ist abzuleiten, welche Warengruppen das Kernsortiment ausmachen und in welchen Warengruppen die Sortimentsauswahl und -kompetenz besser und höher als bei den Wettbewerbern sein soll. Bei der Markenauswahl erwarten die Kunden von spitzen und breitabdeckenden Konzepten jeweils die relevanten oder gar alle internationalen Marken als Auswahl. Gerade Markenprodukte werden als Anker zur Orientierung in der Angebotsvielfalt immer wichtiger. In sehr vielen Sortimentsbereichen – insbesondere bei Fashion, Consumer Electronics oder Medien – konkurriert jeder Händler mit internationalen Online-Shops, die oftmals weltweit ausliefern und natürlich auch ein weltweit interessantes Sortiment anbieten.

Gerade im Bereich Sortiment zeigt sich, dass ein Paradigmenwechsel notwendig ist. Früher kannte der Einkäufer eines Stationärhändlers seine Kunden und musste bzgl. seines Sortiments nur in einem Radius von einigen wenigen Kilometern die beste oder größte Auswahl für seine Zielgruppe haben. In diesem Kontext war es auch legitim, dass der Einkäufer eine Vorselektion getroffen hat. Dies trifft so heute nicht mehr zu. Der Kunde ist durch seine Online-Erfahrung in Foren, Blogs, sozialen Netzwerken, Special-Interest-Seiten oder Online-Shops oftmals vielmehr up to date, was die aktuellsten Trends und Entwicklungen in dem für ihn interessanten Sortiment angeht. Das hat zur Folge, dass der Einkäufer als Category Manager ganz anders agieren muss. So verändern sich Datenquellen für die Sortimentsplanung und -steuerung, Tools sowie Schwerpunkte der täglichen Arbeit signifikant.

Ähnlich sieht es hinsichtlich der Aktualität des Sortiments aus. In Zeiten von extrem beschleunigten Sortimentszyklen – z. B. durch Vertikalisierung mit integrierten flexiblen Prozessen in Entwicklung, Produktion und Vertrieb – erwartet der Online-Käufer auch stationär täglich eine neue Welt. Vor allem, wenn neue Produkte auf den Markt kommen, dann hat der Händler die Nase vorne, der diese Produkte gleich zum Marktstart anbieten kann. Dies erfordert exzellente Prozesse, die es z. B. ermöglichen, Produkte, sobald sie im Lager eingehen, in den Content-Produktionsprozess einzuschleusen und somit sicherzustellen, dass diese Artikel innerhalb von wenigen Stunden online sind.

Eine ähnlich starke Veränderung beeinflusst die Preispositionierung des Händlers im heutigen Wettbewerb. Insbesondere der große Erfolg von Privat Shopping oder Couponing-Anbietern beeinflusst die Erwartungen preissensitiver Kunden. Nur die regelmäßige Wettbewerbsbeobachtung aller relevanten Online-Händler, welche die gleichen Kernsortimente oder Marken anbieten, ermöglicht eine bewusste Preispositionierung bzgl. Sale-Preisen, Einstiegspreislagen etc. für stationäre Anbieter. Wenn ein Anbieter wie Amazon bei jedem neuen Prospekt von Media Markt die Preise angleicht und auch sonst völlig dynamisch und fast in Real-Time sein Pricing an den Wettbewerb anpasst, dann wird die Wettbewerbsposition des lokalen Anbieters entschieden geschwächt.

2.1.4 Kundenerlebnis

Das Kundenerlebnis ist eine weitere sehr wichtige Säule, um sich im Wettbewerb zu positionieren. Das Kundenerlebnis umfasst grob betrachtet Angebotspräsentation, Beratung, Kundeneinbindung und Service. Bezogen auf das Kundenerlebnis in einem Online-Shop lassen sich folgende Dimensionen und Elemente unterscheiden (vgl. Abb. 6).

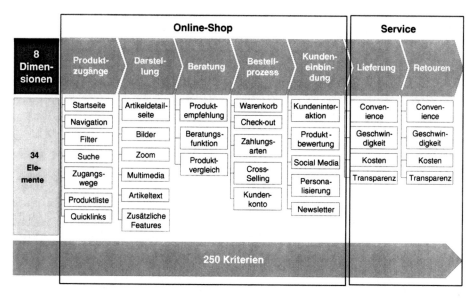

Abb. 6 dgroup Framework Kundenerlebnis. *Quelle* (dgroup 2012)

Hinsichtlich jeder Dimension und jedem Element in der Abb. 6 gilt es eine Soll-Positionierung festzulegen, die gleichzeitig geeignet ist, den Kunden zu begeistern und auf Anforderungen aus Zielgruppe, Geschäftsmodell und Sortiment einzugehen. Folgende Beispiele zeigen, wie Händler relevanten Kundennutzen im Kundenerlebnis schaffen können.

Beispiel Inspirationen und emotionale Ansprache Gerade bei Fashion- und Lifestyle-Sortimenten und insbesondere bei trendigen oder modernen Zielgruppen sind Inspirationen und emotionale Ansprache wichtig. Dies lässt sich z. B. durch viele unterschiedliche Produktzugänge erzielen. Online-Fashion-Shops wie REVOLVEclothing.com, Asos oder Net-A-Porter.com bieten insgesamt viele unterschiedliche Zugangswege ins Sortiment. Zu nennen sind On-Site-Maßnahmen, Blogs/Magazine, Newsletter etc. über Themen wie Styles/Looks, Trends, Trageanlässe (z. B. Vatertag, Hochzeit), Starstyles, *Seen on* etc. Die besonderen Ausprägungen des Kundenerlebnisses hängen von der jeweiligen Positionierung hinsichtlich Sortiment und Geschäftsmodell ab. Bei Category Killern ist es wesentlich, dass für den Kunden die Komplexität durch entsprechende *Produktzugänge* reduziert wird. Letztendlich will jeder Kunde das Produkt kaufen, das optimal zu seinen Bedürfnissen passt und sich nicht durch hunderte von Artikeln wühlen müssen. Deshalb müssen Produktlisten, Filtermöglichkeiten etc. dem Kunden eine schnelle Orientierung ermöglichen.

Beispiel Produktinformationen Detaillierte Produktinformationen sind das A und O im Online-Handel. Auch hier ist der Content entscheidend. Das gilt nicht bloß für komplexe und erklärungsbedürftige Elektronik-Artikel, sondern insbesondere auch für Mode-Artikel (Boersma 2012a). Umso mehr überrascht es, dass in vielen deutschen Fashion-Online-Shops Leere auf den Artikeldetailseiten herrscht. Viele Online-Händler orientieren sich an den Kleinanzeigenformaten der klassischen Kataloghändler, so als wäre auch online der Platz für Bilder und Texte beschränkt. Drei-Zeiler verraten nur rudimentäre Informationen über den Artikel. Vereinzelte und kleinformatige Bilder vermitteln nur eine Ahnung davon, wie der Artikel tatsächlich aussieht. Details zur Verarbeitung, zum Stil, zu Trageanlässen oder zur Passform fehlen. Vielleicht passt auch das Paradigma dieser traditionellen Händler trotz vorhandener Online-Shops nicht in die heutige Welt des Internets. In aufwändigen Fotoproduktionen – in Miami oder Südafrika – werden die Artikel möglichst verlockend und verkäuferisch in Szene gesetzt. Insofern sollte es nicht verwundern, wenn Online-Käufer diese Artikel enttäuscht zurückschicken, weil die Fotos nicht der Realität entsprechen. Wer im Online-Handel erfolgreich sein will, sollte seine Kunden und deren Zufriedenheit ernst nehmen und nicht durch Artikelbilder und -texte Seifenblasen erzeugen, die beim Öffnen des Paketes sofort zerplatzen. Anhaltender Erfolg im Online-Handel erfordert Wertschätzung der Kunden (vgl. Boersma 2012a).

Beispiel Kundenbindung Im Bereich *Kundeneinbindung* bieten sich ebenfalls viele Themen, in denen sich der Händler klar gegenüber Wettbewerbern differenzieren und mit seinen Kunden in eine intensive Interaktion treten kann. Erst wenn die Kunden auf möglichst viele Arten eingebunden werden und dann auch sichtbar im (Online-)Shop auftreten, wirkt dieser lebendig. Der User-Generated-Content und die Interaktion des Händlers mit dem Kunden verleiht dem Shop eine Seele. Besonders hervorzuheben sind hier z. B. durch den User erstellte Looks/Outfits, d. h. Empfehlungen von zueinander passenden Produkten, die vom User als Produktcollagen erstellt werden. Sie können zur Inspiration der Kunden mit Verwendung eines Style-Editors à la poylvore eingesetzt werden, wie z. B. bei Asos und Free People. Hier können Users mit Hilfe eines einfachen Tools eine Produktcollage aus den Produkten des Shops und bei Asos sogar aus anderen Shops erstellen und damit ihren persönlichen Stil präsentieren. Die Produktcollagen können von anderen Usern mit einem *Gefällt mir* bewertet werden. Bei Asos werden pro Woche mehr als 1.000 dieser so genannten *Outfits* erstellt. Würden diese im Shop ebenfalls auf einer Artikeldetailseite angezeigt, dann würden sie damit zu user-generierten Empfehlungen von kompletten Outfits, welche viel ansprechender und authentischer als die automatisch generierten Empfehlungen von Recommendation-Engines sind.

Beispiel Service Im Bereich *Service* wird oft Amazon insbesondere für Lieferung/Logistik als absoluter Benchmark genannt. Das passt gut zu der Category-Killer-Positionierung bei Zielgruppe/Geschäftsmodell. Bedarfsdeckende Käufe bei einem Category Killer erwarten weniger Inspirationen, dafür mehr Convenience. Die hohe Liefergeschwindigkeit und -zuverlässigkeit, welche bei Amazon i.d.R. ohne Versandkosten geboten wird, setzt zu Recht einen Benchmark, in den Amazon von Jahr zu Jahr sehr viel Geld investiert. Laut dem 10-K SEC Filing hat Amazon weltweit in 2011 den gesamten Lieferservice mit 2,4 Milliarden US-Dollar *gesponsort*. Amazon schreibt dazu: "We expect our net cost of shipping to continue to increase to the extent our customers accept and use our free-shipping offers at an increasing rate, including through membership in Amazon Prime; to the extent our product mix shifts to the electronics and other general merchandise category; to the extent we reduce shipping rates; and to the extent we use more expensive shipping methods. We seek to mitigate costs of shipping over time in part through achieving higher sales volumes, negotiating better terms with our suppliers, and achieving better operating efficiencies. We believe that offering low prices to our customers is fundamental to our future success. One way we offer lower prices is through free-shipping offers, as well as through membership in Amazon Prime" (Amazon 2012). Amazon investiert aber auch darüber hinaus weiter massiv in die Logistik. Zum einen investiert Amazon rigoros in neue Fulfillment-Zentren/Logistikzentren – allein in Deutschland wurde gerade ein weiteres in Rheinberg eingeweiht und zwei weitere sollen 2012 in Koblenz und Pforzheim mit einer Gesamtgröße von ca. 110.000 Quadratmetern eröffnet werden. Aber das ist nicht alles – zusätzlich hat Amazon Kiva Systems für 775 Millionen US-Dollar gekauft. Mit Kiva Systems kann Amazon die Effizienz der Intralogistik steigern und den Wettbewerbsvorsprung weiter ausbauen. Es ist auf jeden Fall beeindruckend, wie massiv amerikanische Online-Händler, die bereits in vielen Fällen als Service-Leader gelten und hinsichtlich Customer

Experience bereits einen klaren Wettbewerbsvorsprung haben, in die Verbesserung ihrer Services/Logistik investieren (Boersma 2012b).

2.1.5 Multi-Channel

Auch in der Verknüpfung der unterschiedlichen Kanäle eines Händlers kann normalerweise ein großer Mehrwert für den Kunden geschaffen werden. Neben den üblichen Maßnahmen *Click & Collect, Return-to-Retail* etc. können auch durch innovative Wege der Multi-Channel-Integration zusätzliche Nutzen für den Kunden geschaffen werden.

Selbst im stationären Handel werden die Empfehlungsprozesse von Facebook integriert. So nutzt Diesel bereits eine interaktive Umkleidekabine im lokalen Shop (FullSIX 2011). Auch Adidas testet in einem Geschäft ein interaktives Schaufenster als virtuelle Einkaufsmöglichkeit. Beim digitalen Window-Shopping mit in Originalgröße abgebildeten Produkten, die via Mobiltelefon gekauft werden können, wird das stationäre Schaufenster mit der digitalen Welt verknüpft. Um ein Produkt zu kaufen, muss der Kunde eine URL über das Smartphone aufrufen. Nach einmaliger Eingabe eines PINs wird er mit dem Warenkorb aus dem interaktiven Schaufenster verbunden. Dort lässt sich der Kauf entweder sofort abschließen oder er kann sich über Social Media und E-Mail mit Freunden darüber austauschen (Adidas 2012). Gerade für Händler, deren Zielgruppe und Geschäftsmodell einen USP bei *Kundeneinbindung* und Kundeninteraktion erfordern, bieten sich in der innovativen Verknüpfung der verschiedenen Kanäle Chancen für den Kunden einen relevanten Mehrwert zu schaffen.

Die exzellente Multi-Channel-Integration ist auch für Händler mit anderen Alleinstellungsmerkmalen ein wichtiger Verstärker. Best-In-Class-Unternehmen geben online und mobil Auskunft über den Warenbestand im Ladengeschäft und ermöglichen das Abholen oder die Rückgabe einer Bestellung im Stationärhandel. Noch einen Schritt weiter gehen z. B. Tesco und Conrad, welche die Filialen auch als dezentrale Lager für den Online-Shop nutzen und – wenige Stunden nach der Bestellung – direkt von hier an den Kunden liefern.

Aber auch im Bereich Multi-Channel ist heute nicht mehr der Händler führend, der möglichst viele oder innovative Lösungen anbietet. Vielmehr geht es darum mit aufeinander abgestimmten Features die Bedürfnisse der Zielgruppe zu treffen und dieser ein einzigartiges Nutzenversprechen zu geben.

2.1.6 Kommunikation

Die bisher beschriebenen strategischen Dimensionen Zielgruppe/Geschäftsmodell, Sortiment, Kundenerlebnis und Multi-Channel sind voneinander abhängig. Die Ausgestaltung der strategischen Ausrichtung folgt i.d.R. dem hierarchischen Prinzip. Defizite auf einer Ebene können z. T. durch eine Steigerung des Aufwands auf der jeweils nächsten Ebene kompensiert werden. Allerdings ist diese Kompensation endlich: Zu große Defizite können nur über Erhöhung des Marketingaufwands ausgeglichen werden. Dieses betrifft sowohl die Traffic-Generierung durch Branding und Off-Site-Marketing/Social Media, als auch die Traffic-Verteilung durch On-Site-Marketing.

2.2 Key-Enabler und interne Erfolgsfaktoren – Elemente für den Handel

Neben einer vom Top-Management getriebenen USP-profilierten Strategie ist es für ein Online- oder Multi-Channel-basiertes Geschäftsmodell unabdingbar, dass die vier internen Elemente Prozesse, Systemlandschaft, Steuerung sowie Organisation und Unternehmenskultur konsequent auf das Online- oder Multi-Channel-Geschäftskonzept abgestimmt sind (vgl. Abb. 7).

Die Gestaltung der *Prozesse* richtet sich am strategisch abgeleiteten USP aus. Aufgrund der schnellen Veränderungsgeschwindigkeiten im Online-Geschäft geht es dabei allerdings nicht mehr um starre, sondern um flexibel auf Änderungen des Markt- und Wettbewerbsumfeldes anpassbare Prozessmodelle (vgl. Abb. 8). Dabei sind für jeden einzelnen Prozess die folgenden Fragen zu beantworten:

- Welches sind die USP-relevanten Prozessausprägungen?
- Was sind die Erfolgsfaktoren zur Umsetzung des angestrebten USPs?
- Welches sind die tatsächlichen Wert- und Kostentreiber des Prozesses?
- Welche Ressourcen und Kompetenzanforderungen sind auf dieser Basis erforderlich?
- Ist der jeweilige Prozess aufgrund seiner strategischen Bedeutung und/oder der vorhandenen bzw. nicht vorhandenen, internen Fähigkeiten abzubilden oder gibt es externe Dienstleister, die diesen Prozess effektiver und effizienter abwickeln können?

Zeit spielt bei Online-Prozessen fast immer eine bedeutende Rolle. Hierbei geht es nicht nur um elementare Dinge wie den *Echtzeitwarenverfügbarkeitsabgleich* zwischen Lager und Shop und die schnelle Kommissionierung von Waren im Lager für die zeitnahe Warenauslieferung, sondern auch um das Anpassen des Seiteninhalts (Sortiment, Werbung, Empfehlungen etc.) anhand der Herkunft und des Klickverhaltens des individuellen Kunden oder die schnelle Warenübernahme von neuen Sortimenten,

Dimensionen	Erfolgsfaktoren
Prozesse	• Flexibilität auf Marktänderungen • schnelle Kommissionierung • Anpassen des Seiteninhalts
Systemlandschaft	• schnelle Einbindung neuer Systeme • Realtime-Schnittstellen • übergreifendes Produkt-Information-Management • Kosten-/Nutzenrelationen
Steuerung	• USP-Positionierung • Execution • Gesamterfolg
Organisation & Unternehmenskultur	• Qualifikation der Mitarbeiter • struktureller Aufbau • Verteilung der Verantwortung

Abb. 7 Key-Enabler und interne Erfolgsfaktoren. *Quelle* (dgroup 2012)

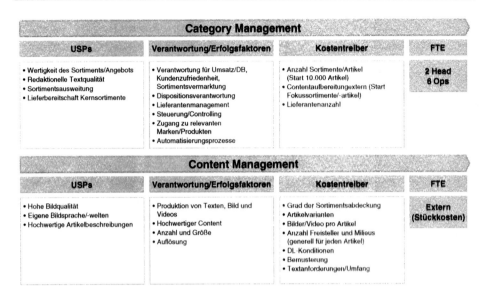

Abb. 8 Beispiel für die Prozesse Category/Content Management. *Quelle* (dgroup 2012)

inklusive Content-Produktion in schnelllebigen Zeiten mit vielen und häufigen Sortimentswechseln.

Die Prozessanforderungen definieren i.d.R. die Herausforderungen an die *Systemlandschaft* und die Systemschnittstellen. Dieses betrifft USP-Support, Flexibilität, Kosten und Zeit. Parallel wachsen diese Herausforderungen durch neue technologische Entwicklungen z. B. in den Bereichen Mobile-Commerce, E-Katalog und Tablets sowie durch die Kanalvernetzungsanforderungen im Multi-Channel-Handel. Die aktuelle Diskussion in diesem Zusammenhang dreht sich daher um die Frage, in wieweit traditionelle IT-Ziel-Infrastrukturen überhaupt noch eine Relevanz haben, weil sie zu starren, langsamen und kostspieligen Denk- und Vorgehensweisen führen. Wichtige Aspekte für die Gestaltung der heutigen Systemlandschaft sind:

- Agilität und Flexibilität für Skalierbarkeit und schnelle Einbindung neuer Systeme
- Realtime-Schnittstellen zwischen Systemlayern zur effizienten und effektiven Prozessunterstützung und für schnelle Reaktionsgeschwindigkeit
- systemneutrale Schnittstellen für flexible Einbindung bzw. Austausch von Drittsystemen
- Einbindungsmöglichkeiten von State-of-the-Art-Standard-Online-Modulen zur kontinuierlichen Front-End-Optimierung
- übergreifendes Produkt-Information-Management zur effizienten Content-Bereitstellung für alle relevanten technologischen Plattformen und Kanäle
- Kosten-/Nutzenrelation und vor allem Geschwindigkeit der Implementierung, der Datenverarbeitung und der späteren Systemanpassung

Im Bereich der *Steuerung* gibt es drei relevante Steuerungsfelder:

- USP-Positionierung (Sortiment, Kundenerlebnis, Marketing)
- Execution (Prozesse, Systeme, Strukturen, Menschen/Qualifikation, Kultur)
- Gesamterfolg

Neben der Diskussion um die richtigen Key Performance Indicators in den jeweiligen Steuerungsbereichen gibt es noch ein viel spannenderes Thema, das aktuell im Zusammenhang mit der Steuerung von Online- und Multi-Channel-Unternehmen viel besprochen wird, nämlich Big Data. Als Big Data werden hier die besonders großen Datenmengen bezeichnet, welche im Bereich des Online- und Multi-Channel-Handels und dem Nutzungsverhalten der Kunden in den unterschiedlichen Kanälen sowie verschiedenen Kunden-Touchpoints anfallen. Diese können nicht oder häufig nur notdürftig mit Hilfe von Standard-Datenbanken und Daten-Management-Tools verarbeitet werden. Schwierig sind dabei insbesondere die Erfassung, Speicherung, Suche, Verteilung, Analyse und visuelle Aufbereitung von großen Datenmengen und die damit verbundenen Kosten und Zeitanforderungen.

Um die Diskussion um Big Data herum sind auch die Schlagworte Business Intelligence und Apache Hadoop sowie Splunk brandaktuell. Während sich das Thema Business Intelligence insbesondere mit der Frage beschäftigt, mit welchen Prozessen und Verfahren und in welcher Organisationsform man den Daten Herr werden kann und welche Entscheidungen auf ihrer Basis zu treffen sind, können Hadoop und Splunk als Schlüsseltechnologien zur Lösung des Datenerfassungs- und -auswertungsproblems angesehen werden. Hadoop ist ein freies, in Java geschriebenes Framework für skalierbare und verteilt arbeitende Software. Es basiert auf dem bekannten MapReduce-Algorithmus von Google sowie auf Vorschlägen des Google-Dateisystems. Es ermöglicht, komplexe Erfassungs-, Auswertungs- und Speicherungsprozesse mit großen Datenmengen (im Petabyte-Bereich) auf Computerclustern durchzuführen. Hadoop macht es also möglich, mit einfacher Standard-Hardware schnell und vor allem auch kostengünstig, die gigantischen Datenmengen intelligent zu verarbeiten. Splunk hingegen ist eine Engine für Computerdaten, welche physisch, virtuell oder in der Cloud generierte Daten erfasst, indiziert, analysiert und in Berichten darstellt.

Die digital/online getriebenen neuen Anforderungen an Prozess- und Systemlandschaften und die Möglichkeiten im Bereich der Steuerung führen zu völlig veränderten Anforderungen an die *Organisation und die Unternehmenskultur*, also insbesondere an Mitarbeiter und deren Qualifikation, den strukturellen Aufbau eines Unternehmens und die Verteilung von Verantwortung. Während die Marktposition und die Handelsmarge von traditionellen Handelsunternehmen insbesondere durch Einkaufs-, Vertriebs- und Marketingexperten und durch kontinuierliche Prozessoptimierung in relativ starren Strukturen definiert wurde, gibt es im Bereich der Online- und Multi-Channel-Unternehmen einen erheblichen Paradigmenwechsel. Technologie ist einer der Haupttreiber der Positionierung und des Unternehmenserfolgs. Einkäufer, Verkäufer und Marketingstäbe müssen „Technologen und

Zahlenmenschen" weichen und werden in Teilen durch intelligente Algorithmensteuerung ersetzt. Während in traditionellen Stationär- bzw. Versandhandelskonzepten aufgrund ihres hohen Reifegrades i.d.R. „Fehlervermeidungs- und Rillenoptimierungskulturen" mit langwierigen und komplexen Entscheidungsprozessen vorherrschten, brauchen Online-Konzepte in ihrem sich ständig und schnell wandelnden Umfeld Flexibilität und Geschwindigkeit sowie eine „Try often and fail fast"- Mentalität. Man sucht im ersten Schritt nicht immer nach der perfekten und alles umfassenden Lösung, sondern bedient sich lieber schneller wiederkehrender Optimierungszyklen. Häufig wird mit Hypothesen getriebenen Testanordnungen und A-B Testings gearbeitet, deren Ergebnisse werden gemessen und dann werden auf Basis dieser Testergebnisse Entscheidungen getroffen. Langjährige funktionale Erfahrung macht aktueller Technologieexpertise und Datenfokussierung Platz, und da fast alles messbar geworden ist und große Teile der klassischen Beratungs- und Servicetätigkeiten im Online-Handel von Systemen ausgeführt werden, sinkt die Abhängigkeit von Herrschaftswissen einzelner Mitarbeiter in vielen Bereichen. Die Geschwindigkeitsanforderungen und die hohe Innovationsrate in der digitalen Wertschöpfungskette führen im Vergleich zum traditionellen Handel zu höherer Arbeitsteilung, zu mehr Outsourcing von Leistungen an externe Experten sowie zu flacheren Hierarchien und stellen dadurch erhebliche Anforderungen hinsichtlich der Qualifikation der Mitarbeiter, an die Kommunikation und die bereichs- und unternehmensübergreifende Zusammenarbeit.

Insgesamt gesehen ist es eine absolute Notwendigkeit, dass in bestehenden traditionellen Handelsorganisationen ein Transformationsprozess und ein kulturelles Change-Programm in Richtung einer online-adäquaten Organisation und Unternehmenskultur eingeleitet wird. Während der Aufbau einer effektiven und effizienten Organisation für ein neues Online-Geschäftsmodell auf der grünen Wiese schon eine echte Aufgabe ist, steigen die Herausforderungen um ein Vielfaches, wenn ein Transformationsprozess in einem bereits etablierten, traditionellen Handelsunternehmen mit bestehenden Prozessen, Systemen, Mitarbeitern und Verantwortungsstrukturen eingeleitet werden muss.

2.3 Exemplarisches Vorgehensmodell

Zur genauen Festlegung der Soll-Positionierung und zur Standortbestimmung der aktuellen Positionierung im Wettbewerbsvergleich ist eine systematische Vorgehensweise unerlässlich. Die Standortbestimmung erfolgt entweder gegen Kernwettbewerber oder gegen strategische Soll-Positionierung. Für eine Standortbestimmung wird in der Beratungspraxis eine Benchmarking-Methodik verwendet, die aus mehreren Stufen besteht:

1. Auswahl relevanter Wettbewerber zum Benchmark
2. Definition Framework – Definition, Verifizierung und Gewichtung der Kriterien
3. Analyse aller Kriterien – Anwendung der Frameworks und ggf. Readjustierung der Kriterien, Detailanalyse und -bewertung der Benchmark-Unternehmen anhand aller Kriterien

Zukunftsvision Retail – Hat der Handel eine Daseinsberechtigung?

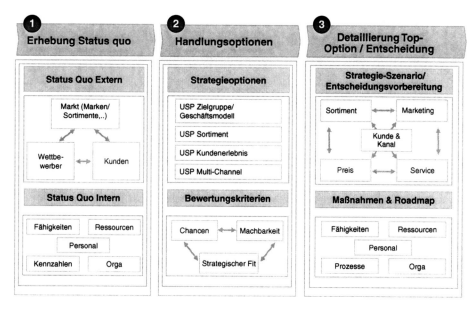

Abb. 9 Übersicht Vorgehensmodell. *Quelle* (dgroup 2012)

4. Darstellung Status quo – Marktstatus und BIC-Beispiele im relevanten Markt werden identifiziert und verdichtet
5. Ableitung USP – Soll-Positionierung und USPs werden systematisch abgeleitet

Nur mit einem derart systematischen Vorgehen lässt sich sicherstellen, dass eine konsistente, themenübergreifende Positionierung gefunden wird, die dem Kunden tatsächlich einen Mehrwert im Vergleich zum Wettbewerb liefert (vgl. Abb. 9).

3 Auswirkungen auf die Zukunft des stationären Handels antizipieren

Der stationäre Handel hat zwei große Herausforderungen zu meistern. Zum einen muss der Handel die Abwanderung der Kunden ins Internet stoppen und zum anderen muss er seine Kostenstrukturen an die stetig sinkende Handelsmarge anpassen. Eine Antwort ist in diesem Zusammenhang sicherlich das Multi-Channeling, denn durch die konsequente Vernetzung der Kanäle profitiert insbesondere auch der stationäre Handel. Viele Kunden bereiten sich online auf einen Kauf vor, genießen aber häufig noch das traditionelle Einkaufserlebnis im Ladengeschäft mit physischer Präsenz der Ware und mit der damit verbundenen Möglichkeit, diese an- bzw. auszuprobieren.

Die Sicherung der Marge durch die Anpassung von Kostenstrukturen ist vor dem Hintergrund steigendender Miet-, Neben- und Personalkosten in den Ladengeschäften sowie steigender Rohstoffpreise und Arbeitskosten in den Beschaffungsmärkten eine echte Herausforderung. Aber auch hier könnten viele Entwicklungen der zunehmenden Digitalisierung über Zeit Lösungsansätze liefern. Durch moderne Multi-Channel-Ansätze lässt sich der Warenumschlag auf der Fläche erhöhen, indem insbesondere *Langsamdreher* nur noch über den Online-Shop erhältlich sind. Außerdem werden schon heute für den Internethandel wesentliche Technologien entwickelt, um die Ware im Netz anfass- und erlebbarer zu machen, um Transaktionsprozesse zu vereinfachen und zu beschleunigen sowie um Kunden digital zu beraten oder digital weitere Services anzubieten. Zum einen sind viele dieser Technologien stationär adaptierbar und zum anderen lösen sich die Kunden zunehmend von der Vorstellung, dass Beratung und Service von Menschen durchgeführt werden müssen.

Die Entwicklungen des Online-Handels schaffen also die Möglichkeit für den Stationärhandel teure und teilweise lausig ausgeführte Handelsdienstleistungen – viele von uns kennen die schlechte Beratung von unterbezahlten 400-Euro-Kräften ohne jede Kenntnis über das Sortiment und die Handelsorganisation, die sie vertreten – zu digitalisieren und zu skalieren. Der Kunde möge sich vorstellen, er betrete eine Filiale der Modekette seines Vertrauens. Auf einem großen Monitor persönlich begrüßt. Gleichzeitig erhält er den Hinweis, dass im zweiten Stock, auf der von einem bekannten Modelabel bewirtschafteten Markenfläche eine Hose verkauft wird, die außergewöhnlich gut zu der Jacke passt, welche er am vergangenen Samstag im Online-Shop der gerade besuchten Handelskette bestellt hat.

Außerdem sieht er auf dem Monitor das Bild einer Celebrity, welche genau die Kombination aus Hose und Jacke trägt. Nachdem er sich nun, inspiriert durch das Foto der Celebrity, in den zweiten Stock auf die empfohlene Fläche begeben hat und mit einer Größenvermessungs-App sowohl die empfohlene Hose als auch eine weitere Hose eingescannt hat, sieht er sich selber auf einer, in der Abteilung aufgestellten, Monitorfläche in den unterschiedlichen Hosen-Jacken-Kombinationen. Außerdem bekommt er den Hinweis, dass die zusätzlich ausgewählte Hose nicht in L, sondern in M anzuprobieren sei, weil dieses Produkt in M im Abgleich mit den eigenen Vermessungsdaten der Vermessungs-App viel besser passen werde.

Er entscheidet sich jedoch nur für die bereits bestellte Jacke und lässt die Hosen ohne diese anzuprobieren zurück, weil bereits auf dem Bildschirm zu erkennen war, dass er sich in diesen Hosen nicht gefällt. Bei Verlassen des Ladens werden die Käufe (in diesem Fall die bereits bestellte Jacke), ohne eine Kasse ansteuern zu müssen, von seinem mobilen Zahlungssystem zunächst zur Kaufbestätigung angezeigt und nach der Eingabe eines vierstelligen PIN-Codes abgebucht.

Noch ist es nicht soweit, aber die vielen aktuellen technischen Entwicklungen und neu geschaffenen Online-Services werden ein solches Szenario schon in wenigen Jahren möglich machen und das hoffentlich zu deutlich niedrigeren Kosten und einer höheren Kundenzufriedenheit.

Literatur

Adidas (2012). *adidas' Tests New Window Shopping Experience of the Future at Nürnberg NEO Store*, 1. Dez 2012 [Online]. Verfügbar unter: http://news.adidas.com/GLOBAL/adidas-tests-the-new-window-shopping-experience-of-the-future-at-nrnberg-neo-store/s/245172e1-8fb4-49d2-8f43-fc61326a4e48. Zugegriffen: 14. Nov 2012.

Amazon (2012). *10-K SEC Filing für das Jahr 2011* [Online]. Verfügbar unter: http://services.corporate-ir.net/SEC/Document.Service?id=P3VybD1odHRwOi8vaXIuaW50Lndlc3RsYXdidXNpbmVzcy5jb20vZG9jdW1lbnQvdjEvMDAwMTE5MzEyNS0xMi0wMzI4NDYvdG9jL0FtYXpvbi5wZGYmdHlwZT0yJmZuPUFtYXpvbi5wZGY=. Zugegriffen: 14. Nov 2012.

Boersma, T. (2010). Warum Web-Exzellenz Schlüsselthema für erfolgreiche Händler ist. In G. Heinemann & A. Haug (Hrsg.), *2010: Web-Exzellenz im E-Commerce* (1. Aufl.). Wiesbaden: Gabler Verlag.

Boersma, T. (2012a). Innovative Lösungen zur Steigerung der Beratungskompetenz in Online-Fashion-Shops gegenüber den stationären Geschäften. In G. Heinemann, M. Schleusener, & S. Zaharia (Hrsg.), *2012: Modernes Multi-Channeling im Fashion-Handel: Konzepte Erfolgsfaktoren Praxisbeispiele* (1. Aufl.). Frankfurt am Main: Deutscher Fachverlag.

Boersma, T. (2012b). *Amazon kauft Kiva Systems für 775 Mio. USD und kann damit die Effizienz der Intralogistik steigern*, 20. März 2012 [Online]. Verfügbar unter: http://boersmazwischendurch.blogspot.de/2012/03/amazon-kauft-kiva-systems-fur-775-mio.html. Zugegriffen: 8. Nov 2012.

dgroup (2012). *Die disruptive Kraft des E-Commerce – Transformation des Handels*. Vortrag im Rahmen des E-Commerce Leader Panel am 24. May 2012 in Zürich, dgroup Hamburg.

Forrester Research, Inc. (2012). *Why amazon matters now more than ever* von S. Mulpuru und B. Walker [Online]. Verfügbar unter: http://www.forrester.com/Amazon+Friend+Or+Foe+For+Retailers/-/E-PRE3864#/go?objectid=RES76262. Zugegriffen: 11. Nov 2012.

FullSIX (2011). *Case Study FullSIX Spain – Diesel CAM* [Online]. Verfügbar unter: http://de.slideshare.net/FullSIX/case-study-fullsix-spain-diesel-cam#btnNext. Zugegriffen: 14. Nov 2012.

Peichl, T. (2009). *Lebensstile und Zielgruppenmarketing (im Zeitalter der Krise)* (S. 69–80). Vortrag im Rahmen des Marketingclub Dresden, GfK AG, Lebensstilforschung.

Peters, K., Albers, S., & Schäfers, B. (2008). Die Wertschöpfungskette des Handels im Zeitalter des Electronic Commerce: Was eingetreten ist und was dem Handel noch bevorsteht. In *Arbeitspapiere des Lehrstuhls für Innovation, Neue Medien und Marketing der Christian-Albrechts-Universität Kiel* [Online]. Verfügbar unter: http://hdl.handle.net/10419/27677. Zugegriffen: 14. Nov 2012.

Über die Autoren

H. Mathias Gehrckens Jahrgang 1962, machte seinen Abschluss als Schifffahrtskaufmann und Wirtschaftsassistent in Hamburg im Rahmen des Hamburger Modells und studierte anschließend Betriebswirtschaft an der Friedrich-Alexander Universität Erlangen-Nürnberg, wo er auch seinen Abschluss als Diplom-Kaufmann machte. Danach begann er seinen beruflichen Werdegang bei Gruber, Titze & Partner als Unternehmensberater. 1992 wechselte er zu Booz Allen & Hamilton. Zuletzt war er dort als Principal und Mitglied der Geschäftsleitung tätig. Anschließend wechselte er in die Geschäftsführung der Döhler Gruppe und fungierte als Mitglied des Executive Boards für Marketing und Vertrieb. 2000 begann er sich als Unternehmer an E-Commerce-Start-ups zu beteiligen und gründete 2004 gemeinsam mit Kollegen die diligenZ management Consulting GmbH, den Nukleus der heutigen dgroup.

Thorsten Boersma Jahrgang 1966, machte seinen Abschluss als Diplom-Kaufmann an der Westfälischen-Wilhelms-Universität in Münster. Danach begann er seinen beruflichen Werdegang in der Otto Group. Zuletzt war er dort für die gruppenweite E-Commerce-Strategieentwicklung verantwortlich. Anschließend war er als Geschäftsführer der iCubate GmbH Inkubator für E-Commerce-Geschäftsideen. In 2002 wechselte er in die freiberufliche Tätigkeit und arbeitete als Strategieberater und Experte für die Bereiche E-Commerce/Online-Shopping sowie Handel/Retail. Seit Februar 2009 ist Thorsten Boersma bei der Diligenz manangement consulting GmbH als Senior-Experte für E-Commerce und Strategie tätig. Neben seiner beruflichen Tätigkeit bloggt er seit Jahren unter Zwischendurch@Thorsten Boersma über E-Commerce-Themen.

Teil II
Kundenmehrwert durch ePace

Richtiges Timing als Erfolgsfaktor im Digital Business

Andreas Haug und Linda Dannenberg

Zusammenfassung

Der Komponente *Zeit* wird insbesondere im Umfeld digitaler Geschäftsmodelle eine besondere Bedeutung als Erfolgsfaktor zugewiesen. Traditionelle Paradigmen wie bspw. der *First-Mover-Vorteil* verlieren im *Web 2.0* teilweise ihre Gültigkeit. *Fast Follower* haben in digitalen Geschäftsmodellen hingegen oftmals deutliche Vorteile, da sie auf den Erfahrungen ihrer Vorgänger aufbauen können. Der zeitliche Vorsprung der Pioniere verliert aufgrund gesunkener Markteintrittsbarrieren, bedingt durch bspw. Open-Source-Entwicklungsumgebungen bzw. Cloud-basierte Anwendungen, an Bedeutung, da es zunehmend kostengünstiger und zeitsparender wird, ein Start-up auf den Markt zu bringen und zu skalieren. Im Gegensatz zum First-Mover-Vorteil ist der Fähigkeit des *Pivoting*, also der kontinuierlichen Anpassung der Strategie- und Produktentwicklung im Zuge der Markteinführung, deutlich mehr Bedeutung beizumessen. Die rasante Marktdurchdringung von Smartphones und Tablet-PCs zeigt, dass Kunden immer wieder neue Plattformen, auf denen digitale Geschäftsmodelle basieren, adaptieren. In der Spieleindustrie und bei sozialen Netzwerken findet hier beispielsweise ein Übergang von der PC-Nutzung auf mobile Endgeräte statt. Ein wichtiger „Timing"-Aspekt ist nicht zuletzt auch die Wahl des richtigen Zeitpunktes der Internationalisierung von jungen Web-2.0-Unternehmen. Grundsätzlich kann eine frühzeitige Internationalisierung ein zentraler Erfolgsfaktor für ein Digital Business sein; allerdings kommt es dabei insbesondere auf das zugrundeliegende Geschäftsmodell und die jeweiligen Markteintrittsbarrieren an.

A. Haug (✉)
dgroup, Große Elbstraße 279, 22767 Hamburg, Deutschland
e-mail: andreas.haug@d-group.com

L. Dannenberg
e.ventures Hamburg, Hohe Bleichen 21, 20354 Hamburg, Deutschland
e-mail: linda@eventures.vc

Inhaltsverzeichnis

1	Einführung: ePace im Umfeld digitaler Geschäftsmodelle	78
2	Der Weg zum Erfolg: First Mover oder First Follower?	80
3	Internationalisierungsstrategien von Start-ups: Money can't buy it all, can it?	81
4	Pivoting in Internet-Start-ups vs. klassischer Business-Planung in bewährter Konzernmanier	84
5	Anpassung an neue Plattformen	85
6	Zusammenfassung und Ausblick	87
Literatur		88

1 Einführung: ePace im Umfeld digitaler Geschäftsmodelle

In digitalen Geschäftsmodellen gilt die Komponente *Zeit* als nicht zu vernachlässigender Erfolgsfaktor, der sich differenzierend gegenüber sowohl der etablierten Konkurrenz als auch jungen Wettbewerbern auswirken kann. Der Begriff *ePace* hat im Digital Business zwei Bedeutungen. Zum einen geht es im Folgenden um den richtigen Zeitpunkt, ein Geschäftsmodell auf den Markt zu bringen. Zum anderen wird die Wachstumsgeschwindigkeit, mit der das Unternehmen skaliert, thematisiert.

Ein wichtiger Erfolgsfaktor für digitale Geschäftsmodelle liegt im richtigen Zeitpunkt des Markteintritts. Insbesondere wenn man den Beginn digitaler Geschäftsmodelle Ende der 90iger Jahre betrachtet, fällt schnell auf, dass Geschäftsideen, die es damals schon gab, erst heute sehr gut skalieren. Eines der wohl prominentesten Beispiele für das richtige Timing eines digitalen Geschäftsmodells ist der Musikidentifikationsdienst Shazam. Shazam wurde 1999 gegründet und im Jahr 2002 an den Markt gebracht. Erst Ende 2008 gelang es Shazam, durch die zunehmende Verbreitung des iPhones und den Launch des Apple App Stores, zu skalieren. Zwischen Oktober 2008 und Oktober 2009 ist Shazam von 10 Millionen auf 40 Millionen Nutzer gewachsen und hat sich mit mittlerweile 225 Millionen Nutzern als nicht mehr wegzudenkender Musikdienst positioniert (Van Grove 2012). Mit dem App Store haben Smartphone-Besitzer sich daran gewöhnt, für digitale Inhalte zu bezahlen. Shazams Monetarisierung in Verbindung mit dem Verkauf der identifizierten Musik über iTunes oder später Spotify, hat erst dank der Verschmelzung von Telefon und MP3 Player funktioniert.

Ein weiterer maßgeblicher Erfolgsfaktor für ein digitales Geschäftsmodell ist die Wachstumsgeschwindigkeit eines Unternehmens. Diese ist auch eines der wichtigsten Kriterien für eine Finanzierung durch Venture Capital. Wachstum wird hier zumeist in Form der Frequentierung einer Internetseite respektive der Anzahl der Downloads einer mobilen Applikation gemessen. Insbesondere in frühen Unternehmensphasen sind diese Kennzahlen wichtige Indikatoren für das Umsatzpotenzial eines Unternehmens und somit dessen Wachstum, da die Kontaktpunkte mit einer Website schlussendlich in Registrierungen und perspektivisch auch in Umsatz konvertieren. Ein Beispiel für ein überproportionales Wachstum ist das Unternehmen Groupon, das in den ersten drei Jahren nach seiner Gründung als das am schnellsten wachsende Unternehmen weltweit galt (vgl. Abb. 1).

Um die Bedeutung des Wachstums digitaler Geschäftsmodelle stärker hervorzuheben, hat der Venture Capital Fonds e.ventures einige datengetriebene Mechanismen zur proaktiven Suche nach Investmentmöglichkeiten entwickelt. Eines dieser Tools, der *DailyGieselmann* (benannt nach seinem Initiator Thomas Gieselmann), misst die Entwicklung des Web-Seitentraffic der 1.000.000 am meisten besuchten Web-Seiten weltweit. Jeden Tag wird automatisch ein Bericht generiert, der zum einen die Aufsteiger im Trafficranking und zum anderen die Web-Seiten anzeigt, die an dem jeweiligen Tag ihr Allzeithoch erreicht haben. Durch die Analyse dieser täglichen Berichte gelang es e.ventures, viele interessante Investmentopportunitäten zu einem sehr frühen Zeitpunkt zu identifizieren. Ein schnell wachsendes Unternehmen aus dem Bereich der sozialen Netzwerke, auf welches der DailyGieselmann aufmerksam gemacht hat, ist das Social-Discovery-Netzwerk Pinterest. Abbildung 2 wurde ca. im Juni 2011 analysiert, als das Unternehmen sich auf dem steilen Wachstumspfad befand.

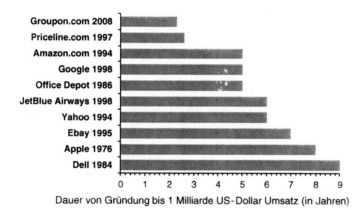

Abb. 1 Dauer von Gründung bis zum Erreichen $ 1 Milliarde Umsatz (Steiner 2010)

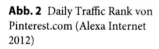

Abb. 2 Daily Traffic Rank von Pinterest.com (Alexa Internet 2012)

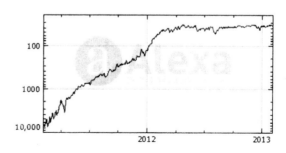

So können mittels grafischer Analyse Start-ups identifiziert werden, die noch sehr jung sind, deren Traffic-Wachstum also erst vor kurzem eingesetzt hat und deren Wachstumskurve ähnlich wie die von Pinterest verläuft.

2 Der Weg zum Erfolg: First Mover oder First Follower?

Insbesondere im Zuge der steigenden Internetpenetration hat der *Second-Mover-Vorteil*, welcher vom *First Follower* genutzt werden kann, an Bedeutung gewonnen. Im Digital-Business-Umfeld gibt es zahlreiche Beispiele dafür, dass Unternehmen, die ein Internetgeschäftsmodell als Pionier auf den Markt gebracht haben, langfristig keine dominante Marktstellung einnehmen konnten. Experten gehen sogar so weit und behaupten, es gäbe im Online-Umfeld überhaupt keinen First-Mover-Vorteil (Yap 2011).

Im Jahr 1988 wurde das Konzept des First-Mover-Vorteils erstmals begründet (Lieberman, Montgomery 1988) und galt insbesondere im Zuge der dot.com-Blase als theoretische Grundlage, die vermeintlichen Erfolge der damaligen Internetunternehmen zu erklären. Im Jahr 2007 hat gerade der Begründer des First-Mover-Vorteils gezeigt, dass das Konzept vor allem auf Internetfirmen anwendbar ist, die auf Netzwerkeffekten oder proprietären Technologien beruhen (Lieberman 2007). Tatsächlich lassen viele Beispiele insbesondere großer Internetgiganten vermuten, dass Second Mover deutliche Vorteile haben: Amazon war gegenüber books.com Second Mover, Google war nicht die erste Suchmaschine und Facebook – mit mittlerweile über einer Milliarde Nutzern – konnte aus den Fehlern des Netzwerks MySpace lernen.

Bei der Betrachtung von First-Mover-Vorteilen muss zwischen neuen und existierenden Märkten (Blank 2010) sowie Geschäftsmodellen, die auf Netzwerkeffekten beruhen, unterschieden werden. Betrachtet man neue Märkte, erfordern viele digitale Geschäftsmodelle von dem Konsumenten zunächst ein komplett neues Verhalten (bedingt durch neue Technologieplattformen, Bedienung, Angebotsinhalte etc.), so dass diese Märkte bzw. Nachfrage zunächst geschaffen werden muss. In diesem Prozess hat der First Mover zunächst die Aufgabe, die Vorteilhaftigkeit des angebotenen Produktes bzw. der angebotenen Dienstleistung generell zu erklären und den potenziellen Kunden davon zu überzeugen, vom traditionellen Verhalten abzuweichen. First Follower haben hingegen die Möglichkeit, von den Fehlern des First Mover zu lernen, den Konsumenten besser zu verstehen und durch das Überspringen einiger Pivoting-Zyklen schneller ein Produkt anzubieten, welches die Kundenbedürfnisse befriedigt. Zudem kann der Second Mover Marketingmaßnahmen besser ausrichten und den Kunden gezielter ansprechen. Dabei profitiert der First Follower von der *Konsumenten-Aufklärung*, die der Konkurrent, der als erster auf dem Markt war, bereits geleistet hat. Der First Mover hat somit unter zeitlichen und somit monetären Gesichtspunkten deutlich höhere Kosten für die Ergründung eines Geschäftsfelds und die Produktentwicklung, während der Nachfolger von einem *Proof of Concept* profitieren kann und nicht nur seine Maßnahmen gezielter, sondern meist auch günstiger ausrichten kann.

Da sich nicht nur der First Follower mit geringeren Kosten konfrontiert sieht, sondern die Markteintrittsbarrieren für den Aufbau eines digitalen Geschäftes in den vergangenen Jahren stark gesunken sind, muss ein First Mover stets vor Nachahmern gewarnt sein. Aufgrund vieler Open-Source-Entwicklungsumgebungen bzw. Cloud-basierten Anwendungen wird es zunehmend kostengünstiger und zeitsparender, ein Start-up auf den Markt zu bringen und schlussendlich zu skalieren, da bspw. hohe Kosten für Hardware (skalierbare Server etc.) und langwierige Software-Eigenentwicklungen weitgehend entfallen. Außerdem können diese Nachahmer die wichtigsten Key-Performance-Indikatoren bereits mit dem sog. Pre-Market-Test ermitteln und das Produkt des Vorgängers in schlanker Struktur modifizieren und testen. Beim Pre-Market-Test werden bereits online Marketingmaßnahmen auf Landing Pages geschaltet, auf denen tatsächlich noch keine reellen Produkte verkauft werden. Dies wird dem Kunden erst kurz vor dem Check-out mitgeteilt.

Differenziert von neu geschaffenen Märkten müssen Geschäftsmodelle betrachtet werden, die sich auf sog. *Winner-takes-it-all*-Märkten befinden. Bei solchen Geschäftsmodellen, die auf Netzwerkeffekten beruhen, ist ein Zeitvorsprung als deutlich erfolgskritischer einzuschätzen. Sobald eine Plattform das Vernetzen von Nutzern zur Grundlage hat, liegt einer der bedeutendsten Erfolgskriterien darin, schnell eine kritische Masse zu erreichen, wie es bspw. das Social-Discovery- Netzwerk Pinterest geschafft hat. Dass dies aber auch keine stets anwendbare Regel ist, zeigen die Betrachtungen von MySpace und Facebook. Während MySpace deutlich früher viele Early Adopter in seinen Bann zog, konzentrierte Facebook sich auf eine breitere Zielgruppe mit einer klaren Benutzeroberfläche, die sich von den nutzergenerierten Profilseiten bei MySpace erheblich unterschied (Kelleher 2010).

Schlussfolgernd lässt sich festhalten, dass First–Mover-Vorteile in internetbasierten Geschäftsmodellen um ein Vielfaches schwieriger zu realisieren sind, als in traditionellen Branchen. Nachhaltige Wettbewerbsvorteile können nicht durch einen bloßen Zeitvorsprung geltend gemacht werden, sondern liegen in neuen Märkten insbesondere darin, sich kontinuierlich an den Kunden und seine veränderten Bedürfnisse und Umgebungen anzupassen. Mit anderen Worten: Digitale Geschäftsmodelle erfordern einen permanenten Innovationsprozess, bei dem bestehende Ansätze und Methoden ständig überprüft, optimiert und durch verbesserte Lösungen ersetzt werden.

3 Internationalisierungsstrategien von Start-ups: Money can't buy it all, can it?

Die Werdegänge vieler erfolgreicher Start-ups im Web 2.0 suggerieren eine schnelle und vor allem frühe Internationalisierung als Erfolgsgarant im Digital Business. Im Web 1.0 haben Internetunternehmen zunächst in ihrem Heimatland skaliert und erst als sie eine bedeutsame Größe erreicht haben, wurden erste Expansionsschritte versucht. Heutige Internetunternehmen verfolgen oftmals aggressive kapitalintensive

Expansionsstrategien. Einer der Gründe hierfür ist, dass auf der einen Seite auch außerhalb der USA mehr Wachstumskapital zur Verfügung steht und auf der anderen Seite die Spezifika digitaler Geschäftsmodelle den internationalen Roll-Out stark vereinfachen. Zahlungen können bspw. über Anbieter wie Braintree oder Stripe auch mit mehreren unterschiedlichen Währungen einfach abgewickelt werden (Lacy 2012), während E-Commerce-Unternehmen in den USA ihre globale Logistik an fiftyone.com auslagern können. Außerdem werden Unternehmen, die auf Plattformen wie Facebook oder iOS operieren, schon fast unfreiwillig zur Internationalisierung „gezwungen" (Lacy 2012).

Ein weiterer Grund für die frühe Internationalisierung von Start-ups ist die Angst vor Nachahmern, den sog. *Copy Cats*, die schnell und aggressiv ausländische Märkte mit demselben Konzept besetzen, welches vom Original in einem anderen Markt erfunden und erprobt wurde. Wie in Kapitel „Kundenmehrwert durch ePace" gezeigt wurde, kommt dies insbesondere zum Tragen, wenn Netzwerkeffekte eine Rolle spielen. Obwohl solche Nachahmer öfter als Fluch anstatt als Segen wahrgenommen werden, gibt es einige Unternehmen, die sich diese Copy-Cat-Kultur für das eigene Wachstum zu Nutze machen und darüber ihre Internationalisierung vorantreiben. Ein Beispiel für diese Strategie ist ein weiteres Mal das Unternehmen Groupon. Aufgrund der Attraktivität des Couponing-Geschäftsmodells wurde Groupon so oft wie kein anderes Unternehmen weltweit kopiert (Underwood 2010). Groupon hat davon profitiert, indem es die stärksten Nachahmer akquiriert hat. Dabei hat Groupon insbesondere nach den stärksten Teams weltweit gesucht, die dann die Best-Practice-Prozesse des Chicago Teams im Headquarter genutzt haben, um Groupon international zu skalieren. Groupon hat dabei erkannt, dass lokale Teams essentiell sind, da sie die kulturellen Vorlieben kennen und umsetzen können. Die Kapitalintensität dieser Internationalisierungsstrategie zeigt sich anhand von Abb. 3.

Eine weitaus weniger kapitalintensive globale Expansion ist für Unternehmen möglich, deren Geschäftsmodell *Geo Arbitrage* beinhaltet. Geo Arbitrage bedeutet, dass sich Nachfrage- und Lieferantenländer unterscheiden und bei einer Internationalisierungsstrategie zwischen diesen beiden Typen von Ländern unterschieden werden muss. Ein Beispiel für ein Start-up, das Geo Arbitrage betreibt, ist der Modemarktplatz farfetch (www.farfetch.com). Auf der Plattform haben offline/stationäre Modeboutiquen die Möglichkeit, ihr Sortiment online über die farfetch-Plattform anzubieten. Da es sich häufig für diese kleineren Boutiquen nicht lohnt, einen eigenen Online-Shop zu betreiben, ist farfetch eine passgenaue Lösung für die Inhaber dieser unabhängigen Händler. In dem konkreten Beispiel befinden sich die Lieferantenländer, also die Länder, in denen die Boutiquen angesiedelt sind, zu einem Großteil in Europa, insbesondere in Frankreich und Italien. Die größten Nachfrageländer sind allerdings die USA und Schwellenländer wie Brasilien, wo die Nachfrage nach hochwertigen Modemarken besonders groß ist. Farfetch ermöglicht es somit Konsumenten aus Übersee, bequem vom eigenen Sofa in London, Paris und Mailand einzukaufen und definiert die Dimensionen einer internationalen Expansion von Internet-Start-ups neu.

Airbnb, der Marktplatz zur Buchung privater Unterkünfte, hat ein Exempel in der Internationalisierung Community-basierter Geschäftsmodelle statuiert. Anfang 2012 teilte das Unternehmen mit, dass 75 Prozent der Buchungen internationaler Natur

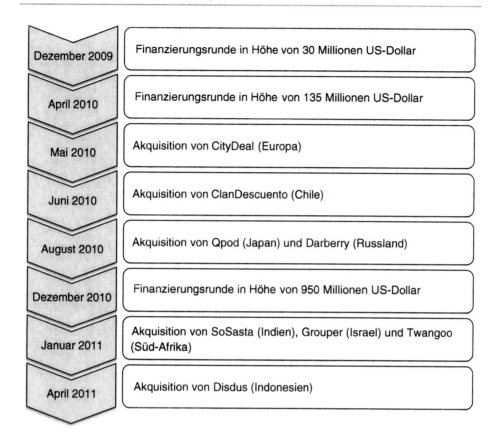

Abb. 3 Groupons Finanzierungsrunden und internationale Akquisitionen (eigene Darstellung)

waren. Das bedeutet, dass entweder der Vermieter einer Unterkunft oder der Mieter nicht aus den USA stammten. Zu Beginn 2012 war das Unternehmen in 19.000 Städten in 192 Ländern präsent (Airbnb 2012). Ähnlich wie bei farfetch wohnt ein internationaler Ansatz dem Geschäftsmodell von Airbnb inne. Es ist kaum vorstellbar, dass ein Peer-to-Peer-Geschäftsmodell (P2P), welches den Reisemarkt revolutioniert, ohne eine schnelle internationale Expansion auskommt. Dennoch liegt gerade in der Internationalisierung von Communities eine große Herausforderung. Da auf Airbnb die privaten Wohnräume an Unbekannte vermietet werden, ist ein hohes Maß an Vertrauen in die Plattform nötig. Während Airbnb – gestärkt durch eine Finanzierungsrunde von ca. 100 Millionen US-Dollar – zwar auch einige Übernahmen in ausländischen Märkten tätigte (Tsotsis 2011), ist das schnelle internationale Wachstum des Marktplatzes maßgeblich der viralen Verbreitung des Angebots auf internationaler Ebene geschuldet.

Die vorangegangenen Beispiele zeigen, dass der globale Roll-Out eines Geschäftsmodells nicht zwangsläufig kapitalintensiv sein muss, dies jedoch oft der Fall ist. Vielmehr kommt es auf das jeweilige Geschäftsmodell und dessen implizite Herausforderungen an.

4 Pivoting in Internet-Start-ups vs. klassischer Business-Planung in bewährter Konzernmanier

Einer der bedeutenden Vorteile kleinerer Start-ups gegenüber etablierten Unternehmen ist deren Flexibilität, sich auf veränderte Umgebungen mit hoher Geschwindigkeit anzupassen und das eigene Produkt so lange in Zyklen zu optimieren, bis es die Bedürfnisse der Kunden genau trifft. Hier spielt es keine Rolle, ob diese veränderten Umgebungen aus veränderten Marktumgebungen, Wandlungen der Konsumenteninteressen, neuen Plattformen oder neuen Technologien bestehen. Das Konzept des *Pivoting*, welches diese Anpassungszyklen antreibt, wurde von Eric Ries begründet und beschreibt „eine strukturierte Kurskorrektur, die eine neue grundlegende Hypothese über das Produkt, die Strategie und den Wachstumsmotor aufstellt" (Ries 2012). Pivoting ermutigt Unternehmer zu schnellen und kostengünstigen Produktiterationen, bevor viel Kapital in die Skalierung eines Start-ups investiert wird.

Betrachtet man erfolgreiche Internetunternehmen und analysiert man insbesondere die Entwicklung des heutigen Produkts, welches grundlegend für den Erfolg und das schnelle Wachstum war, fällt schnell auf, dass kaum ein Start-up keinen radikalen Kurswechsel vollzogen hat. Als Beispiele sind Twitter, fab.com, YouTube und Groupon zu nennen. Das Netzwerk Twitter startete als ein Podcasting-Anbieter mit dem Namen Odeo. Das E-Commerce-Unternehmen fab.com ist aus einem sozialen Netzwerk speziell für Homosexuelle, fabulis.com, hervorgegangen. YouTube begann als Video-Dating-Seite. Nicht zuletzt hat auch die Couponing-Plattform Groupon mit einem vollkommen anderen Produkt begonnen. Groupon hieß vor seinem Pivot „The Point" und half Menschen in Gruppen über Petitionen politische Veränderungen zu erwirken.

Es lassen sich noch unzählige weitere Beispiele für erfolgreiche Kurswechsel aus der Praxis nennen. Das zugrunde liegende *Lean-Start-up*-Konzept, welches unter anderem auch den Aspekt des Pivoting umfasst, stammt aus den USA und ist ein Signal für die Bereitschaft U.S.-amerikanischer Internetunternehmer, mit einem Produkt zu scheitern und nicht aufzugeben, sondern das Produkt weiterzuentwickeln sowie auch eine andere Strategie einzuschlagen. In der öffentlichen Diskussion wird jedoch oft kritisiert, dass das Lean-Start-up-Konzept, welches auch den Aspekt des Pivoting umfasst, als Rechtfertigung für fehlendes Durchhaltevermögen fungiert. Silicon-Valley-Schwergewicht Marc Andreessen geht sogar so weit und beschreibt dieses Phänomen als „Fetisch fürs Scheitern". Er argumentiert weiter, dass der Lean-Start-up-Ansatz Unternehmensgründer davon abhält, Strukturen für Vertrieb und Marketing aufzubauen, da sie der Meinung sind, das Produkt spreche für sich selbst und verbreite sich viral (Kern 2012). Tatsächlich gibt es in der Praxis sehr wenige Produkte/Dienste, die sich viral, also über Mundpropaganda verbreiten. Pinterest oder auch die mobile Kommunikationsapplikation What's App sind Beispiele für solche Produkte, die viral skalierten. Ausschlaggebend hierfür ist allerdings, dass solche Dienste nur genutzt werden können, wenn sie auch von Freunden genutzt werden. Dies ist dann ein wachstumstreibender Anreizmechanismus, der für die Viralität maßgeblich ist. Einer der Erfolgsfaktoren der schnellen Skalierung von Groupon war jedoch der Aufbau des Vertriebs sowie professionelles Online-Marketing.

Die schnellen kostengünstigen Iterationen führen weiterhin zu deutlichen Vorteilen von Start-ups gegenüber etablierten Großunternehmen, in denen Planungshorizonte in Jahren gemessen werden und nicht etwa wie in Start-ups in Monaten, Wochen oder Tagen. Die Vergangenheit zeigt, dass wenn ein neuer Markt von einem jungen Wachstumsunternehmen geschaffen wurde, oft auch Konzerne auf den Markt drängen. Tatsächlich gibt es zahlreiche Beispiele, die belegen, dass Start-ups trotz oft limitiertem Zugang zu Kapital und Personal jedoch eine dominante Marktposition erreichen – auch gegen vermeintlich übermächtige Wettbewerber. Ein eindrucksvolles Beispiel hierfür ist das Start-up KaufDa, welches sich nachhaltig gegen die Deutsche Post durchsetzen konnte. KaufDa wurde 2008 von den Universitätsabsolventen Thomas Frieling, Christian Gaiser und Tim Marbach gegründet und positioniert sich als Enabler im Bereich *ROPO* (Research online, purchase offline). Das Unternehmen bereitet Werbeangebote von stationären Händlern digital auf und vermarktet diese an den Endkonsumenten über die Plattform KaufDa.de sowie die gleichnamige mobile Applikation auf Smartphone und Tablet. Anfang 2010 griff die Deutsche Post den *ROPO*-Trend ebenfalls auf und lancierte das Portal „allesnebenan.de". Während die KaufDa-Gründer mit einem kleinen initialen Investment an den Start gingen, beauftragte die Deutsche Post eine Unternehmensberatung und diverse Agenturen für den Aufbau von allesnebenan.de. Aufgrund des ausbleibenden Erfolgs trotz hoher Investitionen, wurde bereits wenige Monate nach Launch eine Überarbeitung des Portals durch Agenturen initialisiert. Schlussendlich wurde die digitale Version des eigenen Print-Angebots „Einkauf Aktuell" mit „allesnebenan" zusammengelegt und unter „einkaufaktuell.de" erneut auf den Markt gebracht. Währenddessen hat es KaufDa in sehr kurzer Zeit geschafft, sein Produkt insbesondere durch Search Engine Optimization (SEO) und Reichweitengewinnung konstant anzupassen sowie neue Plattformen wie mobile Endgeräte erfolgreich zu nutzen. Zusätzlich wurden schnell internationale Wachstumsmärkte erschlossen. Das junge Start-up hat die Strukturen der bestehenden lokalen Anzeigenmärkte verstanden, die eigene Vertriebsorganisation darauf ausgerichtet und in kürzester Zeit neue digitale Geschäftsmodelle implementiert bzw. adaptiert, indem es den Banner-Click aus der Online-Werbung auf den *Prospekt-Click* übertragen hat und sich als Suchmaschine für lokale Angebote etabliert hat. Somit hat es ein junges unerfahrenes Team mit vergleichsweise geringem Investment geschafft, einen Großkonzern, der über weitaus mehr Ressourcen in allen Bereichen verfügt, nachhaltig zu überholen. Ausschlaggebend für diese Marktmacht ist das Verständnis traditioneller Märkte und dessen Kombination mit neuen Technologien und digitalen Geschäftsmodellen.

5   Anpassung an neue Plattformen

Insbesondere die Web-2.0-Ära zeichnet sich durch die rapide Adoption neuer Plattformen und darauf basierender Geschäftsmodelle aus. Während dem Kunden im Web 1.0 komplett neue Verhaltensweisen durch die Nutzung des Internets aufgezeigt wurden, wird vertrautes Verhalten aktuell auf neue Plattformen übertragen. Hierbei ist wichtig, dass Produkte in den bestehenden Nutzer-Kontext eingeordnet werden und der

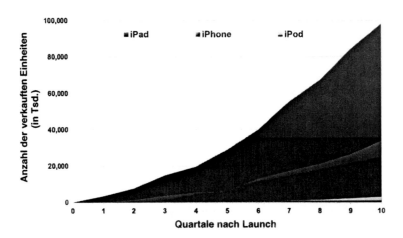

Abb. 4 Anzahl der verkauften Einheiten (Meeker 2012)

Kunde nicht überfordert wird. Die vergangenen Jahre haben gezeigt, dass Konsumenten mit immer schnellerer Geschwindigkeit neue Plattformen adaptieren, wie Abb. 4 zeigt. Dabei ändern Nutzer sich dahingehend, dass sie ihr Verhalten nicht komplett auf neue Plattformen verlagern, sondern immer öfter gleichzeitig auf mehreren Plattformen gearbeitet wird. Ein Treiber dieser Entwicklung ist die Evolution der Cloud-Dienste. Die Web-Applikation Evernote bspw. ermöglicht es dem Nutzer, Notizen online, offline, auf dem PC, dem Smartphone oder dem Tablet zu machen und synchronisiert alles in einem Account, der von allen Plattformen zugänglich ist. Weitere Anwendungsfälle für mehrere Endgeräte sind Speicherlösungen in der Cloud wie bspw. Dropbox, die es ermöglichen, geräteunabhängig auf Dateien zuzugreifen.

Im Bereich der Zahlungssysteme findet gerade eine Übergangsphase auf mobile Endgeräte statt. Anbieter wie Square oder iZettle bieten Kreditkartenzahlungen über das iPhone mit Hilfe eines aufsteckbaren Kartenlesegeräts an. Somit kann jeder kleine Händler Kreditkartenzahlungen akzeptieren, ohne komplizierte Systeme installieren oder teure Hardware beschaffen zu müssen. Diese Zahlungsmethode hat innerhalb weniger Monate breite Adaption erfahren. Mit Square musste der Endkonsument sein Verhalten nicht ändern, lediglich der Händler musste sich auf die neue Zahlungsweise einstellen. Allerdings ist der Zahldienst für ihn deutlich einfacher einzusetzen und zudem günstiger als andere Anbieter (Choudary 2012).

Eine weitere Industrie, die sich stets auf neue Plattformen einstellen muss, ist die Spielebranche. Während die dominante Plattform für Spiele in den 90er Jahren die Konsole war, ging dies über auf den PC, dann auf den Browser, in den vergangenen Monaten auf das Smartphone und die erfolgreichsten Gaming-Unternehmen wachsen heutzutage zunehmend auf dem Tablet. Ein Unternehmen, das diesen Wechsel sehr erfolgreich in seiner Strategie umgesetzt hat, ist der Spieleanbieter Supercell aus Finnland. Supercell begann mit dem Facebook- und Browser-Spiel Gunshine, welches mit 350.000

Facebook-Fans vom Unternehmen selbst als gescheitert wahrgenommen wurde. Kurz danach wurde der Unternehmensfokus radikal auf *Tablets first* umgestellt. Mit seinen zwei Spielen „Hay Day" und „Clash of Clans" macht das Unternehmen 18 Monate nach diesem Kurswechsel mehrere Hunderttausend Dollar Umsatz pro Tag bei einer mittleren fünfstelligen täglichen Kundenbasis (McKenzie 2012). Somit hat das Unternehmen großes Potenzial, Groupon als das am schnellsten wachsende Unternehmen aller Zeiten abzulösen.

Betrachtet man hingegen die Urgesteine der E-Spieleanbieter wie Bigpoint, Electronic Arts oder auch Branchenstars wie Zynga, stellt man fest, dass solch eine Refokussierung auf mobile Endgeräte nicht jedem Unternehmen geglückt ist. Zynga war einer der Vorreiter der Facebook-Spiele, hat es jedoch nicht geschafft, diesen Erfolg auf mobile Spiele zu übertragen, was sich in übertuerten Akquisitionen und finanziellen Schwierigkeiten ausdrückte. Noch weniger hat Bigpoint es geschafft, sich auf mobile Endgeräte zu konzentrieren. Ausschlaggebend dafür, dass es einigen E-Spieleanbietern und E-Publishern so schwer fällt, den Übergang zu schaffen, sind die grundlegend anderen Strategien im Hinblick auf die Monetarisierung der Nutzer auf neuen Plattformen. Akquiriert man Nutzer bspw. mobil anstatt im Web, verschieben sich viele Metriken. Der Umsatz pro Kunde ist auf dem Smartphone zunächst deutlich niedriger und lediglich durch die konstante Reaktivierung des Nutzers kann der Customer Lifetime Value gesteigert werden. Betrachtet man Zynga, ist der durchschnittliche Umsatz pro Nutzer auf dem Computer mit 25 US-Dollar fünfmal so hoch wie der ARPU (Average Revenue per User) auf mobilen Geräten (Meeker 2012). Im Gegensatz dazu hat es die asiatische Spieleplattform GREE für mobile Spiele geschafft, den ARPU auf 24 US-Dollar, also Zyngas Computer-ARPU zu bringen.

Die dargestellten Beispiele zeigen, dass Nutzer zwar immer schneller neue Plattformen adaptieren, Unternehmen jedoch nicht immer den Übergang auf solche Plattformen schaffen und daran zu scheitern drohen.

6 Zusammenfassung und Ausblick

Insgesamt zeigt sich, dass das richtige Timing im Aufbau eines digitalen Geschäftsmodells eine maßgebliche Rolle spielt und somit ein kritischer Erfolgsfaktor ist. Das richtige Timing erstreckt sich auf den Markteintritt, die Internationalisierung und die Anpassung des Produkts an neue Plattformen im Web bzw. neue Endgeräte, die von Nutzern heutzutage sehr schnell adaptiert werden.

Traditionelle Konzepte wie bspw. das des First-Mover-Vorteils verlieren in der Übertragung auf digitale Geschäftsmodelle ihre Gültigkeit, da insbesondere in der Betrachtung internetbasierter Geschäftsmodelle andere Dynamiken zum Tragen kommen. Speziell bei konsumentenorientierten digitalen Geschäftsmodellen rücken technologische Vorsprünge sowie knappe Ressourcen, die u. a. maßgeblich für den First-Mover-Vorteil sind, immer mehr in den Hintergrund und der richtige Produkt-Markt-Fit gewinnt immer mehr an Bedeutung. Diese Anpassung des Produktes an eine Nachfrage tritt zunehmend nach mehreren Strategiekurswechseln, den sog. Pivoting-Zyklen ein. Durch diese neuen Dynamiken in internetbasierten Geschäftsmodellen gelang es jungen Start-ups im Web 2.0 nicht nur First Mover sondern auch etablierte Großkonzerne zu überholen.

In der weiteren Betrachtung des Lebenszyklus eines Start-ups zeigt die Entwicklung digitaler Geschäftsmodelle der vergangenen Jahre, dass die Internationalisierung immer mehr an Bedeutung gewinnt und immer früher erfolgt. Je nach Geschäftsmodell ist die richtige Expansionsstrategie zu wählen. Praxisbeispiele zeigen, dass eine Internationalisierungsstrategie, die maßgeblich aus der Akquisition von Nachahmern besteht, sehr kapitalintensiv ist. Dies kann jedoch durch ein geschicktes Geschäftsmodell, welches Geo-Arbitrage beinhaltet, umgangen werden.

Die Ergebnisse lassen darauf schließen, dass das richtige Timing auch zukünftig eine wichtige Rolle in digitalen Geschäftsmodellen spielt. Aufgrund des vereinfachten Zugangs zu Ressourcen sowie dem wachsenden Bedürfnis nach Internationalisierung wird es auch in den kommenden Jahren nicht nur auf ein innovatives Geschäftskonzept, sondern mehr denn je auf operative Umsetzungsstärke und Flexibilität in der Anpassung an sich schnell verändernde Konsumentenbedürfnisse ankommen.

Literatur

AirBed & Breakfast, Inc. (2012). Airbnb's global growth. In airbnb.de [Online]. Verfügbar unter: https://www.airbnb.de/global-growth. Zugegriffen: 09. Jan 2013.

Alexa Internet, Inc. (2012). Daily Traffic Rank Trend pinterest.com. In alexa.com [Online]. Verfügbar unter: http://www.alexa.com/siteinfo/pinterest.com. Zugegriffen: 29. Dez 2012.

Blank, S. (2010). Why pioneers have arrows in their backs. In steveblank.com [Online]. Verfügbar unter: http://steveblank.com/2010/10/04/why-pioneers-are-the-ones-with-the-arrows-in-their-backs/. Zugegriffen: 17. Dez 2012.

Choudary, S. (2012). Why payments startups fail: A lesson in user behavior. In platformed.ino [Online]. Verfügbar unter: http://platformed.ino/payments-platform-mpesa-nfc-square/. Zugegriffen: 23. Dez 2012.

Kelleher, K. (2010). How Facebook learned from MySpace's mistakes. In tech.fortune.cnn.com [Online]. Verfügbar unter: http://tech.fortune.cnn.com/2010/11/19/how-facebook-learned-from-myspaces-mistakes/. Zugegriffen: 17. Dez 2012.

Kern, E. (2012). Marc Andreessen: Not every startup should be a Lean Startup or embrace the pivot. In gigaom.com [Online]. Verfügbar unter: http://gigaom.com/2012/12/03/marc-andreessen-not-every-startup-should-be-a-lean-startup-or-embrace-the-pivot/. Zugegriffen: 21. Dez 2012.

Lacy, S. (2012). Lessons from the Groupon disaster: Maybe international can wait. In pandodaily.com [Online]. Verfügbar unter: http://pandodaily.com/2012/11/29/lessons-from-the-groupon-disaster-maybe-international-can-wait/. Zugegriffen: 21. Dez 2012.

Lieberman, M. (2007). Did first-mover advantage survive the dot-com crash? In www.anderson.ecl a.edu [Online]. Verfügbar unter: http://www.anderson.ucla.edu/faculty/marvin.lieberman/docs/Lieberman_IFMA.pdf. Zugegriffen: 09. Jan 2013.

Lieberman, M., & Montgomery, D. (1988). First-mover advantages. *Strategic Management Journal, 9*, 41–58.

McKenzie, H. (2012). Supercell is Accel's fastest growing company ever. (And it has a ball pit). In pandodaily.com [Online]. Verfügbar unter: http://pandodaily.com/2012/11/27/supercell-is-accels-fastest-growing-company-ever-and-it-has-a-ball-pit/. Zugegriffen: 23. Dez 2012.

Meeker, M. (2012). KPCB internet trends @ Stanford bases. In kpcb.com [Online]. Verfügbar unter: http://www.kpcb.com/insights/2012-internet-trends-update. Zugegriffen: 23. Dez 2012.

Ries, E. (2012). *The Lean Startup – schnell risikolos und erfolgreich Unternehmen gründen* (S. 138). München: Redline Verlag.

Steiner, C. (2010). Meet the fastest growing company ever. In forbes.com [Online]. Verfügbar unter: http://www.forbes.com/forbes/2010/0830/entrepreneurs-groupon-facebook-twitter-next-web-phenom.html. Zugegriffen: 29. Dez 2012.

Tsotsies, A. (2011). Airbnb bags $112 million in series b from Andreessen, DST and general catalyst. In techcrunch.com [Online]. Verfügbar unter: http://techcrunch.com/2011/07/24/airbnb-bags-112-million-in-series-b-from-andreessen-and-others/. Zugegriffen: 22. Dez 2012.

Underwood, R. (2010). How groupon handles copycats overseas. In inc.com [Online]. Verfügbar unter: http://www.inc.com/magazine/20101001/how-groupon-handles-copycats-overseas.html. Zugegriffen: 22. Dez 2012.

Van Grove, J. (2012). How Shazam stayed on top by reinventing itself – twice. In venturebeat.com [Online]. Verfügbar unter: http://venturebeat.com/2012/08/31/shazam-evolution/. Zugegriffen: 17. Dez 2012.

Yap, J. (2011). Online first-movers not guaranteed success. In zdnet.com [Online]. Verfügbar unter: http://www.zdnet.com/online-first-movers-not-guaranteed-success-2062302843/. Zugegriffen: 17. Dez 2012.

Über die Autoren

Andreas Haug Jahrgang 1963, hat an der European Business School in Oestrich, London und Paris Betriebswirtschaft studiert. Anschließend war er einige Jahre in verschiedenen Managementpositionen bei der Bertelsmann AG tätig. Bis 1998 war Andreas Haug als Mitgründer CEO der infoMedia-Group, einer Full-Services Multimedia- und E-Commerce-Unternehmensgruppe tätig. Als Partner der Unternehmensberatung diligenZmanagementconsulting GmbH hat Andreas Haug den Bereich Digital Business aufgebaut. Daneben ist er Co-Founder und Managing Partner von e.ventures, einem Venture Capital Fonds, der mit einem gemanagten Fondsvolumen von rd. 750Millionen US-Dollar aus fünf dedizierten Länderfonds in „Seedandearlystage" Digital-Businesses in Europa, USA, Asien und Brasilien investiert. Als Serial Entrepreneur, Business Angel und Investor beschäftigt er sich seit 20 Jahren mit dem Aufbau von Unternehmen im Digital Business. Andreas Haug ist Aufsichtsrat und Beirat verschiedener Unternehmen aus dem Internet- und IT-Bereich.

Linda Dannenberg ist Associate bei e.ventures, einem global aufgestellten Venture Capital Fonds, der sich auf Investments in den Bereichen Consumer Internet, Digital Media und Mobile fokussiert. Zu ihrem Aufgabengebiet bei e.venturesgehört die Identifikation von interessanten Investmentmöglichkeiten und die Prüfung von Geschäftsmodellen. Linda Dannenberg studierte Betriebswirtschaftslehre an der Universität zu Köln und der University of British Columbia mit den Schwerpunkten Corporate Finance, Statistik und Supply Chain Management. Während ihres Studiums sammelte sie praktische Erfahrungen in mehreren Internet-Start-ups in den Bereichen Sales, Finance und Business Development.

Virale Beschleunigung durch „Social Media" – am Beispiel der Parfümerie Douglas GmbH

Hinrich Tode und Jan-Dieter Schaap

Zusammenfassung

Eine Facebook-Seite ist ganz sicher kein Selbstläufer und „Social Media" verlangt nach Spezialisten. Eine Einbeziehung dieser neuen Kommunikationskanäle in die Marketingstrategie sollte mit viel Besonnenheit erfolgen. Fragen wie „Wo und wie etabliere ich mich am besten?", „Was will ich eigentlich erreichen?" und „Verfüge ich über ausreichend finanzielle und personelle Ressourcen?" sollten schon im Vorfeld geklärt werden. Eine klare Zieldefinition und ein gut durchdachtes Konzept sind unerlässlich. Für Douglas hat sich der Schritt in die Social-Media-Welt gelohnt. Das konsequente Weiterbeschreiten des Multi-Channel-Weges und der Mut zur Innovation haben sich damit ein weiteres Mal bezahlt gemacht. Innerhalb kürzester Zeit ist es gelungen, sich auf der wichtigsten Social-Media-Plattform einen Namen zu machen und eine der erfolgreichsten deutschen Facebook-Fanseiten zu betreiben. Mit weit über 800.000 Fans – Tendenz steigend – gehört sie in der Kategorie „Health & Beauty" nicht nur zu den größten Fanseiten, sondern hat zudem die mit Abstand aktivste Community. Ein modernes „Social Media" gehört für ein modernes Handelsunternehmen im Beauty- und Lifestylebereich mittlerweile zu den wichtigsten Kommunikationskanälen.

H. Tode (✉)
Parfümerie Douglas GmbH, Kabeler Straße 4, 58099 Hagen, Deutschland
e-mail: h.tode@douglas.de

J.-D. Schaap
Parfümerie Douglas GmbH, Konrad-Adenauer-Ufer 7, 50668 Köln, Deutschland
e-mail: j.schaap@douglas.de

Inhaltsverzeichnis

1 Bedeutung von Social-Media-Plattformen für den Handel 92
2 Online-Strategie der Parfümerie Douglas 93
    2.1 Vorstellung der Douglas-Gruppe 93
    2.2 Gründung des Douglas-Online-Shops 94
    2.3 Entwicklung zum modernen Multi-Channel-Händler 94
3 „Social Media" als zentraler Baustein der Douglas-Marketingstrategie 95
    3.1 Zieldefinition und Konzeptentwicklung 95
    3.2 Einführung einer Facebook-Seite als Erfolgsmodell 97
    3.3 Aktionseinführung und -umsetzung in 3 Phasen 97
    3.4 Aktivierung durch attraktive Aktionen 98
    3.5 Systematische Erfolgskontrolle 99
    3.6 Schaffung geeigneter Strukturen 100
4 Resümee und Ausblick 102

1 Bedeutung von Social-Media-Plattformen für den Handel

Eine unternehmerische Grundregel lautet: Sei dort, wo auch Deine Kunden sind. An Social-Media-Plattformen wie Facebook, YouTube, Google+, Twitter oder Xing führt für ein modernes Unternehmen, das im E-Commerce aktiv ist, daher kein Weg vorbei. Allein die Zahl der Facebook-Nutzer ist in den letzten Jahren weltweit rasant angestiegen. Aktuelle Studien zeigen zudem, dass die Internetnutzer in Deutschland ca. 23 Prozent ihrer gesamten Online-Zeit in sozialen Netzwerken verbringen. Online-Zeit ist daher vielfach gleichzusetzen mit Social-Media-Zeit. Dabei sind es längst nicht mehr nur junge Menschen, die einen großen Teil ihrer Freizeit bei Facebook & Co. verbringen. Zunehmend ist auch die ältere Generation hier anzutreffen. Man tritt virtuell miteinander in Kontakt, tauscht sich aus, berichtet über Erlebtes, erfährt Neues.

    Social-Media-Plattformen gehören daher immer mehr zu den wichtigsten Meeting-Points für Unternehmen, vor allem wenn es darum geht, mit Kunden in Kontakt zu treten und neue Kunden zu akquirieren. Dieses gilt ganz besonders für Handelsunternehmen wie die Parfümerie-Douglas GmbH, die mit modernem Anspruch eine Multi-Channel-Strategie verfolgen. *Social Media* zwingt derartige Unternehmen zum Umdenken und macht eine Überarbeitung der traditionellen Kommunikations- und Marketingstrategien unverzichtbar. Diesbezüglich ist zu beachten, dass eine Social-Media-Präsenz ohne klare Positionierung und ohne ein profiliertes Konzept in den seltensten Fällen zielführend ist. Nur ein gut durchdachter, attraktiver Auftritt kann entscheidend zur positiven Markenbildung und damit zum gesamten Erfolg eines Unternehmens beitragen.

    Ein modernes Handelsunternehmen muss die Wünsche der User erkennen und auf sie eingehen können. Dieses erfordert die Fähigkeit, aktiv kommunizieren und zuhören zu können sowie auch die Interaktion zwischen den Nutzern zu ermöglichen und zu fördern. Ziel sollte dabei der Aufbau einer stabilen Beziehung zwischen Unternehmen und User sein, wobei vor allem die Erwartungen nicht unterschätzt werden dürfen. Denn moderne User sind zunehmend anspruchsvoll und legen Wert auf eine aktive Beratung in Bezug auf die angebotenen Produkte bzw. Serviceleistungen. Sie wünschen sich Unterstützung bei der Lösung von Problemen und wollen aktiv in die Kommunikation und die Gestaltung der Angebote mit einbezogen werden.

Der Bereich *Social Media* stellt ein Unternehmen daher vor nicht zu unterschätzende Herausforderungen. Neue Kommunikations- und Marketingstrategien müssen erarbeitet werden. Auch innovative Unternehmensstrukturen sind zwingend erforderlich, genauso wie eine kompromisslose Kundenorientierung.

Wer sich als Unternehmen ernsthaft im Bereich *Social Media* profilieren und etablieren möchte, muss sich also im Klaren darüber sein, dass dies Auswirkungen auf alle Unternehmensbereiche hat und ein hohes Maß an Aufklärungsarbeit auch in den eigenen Reihen erfordert. Ob dieser unternehmerische Einsatz allerdings lohnenswert ist, hängt zum großen Teil von der jeweiligen Branche, der Unternehmensphilosophie, den vorhandenen Strukturen sowie den zur Verfügung stehenden Ressourcen ab.

Die Parfümerie Douglas gehört zu den Pionieren auf dem Online-Markt und hat sich längst vom stationären Handelsunternehmen zum erfolgreichen Online- und Multi-Channel-Händler entwickelt. Aus diesem Grund stand es außer Frage, sich auch auf das Abenteuer *Social Media* einzulassen und alle Kräfte zu mobilisieren, um sich in diesem neuen Umfeld erfolgreich zu positionieren. Diesbezüglich galt es also, erfolgversprechende Strategien für die Kommunikation im Web 2.0 zu erarbeiten. Zum besseren Verständnis erscheint es sinnvoll, zuvor einen kurzen Blick auf die Online-Strategie der Parfümerie Douglas zu werfen und den Wandel vom stationären Handelsunternehmen zum Multi-Channel-Retailer kurz zu beleuchten.

2 Online-Strategie der Parfümerie Douglas

2.1 Vorstellung der Douglas-Gruppe

Hinter dem Namen Douglas verbirgt sich weit mehr als die Douglas-Parfümerien, die bei über 90 Prozent der deutschen Verbraucher bekannt sind. Die Douglas-Gruppe ist ein europäisches Handelsunternehmen, das mit den Douglas-Parfümerien, den Thalia-Buchhandlungen, den Christ-Juwelieren, den Bekleidungsgeschäften AppelrathCüpper und dem Confiserie-Spezialisten Hussel in fünf Handelsbranchen mit Fachgeschäften präsent ist, die alle in ihrem jeweiligen Segment zu den Marktführern zählen.

Die Douglas-Parfümerien sind aktuell in 18 Ländern präsent und stehen als europäische Marktführer für Qualität und Kompetenz in den Bereichen Duft, Pflege und Kosmetik. Neben einer exklusiven Lifestyle-Philosophie, die ein umfangreiches Sortiment genauso mit einschließt wie höchste Qualitätsansprüche und einen herausragenden Service, steht ein innovativ ausgerichtetes Unternehmenskonzept an erster Stelle. Folgerichtig gehörte die Parfümerie Douglas auch zu den Ersten, die den Sprung ins Online-Geschäft wagte.

2.2 Gründung des Douglas-Online-Shops

Die Meinungen in Bezug auf die Realisierung eines Online-Shops gingen zunächst auseinander, zumal es sich dabei um einen völlig neuen Baustein des herkömmlichen Betriebstypenkonzeptes handelte. Befürworter der neuen Technologie sahen sich mit der skeptischen Haltung konfrontiert, dass E-Commerce kontraproduktiv zum stationären Geschäft sei. Auch im Hinblick auf die Industriepartner musste Überzeugungsarbeit geleistet werden.

Nach diesen anfänglichen Unstimmigkeiten wurde konzernintern jedoch relativ schnell klar, welch großes Potenzial das genauso faszinierende wie facettenreiche Medium E-Commerce als neuer Kommunikations- und Vertriebskanal in Ergänzung zu den traditionellen Parfümerien in sich barg.

Als große Herausforderung galt die Übertragung der Marke Douglas und ihres Images in das Internet. Eine weitere Schwierigkeit in der Planungs- und Konzeptionsphase lag in der Tatsache, dass es im Bereich der selektiven Kosmetik zum damaligen Zeitpunkt noch keinen Versandhandel gab. So ging es vor allem auch darum, das Thema Versandhandel für selektive Kosmetik neu zu definieren neben der Erschließung des Internet als Medium für die Marke Douglas.

2.3 Entwicklung zum modernen Multi-Channel-Händler

Bereits in 1999 startet der Online-Shop zunächst als reine Informationsseite unter dem Namen douglasbeauty.com. Innerhalb weniger Monate vollzog sich der Wandel der Douglas-Website vom reinen Marketingauftritt hin zum ersten Online-Shop für Depot-Kosmetik in Deutschland. Am 14. März 2000 war Douglas erstmals mit seinem Internetshop online. Die in Bezug auf die organisatorische Einbindung und Etablierung des Online-Shops verfolgte Multi-Channel-Strategie hat sich auf allen Ebenen ausgezahlt. Sie ist darauf ausgelegt, alle Vertriebs- und Kommunikationskanäle sowie alle Marketingstrategien miteinander zu verknüpfen. Das einheitliche Markenmanagement, die konsequente Kommunikation des Multi-Channel-Angebotes sowie die Einbettung in das übergreifende Marketingkonzept der Parfümerie Douglas bilden diesbezüglich bis heute die Basis für die erfolgreiche Positionierung auf dem Online-Markt. Dieses gilt vor allem für Social-Media-Plattformen.

Der Douglas-Online-Shop zeichnet sich durch das größte Sortiment im Bereich der selektiven Kosmetik aus und bietet exzellenten Service und größtmögliche Sicherheit bei der Bestellabwicklung. Seit dem Eintritt in das Online-Geschäft steht für douglas.de das Erreichen eines nachhaltigen Wachstums bei gleichzeitig kontinuierlicher Steigerung der Profitabilität im Mittelpunkt. Dass dieser Weg bis heute erfolgreich beschritten wird, zeigen die über 90.000 Besucher der Website täglich. Die Zahl der Newsletter-Abonnenten liegt aktuell bei über 1,2 Millionen. Dank der konsequenten Realisierung innovativer und internetspezifischer Marketingmaßnahmen ist es douglas.de damit gelungen, sich von Beginn an als Online-Marktführer mit signifikantem Vorsprung gegenüber Wettbewerbern im wichtigen Heimatmarkt Deutschland zu positionieren.

Für Douglas hat sich die von Beginn an verfolgte Multi-Channel-Strategie demnach ausgezahlt und bleibt auch in der Zukunft das favorisierte Geschäftsmodell, auf dessen Basis sich das Potenzial der unterschiedlichen Kommunikations- und Vertriebskanäle auf bestmögliche Weise nutzen lässt. Allerdings bleibt das Internet ein außerordentlich schnelllebiges Medium, das ein Ausruhen auf erreichten Erfolgen im besten Fall mit Stagnation, im schlechtesten Fall mit steigendem Misserfolg bestraft.

Grund genug, sich nicht mit der erfolgreichen Etablierung des Online-Shops zufriedenzugeben. Als herausragendes Beispiel für die auf Innovation ausgerichtete Unternehmensphilosophie kann dementsprechend neben der Gründung des internationalen Douglas-Online-Shops auch die Einführung des Douglas-Mobile-Shops und natürlich ebenfalls die Douglas-Facebook-Seite genannt werden, die sich innerhalb kürzester Zeit zu einer der erfolgreichsten Facebook-Seiten Deutschlands entwickelt hat.

3 „Social Media" als zentraler Baustein der Douglas-Marketingstrategie

3.1 Zieldefinition und Konzeptentwicklung

Douglas hat früh die steigende Bedeutung und das unternehmerische Potenzial sozialer Netzwerke erkannt. Diese bieten ganz neue Möglichkeiten, mit Kunden in Kontakt zu treten und sie ans Unternehmen zu binden. Darüber hinaus eröffnen sie auch völlig neue Kommunikations- und Marketingwege, die es erfolgreich zu nutzen gilt. Zunächst ist es im Sinne einer erfolgreichen Positionierung notwendig, sich einen Überblick über die verschiedenen Angebote zu verschaffen und sie auf ihre unternehmerische Bedeutsamkeit hin zu überprüfen. Neben den mächtigen Kommunikationskanälen wie Facebook oder YouTube wird zum Beispiel die Blogger-Szene immer bedeutender. Manchen Hobby-Bloggern ist es in bestimmten Bereichen bereits gelungen, professionellen Journalisten den Rang abzulaufen. Besonders in der Fashion- und Beauty-Szene lässt sich diese Entwicklung verstärkt feststellen. Hier haben gewisse Blogger fast Star-Status erlangt und sind so einflussreich, dass sie bei der Entwicklung von Social-Media-Marketingkonzepten unbedingt berücksichtigt werden müssen.

Entsprechend einer Analyse von *Futurebiz* entfallen 95 Prozent der Zeit, die Internetnutzer in sozialen Netzwerken verbringen, auf Facebook. Darüber hinaus zeigt Facebook eine hohe Anzahl weiblicher und beauty-affiner Nutzer. Aus diesen Gründen hat man sich bei Douglas dafür entschieden, den Fokus der Social-Media-Aktivitäten auf Facebook zu legen. Zwar gibt es auch eigene Douglas-Profile bei Google+ und YouTube, doch die Nachteile im Vergleich zu Facebook liegen klar auf der Hand. So ist Google+ eher männlich geprägt und YouTube erfordert die Bereitstellung stets neuer, interessanter Video-Angebote, deren Erstellung sehr anspruchsvoll und zeitintensiv ist. Zudem eignet sich YouTube nur bedingt, um mit den Usern in Kontakt zu treten, da die Profile anonym sind. Infolgedessen ist auch der Umgangston eher rau, was in Bezug auf die positive Markendarstellung schnell problematisch werden kann.

Neben der Frage nach dem „Wo" (Wo will ich mich positionieren?) fallen auch die Fragen nach dem „Was" (Was will ich erreichen?) und dem „Wie" (Wie will ich es erreichen?) in die Planungsphase. Eine genaue Definition der Ziele sowie die Entwicklung wirksamer Strategien zur Usergewinnung und -bindung sind daher von essentieller Bedeutung.

Die Parfümerie Douglas hat drei Ziele definiert und nutzt den Bereich „Social Media" dementsprechend als Instrument zur (1.) Markenbildung, (2.) Kundenbindung und (3.) Umsatzsteigerung. Das gesamte Vorgehen sowie alle Maßnahmen und Aktionen sind diesen drei Zielen untergeordnet. Erweist sich also zum Beispiel eine Facebook-Aktion als nicht erfolgreich im Sinne von mindestens einem der drei genannten Ziele, wird sie eingestellt. Basis der Social-Media-Aktivitäten bilden in jedem Fall immer die Ziele zur „Markenbildung" bei Douglas. Diese sind in Abb. 1 dargestellt.

In der Einführungsphase von *Social-Media* ist es wichtig, das Vertrauen und den Respekt der User zu gewinnen, die bereits in dem entsprechenden Netzwerk aktiv sind. Nur so kann es überhaupt gelingen, eine eigene Community aufzubauen. Die Frage nach dem „Wie" bestimmt das konzeptuelle Vorgehen also von der Vorbereitungsphase, über die Integrationsphase bis hin zur Etablierungsphase – und darüber hinaus. Auch eine genaue Risiko-Analyse und das Abwägen von Vor- und Nachteilen einer Social-Media-Präsenz sind unabdingbar. Schließlich bietet jede Form des öffentlichen Dialogs auch die Gefahr, Gegenstand der öffentlichen Kritik zu werden. Szenarien für ein schnelles und erfolgreiches Krisenmanagement müssen im Vorfeld durchgespielt werden, so dass im Ernstfall die notwendigen Maßnahmen ergriffen werden können, um Negativwerbung zu vermeiden.

Abb. 1 Social-Media-Maßnahmen zur Markenbildung (eigene Darstellung)

3.2 Einführung einer Facebook-Seite als Erfolgsmodell

Die Parfümerie Douglas hat sich für den konsequenten Auf- und Ausbau einer Facebook-Präsenz entschieden und ist seit dem 1. Dezember 2009 mit seiner Facebook-Seite online. Von diesem Tag an hieß das ehrgeizige Ziel, User und Kunden zu Fans zu machen. Aus unternehmerischer Sicht kann es nichts Besseres geben als eine stetig wachsende Fangemeinde. Schließlich müssen Kunden immer wieder aufs Neue vom Wert einer Marke überzeugt werden – Fans halten ihr freiwillig die Treue. Vor allem in Bezug auf das definierte Ziel *Kundenbindung* hat sich die Douglas-Facebook-Seite schnell zum Erfolgsmodell entwickelt, das auch hier klaren Zielen folgt.

Wesentliche Elemente sind die Gestaltung der Seite, der direkte Dialog mit den Kunden, das umfassende Informations-, Beratungs- und Serviceangebot, die kreativen Posts sowie die attraktiven Aktionen. Dadurch bietet die Facebook-Seite die Möglichkeit, die Marke Douglas noch sympathischer, nahbarer und erlebbarer zu machen. Kundenwünsche und -bedürfnisse sind besser einschätzbar. Auch können die verschiedenen Bereiche des Unternehmens stärker vernetzt werden, indem gezielt auf Angebote im Online-Shop oder in den stationären Parfümerien verwiesen wird. Social-Media-Aktivitäten sollen allerdings nicht Selbstzweck sein, sondern zu Umsatzsteigerung führen.

3.3 Aktionseinführung und -umsetzung in 3 Phasen

Die Einführung neuer Aktionen auf Facebook folgt einem klaren Konzept, das sich in drei Phasen gliedert. Douglas hat sich für dieses strukturierte Vorgehen entschieden, um alle neuen Maßnahmen kontrolliert einzuführen und sie direkt auf ihre Erfolgsaussichten hin zu überprüfen.

Die Phase 1 ist die Konzeptions- und Testphase. In diese Phase fallen zunächst die Ideenfindung, die Erstkonzeption für eine mögliche Umsetzung sowie die Zuordnung zu einem der drei übergeordneten Social-Media-Ziele. Kann die geplante Aktion keinem Ziel zugeordnet werden, wird sie nicht umgesetzt. Kann sie einem Ziel zugeordnet werden, beginnt mit der Testphase der letzte Teil der ersten Phase. In den meisten Fällen werden A/B-Tests oder Tests in verschiedenen Zielgruppen durchgeführt.

Nur wenn die Testphase zufriedenstellend verläuft, wird mit Phase 2, der sogenannten „Einführungsphase", begonnen. Die erfolgreich getestete Aktion wird jetzt in die Kampagnenplanung mit aufgenommen und entsprechend des in Phase 1 entwickelten Konzeptes umgesetzt.

Lediglich Aktionen, die sich über einen längeren Zeitraum bewährt haben, schaffen den Sprung in Phase 3, die Ausbau- und Etablierungsphase. In dieser Phase werden gegebenenfalls Prozesse optimiert und vereinfacht oder Tools zur komfortableren und schnelleren Umsetzung einer Aktion entwickelt.

Das 3-Phasen-Modell bewahrt Douglas auch davor, vorschnell Aktionen zu lancieren, die sich bei genauerem Hinsehen bereits in Phase 1 als nicht rentabel oder nur schwer umsetzbar herausgestellt haben. Vor allem, wenn sie auf den ersten Blick sehr erfolgsversprechend wirkten und alle Beteiligten begeistert haben. Andererseits wurden Aktionen aufgrund ihrer klaren Zieldefinition umgesetzt, obwohl sie zunächst vor allem auf emotionaler Ebene nicht hundertprozentig überzeugen konnten. Erst in Phase 3 stellt sich dann allerdings nicht selten heraus, dass die „Kopfentscheidung" auf Basis der Phase 1 richtig war und sich schließlich als überaus erfolgreich herausgestellt hat.

Der Leitsatz der Douglas-Gruppe „Handel mit Herz und Verstand" trifft eben auch auf Facebook zu. Denn hier basiert der Erfolg auf einem ausgewogenen Verhältnis von Herz- zu Kopfentscheidungen.

3.4 Aktivierung durch attraktive Aktionen

Nicht nur die Anzahl der Fans ist entscheidend für den Erfolg einer Facebook-Seite. Auch das Engagement der Fans ist von großer Bedeutung. Je mehr positive Posts, Kommentare und Gefällt-mir-Klicks vorgewiesen werden können, je mehr User sich über die Aktionen austauschen und sie „teilen", desto stärker ist Douglas im Gespräch und wird von einer immer größeren User-Gemeinschaft wahrgenommen. Aus diesem Grund lässt sich Douglas viel einfallen und punktet bei seinen Fans regelmäßig mit spannenden Posts, kleinen Präsenten und attraktiven Aktionen.

Ein Beispiel für eine der erfolgreichsten Douglas-Facebook-Kampagnen ist sicherlich die „Produkttester-Aktion", die in regelmäßigen Abständen durchgeführt wird. Im Rahmen dieser Aktion werden ein oder mehrere, meist neue Produkte präsentiert. Dabei werden die Fans dazu aufgerufen, sich als Produkttester zu bewerben. Wer ausgewählt wird, erhält das entsprechende Produkt per Post zugesandt und darf es in aller Ruhe testen. Alle Tester sollen dann von ihren Erfahrungen mit dem jeweiligen Produkt berichten. Dies kann auf die unterschiedlichsten Arten geschehen, z. B. in Form von schriftlichen Beiträgen, Foto- oder Video-Uploads auf der Douglas-Facebook-Seite, in Blogs, Foren oder bei YouTube oder auch durch Produktbewertungen im Douglas-Online-Shop.

Ebenfalls sehr erfolgreich ist das Facebook-Fan-Geschenk. Einmal im Monat erhalten die Fans ein exklusives Präsent zu ihrer Online-Bestellung im Douglas-Shop. Dieses Angebot kommt sehr gut an und wird von vielen Fans regelmäßig wahrgenommen. Hervorzuheben sind auch die kreativen Posts, die bei den Fans auf große Resonanz stoßen und für viele Kommentare und „Likes", also Gefällt-mir-Klicks, sorgen. Ein gutes Beispiel dafür ist folgender Post mit dem Satz „Wenn Männer gut riechen, kann ich nicht klar denken!", der in Abb. 2 dargestellt ist.

Mit diesem Post konnten 25.000 *Likes* generiert werden, was für eine Unternehmensseite ein außergewöhnlich hoher Wert ist. Leider gibt es kein Patentrezept für erfolgreiche Posts. Der Schlüssel zum Erfolg ist ein Mix aus vielen verschiedenen Komponenten. Zunächst sind immer wieder Themen zu finden, die die Fans interessieren. Hier hilft es natürlich, wenn Erfahrungswerte vorliegen. Darüber hinaus hängt viel von der Präsentation

Abb. 2 Post „Wenn Männer gut riechen, kann ich nicht klar denken!" (eigene Darstellung)

eines Posts ab. Je persönlicher, fantasievoller und ansprechender die Gestaltung, desto größer die Resonanz. Selbstgemachte Fotos, handschriftliche Texte und liebevolle kleine Extras sprechen die Fans an, sorgen für Sympathien und schaffen Vertrauen.

Ebenfalls als sehr wichtig stellt sich die persönliche Interaktion heraus. Wenn Fans Fragen posten, von Problemen berichten oder Kritik äußern, ist es wichtig, auf diese Beiträge schnell und vor allem freundlich zu reagieren, Lösungsvorschläge zu präsentieren und erhitzte Gemüter zu beruhigen. So gelingt es, eine persönliche Bindung zwischen Unternehmen und Fans aufzubauen.

Erfolgreich verlaufen zudem die Douglas-Facebook-Kooperationen mit bekannten Marken aus dem Beauty- und Lifestylebereich. Namen wie Soap & Glory oder auch Hugo Boss sorgen für Aufmerksamkeit und Action auf der Facebook-Seite.

3.5 Systematische Erfolgskontrolle

Viele Unternehmen tun sich schwer mit der Einschätzung, wie erfolgreich einzelne Social-Media-Maßnahmen tatsächlich waren. Hier ist Systematik der Schlüssel zum Erfolg. Das eben beschriebene 3-Phasen-Facebook-Modell liefert eine gute Basis für die Erfolgskontrolle, ist jedoch bei Weitem nicht ausreichend. Es wurde daher ein eigenes KPI-Set entwickelt, das viele Parameter beinhaltet, anhand derer der Erfolg jeder einzelnen Facebook-Maßnahme verlässlich eingeschätzt werden kann. Dabei wird nicht nur der Gesamterfolg definiert. Das KPI-Set ermöglicht es, den Erfolg ganz dezidiert im Hinblick auf alle drei Social-Media-Ziele *Markenbildung*, *Kundenbindung* und *Umsatzsteigerung* zu messen.

Zu den Parametern, anhand derer Erfolg gemessen wird, gehören unter anderem die Gesamtanzahl der Fans, die Anzahl der Posts und Gefällt-mir-Angaben. Darüber hinaus fließen aber auch Aspekte wie Viralität, Visibility und Umsatz mit ein. Im Hinblick auf die verschieden Social-Media-Ziele werden einzelne Aspekte im Verhältnis zu anderen mal stärker und mal weniger stark gewichtet. Unterm Strich ergibt sich daraus ein KPI-Set, das valide Ergebnisse liefert.

3.6 Schaffung geeigneter Strukturen

Der Bereich *Social Media* lässt sich nicht separiert bzw. abteilungsintern abwickeln, sondern weist im Gegenteil eine Vielzahl von Schnittstellen mit anderen Abteilungen und Bereichen auf. Das bedeutet, dass neue Strukturen geschaffen und bestehende Prozesse verändert sowie klare Richtlinien für die Zusammenarbeit definiert werden müssen. Darüber hinaus sollten alle Mitarbeiter im Umgang mit *Social Media* geschult werden – selbst diejenigen, deren Tätigkeitsbereich nicht direkt betroffen ist.

Einen umfassenden Überblick darüber zu geben, inwieweit *Social Media* die Unternehmensstrukturen der Parfümerie Douglas beeinflusst und verändert hat, würde an dieser Stelle zu weit führen. Aus diesem Grund seien hier nur drei Beispiele angeführt, die verdeutlichen sollen, wie umfassend und ganzheitlich das Thema bei Douglas betrachtet wird.

Das Social Media Competence Center Ein Facebook-Auftritt lässt sich nicht „mal eben nebenbei" aufbauen. Aufbau und Betreuung gehören in die Hände von Experten, die mit dem Thema *Social Media* bestens vertraut sind. Aus diesem Grund hat die Parfümerie Douglas mit dem *Social Media Competence Center* eine neue Abteilung gegründet, deren Mitarbeiter sich um alle Social-Media-Angelegenheiten kümmern. Dazu gehört längst nicht nur die Betreuung der Facebook-Seite selbst. In ihren Kompetenzbereich fallen zudem viele koordinative und organisatorische Aufgaben – unternehmensintern genauso wie -extern. Die Mitarbeiter tragen Sorge dafür, dass Informationsfluss und Zusammenarbeit zwischen allen beteiligten Abteilungen reibungslos funktionieren, optimieren Prozesse, organisieren Workshops und Schulungen und stehen in engem Kontakt mit externen Partnern.

Customer Service Facebook ist zu einem großen Teil auch Customer-Service-Arbeit. Viele Facebook-Anfragen stehen im Zusammenhang mit Produkten, Filialen, der Douglas Card und dem Online-Shop. Diese Themen gehören klassischerweise in den Customer-Service-Bereich. In der Anfangszeit wurden diese Anfragen vom Social-Media-Team selbst bearbeitet, seit geraumer Zeit jedoch werden sie an den Customer Service weitergeleitet. Diese Umstrukturierung hat sich als sehr effizient erwiesen und ermöglicht es zudem, den Usern einen noch höheren Servicestandard zu bieten.

Guidelines Alle Mitarbeiter eines Unternehmens, das im Bereich *Social Media* aktiv ist, müssen bestmöglich mit diesem neuen Medium vertraut gemacht werden. Aus diesem Grund hat sich die Parfümerie Douglas entschlossen, einen Social-Media-Leitfaden zu entwickeln, der jedem einzelnen Mitarbeiter zugänglich ist. Fragen wie „Was darf ich posten und was nicht?", „Wann sollte ich im Namen von Douglas Beiträge verfassen und wann als Privatperson?" oder „Wie gehe ich mit Firmeninterna um?" werden hier anschaulich thematisiert und beantwortet. Bleiben darüber hinaus Fragen offen, steht das Social-Media-Team allen Mitarbeitern jederzeit zur Verfügung. Seite 1 des Leitfadens ist in Abb. 3 dargestellt.

SOCIAL-MEDIA-LEITFADEN DER PARFÜMERIE DOUGLAS

1 SIE GEHÖREN ZU DOUGLAS – GEHEN SIE OFFEN DAMIT UM

Als Mitarbeiter/-in der Parfümerie Douglas werden Sie als Teil des Unternehmens wahrgenommen. Gehen Sie deshalb offen mit Ihrer Unternehmenszugehörigkeit um. Machen Sie Ihre Verbindung zu Douglas transparent, wenn Sie sich zu Themen äußern, die im Zusammenhang mit Ihrer Tätigkeit bei Douglas stehen.

Beispiel: Eine Douglas-Mitarbeiterin sieht, dass auf der Facebook-Seite der Parfümerie Douglas eine Frage zu einem Douglas Pflegeprodukt gestellt wurde.

Katharina
Ist die Pflege xy von Douglas für trockene Haut geeignet?
Vor 3 Stunden · Gefällt mir · Kommentieren · Teilen

Emma Liebe Katharina, ich arbeite bei Douglas und kann Dir daher sagen: Das Produkt ist gut für trockene Haut geeignet.
Vor 2 Stunden · Gefällt mir

Sie machen in Ihren Kommentaren zu Themen, die Douglas betreffen, deutlich, dass Sie zum Unternehmen gehören.

2 SPRECHEN SIE FÜR SICH

Als Mitarbeiter/-in haben Sie das Recht, sich privat und auch öffentlich über die Parfümerie Douglas zu äußern. Wenn Sie dies tun, sollten Sie in Ihrem eigenen Interesse immer deutlich machen, dass Sie nur aus Ihrer persönlichen Sicht schreiben. Ihr Statement spiegelt Ihre Meinung wider, nicht die des Unternehmens.

Beispiel: Eine Mitarbeiterin kommentiert auf der Facebook-Seite der Parfümerie Douglas den Inhalt der aktuellen Douglas-Box-of-Beauty.

Emma
Ich arbeite bei Douglas und für mich persönlich ist der Inhalt der aktuellen Douglas-Box-of-Beauty sehr passend, da ich gerne Selbstbräuner verwende.
Vor 3 Stunden · Gefällt mir · Kommentieren · Teilen

Aus Ihren Äußerungen zu Themen, die die Parfümerie Douglas betreffen, geht klar hervor, dass es sich um Ihre persönliche Meinung handelt.

3 SEIEN SIE RESPEKTVOLL UND FAIR

Egal, ob in einem sozialen Netzwerk, in Foren, Blogs oder auf Twitter: Seien Sie respektvoll und fair!

Führen Sie den Dialog im Internet so, wie Sie ihn im echten Leben führen würden und behandeln Sie andere Nutzer, wie Sie selbst behandelt werden möchten. Erfahrungen zeigen, dass Sie so im Netz verärgerte Nutzer beruhigen und Konflikte vermeiden können.

Beispiel: Eine Kundin schreibt in einem Forum, dass sie von einer Douglas-Mitarbeiterin unfreundlich behandelt wurde.

Katharina
Gestern war ich bei Douglas und wollte mich nach einem Duft erkundigen. Die Verkäuferin war total unfreundlich und hat mich schlecht beraten. Ich bin wirklich enttäuscht von Douglas.
Vor 3 Stunden · Gefällt mir · Kommentieren · Teilen

Emma Das tut mir leid, aber es war bestimmt nur eine Ausnahme. Freundlichkeit und eine kompetente Beratung stehen für uns immer an erster Stelle.
Vor 2 Stunden · Gefällt mir

Ihre Äußerungen sind respektvoll und fair und haben stets das Ziel, Konflikte zu lösen.

Abb. 3 Seite 1 des Social-Media-Leitfadens der Parfümerie Douglas (eigene Darstellung)

4 Resümee und Ausblick

Eine Facebook-Seite ist ganz sicher kein Selbstläufer und *Social Media* verlangt nach Spezialisten. So lautet im Grunde das Fazit. Eine Einbeziehung dieser neuen Kommunikationskanäle in die Marketingstrategie sollte mit viel Besonnenheit erfolgen. Fragen wie „Wo und wie etabliere ich mich am besten?", „Was will ich eigentlich erreichen?" und „Verfüge ich über ausreichend finanzielle und personelle Ressourcen?" sollten schon im Vorfeld geklärt werden. Eine klare Zieldefinition und ein gut durchdachtes Konzept sind unerlässlich. Für Douglas hat sich der Schritt in die Social-Media-Welt gelohnt. Das konsequente Weiterbeschreiten des Multi-Channel-Weges und der Mut zur Innovation haben sich damit ein weiteres Mal bezahlt gemacht. Innerhalb kürzester Zeit ist es gelungen, sich auf der wichtigsten Social-Media-Plattform einen Namen zu machen und eine der erfolgreichsten deutschen Facebook-Fanseiten zu betreiben. Mit weit über 800.000 Fans – Tendenz steigend – gehört sie in der Kategorie *„Health & Beauty"* nicht nur zu den größten Fanseiten, sondern hat zudem die mit Abstand aktivste Community. Douglas ist davon überzeugt, dass *Social Media* für ein modernes Handelsunternehmen im Beauty- und Lifestylebereich mittlerweile zu den wichtigsten Kommunikationskanälen gehört und blickt mit Freude in eine aufregende Facebook-Zukunft.

Über die Autoren

Hinrich Tode Jahrgang 1972, studierte BWL an der Westfälischen-Wilhelms-Universität in Münster mit den Schwerpunkten Handel, Wirtschaftsprüfung und Rechnungswesen/Controlling und machte ergänzend seinen Executive MBA in Marketing in Münster in Kooperation mit der University of Urbana, Champaign, USA.

Seinen beruflichen Werdegang begann er in der Konzernentwicklung bei der Douglas Holding AG. Sein Weg führte ihn über die Stationen als Vorstand von Buch.de, internetstores AG und CFO/COO der Thalia Holding GmbH in seine heutige Position als CFO/COO der Parfümerie Douglas GmbH mit der Verantwortung für die Bereiche eCommerce, Business Development, Multichannel, Global IT, Supply Chain und Finance & Administration.

Jan-Dieter Schaap Jahrgang 1965, studierte BWL an der Universität Köln und startete seine berufliche Laufbahn bei der Information Resources GmbH als Berater für Business Intelligence (BI) Systeme. Danach wechselte er zur Oracle Deutschland GmbH, wo er im Bereich BI als Vertriebsberater vor allem im Handel tätig war. In 1996 begann er seine Karriere in der Douglas Holding AG in Hagen, zunächst im strategischen Kundenmanagement der Douglas Informatik und Service GmbH. Dort stieg er zum Zentralbereichsleiter für IT, Organisation und Logistik bei der Parfümerie Douglas GmbH auf. Unmittelbar nach Gründung der douglasbeauty.com GmbH wurde er dort Geschäftsführer und ist seit 2011 Director E-Business und neue Medien bei der Parfümerie Douglas.

E-Commerce an der Schwelle zur Sättigungsphase – *Produktivität von E-Commerce-Aktivitäten wird erfolgskritisch*

Dirk Lauber

Zusammenfassung

Ein Agieren in gesättigten Märkten ist in vielen Branchen weltweit Normalität, fast immer mit einem Verfall der jeweiligen Branchenrendite vergesellschaftet, und führt in der Regel zum Einsatz von Abschöpfungs- und Desinvestitionsstrategien. E-Commerce weist im Umfeld aktuell rückläufiger Umsatzzuwächse, EBIT-Margen im niedrigen einstelligen Bereich auf und zeigt bereits klare Indikatoren einer beginnenden Stagnation. An der Schwelle zum Strategiewechsel bieten sich daher alternativ zu reflexhaften Normstrategien der Portfolioanalyse alternative produktivitätsgetriebene Strategien an. Diese Transformationsnotwendigkeit trifft E-Commerce-Unternehmen nach einer euphorischen Wachstumsrallye der letzten Dekade in einem Status relativer Inexistenz einer erforderlichen Prozesslandschaft. Ziel des Beitrages ist es, eine additive strategische Vorgehensweise zu skizzieren um im B2C E-Retail schmale Renditen in eine Phase der stabilen Reife zu überführen.

Inhaltsverzeichnis

1	Einleitung	106
2	Ausgangslage	106
3	*Site-Engineering* – Wirkung und GuV-Potenzial einer neuen Disziplin	109
4	*Site-Engineering* – Selbstverständnis einer neuen E-Commerce-Disziplin	110
	4.1 Zielorientierung	110
	4.2 Inhaltlicher Fokus	111
	4.3 Analytische Verpflichtung	113

D. Lauber (✉)
octobo GmbH, Michael-Dechant-Strasse 10, 96260 Weismain, Deutschland
e-mail: dirk.lauber@baur.de

G. Heinemann et al. (Hrsg.), *Digitalisierung des Handels mit ePace*,
DOI: 10.1007/978-3-658-01300-4_6, © Springer Fachmedien Wiesbaden 2013

5	*Site-Engineering* – Planung und Umsetzung	113
	5.1 Planungsphase I – Top-down-Verfahren	114
	5.2 Planungsphase II – Bottom-up-Verfahren	115
	5.3 Phase der Ideensammlung (4–8 Wochen)	116
	5.4 Phase der Filterung von Ideen (4 Wochen)	117
	5.5 Phase des Live-Tests (3–6 Wochen)	118
	5.6 Phase der finalen Entscheidung und Ergebnissicherung (2–3 Wochen)	118
	5.7 Phase der dauerhaften analytischen Begleitung	118
6	Unternehmensinterne Voraussetzungen im Change-Prozess	119
7	Fazit	121
Literatur		121

1 Einleitung

Ziel dieses Beitrages ist es zu erklären, wie zeitpunktabhängig die Erfolgsrelevanz möglicher E-Commerce-Strategien und Maßnahmen ist. Im Themenumfeld dieses Buches, dessen inhaltlicher Fokus „Geschwindigkeit als Erfolgsfaktor" im digitalen Commerce hervorhebt, soll dem geneigten Leser darüber hinaus eine alternative, additive Perspektive offeriert werden, um eine Einordnung der beschriebenen Themen zu unterstützen.

Auch wenn die „Opportunität der zu späten Umsetzung", d.h. ein verzichteter Ergebnisgewinn durch langsame, inadäquate Umsetzungsmethoden auch in späteren Lebenszyklusphasen häufig Ergebnisbeeinträchtigung oder sogar Existenzbedrohung von Unternehmungen bedeuten kann, spielt Geschwindigkeit als Erfolgsfaktor i.d.R. zu Beginn oder in späteren Transformationsphasen eines Unternehmens-Lebenszyklus und nur unter dem Begleitumstand eines limitierten "Window of Opportunity/Growth" eine entscheidende Rolle. In gesättigten Märkten existieren alternative prozessuale Schwerpunktsetzungen.

Der vorliegende Artikel begibt sich in dieser Überzeugung statt dessen auf der Zeitachse von E-Commerce-Geschäftsmodelllebenszyklen an den Anfang der Reifephase, d. h. unmittelbar vor den Umkehrpunkt der Ertragskurve und damit an einen Ort, an dem nicht die Geschwindigkeit von Entscheidungsfindungsprozessen, sondern deren Qualität und nachhaltiger Outcome, nicht die werbliche Befeuerung von E-Commerce Sites, sondern deren Produktivität wesentlicher und zur Kernaufgabe wird (vgl. Abb. 1).

2 Ausgangslage

Ursächlich für die eingenommene Betrachtungsperspektive ist der aktuelle Entwicklungsstatus (2012) des B2C-E-Commerce-Marktes (ohne digitale Güter) weltweit (vgl. Abb. 2).

Parallel zu einem deutlich rückläufigen Umsatzwachstum, das sich für einen größeren Teil der Marktteilnehmer im Bereich von nur noch 5–15 Prozent p. a. konkretisiert, weisen viele Wettbewerber, beispielsweise Amazon oder die Otto Group, in ihren Geschäftsberichten EBIT-Margen von nur 1–2 Prozent (Otto Group 2013) aus.

E-Commerce an der Schwelle zur Sättigungsphase

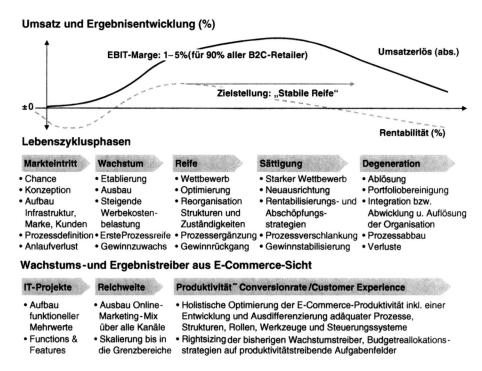

Abb. 1 Idealisierter Lebenszyklus im Geschäftsmodell B2C-E-Commerce (ohne digitale Güter) Umsatz-und Ergebnisentwicklung und Wachstumstreiber (eigene Darstellung)

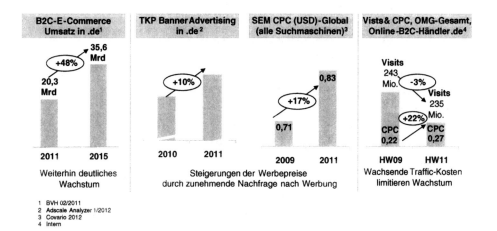

Abb. 2 Entwicklung B2C-Umsätze (ohne digitale Güter), Werbepreise auf Markt- und Händlerseite und resultierende Reichweitenentwicklung großer deutscher Händler 2011/2012 (eigene Darstellung)

Notwendigerweise verlagern sich im Zuge dieser Entwicklung sukzessive inhaltliche Schwerpunktsetzungen. Seit dem Start von E-Commerce-Aktivitäten 1995 (Amazon, Ebay, Otto.de, Quelle.de etc.) lassen sich im Wesentlichen drei Phasen divergenter

Schwerpunktsetzung unterscheiden, die E-Commerce-Organisationen und involvierte Dienstleistungsunternehmen über die Jahre einem grundlegenden Struktur- und Prozesswandel unterzogen haben:

1. **Phase der IT-Projektschwerpunktsetzung (1995-2001)**
   Eingebettet in dreistellige Wachstumsraten zum Vorjahr lag der initiale Schwerpunkt in den E-Commerce-Unternehmungen ab 1995 zunächst auf der Genese funktionaler Mehrwerte zum bestehenden Distanzhandel, die durch einen Aufbau entsprechender Projektmanagement, IT-Betriebs- und Entwicklungs-Skills begleitet wurden.
2. **Phase des forcierten Reichweitenausbaus (2002-2007)**
   Als sich beginnend ab 2002 Wachstumsquoten zunehmend verlangsamten, standen für E-Commerce-Unternehmungen Fragen der klassischen Werbung und des Direktmarketings im Vordergrund, die einen raschen Aufbau entsprechender Online-Marketingstrukturen, Prozesse und Werkzeuge auslöste und über Steigerung der "Reichweite" weiteres Wachstum absicherte.
3. **Phase der Produktivitätssteigerung (2008-HEUTE)**
   Ab 2007 schließlich stieß eine Online-Marketing-basierte Reichweitenstrategie in vielen Unternehmungen an Wachstumsgrenzen. Konkret erreichte – im Zuge sukzessiver Preissteigerungen in den Online-Marketingkanälen – der Grenznutzen weiterer Reichweitensteigerung, d. h. der für zusätzliches Werbebudget gewonnene zusätzliche Umsatz unrentable Dimensionen. Dies limitierte nicht nur weitere Budgetausweitungen, sondern führte darüber hinaus häufig entlang der wirtschaftlichkeitsorientierten Steuerungsmechaniken großer Händler sogar zu Einschnitten in den bestehenden Reichweitenmaßnahmen.

Der Umstand, E-Commerce-Aktivitäten rentabel nicht reichweitenbasiert zu weiterem Wachstum führen zu können, hat im ohnehin ergebnisengen Online-Retail-Umfeld existentielle Fragestellungen aufgeworfen. Auf der resultierenden Suche nach additiven, alternativen B2C-Online-Retail-Wachstumsstrategien bietet sich insbesondere der von Amazon vertretene Pull-Ansatz an. Dieser schichtet bei erheblich niedrigeren Werbekostenbelastungen und vergleichbar niedrigem EBIT (1–2 Prozent) Budgets in Prozessexzellenz um und realisiert so über bessere Customer-Experience deutlich höhere Wachstumsquoten (vgl. Abb. 3).

Es ist nicht verwunderlich, dass seit 2007 Amazons Vorgehensweise zunehmend auch in die Prozesslandschaften klassischer Retailer Einzug hält, dort eine bestehende metrikorientierte Entscheidungskultur weiter forciert und die Genese neuer Prozesse, Strukturen, Rollen, analytischer Softwaretools und empirischer Methoden beschleunigt, die sich um eine Verbesserung der Online-Produktivität auf allen E-Commerce relevanten Arbeitsfeldern bemüht, um Wachstums- und Rentabilitätsanforderungen abzusichern. Die Summe aller Anstrengungen zur rentabilitätsorientierten Produktivitätsoptimierungen von Websites hat eine neue Disziplin begründet, die sich unter dem Terminus *Site-Engineering* subsummieren lässt.

E-Commerce an der Schwelle zur Sättigungsphase

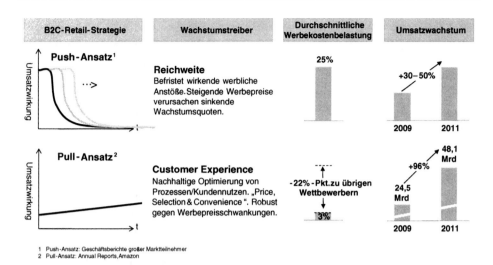

Abb. 3 B2C-Online-Retail-Strategien: Amazons Pull-Ansatz realisiert (bei gleichem EBIT von 1–2 %) niedrigere Werbekostenbelastungen und höheres Wachstum (eigene Darstellung)

3 *Site-Engineering* – Wirkung und GuV-Potenzial einer neuen Disziplin

Vor dem Hintergrund einer nunmehr 6-jährigen Historie im Umgang mit dem Instrumentarium der Online-Produktivitätssteigerung sind grundsätzliche Abschätzungen im Hinblick auf die Geschäftsrelevanz der neuen Disziplin *Site-Engineering* auf übergeordneter Perspektive möglich.

Erst die retrospektive Analyse der Auswirkungen von *Site-Engineering* in diesem für E-Commerce- Begriffe ungewöhnlich langen Zeitraum macht die strategische Dimension des Aufgabenfeldes abschätzbar. Die Realdaten eines großen deutschen Online-Retailers (vgl. Tab. 1) belegen, dass im 6-Jahreszeitraum eine Verdreifachung der Conversionrate (CVR), als Kernindikator der Online-Produktivität erreicht werden kann. Dabei soll explizit nicht der Eindruck hervorgerufen werden, dass die Conversionrate als multifaktoriell bedingte Business-Metrik ausschließlich durch *Site-Engineering*-Maßnahmen moduliert wird. Ungeachtet dessen wird die Dimension der Effekte grundsätzlich sichtbar. Wie zu erwarten, resultiert diese dramatische Produktivitätsverbesserung in einer begleitenden signifikanten Absenkung der Kosten-Umsatz-Relation (−47 Prozent) über den Gesamt-Mix aller Online-Marketingmaßnahmen. Da sukzessive Verbesserungen der Umwandlungsrate Grenzproduktivitäten wieder in rentable Bereiche bewegen, die eine Ausweitung des Maßnahmen-Portfolios mit entsprechenden Budgetausweitungen (+95 Prozent) und deutlichen Steigerungen auf der Online-Marketingumsatzseite (+266 Prozent) nach sich zieht, konnte lediglich eine Halbierung der Umsatzbelastung durch Werbekosten realisiert werden. Die Zusammenschau der Eckdaten auf der Ergebnisebene fällt

Tab. 1 Geschäftskennzahlen unter dem Einfluss eines 5-jährigen Conversionrate-Optimierungsprogramms eines großen deutschen B2C-Online-Retailers (eigene Darstellung)

Geschäftskennzahlen	2007	2012	2007:2012
Conversionrate, Website-Gesamt	2,3 %	6,7 %	+191 %
Kosten-Umsatz Relation Online-Marketing	17,8 %	9,5 %	−47 %
Online-Marketingumsatz	100 %	366 %	+266 %
Online-Marketingbudget	100 %	195 %	+95 %
Brutto Ergebnisbeitrag	100 %	788 %	+699 %

entsprechend beeindruckend aus: Der überschlägig ermittelte absolute Ergebnisbeitrag der Online-Marketingmaßnahmen (Online-Marketingergebnisbeitrag = Umsatz exkl. MWSt. * 25 Prozent Grenzergebnis − Online-Marketingbudget) steigt auf das 8-fache des Ausgangswerts mit entsprechend deutlichen Auswirkungen auf GuV-Seite.

Die Alternativlosigkeit einer auf höhere Online-Produktivität ausgerichteten Online-Retail-Strategie wird dabei durch die Umsatzbelastung der entsprechenden Maßnahmen unterstrichen. Während Steigerungen des Werbebudgets in den Grenzbereichen häufig mit Kosten-Umsatz-Relationen von 25–30 Prozent verbunden sind, liegt die durchschnittliche Werbekostenbelastung von CVR-verbessernden Maßnahmen bei Online-Shops einer Umsatzgrößenordnung ab 50 Millionen Euro p. a. und einem jährlichen Produktivitätszuwachs von mindestens 10 Prozent bei circa 4–6 Prozent. Festzuhalten ist gleichermaßen, dass ein hier beschriebenes nachhaltig produktivitätssteigerndes Instrumentarium im jährlichen Einsatz in der Regel mit mindestens 0,2–0,4 Millionen Euro Kosten (inkl. Strukturkosten) p. a. verbunden sein dürfte. Unterhalb des oben genannten Cut-Off Limits ergeben sich mithin deutlich steigende Werbekostenbelastungen.

In der Zusammenschau vorliegender Daten ist der Einsatz des produktivitätsorientierten Instrumentariums des *Site-Engineerings* in einem in die Reifephase eingetretenen E-Commerce-B2C-Geschäftsmodell ab einer erforderlichen Mindestgrößenordnung als hochergebnisrelevant einzuschätzen.

4 *Site-Engineering* – Selbstverständnis einer neuen E-Commerce-Disziplin

Unter *Site-Engineering* wird die Gesamtheit aller Maßnahmen verstanden, die über Verbesserungen der Conversionrate einen statistisch abgesicherten positiven GuV-Beitrag leistet. Dabei wird das Verfahren aus verschiedenen Perspektiven fassbar:

4.1 Zielorientierung

Die Implikation, nur solche Themen möglichen Optimierungen zu unterziehen, die einen positiven Beitrag zur Conversionsteigerung leisten können, begründet die

E-Commerce an der Schwelle zur Sättigungsphase

Mindestzielsetzung mit den jeweiligen Einzelmaßnahmen – unter Berücksichtigung der aufgewendeten Kosten und der erzielten CVR-Verbesserungen, d. h. den erzielten Mehrumsätzen und den daraus resultierenden Zusatzergebnissen – einen positiven GuV-Beitrag zu erzielen. Es ist eben diese konsequente Zielorientierung, die der neuen Oberdisziplin eine *Klammerfunktion* über eine Vielzahl von z. T. bereits heute existenten E-Commerce-Themen verleiht. *Site-Engineering* kommt damit eine bis dato in der Orchestrierung, d. h. der Ergebnisabschätzung, Schwerpunktsetzung und Priorisierung vielfach nur bruchstückhaft existente Rolle zu.

4.2 Inhaltlicher Fokus

Inhaltlich setzt sich *Site-Engineering* mit einer außerordentlich großen Spannbreite möglicher CVR-verbessernder Arbeitsfelder und anhängiger Maßnahmen auseinander, deren gemeinsames Kennzeichen ist, über unmittelbare Veränderungen am jeweiligen Customer-Touchpoint (Internet, Mobiltelefone, Tablets etc.) CVR-Verbesserungen zu bewirken. Auch wenn die Begriffsdefinition bewusst offen gehalten ist, fallen klassische Fragestellungen im Bereich des Sourcings bzw. Procurements eher in die arrondierenden Themenfelder, mit denen sich die Disziplin auseinandersetzt (vgl. Abb. 4).

Abseits dieser Einschränkung adressiert und bearbeitet das Verfahren Optimierungsfragestellungen für die keine gesicherten Hinweise für Best-Practice-Lösungsansätze vorliegen. Dabei können Optimierungsfragestellungen keineswegs nur in der Anpassung auf Template-Frontend-Ebene liegen. Zur Erläuterung werden nachstehend für die oben genannten Themenfelder beispielhaft relevante Fragestellungen und Optimierungsgegenstände beschrieben:

Themenfelder	Optimierungsobjekte	Reifegrad 2012	Reifegrad 2014
INDIVIDUELLE RELEVANZ Personalisierter Content	My Shop, individuelle Business Rules, Optimierung von Platzierung und Algorithmus in multivariaten Tests	5%	50%
PRÄSENTATIONSFORMATE Sortimentspezifische Formate	Fotos/Fotoauffassungen, Videos, Videovarianten für spezifische Sortimente	20%	80%
USER INTERFACE Templates	Angebots-, Suche-, Checkout-, Service und Hilfe- Strecken	60%	95%
APPLIKATIONEN Technologie-Module	Alle ergebnisrelevanten technologischen Softwarekomponenten wie der internen Suche, Recommendation Engine, Zoom Server, CDN´s, Email-Plattform etc.	10%	80%
HARDWARE Plattform/Systeme	Systemarchitektur/-dimension mit unterschiedlichen Leistungs-, Kosten-und Nutzeneffekten	0%	50%

Abb. 4 *Site-Engineering*: Themenfelder und mögliche Optimierungsobjekte (eigene Darstellung)

1. **Ergebnisoptimierung von E-Commerce-Systemen**
   In der Pre-E-Commerce-Vergangenheit konnten IT-Systemen im Rahmen der Wertschöpfungskette nur in den seltensten Fällen Wertschöpfungsbeiträge zugemessen werden. Solchermaßen blieben Systeme stets Kostenpositionen, die entsprechend ergebnisorientiert optimiert wurden. In einem E-Commerce-Umfeld werden im Gegensatz dazu IT-Systeme, d. h. E-Commerce-Plattformen unterhalb einer Applikationsschicht potenziell ergebniskritisch, da der Informationstransfers zwischen Händler und Nutzer dadurch beeinflusst werden kann. Auch die Dimensionierung von E-Commerce-IT kann hinterfragt und optimiert werden. Kernziel ist dabei nicht ein *Rightsizing* auf der Kostenseite, sondern vielmehr eine Ergebnismaximierung im GuV-Sinne. Zeitgleich werden dazu 2–4 verschiedene Systemdimensionierungen im Live-Betrieb eingesetzt und auf eine entsprechende Umsatz- und Ergebniswirkung hin evaluiert. Diese schwergewichtigen Testanordnungen entwickeln aufgrund hoher Testkosten erst für E-Commerce-Plattformen >100 Millionen Umsatz p. a. wirtschaftliche Bedeutung.
2. **Ergebnisoptimierung von E-Commerce-Applikationen**
   In einem Umfeld hoher Lösungsvielfalt für E-Commerce-Applikationen (Shop, interne Suche, Recommendation-Engine) werden Einsatzentscheidungen von Softwarekomponenten üblicherweise nicht im Hinblick auf die eigentliche kritische Erfolgsgröße, die absolute Rendite, getroffen. Marktforschungsinstrumentarien können in diesem Zusammenhang Entscheidungen abseits von Kosten, Erfahrung, Checklisten oder Hochglanzbroschüren renditegetrieben absichern. Nicht jede EC-Plattformkomponente ist dabei *testwürdig*. Getestet werden nur wertschöpfungsrelevante Komponenten, wie etwa eine shop-interne Suche, oder einzusetzende Recommendation-Engines. Latente Umsatzpotenziale im Bereich von 3–6 Prozent des jährlichen Shop-Umsatzes sind in diesem Kontext keine Seltenheit. Auch hier bestehen erforderliche Testanordnungen im zeitgleichen Einsatz von 3–5 alternativen Softwarelösungen, deren jeweilige Umsatzwirkungen erhoben werden. Da die Kosten (Total Cost of Ownership) der Softwarelösung als solches in die Ergebnisüberleitung eingehen, leistet nicht immer die umsatzstärkste Lösung den höchsten Ergebnisbeitrag.
3. **Ergebnisoptimierung von User interfaces**
   In diesem Teilaspekt haben E-Commerce-Optimierungsaktivitäten weltweit bereits den höchsten Reifegrad erreicht. Viele der im *Site-Engineering* eingesetzten Methoden und Verfahren haben hier ihren Ersteinsatz erfahren. Zielstellung ist es über einen Testeinsatz von Permutationen, Templates und Werbemittel in ihrer Ergebniswirkung zu optimieren. Latente Umsatzpotenziale im E-Commerce betragen in diesem Teilbereich i.d.R. 2–6 Prozent.
4. **Ergebnisoptimierung sog. Präsentationsformate**
   Die Darstellung unterschiedlichster Sortimente hat sich in E-Commerce-Auftritten in den letzten Jahren zunehmend ausdifferenziert. Dabei entstehen Fragestellungen rund um das jeweils sortiments-adäquateste Präsentationsformat. Der Begriff Präsentationsformat beschreibt dabei den eingesetzten produktspezifischen Content, nicht dessen template-hafte Aufbereitung. Klärungsbedürftig ist etwa die Frage,

welche Content-Gattung (Videos, Fotos,...) spezifisch für das jeweilige Sortiment renditeoptimal auf einer Produktübersichtsseite oder einer Artikelseite oder einer Suchergebnisseite (etc.) eingesetzt werden muss. Innerhalb einer Content-Gattung können Content-Ausführungsvarianten optimiert werden – beispielsweise die Anzahl von Fotoperspektiven oder unterschiedlichste Fotoauffassungen. Im Kontext der o. g. Fragestellungen wird die Bedeutung einer gesamthaften Betrachtung der Datenlage erkennbar. Optimierungen von Content-Gattung oder Content-Ausführungsvarianten können durchaus auf einer vorgelagerten Ebene (CVR bzw. Nachfrage) wirkungslos bleiben, entfalten aber ggf. nachgelagerte ergebnisrelevante Effekte – beispielsweise im Bereich der Retourenreduktion. In diesem Arbeitsfeld sind latente Umsatzpotenziale im E-Commerce in einer Größenordnung von 5–10 Prozent einzuschätzen.
5. **Ergebnisoptimierung durch die Erhöhung der Content-Relevanz**
Eine der Grundhypothesen jeder Personalisierungsstrategie ist es, Nutzer über eine Individualisierung von Maßnahmen relevanter zu adressieren und so besser zu konvertieren. Die Aufgabenstellung multivariater Testanordnungen kann in einem Personalisierungskontext u. a. darin bestehen unterschiedlichste Algorithmen, Platzierungen und Content ergebnisoptimal zu kombinieren. Latente Umsatzpotenziale sind in diesem Aufgabenfeld für E-Retailer mit ca. 3–8 Prozent einzuschätzen.

4.3   Analytische Verpflichtung

- Die zwingende Verpflichtung zur Erzielung permanenter GuV-Verbesserung in breiten Lösungsräumen erfordert Entscheidungen empirisch-stochastisch testbasiert auf ihren jeweiligen Zielbeitrag abzusichern. Dabei bietet u. a. die auf Daniel McFadden (Nobelpreis für Wirtschaftswissenschaften im Jahre 2000) zurückgehende Choice-Modelling-Theory entsprechende methodische Grundlagen (McFadden 1986).
- Unabhängig vom jeweils eingesetzten analytischen Vorgehen erfordert die Umsetzungsaufgabe eine differenzierte Messmethodik und eine vollumfängliche Datenlage, die sämtliche Online-Bewegungsdaten (Webanalytics-Systeme) mit der Gesamtheit aller Backenddaten (Bspw. PIM-Systeme, ERP-Systeme, Datawarehouse-Daten, CRM-Daten etc.) „verheiratet" und damit eine ergebnisgetriebene Steuerung von Maßnahmen an den Customer Touchpoints überhaupt erst ermöglicht. Dafür notwendige, hochintegrative Lösungsansätze hält der Markt der Standardsoftwarelösungen aktuell noch nicht in ausreichendem Maße vor.

5   *Site-Engineering* – Planung und Umsetzung

Site-Engineering ist als hochgradig analytische Disziplin zu verstehen und bedarf bereits in den Teilschritten der Planung einer entsprechend guten Datenlage um zielgerichtet operieren zu können.

Abb. 5 Beispielhafte, schematische Darstellung erforderlicher Wissensdatenbanken als analytische Grundlagen einer Gegenstromplanung (aus der Betrachtungsperspektive der wichtigsten üblichen E-Commerce-Nutzungsszenarien) (eigene Darstellung)

So setzt der nachfolgend beschriebene erste Planungsschritt, die Top-down-Planung, eine umfassende Microconversion-Datenbank voraus, die jeweils vergleichbar erhobene Keymetrics über verschiedene E-Commerce-Geschäftsmodelle, Länder, Kunden- und Sortimentsperspektiven aufspannt und eine essentielle Selektion vergleichbarer Benchmarkdaten zur Potenzialableitung erlaubt (vgl. Abb. 5). Nur so ist die differenzierte Beantwortung der Frage „Was ist eine exzellente Micro-Conversionrate?" möglich, um festzustellen, wie gut oder schlecht das jeweilige Unternehmen aktuell im Detail agiert. Ebenso erfordert der Prozess das Vorliegen gesicherter Kenntnisse über die Wirkungen von standardisierten Maßnahmen auf den jeweiligen Streckenabschnitten (z. B. Suche, Checkout oder Angebotsstrecke) von B2C-E-Commerce-Kanälen, um eine Beantwortung der Frage "Welche Conversionrate-Steigerungen sind erreichbar und realistisch?" zu ermöglichen und so im Benchmark abgeleitete Potenziale auf Maßnahmenebene zu validieren.

5.1 Planungsphase I – Top-down-Verfahren

In diesem Teilschritt erfordert das Verfahren differenzierte Benchmark-Analysen um latente Verbesserungsmöglichkeiten aufzudecken.

Dazu wird zunächst die E-Commerce-Datenlage aus unterschiedlichsten Perspektiven in die jeweiligen Keymetrics aufgearbeitet (Kanäle, Kunden, Shop-Topologie, Strecken, Online-Marketingkanäle etc.). Beispielsweise wird u. a. die sogenannte Streckensicht hergestellt, indem die unterschiedlichen Strecken (Suche, Checkout, Angebotsstrecke etc.) in ihre jeweiligen Teilschritte zerlegt und mit Micro-Conversions hinterlegt werden (vgl.

E-Commerce an der Schwelle zur Sättigungsphase 115

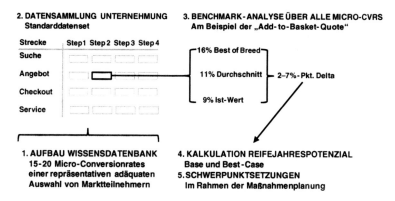

Abb. 6 Beispielhafte, schematische Darstellung einer Top-down Potenzialanalyse aus der Betrachtungsperspektive der wichtigsten üblichen E-Commerce-Nutzungsszenarien zur Ableitung von Schwerpunktsetzungen für eine nachgeschaltete zielgerichtete Maßnahmenentwicklung (eigene Darstellung)

Abb. 6). Liegt eine entsprechende Vergleichsbasis vor, können die Daten eines einzelnen Unternehmens mit diesem adäquaten Marktsample abgeglichen werden um latente Umsatz- und GuV-Potenziale aufzudecken und damit richtige Schwerpunktsetzung für eine nachgeschaltete Phase der Maßnahmenentwicklung zu liefern.

5.2 Planungsphase II – Bottom-up-Verfahren

Dieser Prozessschritt hat die Aufgabe in einem Gegenstromverfahrens (Top-down- und Bottom-up Planung) eine alternative Herleitung, eine Validierung von Top-down-Potenzialen zu realisieren und für die jeweilige Planungsperiode ein Projektaufkommen inhaltlich zu konkretisieren. Dazu hat sich in der Praxis folgende Vorgehensweise bewährt:

1. **Festlegung eines realistischen Maßnahmen-Mengengerüsts**
   In der Regel erfordert jede einzelne Optimierungsmaßnahme zur Steigerung der CVR in dem hier exemplarisch beschriebenen Ablauf eine Realisationsdauer von etwa 3–4 Monaten. Für die Mehrzahl der Unternehmungen sind daher etwa 4–6 Optimierungsdurchläufe in einem 12-Monatszeitraum realistisch, sofern eine Parallelisierung von Teilschritten vorgenommen werden kann.
2. **Inhaltliche Konkretisierung von Maßnahmen**
   Im Rahmen des Mengengerüstes müssen die jeweiligen Maßnahmen auskonkretisiert werden, um eine Kosten- und Nutzenabschätzung im nachgeschalteten Teilschritt zu unterstützen. Auf der Ebene von Einzelmaßnahmen gilt es dazu einen sinnvollen Methodenmix, notwendige Laufzeiten und erforderliche Ressourcen zu definieren.

3. **Detail-Quantifizierung und Priorisierung der Maßnahmen**
   In diesem Teilschritt müssen für jede Einzelmaßnahme Umsetzungs- und Strukturkosten, CVR-Verbesserung, Umsatz- und Ergebniswirkung auf der Basis von empirisch gesicherten Erfahrungswerten definiert werden. Daraus ergibt sich in der Regel eine Priorisierung und eine Umsetzungssequenz.
4. **Erstellung und Quantifizierung eines konkreten Projektplans**
   Kernziel eines konkreten Projektplans im Rahmen der Bottom-up-Validierung von Planungsansätzen ist es, eine konkrete zeitliche Abgrenzung von Kosten und Nutzen zu erreichen um Effekte innerhalb der jeweiligen Planungsperiode sichtbar zu machen. Während die vorgeschaltete Detail-Quantifizierung von Maßnahmen nur auf einem Reifejahreslevel operiert, betrachtet der Teilschritt 4 die auf die jeweilige Planungsperiode entfallende Wirkung. So realisiert beispielsweise eine Maßnahme, die 2 Monate vor dem Endzeitpunkt eines 12-monatigen Planungszeitraums umgesetzt wird, nur 2/12 des betreffenden Reifejahrespotenzials in der Planungsperiode.
5. **Validierung von Top-down-Ansätzen**
   Am Ende des Bottom-up-Prozesses steht der Abgleich mit den Ansätzen der Top-down-Planung und damit die Validierung der übergeordnet abgeleiteten Planungsansätze. In der Praxis hat sich die Übernahme der im Bottom-up-Verfahren erarbeiteten GuV-Wirkungen in die Planung bewährt.

5.3 Phase der Ideensammlung (4–8 Wochen)

Am Anfang jedes Umsetzungsprozesses zur Verbesserung von Conversionrates steht eine Phase der breit angelegten Ideensammlung. Ein qualitativer Output dieses Prozessschrittes wird maßgeblich durch die nachgenannten Stellgrößen beeinflusst:

1. **Diversität erarbeiteter Ideen**
   Nur wenn ein Lösungsraum breit genug beschrieben wird, d. h. die erarbeiteten Lösungen zur Verbesserung der jeweiligen Teil-Conversion unterschiedlich genug ausfallen, besteht eine hinreichend große Chance auf signifikante Verbesserung.
2. **Breite Einbeziehung potenzieller Ideengeber**
   Im Sinne des vorgenannten Punktes empfiehlt es sich initial sowohl externe Experten, Mitbewerber im Zuge einer breiten Konkurrenzanalyse, Nutzer und Kunden sowie unternehmensinterne Stakeholder einzubeziehen. Die letztgenannte Gruppe ist dabei keineswegs auf Vertreter eines unternehmensinternen E-Commerce-Bereichs zu begrenzen, der im Schwerpunkt eher den *Site-Engineering*-Prozess als solches treiben sollte, als vollumfänglich einen Ideengenerierungsprozess inhaltlich selbst zu befüllen.
3. **Additive Nutzung von Routine-Instrumentarien zur Ideenbeisteuerung**
   Insbesondere Verfahren des thesengenerierenden Usability-Labs und statistische Routineanalysen auf den jeweiligen Teilstrecken zur Aufdeckung auffälliger Veränderungen

E-Commerce an der Schwelle zur Sättigungsphase

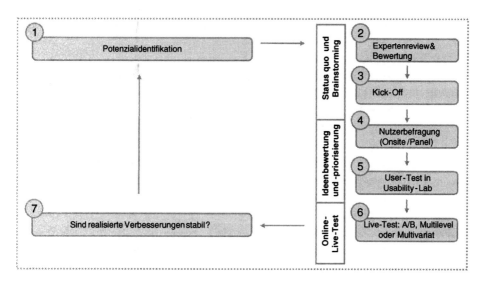

Abb. 7 Beispielhafte Darstellung eines *Site-Engineering*-Umsetzungsprozesses (eigene Darstellung)

von Micro-CVRs im Zeitverlauf, geben abseits der im Vorfeld der jeweiligen Planungszyklen bemühten Benchmark-Analysen weitere zusätzliche Hinweise auf mögliche Lösungsansätze im Rahmen der Ideengenerierung (vgl. Abb. 7).

5.4 Phase der Filterung von Ideen (4 Wochen)

Unternehmen verfügen über eine limitierte Anzahl möglicher jährlicher Testslots. Selbst gut entwickelte *Site-Engineering*-Prozesslandschaften realisierten in der Regel selten mehr als 4–6 Online-Live-Tests jährlich. Da mit jedem Micro-CVR-optimierenden Teilprojekt wie beschrieben potenziell 2–8 Prozent Nachfrageverbesserung realisiert werden können, ist jeder dieser Testzeiträume wertstiftend und sollte solchermaßen nur mit aussichtsreichen Testoptionen befüllt werden.

Der *Site-Engineering*-Prozess sieht daher eine Phase der Ideenfilterung vor. Diese Phase sollte maßgeblich unter Einbeziehung von Nutzern betrieben werden, die bereits grob auskonkretisierte Lösungsoptionen unter Einsatz breiter marktforscherischer Instrumentarien auf eine evtl. Praxistauglichkeit hin beurteilen. Zielstellung ist es ca. 40–60, selten mehr als 500 Lösungsvarianten zu selektieren, die in einen nachgeschalteten Test eingehen. Eine niedrigere Anzahl von Lösungsvarianten empfiehlt sich nicht, da multivariate Testverfahren einen beschleunigten Erkenntnisgewinn durch einen parallelen Testeinsatz ermöglichen. In diesem Zusammenhang sei vor dem Klassiker gewarnt: Der A/B-Test ist in den seltensten Fällen eine adäquate methodische Antwort für umfängliche systematische Optimierungsvorgehen für Unternehmen der o. g. Größenordnung:

Die Diversität der Lösungen ist beschränkt, die Breite des aufgespannten Lösungsraums ist zu gering, die Chance auf ein „Golden Egg" kleiner.

Eine höhere Anzahl von Lösungsvarianten dagegen führt auch bei stark frequentierten E-Retailern zunehmend zu einer Verwässerung der Unterschiedlichkeit von Lösungsansätzen, bedeutet kleinere Testgruppen, längere Testzeiträume und häufig weniger trennscharfe, oft unsignifikante Testergebnisse, und ist solchermaßen dem eigentlichen Kernziel der "stochastischen Absicherung von Entscheidungstatbeständen" nicht zuträglich.

5.5 Phase des Live-Tests (3–6 Wochen)

Der eigentliche Live-Test ist in der Testdauer u. a. von der Komplexität der Testanordnung, dem verfügbaren Besucheraufkommen und der Stabilität der Testergebnisse im Zeitverlauf abhängig. Für entsprechende Softwarelösungen, Methoden und Rahmenbedingungen sei auf die einschlägigen Informationsquellen verwiesen (Implementra 2013).

In einem Vogelblick auf einen umfänglichen Methodenschatz ist festzuhalten, dass sich insbesondere vollfaktorielle gegenüber teilfaktoriellen Methoden dann bewähren, wenn Besucherströme und Strukturen dazu tendieren im Zeitverlauf instabil zu sein. Dies gilt insbesondere im Online-Universal-Distanzhandel in einem breiten Sortimentsumfeld, wenn befristete Bedarfszeiträume für einzelne Teilsortimente vorliegen, die zu hoher Varianz im Nutzungsverhalten führen. Dieser Begleitumstand erschwert im Rahmen der Testphase die Vorabfilterung eingesetzter Lösungsvarianten mit anschließender Konzentration auf die vermeintlich besten Testvarianten, die durch teilfraktionelle Verfahren praktiziert wird.

5.6 Phase der finalen Entscheidung und Ergebnissicherung (2–3 Wochen)

Angesichts der Wirkungsdimension experimenteller Optimierungen auf den Themenfeldern des *Site-Engineering* (auf GuV-Seite einerseits bzw. auf der Ebene der Customerexperience andererseits) ist eine finale Präsentation und Entscheidung im Kreise des jeweils marktverantwortlichen Top-Mangements angeraten. Final empfiehlt sich Sicherung der Testergebnisse in einer standardisierten Form um sukzessive zu einem Aufbau echten Expertenwissens zu gelangen.

5.7 Phase der dauerhaften analytischen Begleitung

Unabhängig eines vorgenannten systematischen Planungs- und Umsetzungsprozesses werden permanente Steuerungs- und Regelungsverfahren erforderlich. In einem feinmaschigen Routine-Reporting-Ansatz (vgl. Abb. 8) werden dazu feingranulare

E-Commerce an der Schwelle zur Sättigungsphase

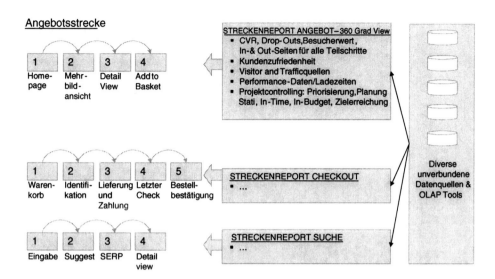

Abb. 8 Schematisch-konzeptionelle Darstellung einer gesamthaften Operationalisierung von Teil-conversionrates und abhängiger Stellgrößen zum Micro-Management von E-Commerce- Produktivitäten (eigene Darstellung)

Keymetrics erfasst und im Zeitverlauf einer entsprechenden Vorjahresentwicklung gegenübergestellt. Finden unerwartete ggf. CVR-limitierende Ausschläge statt, muss eine Adaption des Umsetzungsportfolios erfolgen. Beispielhaft sei auf eine Erhöhung von Ladezeiten einzelner Prozessschritte verwiesen, die bei zeitgleichem Auftreten mit einem Absinken einer zugehörigen Micro-CVR keinen weiteren Feinschliff der grafischen Benutzeroberfläche (GUI) sondern vielmehr der technischen Stellgröße der Performance priorisiert.

6 Unternehmensinterne Voraussetzungen im Change-Prozess

Site-Engineering kann eine nachhaltige Ergebnisverbesserung für E-Commerce-Unternehmen nur im Rahmen eines mehrjährigen Change-Prozesses realisieren, der klar definierten Prämissen folgen muss, um zu einer erfolgreichen Transformation zu führen:

1. **Abkehr von autokratischen, expertenbasierten Entscheidungen**
   Empirisch basierte Verbesserungen der Conversionrate bewegen sich – auf der Ebene eines Einzelexperiments betrachtet – überwiegend in einer Größenordnung von 2–5 Prozent der gegebenen Umwandlungsrate. Veränderungen von 1/50 oder 1/20

lassen sich nicht heuristisch deduktiv, erfahrungsbasiert antizipieren, sondern bedürfen sichernder empirischer Verfahren. Zur Illustration: Um den realen Grenznutzen des aufwändigen Verfahrens im Abgleich zu Expertenurteilen einzuschätzen, haben wir mit den involvierten Teams über einen Zeitraum von zwei Jahren hinweg praktiziert, die vermeintlich umsatzstiftendste Lösungsvariante vor Testbeginn zu erraten, um nach Testende den Umsatz-Uplift dieser Experteneinschätzung mit dem Effekt der im Test eruierten tatsächlich besten Lösungsvariante zu vergleichen. Nur etwa 20–40 Prozent des relativen Conversionrate-Uplifts der besten Umsetzungsvariante konnten im Querschnitt der Expertenmeinungen *erraten* werden. Das offene Delta ist der eigentliche Mehrwert des Verfahrens. Gerade diese Abkehr von Expertenurteilen zugunsten empirisch errungener Aussagen ist daher eine der wichtigsten Grundvoraussetzungen zur erfolgreichen Verbesserung der CVR. Dieses Grundprinzip gilt es initial in der Organisation zu verankern. „Inhaltliches Expertentum" wird so durch „methodisches Expertentum" ersetzt. Die Einführung der nachfolgend beschriebenen Verfahrensweisen stellt daher für viele Unternehmen und Beteiligte einen Paradigmenwechsel dar, und verlangt entsprechend partizipative Vorgehensweisen, um erfolgreich verankert zu werden.

2. **Schaffung ergebnisadäquater Prozesse, Strukturen und Budgets**
Unternehmen agieren häufig irrational. Trotz nachweislich hoher Ergebnisbeiträge und hochattraktiver Kosten-Umsatz-Relationen mangelt es häufig an einem Erfahrungsschatz aus eigenen Projekten und damit an Einschätzbarkeit für die anzuwendenden Verfahren und deren mögliche Ergebnisbeiträge. Wesentlich für die Realisation ist jedoch eine adäquate budgetseitige Ausstattung des Arbeitsfelds. Als Faustregel kann dabei für größere Unternehmungen (ab 100 Millionen Jahresumsatz) gelten: Etwa 5 Prozent des Gesamtwerbebudgets der Unternehmung sollten den Aufgabenstellungen des Site-Engineerings zur Verfügung stehen. Da Retail-Unternehmen häufig eine Kosten-Umsatz-Relation von etwa 25 Prozent realisieren, ist bei einem Unternehmen ab 100 Millionen Nettoumsatz (exkl. MwSt.) etwa ein Budget von 1–1,5 Millionen Euro (Projektbudget, Mitarbeiter, Geschäftsausstattungen, Softwarelösungen) als adäquater Ansatz anzusehen. Dieses Setting muss im Top-Management als Vorleistung in ergebnisengen Umfeldern erbracht werden, um einen entsprechenden Prozess initial „anzuwerfen".

3. **Verständnis als langfristiger, kontinuierlicher Verbesserungsprozess**
Verbesserungen der CVR bis in die für gut optimierte E-Commerce-Sites wünschenswerten Dimensionen von beispielsweise 7–10 Prozent für einen Online-Retail-Universalisten, bedarf einer kontinuierlichen iterativen Vorgehensweise, die über Jahre hinweg sukzessive bis hin zum gewünschten Ergebnis führt. Im Rahmen üblicher Werbekostenaussteuerungsmechaniken muss dieser Aspekt insbesondere in einer Startphase Berücksichtigung finden.

4. **Vollständige Operationalisierung von Produktivitäten**
Auf allen ergebnis- und umsatzrelevanten Dimensionen müssen sog. Micro-Conversions etabliert, in eine Zielplanung überführt und fortlaufend erhoben werden.

7 Fazit

Ein Agieren in gesättigten Märkten ist in vielen Branchen weltweit Normalität, fast immer mit einem Verfall der jeweiligen Branchenrendite vergesellschaftet, und führt in der Regel zum Einsatz von Abschöpfungs- und Desinvestitionsstrategien.

E-Commerce weist im Umfeld aktuell rückläufiger Umsatzzuwächse EBIT-Margen im niedrigen einstelligen Bereich auf und zeigt bereits klare Indikatoren einer beginnenden Stagnation.

An der Schwelle zum Strategiewechsel bieten sich daher alternativ zu den oben genannten reflexhaften Normstrategien der Portfolioanalyse alternative produktivitätsgetriebene Strategien an. Diese Transformationsnotwendigkeit trifft E-Commerce-Unternehmen nach einer euphorischen Wachstumsrallye der letzten Dekade in einem Status relativer Inexistenz einer erforderlichen Prozesslandschaft.

Ziel des Beitrages war es, eine additive strategische Vorgehensweise zu skizzieren, um im B2C E-Retail schmale Renditen in eine Phase der stabilen Reife zu überführen.

Literatur

Implementra (2013). The ultimate multivariate comparison: Google content experiments and its alternatives... compared, rated and reviewed. In WhichMVT.com [Online]. Verfügbar unter: http://www.whichmvt.com. Zugegriffen: 28. Jan 2013.

McFadden, D. (1986). The choice theory approach to market research. *Marketing Science*, 5(4), 275–297.

Otto Group (2013). Die Otto Group in Zahlen – Geschäftsjahr 2011/12 [Online]. Verfügbar unter: http://www.ottogroup.com/de/die-otto-group/daten-und-fakten/kennzahlen.php. Zugegriffen: 28. Jan 2013.

Über den Autor

Dirk Lauber Jahrgang 1963, studierte Sportökonomie an der Universität Bayreuth und promoviert am Institut für medizinische Physik in Erlangen und der Truman State University in Kirksville Missouri. Im universitären Umfeld veröffentlichte er ca. 40 sportwissenschaftliche Publikationen zu den Themen Belastungsregulation, Knochenstoffwechsel, Biomechanik, Trainingswissenschaften und Reproduktionsmedizin. Nach diversen beruflichen Stationen am Olympiastützpunkt Heidelberg (1986), sowie der eigenen Unternehmensgründung Lifemasters.com (1988) zog es ihn schließlich im Jahr 2000 in den Bereich E-Commerce/Versandhandel. Aktuell verantwortet er die E-Commerce-Aktivitäten der Baur Gruppe in Deutschland, Österreich und der Schweiz (u. a. für die Unternehmen Baur, Universal, imwalking, Quelle, Mirapodo und Ackermann mit einer Online-Nachfrage von ca. 1 Milliarde Euro). Außerdem leitet er derzeit eine der größten deutschen E-Commerce-Agenturen mit Inhouse-Dienstleistungen für rund 40 Unternehmen der Otto Group weltweit. Als CEO des Online-Werbe- und Beratungsunternehmens Octobo unterstützt er zudem ca. 20 Unternehmungen der Otto-Group bei der Rentabilisierung ihrer Online-Shop-Aktivitäten. Mit den Online-Aktivitäten Baur.de und imwalking.de, konnte er zahlreiche renommierte E-Commerce-Preise („Online Shop des Jahres", „Innovationspreis", „Bester Mobile Shop") gewinnen.

Integrierte Multi-Channel-Geschäftsmodelle ermöglichen Zeitersparnis beim Einkauf

Silvia Zaharia

Zusammenfassung

Durch die zunehmende Verbreitung von Internet- und Smartphone-Nutzung entsteht ein neues, verändertes Kundenverhalten: Kunden nutzen entsprechend der zugrunde liegenden Motive unterschiedliche Einkaufskanäle im Rahmen eines Kaufprozesses. Nur Multi-Channel-Retailer mit einem hohen Grad der Interaktion zwischen den Kanälen und einem professionellen Cross-Channel-Management können auf dieses verändertete Kundenverhalten reagieren, indem sie ihnen mittels Multi-Channel-Services die Möglichkeit zum Channel-Hopping anbieten. Sie müssen ihre Absatzkanäle derart miteinander vernetzen, dass der Kunde sie gar nicht mehr als getrennte Einheiten wahrnimmt. Das honorieren die Kunden, denn sie zeigen zusätzliche Preisbereitschaft für Multi-Channel-Leistungen. Durch den in Zukunft noch stärkeren Einfluss der Smartphones und des Mobile-Commerce-Kanals auf den Kaufprozess nehmen die Anforderungen an die Integration der Kanäle und an die angebotenen Multi-Channel-Leistungen noch stärker zu. Händler müssen ihre Kunden sowie deren Erwartungen an ein Multi-Channel-System genau analysieren und die „richtigen" Entscheidungen hinsichtlich der angebotenen Multi-Channel-Leistungen treffen. Dann können sie sich von ihren Wettbewerbern differenzieren und zusätzliche Margen abschöpfen. Denn in Zukunft wird es weniger relevant sein, ob der Kunde im stationären Geschäft, im Mobile-Shop oder im stationären Online-Shop kauft. Wichtig ist, dass er beim Channel-Hopping nicht zur Konkurrenz wechselt. Integrierte Multi-Channel-Leistungen sind ein wichtiges Instrument zur Kundenbindung.

S. Zaharia (✉)
eWeb Research Center, Hochschule Niederrhein, Webschulstraße 31,
41065 Mönchengladbach, Deutschland
e-mail: silvia.zaharia@hs-niederrhein.de

Inhaltsverzeichnis

1 Multi-Channel-Retailing – Handel ohne Grenzen 124
    1.1 Definition Multi-Channel-Retailing 124
    1.2 Evolutionsstufen der Handelsformate hin zum Multi-Channel-Retailing 124
2 Verändertes Käuferverhalten durch Internet- und Smartphonenutzung 126
    2.1 Änderung des Kaufprozesses 126
    2.2 Channel-Hopping 127
3 Integrierte Multi-Channel-Leistungen als Voraussetzung für Channel-Hopping 129
    3.1 Beispiele integrierter Multi-Channel-Leistungen 129
    3.2 Bekanntheit und Nutzung von Multi-Channel-Leistungen 131
    3.3 Preisbereitschaften für Multi-Channel-Leistungen 131
4 Fazit und Ausblick 133
Literatur 134

1 Multi-Channel-Retailing – Handel ohne Grenzen

1.1 Definition Multi-Channel-Retailing

Multi-Channel-Retailing wird als eine Kombination von Absatzkanälen unter einer Marke definiert, die ein Kunde wahlweise nutzen kann, um Leistungen eines Anbieters nachzufragen (Zaharia 2006). Die Absatzkanäle bieten dem Kunden, neben der Informationsmöglichkeit auch die Möglichkeit, eine Transaktion abzuschließen. Das bedeutet, dass reine Kommunikationskanäle, wie z. B. das Schalten von Internet-, TV-, oder Mobile-Werbung, Einträge in Social Media (z. B. Facebook oder Twitter) etc. sofern sie keine Möglichkeit zum Kauf bieten, keine Absatz- sondern Kommunikationskanäle sind.

Neben den *klassischen* Absatzkanälen stationäres Geschäft, Online-Shop und Katalog gewinnt der Mobile-Shop zunehmend an Bedeutung. Wesentliche Treiber dafür sind neben den Tablet-PCs die Smartphones, die den Zugriff auf das mobile Internet praktisch an jedem Ort möglich machen. Eine repräsentative Befragung im Auftrag von Initiative D21 ergab, dass 24 Prozent der deutschen Bevölkerung ein Smartphone besitzt (Initiative D21 2012). Ein Drittel davon hat schon einmal mit seinem mobilen Endgerät eingekauft (eBay 2012).

1.2 Evolutionsstufen der Handelsformate hin zum Multi-Channel-Retailing

Auch wenn der Mehrkanalhandel nicht erst durch die Einführung des E-Commerce in Erscheinung trat, so sind doch die Entwicklungen und die Bedeutung der heutigen Multi-Channel-Retailer eindeutig der Entwicklung der Internet- und noch rezenter der Mobile-Technologie zuzuschreiben. Die Entwicklungsstufen vom Single-Channel-Retailing hin zum so genannten No-Line-Retailing sind in Abb. 1 dargestellt. Die Pfeile geben die mögliche Nutzung der Kanäle im Kaufprozess durch die Kunden wieder.

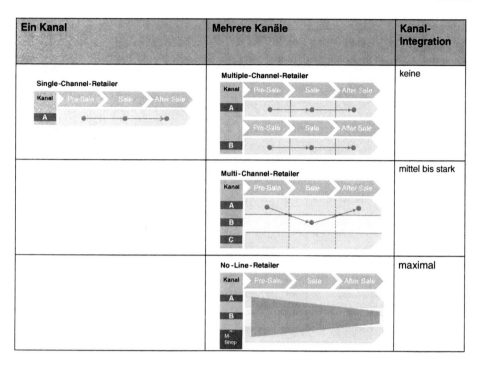

Abb. 1 Evolutionsstufen des Handels hin zum No-Line-Retailing (eigene Darstellung)

Single-Channel-Retailer vertreiben ihre Waren über einen einzigen Absatzkanal, z. B. als stationäre Einzelhändler (z. B. ANSON's), als Online- bzw. Internet-Pure-Player (z. B. Amazon), als Versandhändler oder als Tele-Shopping-Anbieter. Während es kaum noch reine Single-Channel-Versandhändler oder Tele-Shopping-Anbieter gibt, befindet sich noch immer die Mehrheit der stationären Händler auf dieser Stufe.

Multiple-Channel-Retailer betreiben mindestens zwei Absatzkanäle (diese können auch beide stationäre oder Distanzkanäle sein). Die Absatzkanäle werden weitestgehend unabhängig und eigenständig betrieben (manchmal auch unter einer anderen Marke) und sind nicht miteinander verbunden (z. B. Otto Group mit dem Otto-Versand, Bauer-Versand oder Lascana). Durch den Einsatz unterschiedlicher Absatzkanäle versuchen die Multiple-Channel-Retailer, spezifische Kundengruppen gesondert anzusprechen.

Online-Händler wie das Unternehmen Zalando nutzen stationäre Läden zum Abverkauf der Restanten (in Berlin) oder als so genannte Pop-up-Stores. So eröffnete Zalando im März 2012 in Berlin-Mitte ein Geschäft, das drei Tage lang die neue Frühjahrsmode präsentierte (Gropp 2012). Ebenfalls in Berlin eröffnete der Online-Pionier eBay vom 05. Dezember bis zum 16. Dezember 2012 sein erstes stationäres Geschäft in Deutschland. Auch in diesen Fällen wird von Multiple-Channelling gesprochen, da die Kanäle nicht integriert sind.

Multi-Channel-Retailer setzen eine Kombination von Absatzkanälen (i.d.R. einen stationären und einen Internetkanal) unter einer Marke ein. Durch integrierte Absatzkanäle ermöglichen die Multi-Channel-Retailer den Kunden Channel-Hopping zu betreiben. Darunter ist das Verhalten der Kunden zu verstehen, innerhalb eines Kaufprozesses zwischen den Kanälen eines Multi-Channel-Retailers zu wechseln. Dabei wird auch von einer Cross-Channel-Nutzung gesprochen (Zaharia 2012).

Am Anfang der E-Commerce-Ära waren es die Versandhändler (z. B. Otto) und die filialisierten stationären Händler (z. B. Görtz, Tchibo, Conrad), die durch das Launchen eines Online-Shops oder das Einführen von Katalogen (z. B. Globetrotter), zum Multi-Channel-Retailer avancierten. In den letzten Jahren kann ebenfalls ein entgegengesetzter Trend beobachtet werden: Internet-Pure-Player eröffnen stationäre Geschäfte wie z. B. Notebooksbilliger mit zwei stationären Filialen in Sarstedt und München. Durch den Einsatz mehrerer Absatzkanäle und deren Integration versuchen die Multi-Channel-Retailer, neue Kundengruppen zu erreichen, bisherigen Kunden neue Kauf- und Bestellmöglichkeiten zu bieten und tragen damit dem veränderten, zunehmend multioptionalen Kundeverhalten Rechnung (Zaharia 2006).

No-Line-Systeme werden als die höchste Evolutionsstufe des Multi-Channel-Retailing bezeichnet, bei denen die maximale Vernetzung und Integration der Absatzkanäle stattfindet. Manche Autoren sprechen nur dann von No-Line-Händlern, wenn ein Mobile-Commerce-Kanal vorhanden ist, der von den Shoppern parallel zum stationären Einkauf genutzt werden kann (Heinemann 2013). So ermöglicht es z. B. ein No-Line-Händler seinen Kunden, durch das Scannen des EAN-Codes zusätzliche Informationen im Mobile-Shop zu suchen und im Internet Preise zu vergleichen.

Da sich viele, vor allem stationäre Händler noch in der Phase des Single-Channel-Retailings befinden, und viele Mehrkanalhändler entweder als Multiple-Channel- oder als schwach integrierte Multi-Channel-Retailer aktiv sind, liegt der Fokus dieses Beitrags auf der erfolgreichen Gestaltung eines integrierten Multi-Channel-Systems. No-Line-Systeme als darauf folgende Entwicklungsstufe werden nur peripher behandelt.

2 Verändertes Käuferverhalten durch Internet- und Smartphonenutzung

2.1 Änderung des Kaufprozesses

Durch das Internet hat sich der *klassische*, im stationären Handel gelernte, Kaufprozess verändert. Dieser sah vor, dass sich der Kunde, auf der Suche nach einem Produkt, zuerst einen Anbieter auswählte. Dieser Anbieter half ihm dann vor Ort, sich für das Produkt zu entscheiden, das seine Bedürfnisse am besten erfüllte. Im Anschluss kaufte der Kunde das ausgewählte Produkt i.d.R. bei dem Anbieter, den er sich im Vorfeld ausgesucht hatte. Der Point of Sale war somit mit dem Point of Decision identisch (Boersma 2010).

Durch das Internet und die umfangreichen Informationsmöglichkeiten im Netz sowie durch die rasante Verbreitung von Smartphones hat sich der Kaufentscheidungsprozess verändert. Gerade in der Vorkaufsphase hilft das Internet dem Kunden das richtige Produkt auszusuchen. So findet er detaillierte Produktinformationen bei unterschiedlichen Händlern oder auf der Herstellerseite, Testberichte auf neutralen Seiten sowie Produktbewertungen und Rezensionen durch andere Kunden, die ihm die Produktauswahl auch ohne Beratung durch den Händler erleichtern. So hat eine aktuelle Untersuchung der GfK ergeben, dass Konsumenten nicht nur bei High-Involvement-Produkten, wie Handys, Reisen oder Autos, im Internet nach Produktbeschreibungen und Bewertungen suchen und Preise vergleichen, sondern dass ein Drittel der Verbraucher dies auch bei Low-Involvement-Produkten, wie Haar- und Schönheitsprodukten oder Windeln macht (o. V. 2012a).

Der *neue*, Internet-induzierte Kaufprozess sieht so aus, dass der Kunde sich zuerst im Internet informiert und dort ein Produkt auswählt, das seine Bedürfnisse am besten befriedigt. Erst im Anschluss an seine Produktauswahl wählt der Kunde den Internet- oder stationären Händler aus, der seine Einkaufsmotive am besten erfüllt. Der Point of Decision wird dadurch vom Point of Sale entkoppelt und gewinnt stark an Bedeutung (Boersma 2010; Zaharia 2012). Laut dem IfH in Köln informieren sich die Kunden bei 33,5 Prozent der Käufe in stationären Geschäftsstellen davor im Internet. Diese Käufe entsprechen 66,4 Prozent des Umsatzes in stationären Geschäftsstellen, wobei Suchmaschinen die wichtigsten Informationsquellen sind. Das mobile Internet über Smartphones induziert 8,2 Prozent der Käufe (bzw. 8,4 Prozent der Umsätze) in stationären Geschäften (ECC 2011). Eine Studie von Deloitte Digital prognostiziert für die USA, dass im Jahr 2016 17–21 Prozent des Umsatzes in stationären Geschäften über Smartphones induziert wird (Deloitte Digital 2012).

Was bedeutet diese Veränderung im Kaufprozess für die stationären Händler? Wollen sie ihre Kunden binden bzw. sie schon in ihrer Entscheidungsvorbereitungsphase im Internet *auffangen*, dann müssen sie auch dort präsent sein, wo der Kunde seine Produktauswahl trifft: im (stationären und/oder mobilen) Internet. Am besten sind die Online- und Offline-Kanäle so integriert, dass sie dem Kunden das Channel-Hopping erleichtern.

2.2 Channel-Hopping

Ein wichtiger Grund für das Entstehen von Multi-Channel-Systemen liegt in den unterschiedlichen Eigenschaften der Absatzkanäle und dadurch in deren unterschiedlichen Fähigkeit, Kundenbedürfnisse zu befriedigen (Schröder und Zaharia 2008). Der Kunde hat damit an verschiedenen Orten zu verschiedenen Zeiten die Möglichkeit zur unterschiedlichen Bedürfnisbefriedigung. Er kann, je nachdem welche Bedürfnisse im Vordergrund stehen, zwischen convenience-, erlebnis- oder preisorientierten Einkaufsstätten wählen. Kunden können verschiedene Kanäle im Rahmen des Einkaufsprozesses miteinander kombinieren und haben daher mehr Auswahl und eine höhere Kontrolle über den Prozess (Zaharia 2012). Ein Kunde kann zum Beispiel in einem gedruckten Katalog auf ein Produkt aufmerksam werden, sich anschließend über das Internet gezielt informieren und schließlich im Online-Shop des selben Anbieters kaufen. Es kann auch der Fall auftreten, dass der Kunde nach der

Informationsbeschaffung im Internet das stationäre Geschäft des Händlers aufsucht, um das gewünschte Produkt dort zu kaufen. Wünscht er im Geschäft noch weitere Informationen, dann kann er direkt am Point of Sale mit seinem Smartphone mobil ins Internet gehen. Möchte der Kunde nach dem Kauf im Online-Shop das Produkt z. B. umtauschen, dann kann er dies in der stationären Filiale des Multi-Channel-Retailers tun. Dies allerdings nur dann, wenn die Kanäle integriert sind und Channel-Hopping erlauben. Bieten Händler ihren Kunden die Möglichkeit zum Channel-Hopping, dann wirkt sich dies positiv auch auf das Stammgeschäft aus (Heinemann 2011).

Abbildung 2 zeigt, wie Kunden die Kanäle eines Multi-Channel-Retailer nutzen, wenn sie Channel-Hopping im Kaufprozess betreiben. So geht 12,5 Prozent der Käufe in stationären Geschäften eine Informationssuche in Online-Shops desselben Händlers voraus. Diese Käufe machen 15,8 Prozent des Umsatzes in stationären Geschäften aus. Umgekehrt geht 10,0 Prozent der Bestellungen in Online-Shops eine Informationssuche in stationären Geschäften des Anbieters voraus, was 9,3 Prozent des Umsatzes in Online-Shops entspricht. Nicht nur der *stationäre* Internetzugang, sondern auch der mobile erzeugt Ab- und Umsätze in den stationären Geschäften: 6,4 Prozent der Käufe (bzw. der Umsätze) in stationären Geschäften geht eine Informationssuche über ein Smartphone auf die Anbieter-Webseite oder dessen App voraus (ECC 2011). Multi-Channel Effekte zwischen verschiedenen Kanälen desselben Anbieters nahmen in den letzten Jahren kontinuierlich zu. Ein besonderer Anstieg verzeichneten Käufe im Online-Shop des Anbieters, in dessen stationärem Ladengeschäft vorher Informationen über das Produkt eingeholt wurden (ECC 2011).

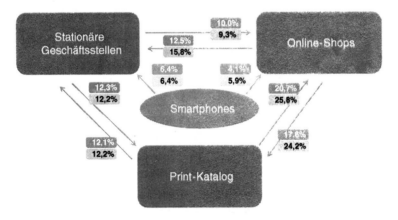

Lesebeispiele:
- 12,5% der Käufe in stationären Geschäftsstellen eines Anbieters geht eine Information im Online-Shop des gleichen Anbieters voraus; diese Käufe entsprechen 15,8% des Umsatzes in den stationären Geschäftsstellen.
- 10,0% der Bestellungen im Online-Shop geht eine Information in stationären Geschäftsstellen des Anbieters voraus; diese Bestellungen entsprechen 9,3% des Umsatzes im Online-Shop.

Abb. 2 Informationssuche in einem Kanal vor einem Kauf in einem anderen Kanal des gleichen Anbieters (ECC 2011)

Die zwei wichtigsten Gründe, weswegen ein Produkt im stationären Handel gekauft wurde, nach der Informationssuche im Internet sind:

- Der Kunde möchte das Produkt sofort haben.
- Der Kunde möchte das Produkt vor dem Kauf haptisch inspizieren.

Dies sind auch die Hauptgründe, weswegen Kunden nach der Information über Smartphone doch im stationären Geschäft des Anbieters kauften (ECC 2011). Würde die Ware noch am selben Tag geliefert, dann würden nach einer Studie der Auktionsplattform Ebay 60 Prozent der Verbraucher noch mehr online und mobil bestellen (Eisert 2012). Manche Multi-Channel-Retailer wie z. B. Thalia, Karstadt oder Lodenfrey versuchen über innovativen Lieferservices wie *same day delivery* diesen Nachteil des Online-Shoppings im Vergleich zum stationären Kauf auszugleichen (o. V. 2012c; o. V. 2012d)

3 Integrierte Multi-Channel-Leistungen als Voraussetzung für Channel-Hopping

Bietet ein Händler dem Kunden mehrere Kanäle zum Kauf an, dann erwartet der Kunde auch die Möglichkeit zum Channel-Hopping (Zaharia 2012). Leider kommt es noch bei vielen nicht-integrierten Multi-Channel-Retailern vor, dass ein Kunde, der nach dem Online-Kauf in einem stationären Geschäft sein Produkt reklamieren oder umtauschen möchte, das online bestellte Produkt im Geschäft nicht umtauschen bzw. reklamieren kann. Häufig liegt es an nicht abgestimmten Sortimenten in den Kanälen und an einer unzureichenden Integration der Warenwirtschaftssysteme innerhalb der verschiedenen Absatzkanäle. Möchten Multi-Channel-Retailer das Potenzial des Channel-Hoppings ausschöpfen, dann ist eine Integration der Kanäle und professionelles Cross-Channel-Management notwendig. Doch welche Multi-Channel-Leistungen gibt es, welche sind aus Kundensicht sinnvoll und für welche sind die Kunden auch bereit zu zahlen?

3.1 Beispiele integrierter Multi-Channel-Leistungen

Ein Blick ins Ausland zeigt, dass kanalverbindende Leistungen von Kunden intensiv und kontinuierlich genutzt werden. Beim britischen Multi-Channel-Retailer Argos hat die Multi-Channel-Leistung *Check & Reserve*, d. h. die Kombination aus Online-Prüfung, ob der gewünschte Artikel im Laden vorrätig ist, und der zeitgleichen Reservierung zur späteren Abholung vor Ort, mit 22 Prozent Anteil am Gesamtumsatz bereits den Anteil *klassischer* Internetbestellungen (Online-Bestellung mit Lieferung nach Hause) überholt (Accenture/eWeb Research Center 2012, S. 6). Diese Service-Leistung ist auch in Deutschland auf dem Vormarsch. So haben beispielsweise Conrad,

Saturn und Media-Markt in ihren Online-Shops eine Funktion zur Prüfung der Sofortabholung in einem beliebigen deutschen stationären Markt etabliert. Verläuft die Prüfung positiv, erhält der Kunde umgehend die Information *sofort verfügbar*. Der Kunde kann dann das Produkt online bestellen und bezahlen. Nach Erhalt einer Abholbestätigung per E-Mail kann der Kunde das gewünschte Produkt im entsprechenden Markt ab sofort (versandkostenfrei) abholen. Dieser Service wird von den Kunden gut angenommen. Die Rate liegt bei Saturn bei 45 Prozent und bei Media-Markt bei 39 Prozent (o. V. 2012b, S.15).

Eine weitere Multi-Channel-Leistung, die sich nicht nur international immer größerer Beliebtheit erfreut, ist „Online den Warenkorb zusammenstellen zur späteren Abholung in der Filiale" – auch als *Click & Collect* oder *Instore Pickup* bezeichnet. Im britischen Fashion-Handel bieten mit Marks & Spencer, Oasis und Warehouse gleich mehrere namhafte Händler den Kunden diese Möglichkeit an. Die Ware muss nicht notwendigerweise dem aktuellen Bestand im Laden entstammen, sondern kann z. B. durch ein Fulfillment Center der Filiale zugeführt werden. Was die Lieferzeit, die Höhe der Versandkosten oder die Bezahlmöglichkeiten betrifft, unterscheiden sich die Händler: So kostet beispielsweise bei Oasis die Lieferung innerhalb der nächsten 90 Minuten nach Bestellbestätigung um die 6 Pfund, während die Lieferung am nächsten Tage kostenlos ist. Die anderen genannten Händler liefern nur am nächsten Tag (kostenlos). Marks & Spencer und John Lewis sehen eine Online-Bezahlung vor, während Oasis und Warehouse den Kunden die Bezahlung bei Abholung der Ware in der Filiale erlauben (Accenture/eWeb Research Center 2012, S.7). In Deutschland bieten zum Beispiel der Multi-Channel-Schuhhändler Görtz und der Mode-Filialist C & A ihren Kunden die Möglichkeit, eine Bestellung versandkostenfrei in eine Wunschfiliale liefern zu lassen. Ab Dezember 2012 können sich Kunden auch bei Karstadt über *Click & Collect* alle Produkte von karstadt.de und karstadtsports.de versandkostenfrei in eine ausgewählte Filiale liefern lassen. Ein weiterer Vorteil für die Kunden neben der Ersparnis der Versandkosten ist, dass sie die Ware vor Ort anprobieren können. Für den Multi-Channel-Retailer bedeutet diese stärkere Verzahnung von Online-Shop und Filiale eine Erhöhung der Frequenz in der Filiale (o. V. 2012e).

Eine weitere Möglichkeit der Verzahnung der stationären Kanäle mit dem Online-Shop bieten die Multi-Channel-Retailer Görtz, Lascana und C&A. Sie offerieren ihren Kunden die Möglichkeit, die im Online-Shop bestellte Ware in einer Filiale ihrer Wahl zu retournieren. Auch Tchibo bietet diesen Service an, auch wenn nur auf Nachfrage des Kunden.

Die Kunden von Sportscheck können über das *Personal-Shopping-Angebot* vorab unter Angabe ihrer Interessen einen exklusiven Beratungstermin in einer Sportscheck-Filiale ihrer Wahl online buchen. Der Kunde erhält dann eine speziell auf seine Interessen und Bedürfnisse abgestimmte Einkaufsberatung, die kostenfrei ist und auch nicht zum Kauf verpflichtet (Sportscheck 2013). Der Multi-Channel-Retailer kann durch diese Multi-Channel-Leistungen den Kunden nahtlos vom Online-Shop in die Filiale überführen.

Marks & Spencer in Großbritannien oder Lascana in Deutschland verzahnen ihre stationären und Online-Kanäle, indem sie die Mitarbeiter im Laden mit iPads ausstatten, so dass diese die Kunden mobil am Regal beraten, zusätzliche Informationen aufrufen oder ausverkaufte Artikel online bestellen können (o. V. 2012b; Tietz 2012). Macy's in den USA bietet seinen Kunden die Möglichkeit, eine App zu installieren, über die sie in den stationären Läden navigieren und digital Produktinformationen aufrufen können (Cantor 2011).

3.2 Bekanntheit und Nutzung von Multi-Channel-Leistungen

In Rahmen einer repräsentativen Studie von Accenture und dem eWeb Research Center der Hochschule Niederrhein unter Beteiligung der Autorin wurde die Bekanntheit und die Nutzung von Multi-Channel-Leistungen für die wichtigsten Branchen im deutschen Handel untersucht. Die zehn untersuchten Multi-Channel-Leistungen sind (Accenture/eWeb Research Center 2012):

1. Online-Verfügbarkeitsabfrage bzgl. aktuellen Bestands im Laden
2. Online-Reservierung von Artikeln aus dem aktuellen Bestand im Laden
3. Online-Warenkorb zusammenstellen, spätere Abholung an einem Abholpunkt
4. Fachberatung im Geschäft online buchen
5. Online-Code (zum späteren Abruf im Web-Shop) nach Beratung im Laden
6. Rabatt offline erhalten & online einlösen
7. Rabatt online erhalten & offline einlösen
8. Retoure im Ladengeschäft nach Online- oder Ladenkauf
9. Postalische Retoure an Zentrale nach Online- oder Ladenkauf
10. Retoure durch Abholung von zu Hause nach Online- oder Ladenkauf
    (mit speziellem Fokus auf größere und gewichtigere Waren)

Es stellte sich heraus, dass mehr als zwei Drittel der Befragten die Online-Verfügbarkeitsabfrage bzgl. des aktuellen Bestands im Laden kennen. Die damit möglicherweise verbundene Reservierungsmöglichkeit hingegen kennen nur noch knapp 40 Prozent. Bekannter sind die verschiedenen Retourenvarianten zwischen den Kanälen, die grob die Hälfte der Befragten kennen. Die in Deutschland noch nicht so verbreiteten Services *Fachberatung im Geschäft online* buchen und „Online-Code (zum späteren Abruf im Web-Shop) nach Beratung im Laden" fallen in der Bekanntheit dagegen stark ab und liegen bei unter 20 Prozent.

Die folgende Abb. 3 zeigt, wie Kunden die zehn untersuchten Multi-Channel-Leistungen nutzen, unterschieden nach allen Kunden bzw. nach Kunden, die die Leistung schon kennen. Daraus wird ersichtlich, dass wenn den Kunden eine Multi-Channel-Leistung bekannt ist, sie diese auch zu einem Großteil nutzen. Die Online-Verfügbarkeitsanzeige ist nicht nur die bekannteste, sondern auch die am häufigsten genutzte Multi-Channel-Leistung.

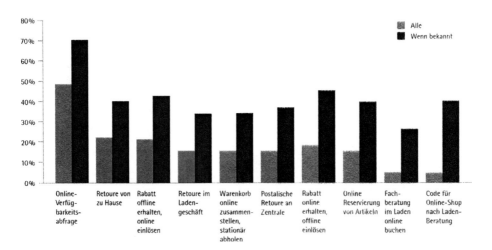

Abb. 3 Nutzung selektierter Multi-Channel-Leistungen – von allen Kunden vs. jene Kunden, die die Leistung kennen (Accenture/eWeb Research Center 2012)

3.3 Preisbereitschaften für Multi-Channel-Leistungen

Hinter den vorgestellten integrierten Multi-Channel-Leistungen stehen mitunter sehr komplexe Anforderungen an die Multi-Channel-Systeme. Für die Multi-Channel-Retailer ist es sehr aufschlussreich zu wissen, wie Kunden den Nutzen und tatsächlichen Mehrwert solcher Leistungen monetär bewerten. Sie können dann fundiert entscheiden, ob sich die Implementierung einer solchen Leistung für ihre Kunden auch tatsächlich lohnt. Abbildung 4 zeigt die Preisbereitschaften für die untersuchten Multi-Channel-Leistungen nach Branchen (Accenture/eWeb Research Center 2012).

Die Ergebnisse fallen je nach Branche und Multi-Channel-Leistung sehr unterschiedlich aus. Für drei Leistungen: Online-Verfügbarkeitsabfrage, Retouren in allen Kanälen möglich sowie Warenkorb online zusammenstellen sind die Kunden am ehesten bereit, einen höheren Preis zu zahlen.

Für die Möglichkeit, Artikel über alle angebotenen Kanäle zu retournieren sind die Kunden am meisten bereit zu zahlen. Insbesondere Käufer großvolumiger Produkte aus den Branchen Möbel, DIY/Garten/Baumärkte sowie Haushaltsgeräte sind bereit, einen Preisaufschlag von durchschnittlich 3 Prozent in Kauf zu nehmen, wenn das Produkt bei eventuellem Nicht-Gefallen später bei ihnen abgeholt wird. Auch in den Branchen Haushaltswaren, Hobby/Spiele/Freizeitartikel sowie Medien, Tonträger und Unterhaltungselektronik besteht eine bis zu über 2 Prozent zusätzliche Preisbereitschaft für die Möglichkeit online gekaufte Ware in Filialen zurückzugeben bzw. stationär gekaufte Ware per Post zurückzusenden (vgl. Abb. 5).

Die Online-Verfügbarkeitsabfrage bzgl. des aktuellen Bestands im Laden ist Kunden von Medien, Tonträgern und Unterhaltungselektronik sowie Haushaltswaren und

Integrierte Multi-Channel-Geschäftsmodelle

Multichannel-Leistungen \ Branche	Bekleidung/ Wäsche/Schuhe	Medien/ Tonträger/UE	Hobby/Spiele/ Freizeitartikel	Haushalts- waren	Camping/ Outdoor	Computer und Zubehör	Möbel/ Dekoration*	Haushalts- geräte*	DIY/Garten/ Baumarkt*
Retoure in allen Kanälen möglich	↗	↑	↑	↑	↗	→	↑	↑	↑
Online Verfügbarkeitsprüfung	↗	↑	↗	↑	↑	→	→	↘	↗
Rabatt-Coupon in allen Kanälen gültig	→	→	↘	↗	→	↘	↓	↓	↓
Warenkorb online zusammenstellen**	↗	↑	→	↑	↑	↘	↘	↓	↗
Code für Online-Shop nach Beratung	↓	↗	↘	↓	→	↘	↓	↓	↓
Fachberatung online buchen	↘	↗	→	↓	→	↘	↓	↓	↓
Online Reservierung von Artikeln**	→	↗	→	↘	↗	→	↓	↘	↘

* Retoure durch Abholung zu Hause
** Zur Abholung im Ladengeschäft

↑ hoch ↗ ↘ → mittel ↓ niedrig

Abb. 4 Preisbereitschaften für Multi-Channel-Leistungen (Accenture/eWeb Research Center 2012)

MC-Leistung	Top 1	Top 2	Top 3	Top 4	Top 5
Online Verfügbarkeits- prüfung	Medien/Tonträger/ Unterhaltungselektronik 1,43%	Camping 1,42%	Haushaltswaren 1,20%	Hobby/Spiele/ Freizeitartikel 1,04%	DIY/Garten/Baumarkt 0,89%
Retoure in allen Kanälen	Möbel/Dekoration 3,35%	DIY/Garten/Baumarkt 3,08%	Haushaltswaren 2,64%	Haushaltsgeräte 2,32%	Hobby/Spiele/ Freizeitartikel 1,93%
Warenkorb online zusammenstellen	Camping 1,43%	Haushaltswaren 1,35%	Medien/Tonträger/ Unterhaltungselektronik 1,26%	Bekleidung 1,02%	DIY/Garten/Baumarkt 0,89%

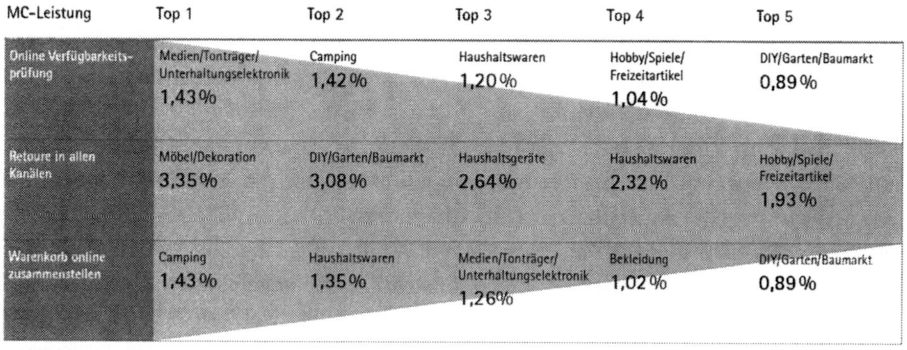

Abb. 5 Top-5-Branchen für Multi-Channel-Leistungen mit höchster (relativer) Preisbereitschaft (Accenture/eWeb Research Center 2012)

Camping-/Outdoor-Artikeln ein Premium von durchschnittlich 1,3 Prozent wert. Die Preisbereitschaften in den Branchen Hobby/Spiele/Freizeitartikel, Bekleidung, Möbel und DIY zu diesem Service liegen nur unwesentlich darunter. Kunden schätzen offenbar das Wissen über die Verfügbarkeit des gewünschten Artikels in der Filiale.

Auch für die Möglichkeit, online einen Warenkorb zusammenstellen, der dann später an einem vordefinierten Ort abgeholt wird, würden Kunden einen höheren Preis von durchschnittlich 1,3 Prozent bezahlen. Dies zeigt sich vor allem in den Branchen Medien, Tonträger und Unterhaltungselektronik, Haushaltswaren sowie Camping/Outdoor. Hier dürfte das bequeme Aussuchen der Wunschartikel in stressfreier Umgebung vorab im Vordergrund stehen.

4 Fazit und Ausblick

Durch die zunehmende Verbreitung von Internet- und Smartphone-Nutzung entsteht ein neues, verändertes Kundenverhalten: Kunden nutzen entsprechend der zugrunde liegenden Motive unterschiedliche Einkaufskanäle im Rahmen eines Kaufprozesses. Nur Multi-Channel-Retailer mit einem hohen Grad der Interaktion zwischen den Kanälen und einem professionellen Cross-Channel-Management können auf dieses verändertes Kundenverhalten reagieren, indem sie ihnen mittels Multi-Channel-Services die Möglichkeit zum Channel-Hopping anbieten. Sie müssen ihre Absatzkanäle derart miteinander vernetzen, dass der Kunde sie gar nicht mehr als getrennte Einheiten wahrnimmt.

Die Bekanntheit, Nutzung und zusätzliche Preisbereitschaft für Multi-Channel-Leistungen sind sehr unterschiedlich und von der Branche abhängig. Die Online-Verfügbarkeitsabfrage ist nicht nur bzgl. Bekanntheit und Nutzung prominent, sondern Kunden fast aller Branchen sind für den dadurch generierten Mehrwert auch bereit, einen höheren Preis für Produkte zu bezahlen. Ähnliches gilt für die Möglichkeit zu kanalübergreifenden Retouren. Doch es gibt auch Multi-Channel-Leistungen, für die die Kunden geringe Preisbereitschaft zeigen. Das heißt natürlich nicht notwendigerweise, dass Multi-Channel-Retailer auf diese Services verzichten sollten. Manche Leistungen werden durchaus von Kunden genutzt und geschätzt, aber das Vorhandensein wird als Selbstverständlichkeit verstanden.

Durch den in Zukunft noch stärkeren Einfluss der Smartphones und des Mobile-Commerce-Kanals auf den Kaufprozess nehmen die Anforderungen an die Integration der Kanäle und an die angebotenen Multi-Channel-Leistungen noch stärker zu. Händler müssen ihre Kunden sowie deren Erwartungen an ein Multi-Channel-System genau analysieren und die *richtigen* Entscheidungen hinsichtlich der angebotenen Multi-Channel-Leistungen treffen. Dann können sie sich von ihren Wettbewerbern differenzieren und zusätzliche Margen abschöpfen. Denn in Zukunft wird es weniger relevant sein, ob der Kunde im stationären Geschäft, im Mobile-Shop oder im stationären Online-Shop kauft. Wichtig ist, dass er beim Channel-Hopping nicht zur Konkurrenz wechselt. Integrierte Multi-Channel-Leistungen sind ein wichtiges Instrument zur Kundenbindung.

Literatur

Accenture/eWeb Research Center (2012). Preisbereitschaften für Leistungen im Multi-Channel-Handel – wofür ist der Kunde bereit zu zahlen? Eine Studie von Accenture/eWeb Research Center und dem eWeb-Research-Center der Hochschule Niederrhein; Diekmann, J.; Schwarzl, C.; Welsch, C.; Heinemann, C.; Schleusener, M.; Zaharia, S.; Düsseldorf (www.accenture.com).

Boersma, T. (2010). Warum Web-Exzellenz Schlüsselthema für erfolgreiche Händler ist – Wie das Internet den Handel revolutioniert. In G. Heinemann & A. Haug (Hrsg.), *Web-Exzellenz im E-Commerce – Innovation und Transformation im Handel* (S. 21–42). Wiesbaden.

Cantor, B. (2011). Behind Macy's "omni-channel" customer experience: Should stores look like the web? In customermanagementiq.com. Verfügbar unter: http://www.customermanagementiq.com/strategy/articles/. Zugegriffen: 13. Sep 2012.

Deloitte Digital (2012). The dawn of mobile influence – Discovering the value of mobile in retail.

eBay (2012). eBay untersucht die Zukunft des Handels, Presseinformation vom 25.05.2012, Berlin/Dreilinden (presse@ebay.de).

ECC Handel (2011). *Von Multi-Channel zu Cross-Channel – Konsumentenverhalten im Wandel.* Köln.

Eisert, R. (2012). Same Day Delivery – Zalando – wie schnell ist schnell genug? In wiwo.de. Verfügbar unter: http://www.wiwo.de/unternehmen/handel/same-day-delivery-zalando-wie-schnell-ist-schnell-genug/7507304.html. Zugegriffen: 13. Dez 2012.

Gropp, M. (2012). Spontan aufgetaucht, um zu handeln. In faz.net. Verfügbar unter: http://www.faz.net/frankfurter-allgemeine-zeitung/internetunternehmen-spontan-aufgetaucht-um-zu-handeln-11988994.html. Zugegriffen: 12. Dez 2012.

Heinemann, G. (2011). *Cross-Channel-Management – Integrationserfordernisse im Multi-Channel-Handel* (3. Aufl.), Wiesbaden.

Heinemann, G. (2013). *No-Line-Handel – Höchste Evolutionsstufe im Multi-Channeling.* Wiesbaden.

Initiative D21 (2012). Mobile Internetnutzung Entwicklungsschub für die digitale Gesellschaft?

o. V. (2012a). GfK benennt fünf zentrale Erkenntnisse über Kaufentscheidungsprozesse von Verbrauchern, Presseinformation vom 11.12.12. In gfk.com. Verfügbar unter: http://www.gfk.com/group/press_information/press_releases/010697/index.de.html. Zugegriffen: 12. Dez 2012.

o. V. (2012b). Die Grenzen verschwimmen, etailment 12 (Heft 2012, S. 14–16).

o. V. (2012c). Thalia bietet den "Blitz Express". In derhandel.de. Verfügbar unter: http://www.derhandel.de/news/technik/pages/Buchhandel-Thalia-bietet-den-Blitz-Express-9282.html. Zugegriffen: 14. Dez 2012.

o. V. (2012d). Lodenfrey.com liefert am gleichen Tag. In derhandel.de. Verfügbar unter: http://www.derhandel.de/news/technik/pages/Multichannel-Lodenfrey.com-liefert-am-gleichen-Tag-9208.html?i_searchword=same%20day%20delivery. Zugegriffen: 14. Dez 2012.

o. V. (2012e). Karstadt baut Multi-Channel-Geschäft aus. In derhandel.de. Verfügbar unter: http://www.derhandel.de/news/technik/pages/Warenhaeuser-Karstadt-baut-Multi-Channel-Geschaeft-aus-9194.html. Zugegriffen: 19. Dez 2012.

Schröder, H., & Zaharia, S. (2008). Linking multi-channel customer behavior with shopping motives: An empirical investigation of a German retailer. *Journal of Retailing and Consumer Services*, 15.

Sportscheck (2013). Personal Shopping bei SportScheck. In sportscheck.de. Verfügbar unter: http://personalshopping.sportscheck.com/Default.aspx. Zugegriffen: 19. Dez 2012.

Zaharia, S. (2006). Multi-Channel-Retailing und Kundenverhalten – Wie sich Kunden informieren und wie sie einkaufen. Bergisch-Gladbach, Köln.

Zaharia, S. (2012). Channel-Hopping erfordert integrierte Multi-Channel-Lösungen – Wie die Kunden sich verhalten und wie die deutschen Top-Multi-Channel-Textilhändler darauf antworten. In S. Heinemann, M. Schleusener, & S. Zaharia (Hrsg.), *Modernes Multi-Channeling für Fashion – Bestandsaufnahme, Konzepte, Praxisbeispiele* (gemeinsam mit G. Heinemann und M. Schleusener), Frankfurt/Main.

Über die Autorin

Silvia Zaharia studierte Betriebswirtschaftslehre in Nürnberg und promovierte an der Universität Essen-Duisburg. Sie war in verschiedenen Managementpositionen bei der Tchibo GmbH tätig, bevor sie in die Wissenschaft wechselte. Von 2006 bis 2009 lehrte sie an der HTW in Berlin als Marketing-Professorin. Seit 2009 ist sie Professorin für Marketing und International Sales Management an der Hochschule Niederrhein, geschäftsführende Leiterin des „eWeb Research Center" sowie Koordinatorin des neu gestarteten Masterstudiengangs „E-Business". Ihre Arbeits- und Forschungsgebiete sind Multi-Channel-Retailing, E-Commerce, Käuferverhalten und Internationale Aspekte des Marketing und Handels. Sie ist Autorin einer Reihe von Artikeln in deutschen und internationalen Fachzeitschriften sowie diverser Fachbücher.

Teil III
E-Geschäftsmodelle mit Zeitvorteil

Zeitvorteile als Treiber der Digitalisierung von Wissenschafts-, Lehr- und Fachmedien

Ralf Birkelbach

> **Zusammenfassung**
>
> Kaum eine andere Branche unterliegt derzeit einem so dramatischen Wandel in ihren Geschäftsprozessen und Business-Modellen wie der Medienbereich. Dies dürfte vor allem darin seine Ursache haben, dass Medienprodukte immaterielle Güter sind und sich eine Digitalisierung nicht nur auf den Absatz- bzw. Beschaffungsprozess auswirkt, sondern auch auf das Produkt selbst. Während etwa bei Konsumgütern ein über E-Commerce vertriebenes Produkt selbst „unberührt" bleibt, verändert sich ein Medienprodukt und der begleitende Produktionsprozess in der Digitalisierung gegebenenfalls selbst. Diese „doppelte Digitalisierung" führt in der Zukunft zu einem beschleunigten Übergang einer bislang printgeprägten Medienlandschaft in eine weitgehend digitalisierte Informationswelt. In den Wissenschafts-, Lehr- und Fachmedien vollzieht sich die Medienkonversion mit besonderem Tempo. Bei den wissenschaftlichen Journals sind es vor allem die Autoren, die neue digitale Plattformen nutzen, um den Publikationsprozess zu verkürzen („Online first"). Bei Lehrmedien steht hingegen die Optimierung der Lerneffizienz in der Nutzungsphase durch den Einsatz interaktiver eLearning-Technologien im Mittelpunkt. Dass der schnellere Zugang zu relevanten Fachinformationen in vielen Branchen ein Wettbewerbsvorteil ist, bedarf keiner weiteren Erläuterung. Deshalb werden in diesem Marktsegment diejenigen Online-Geschäftsmodelle besonders erfolgreich sein, die die frühzeitige Zuordnung von relevanten Informationen zu Trendthemen und Stufen im Workflow-Prozess am besten realisieren.

R. Birkelbach (✉)
Springer Fachmedien Wiesbaden, Abraham-Lincoln-Str. 46, 65189 Wiesbaden, Deutschland
e-mail: ralf.birkelbach@springer.com

Inhaltsverzeichnis

1 Der Markt für Wissenschafts-, Lehr- und Fachmedien 140
2 Zeitvorteile durch Digitalisierung in den verschiedenen Mediensegmenten 142
    2.1 Wissenschaftsmedien im Zeitwettbewerb 142
    2.2 Lehrmedien im Zeitwettbewerb 145
    2.3 Fachmedien im Zeitwettbewerb 148
3 Zusammenfassung und Ausblick 150
Literatur 151

1 Der Markt für Wissenschafts-, Lehr- und Fachmedien

Kaum eine andere Branche unterliegt derzeit einem so dramatischen Wandel in seinen Geschäftsprozessen und Business-Modellen wie der Medienbereich. Dies dürfte vor allem darin seine Ursache haben, dass Medienprodukte immaterielle Güter sind und sich eine Digitalisierung nicht nur auf den Absatz- bzw. Beschaffungsprozess auswirkt, sondern auch auf das Produkt selbst. Während etwa bei Konsumgütern ein über E-Commerce vertriebenes Produkt selbst *unberührt* bleibt, verändert sich ein Medienprodukt und der begleitende Produktionsprozess in der Digitalisierung gegebenenfalls selbst. So kann ein elektronisches Fachbuch beispielsweise einen Bewegtfilm enthalten und sich damit gänzlich vom Print-Produkt unterscheiden. Diese *doppelte Digitalisierung* führt in der Zukunft zu einem beschleunigten Übergang einer bislang print-geprägten Medienlandschaft in eine weitgehend digitalisierte Informationswelt.

Von besonderem Interesse bei der Medienkonversion ist die Frage, welches die eigentlichen Treiber der Digitalisierung sind. Im Folgenden soll dazu untersucht werden, welche Rolle der Realisierung von Zeitvorteilen neben anderen Treibern (Preis etc.) als kritischem Erfolgsfaktor in der Medienkonversion zufällt. Zeitvorteile können dabei für den *Produzenten* (Autor, Verlag etc.) von Inhalten entstehen, wenn eine Publikation *früher* am Markt angeboten werden kann. Des Weiteren kann in dem Auslieferungsprozess oder aber in der Nutzungsphase Zeit zum Erfolgsfaktor werden, etwa, wenn die Rezipienten mit der digitalen Produktlösung *schneller* und/oder *mehr* Nutzen erreichen können, als durch das korrespondierende Print-Produkt. Schließlich ermöglichen digitale Angebote neuartige Plattform- und Netzwerkeffekte, die bislang undenkbar waren, wie z. B. das Social Reading.

Im Folgenden soll nicht der Medienbereich als Ganzes beleuchtet werden, sondern der Markt für Wissenschafts-, Lehr- und Fachmedien. Der Autor nimmt dabei im Besonderen Bezug auf Praxisbeispiele von Springer Science+Business Media, einem führenden globalen Wissenschaftsverlag, der u. a. auch Lehr- und Fachmedien publiziert.

Die Mediensegmente der Wissenschafts-, Lehr- und Fachmedien stehen anders als die Publikumsmedien (Tageszeitungen, Illustrierte, Belletristik- und Fachbücher etc.) nicht im Zentrum der Konversions-Diskussion, sollten aber in Hinblick auf die Fragestellung aus doppeltem Grunde besondere Beachtung finden. Zum einen ist der Anteil an Umsätzen mit Digitalprodukten – insbesondere in der Wissenschaftskommunikation – besonders hoch.

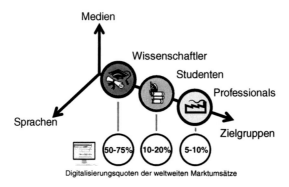

Abb. 1 Der Markt der Wissenschafts- und Fachmedien (eigene Darstellung)

Weltweit, so die in diesem Medienzweig spezialisierte Beratungsgesellschaft Outsell.com, werden bereits mehr als die Hälfte der Umsätze der Top-5-Wissenschaftsverlage mit digitalen Produktlösungen erzielt (Outsell.com 2012a). Zum anderen wird der Umsatzanteil der Wissenschafts- und Fachmedien an der gesamten Medienproduktion oftmals unterschätzt. So beträgt nach einer aktuellen Statistik des Börsenvereins des Deutschen Buchhandels allein der Anteil der der Rubrik *Wissenschaft* zurechenbare Umsatz 11,6 Prozent am Gesamtumsatz mit Buchprodukten in Deutschland (Börsenverein des Deutschen Buchhandels e. V. 2012).

Der Markt für Wissenschafts- und Fachmedien kann grob nach den drei primär adressierten Zielgruppen unterteilt werden (vgl. Abb. 1):

- *Wissenschaftsmedien* sind hauptsächlich wissenschaftliche Journale und Bücher, Monographien, Sammelwerke oder Referenzwerke, die von Wissenschaftlern verfasst werden, um Erkenntnisse der Forschung, zunehmend in der englischen Sprache, weltweit zu verbreiten. Rezipientengruppen sind selbst Wissenschaftler. Käufer der Wissenschaftsmedien sind i.d.R. öffentlich finanzierte Bibliotheken.
- *Lehrmedien* werden oftmals auch von Wissenschaftlern verfasst, die neben der Forschung Lehrtätigkeiten ausüben. Kernprodukte sind vor allem Lehrbücher. Anders als im Wissenschaftsmarkt ist dieser Markt durch Curricula-Anbindungen und die Bedeutung der Kaufempfehlung durch den Dozenten durch eine hohe Lokalisierung geprägt. Käufer sind i.d.R. Studenten, die Lehrbücher über den Buchhandel beziehen.
- *Fachmedien* bezeichnet als Oberbegriff all diejenigen Medien, die der Kommunikation von beruflichem Wissen dienen. Fachmedien sind z. B. Fachzeitschriften, Fachbücher, Loseblattwerke, CD-ROMs, Online-Dienste, Seminare. Sie werden i.d.R. von Fachredaktionen verfasst.

Bemerkenswert ist, dass die Medien für diese Zielgruppen sehr unterschiedliche Digitalisierungs- bzw. Konversionsquoten aufweisen. Das heißt, dass sich der Anteil der mit diesen Nutzergruppen erzielte Umsatz mit Digital- im Vergleich zu Print-Produkten global erheblich unterscheidet (Outsell.com 2013). Letzteres könnte neben unterschiedlichen Publikationsmodellen, Marktstrukturen, regulatorischen Rahmenbedingungen etc. auch mit unterschiedlich ausgeprägten Zeitvorteilen in diesen Medienbereichen zusammenhängen. Dies gilt es im Folgenden zu beleuchten.

2 Zeitvorteile durch Digitalisierung in den verschiedenen Mediensegmenten

2.1 Wissenschaftsmedien im Zeitwettbewerb

Das Publikationsmodell der Wissenschaftsmedien lässt sich vereinfachend wie folgt beschreiben: Forscher stellen die Ergebnisse ihrer Forschungsarbeiten in Form von wissenschaftlichen Journal-Artikeln zur Verfügung. Die Voraussetzung einer erfolgreichen Publikation ist, dass diese von den Herausgebern einer wissenschaftlichen Zeitschrift akzeptiert werden. Diese lassen deshalb die Beiträge vor Veröffentlichung i.d.R. im Rahmen eines zeitlich aufwändigen, so genannten *Peer Reviewing* von anderen Wissenschaftlern begutachten. Die Zeitschrift wird dann durch den herausgebenden Verlag publiziert und den Bibliotheken angeboten.

Anders als in der Vergangenheit spielt die gedruckte Veröffentlichung heute umsatzseitig nicht mehr die dominierende Rolle. Wissenschaftliche Journals werden heute durchgängig digitalisiert und den Bibliotheken als eJournals in Online-Diensten bzw. Content-Datenbanken angeboten. Großverlage wie Elsevier oder Springer erreichen mit ihren Online-Diensten SpringerLink und ElsevierDirect, Umsatzanteile von 75 Prozent (vgl. Abb. 2).

Die hohe Marktdurchdringung der wissenschaftlichen Online-Dienste hat mannigfache Ursachen: Nachfragerseitig, d. h. seitens der an den Universitäten forschenden Wissenschaftler weisen die digitalen Produktkonzepte klare Nutzungsvorteile auf:

- *24/7-Access*: Wissenschaftler wollen in einem zunehmend globalen Wissenschaftsbetrieb 24 Stunden und 7 Tage die Woche Zugriff auf Forschungsinhalte haben.
- *Erweiterte Content-Basis*: Wissenschaftler wollen sichergestellt sehen, dass sie *alle* relevanten Dokumente für ihre Forschung ausgewertet haben. Dito haben Wissenschaftsverlage wie der SpringerVerlag bereits sehr früh und systematisch daran gearbeitet, das Content-Angebot auf ihren Datenbanken zu vergrößern. Begann man in den 90er Jahren zunächst aktuelle Journals fortlaufend zu digitalisieren, folgte bald die Retro-Digitalisierung bereits erschienener Zeitschriften. Analog wurde in den 2000er Jahren das Buch als wertvolle Quelle wissenschaftlichen Arbeitens wieder entdeckt und seit kurzem ebenfalls rückwirkend digitalisiert (vgl. Abb. 3).
- *Verbesserte Recherchemöglichkeiten*: Mit den bekannten Suchtechnologien in wissenschaftlichen Datenbanken (Stichwortsuche, semantische Suche, CrossRef etc.) kann die Sucheffizienz gegenüber dem zeitlich aufwändigen Suchen in gedruckten Bibliotheksbeständen erheblich gesteigert werden.

Zeitvorteile als Treiber der Digitalisierung

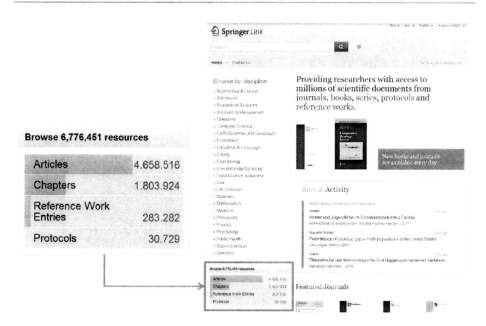

Abb. 2 Online-Datendienst SpringerLink (eigene Darstellung, www.springerlink.com)

Die Nutzungsvorteile – vollständige wissenschaftliche Fakten, uneingeschränkter zeitlicher Zugriff und verbesserte Recherchemöglichkeiten – decken sich mit den Bestrebungen der Bibliotheken als Käufer von Wissenschaftsmedien, ihren Service ständig zu verbessern (Arbeitsgemeinschaft Wissenschaftlicher Sortiments- und Fachbuchhandlungen (AWS) e. V. 2012). Jede Bibliothek strebt im Idealfall an, ihren Nutzern die gesamte Literatur jederzeit (für den User unentgeltlich) über die Verlinkung von Universitätsservern und Online-Diensten der Wissenschaftsverlage zur Verfügung zu stellen.

Neben den käufer- und nutzerseitigen Vorteilen treten zunehmend auch angebotsseitige Argumente für den Einsatz digitaler Wissenschaftsmedien in den Fokus. Im Vordergrund steht dabei der vorrangige Wunsch der Wissenschaftler, zeitnah eine möglichst große Verbreitung ihrer Inhalte zu erreichen. Dabei erweisen sich digitale Produkte – allein wegen der entfallenen Distributionszeit der vormals gedruckten wissenschaftlichen Zeitschriften an die weltweiten Bibliotheken – als vorteilhaft.

Darüber hinaus versuchen die wissenschaftlichen Autoren heute mehr denn je, einen früheren Publikationszeitpunkt ihrer Arbeiten unter Nutzung digitaler Medienformate zu erreichen. Der Devise *publish or perish* folgend, gewinnen Publikationsmodelle verstärkt an Bedeutung, die eine schnellstmögliche Publikation sicherstellen oder bei einer noch weitgehend verbreiteten Parallelpublikation von Print und Online den Autoren eine *Online-first*-Option anbieten. Diese beinhaltet im Kern, dass als Publikationsdatum einer wissenschaftlichen Veröffentlichung die *Online-Zurverfügungstellung* angegeben und damit auf den zeitaufwändigen Prozess der Erstellung und Verbreitung eines Druckerzeugnisses verzichtet werden kann. Dieses kann bei einer typischen Journalveröffentlichung Monate

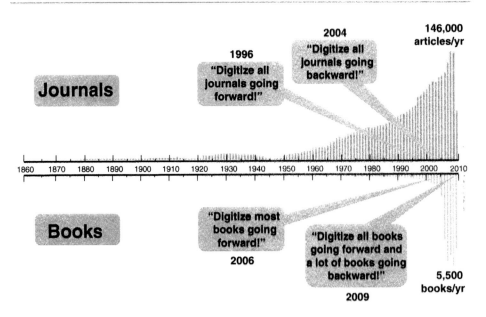

Abb. 3 Phasenweise Digitalisierung der Inhalte des Springer Verlages (eigene Darstellung)

betragen und damit im Publikationswettbewerb unter Wissenschaftlern einen echten Zeitvorteil bedeuten.

Einen zusätzlichen Impuls erhält die Digitalisierung der Wissenschaftsmedien durch das Vordringen der so genannten Open-Access-Modelle. Dabei werden die wissenschaftlichen Beiträge nicht in voran beschriebenen geschlossenen Publikations- und elektronischen Distributionsmodellen vertrieben, sondern von den Autoren für jedermann frei im Netz angeboten. Auch wenn die Vorteilsargumente von Open-Access-Modellen primär bei einer angestrebten Kostenreduktion bei vergleichsweiser hoher Verbreitung liegen (Steinhauer 2010), bringt die Publikation über dieses Modell auch Zeitvorteile für diejenigen Wissenschaftler, die keinen freien Zugang zu den alternativ publizierten und von den Bibliotheken bezahlten Journals haben. Bei diesen entsteht ein zeitlicher Kontrahierungsaufwand, wenn diese Zeitschrift digital nicht vorrätig gehalten wird.

Die Schaffung von weiteren Nutzenvorteilen auf Angebots- und Nachfragerseite scheint bei den Wissenschaftsmedien noch lange nicht ausgereizt. Zum einen arbeiten alle wissenschaftlichen Großverlage daran, ihre Datenbank-Contents mit weiteren Inhalten anzureichern. Darüber hinaus wird laufend an einer verbesserten Einbindung der Wissenschaftler in den Publikationsprozess gearbeitet. Dazu werden immer ausgefeiltere Autoren-Redaktions-Systeme angeboten, die vor allem darauf abzielen, den komplexen Peer-Reviewing-Process bei Wissenschaftspublikationen effizient zu gestalten und zu verkürzen.

Letzteres spielt auch eine besondere Rolle bei der Entwicklung neuer, innovativer Modelle eines so genannten *Real Time Publishing*. Bei diesem neuen Ansatz wird die traditionelle Publikationsabfolge durch *Auflagen* abgeschafft und stattdessen das Werk zur permanenten Weiterentwicklung durch die Autoren und Herausgeber konzipiert. Das Beispiel von SpringerReference zeigt dabei, dass eine 24/7-Aktualisierung eines naturwissenschaftlichen Handbuches als *Living Reference Work* möglich ist, ohne auf den durch Peer Review garantierten Qualitätsstandard verzichten zu müssen (vgl. www.springerreference.com).

2.2 Lehrmedien im Zeitwettbewerb

Die Publikations- und Geschäftsmodelle zwischen Wissenschafts- und Lehrmedien unterscheiden sich vor allem auf der Absatzseite. Während wissenschaftliche Journals an Bibliotheken vertrieben werden, ist der Absatzmarkt für Lehrbücher durch Individualkäufe der Studenten in (Online-)Buchhandlungen geprägt. Verkäufe an Bibliotheken machen in den deutschsprachigen Märkten bislang nur ca. 20 Prozent am Gesamtumsatz der Lehrbuchverlage aus.

Entsprechend hat die Digitalisierung der Absatzwege und das Aufkommen der Internetbuchhändler bei den gedruckten Lehrbüchern zu tiefgreifenden Verschiebungen in den Absatzwegen geführt. So haben die mit dem Internetbezug von Buchprodukten verbundenden Zeit- und Convenience-Vorteile bei den studentischen Nutzern bewirkt, dass viele Lehrbuchverlage bereits heute über 40 Prozent ihrer gedruckten Lehrbücher nicht mehr über den stationären Buchhandel, sondern über Internet-Shops vertreiben.

Was die Akzeptanz von Lehrbüchern im digitalen Format (*eBooks*) angeht, steckt der Lehrbuchbereich im Gegensatz zu dem Wissenschaftssegment noch in den Kinderschuhen. Outsell schätzt, dass im Jahr 2012 weltweit nicht mehr als 10 Prozent der verkauften Lehrbücher Online-Produkte waren (Outsell.com 2012b). Ähnliche Werte können für Deutschland (DACH) angenommen werden. Hohe Akzeptanz hat hingegen der Einkauf von digitalen Lehrbüchern durch die Bibliotheken im deutschsprachigen Raum gefunden. Vorreiter bei dieser Marktentwicklung ist der Springer Verlag. Er stellt auf Basis eines innovativen Geschäftsansatzes sein gesamtes Lehrbuchprogramm über seine Datenbank SpringerLink für Bibliotheken kostenpflichtig und Studenten kostenfrei zur Verfügung, sofern diese dort eingeschrieben sind.

Die bisherige geringe Akzeptanz von digitalen Lehrbüchern darf nicht darüber hinwegtäuschen, dass die Digitalisierung der Lehrmedien weltweit vor dem Durchbruch stehen dürfte. So kommt eine aktuelle Studie von Outsell zu dem Ergebnis, dass sich der Markt für Lehrbücher in den nächsten drei Jahren weltweit deutlich verändern wird (vgl. Abb. 4).

1. Die Bedeutung des *gedruckten Lehrbuches* wird signifikant sinken. Sein unaufhaltsamer Rückgang wird zusätzlich angefeuert durch die wachsende Bedeutung von Gebrauchtbuchmärkten, die sich im Internet, insbesondere in den USA etabliert haben.
2. *Digitale Lehrbücher* werden in ihrer Bedeutung stark wachsen, sich zukünftig von reinen Replika der Print-Bücher differenzieren und zu immer intelligenteren interaktiven Produkten mutieren.

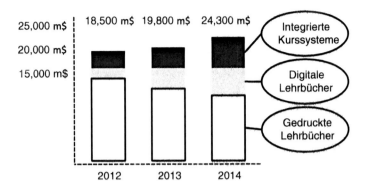

Abb. 4 Entwicklungsprognose des globalen Lehrbuchmarktes (Outsell.com 2012b)

3. *Integrierte Kurssysteme* werden unter Nutzung von digitalen Lehrbuchinhalten zu einem dritten marktbedeutenden Angebotstyp avancieren.

Treiber dieser Entwicklung dürfte in Hinblick auf die Punkte 1 und 2 die Entwicklung und Verbreitung neuer Hardwaretechnologien, insbesondere der Mobile Devices wie iPads und eBook sein. Die Konversion hin zu digitalen Lehrbüchern mit interaktiven Lernfunktionen wird sich analog zur Entwicklung von Lernsoftware bewegen. Hier steht im Mittelpunkt, inwieweit diese die originären Bedürfnisse der Lernenden im Vergleich zu bestehenden Produktkonzepten noch besser bedienen können.

Vor diesem Hintergrund versuchen die Lehrbuchverlage ihre vorhandenen und neuen eBooks durch Softwaretools und Zusatzinhalte anzureichern, um deren Lerneffizienz zu erhöhen. Entsprechend entwickeln sie digital angereicherte Lehrbücher, so genannte *Enhanced eTextbooks*. Deren Zusatzfunktionalitäten reichen von Tools, die das Verständnis der Inhalte erleichtern sollen (z. B. interaktive Grafiken), über Features, die den Lernerfolg individuell überprüfbar machen (z. B. Fragen und Antworten, organisiert in Multiple Choices), bis hin zu web-basierten Kommunikationswerkzeugen, mit denen die Studenten die Inhalte mit Kommilitonen diskutieren und austauschen können (vgl. Abb. 5).

Die Entwicklung der digitalen Lehrmedien wird nicht nur durch das klassische Lehrbuch alleine determiniert. Vielmehr wird die Erweiterung der Lehr- und Lernmöglichkeiten durch digitale computer- oder web-basierte Medienformate seit den 90er Jahren unter dem Begriff des eLearning (*Electronic Learning*) diskutiert. Wesensmerkmal fast aller eLearning-Angebote ist dabei ein Produktansatz, der die Überbrückung der räumlichen und zeitlichen Distanz zwischen Lehrendem und Lernenden aufzuheben versucht und stattdessen ein technisch unterstütztes, selbstorganisiertes Lernen ermöglichen soll. Entsprechend zeichnen die vielfältigen didaktischen Formen des eLearning eine Entwicklungsrichtung vor, die langfristig den Übergang von einem formellen und individuellen Lernen zu einem kollaborativen und informellen Lernen markiert (*Learning 2.0*).

Abb. 5 Inkling.com – Blaupause für Enhanced eTextbook der Zukunft? (eigene Darstellung, www.inkling.com)

Triebkraft ist dabei das Erreichen maximaler zeitlicher Flexibilität (Kimpeler 2010, S. 365 und 377) (vgl. Abb. 6).

Die Ausprägungsformen der eLearning-Instrumente sind ebenso vielfältig wie die Entwickler und Betreiber dieser Konzepte. Oftmals werden sie von den Universitäten selbst entwickelt, in anderen Fällen liegt ihr Copyright bei unzähligen Start-ups in diesem Bereich. Anzunehmen ist, dass sich in der Zukunft Verlage und Universitäten einen

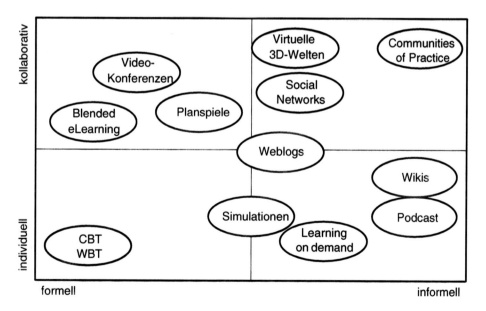

Abb. 6 Erscheinungsformen des eLearning (Kimpeler 2010)

Wettbewerb liefern werden, auf Lernplattformen integrierte Kurssysteme für bestimmte Themengebiete und Ausbildungsstufen anzubieten; Beispiele sind hier Pearson's Mylab range, WILEYplus oder McGraw Hill Connect (Outsell.com 2012c).

2.3   Fachmedien im Zeitwettbewerb

Nutzer der Fachmedien sind i.d.R. Unternehmen und Organisationen. Es bedarf keiner weiteren Erläuterung, dass der rechtzeitige Zugang zu relevantem Wissen einen zentralen Wettbewerbsvorteil in vielen Branchen darstellt. Wenn Fachmedien insbesondere im Vergleich zu Wissenschaftsmedien einen geringeren Digitalisierungsgrad aufweisen, ist dies zunächst einmal darin begründet, dass die wirtschaftliche Existenz der Fachmedien i.d.R. von der erfolgreichen Bewirtschaftung zweier Teilmärkte abhängt: Dem durch Content-Verkäufe kreierten Vertriebsmarkt und dem Anzeigenmarkt. Die erfolgreiche Konversion von Fachinhalten in digitale Geschäftsmodelle hängt damit wesentlich davon ab, diese beiden Märkte gleichzeitig *zu drehen*.

Fachmedien müssen bei ihrer Ausgestaltung aber nicht nur die Anforderungen eines Vertriebs- und Anzeigenmarktes bedienen, sondern zusätzlich einen generellen Nutzungswiderspruch bei den betrieblichen Entscheidern überbrücken: *Rigor versus Relevance*. Die Forderung nach *Rigor* der Informationen impliziert die Durchsicht eines breiten Informationsangebotes. Demgegenüber steht der Wunsch nach einer Verdichtung und Fokussierung vor dem Hintergrund des weit verbreiteten zeitlichen Entscheidungsdruckes (*Relevance*). Entsprechend umfangreich aber auch heterogen stellen sich die Fachmedien dar. *Zeitvorteile* spielen dabei eine zentrale Rolle (vgl. Abb. 7).

So werden Fachzeitschriften heute fast ausnahmslos mit begleitenden *news-orientierten Zielgruppen- und Themenportalen* publiziert. Deren Ausrollen führt zu einer schleichenden Differenzierung der Inhalte. Contents, die eher Nachrichten-Charakter haben, finden auf begleitenden Websites statt, Contents mit höherer Haltbarkeit (noch) im Print-Produkt. Da sich die auf Aktualität ausgerichteten Nachrichtendienste i.d.R. (noch) nicht über Online-Werbung finanzieren lassen, versuchen viele Fachzeitschriftenverleger nun, auch die *langlebigen* Inhalte über Paid-Content-Modelle zu monetarisieren und damit die Print-Auflagen sukzessiv zu substituieren.

Seminare und Kongresse werden auch weiterhin in der digitalen Welt eine wichtige Rolle bei den Fachmedien einnehmen. Allerdings zeigen sich durch das Entstehen von *Social-Media-Plattformen* neuartige Verdrängungsmuster. So werden angestrebte Interaktionen zwischen Professionals immer mehr über Angebote wie Xing.com oder linkedin.com bedient.

Bei den *content-orientierten* Angeboten zeigt sich im Hinblick auf die gedruckten Fachbücher im Beschaffungsprozess eine ähnliche Entwicklung wie bei den Lehrbüchern. Stationäre Buchhandlungen verringern mangels Nachfrage sukzessiv ihr Fachbuchangebot, das fast vollständig über Internet-Shops bedient wird. Gleichzeitig zeigt sich bei den Unternehmen, dass sich das Vorhalten von Fachinformationen in unternehmenseigenen

Zeitvorteile als Treiber der Digitalisierung

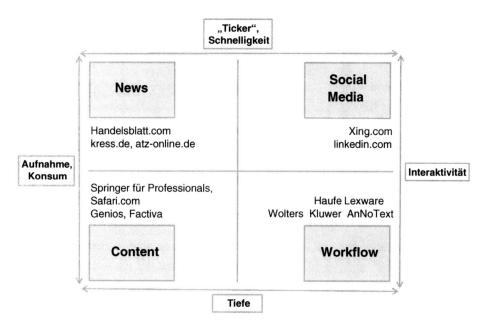

Abb. 7 Typologisierung und Beispiele von Digitalangeboten für Professionals (eigene Darstellung)

Bibliotheken immer mehr in neu geschaffene Intranetangebote mit direktem Zugang in externe Content-Datenbanken verlagert.

Der Beschaffungszeitaufwand wird dabei immer mehr zu einem Entscheidungsfaktor für das Informationsangebot. Bis in die 90er Jahre waren sogenannte Abstract & Index Services (A & I) weit verbreitet. Diese versorgten Unternehmen mit dem bibliographischen Service „welche Fachinformation zu welchem Thema bei welchem Anbieter verfügbar ist". Die dazu beispielsweise in Deutschland gegründeten Fachinformationszentren (FIZ) gerieten aber immer mehr unter wirtschaftlichen Druck, weil sie den von den Unternehmen gewünschten zeitlich unbegrenzten und sofortigen Volltextzugriff nicht anbieten konnten.

An dieser Stelle setzt ein neues Fachinformationskonzept Springer für Professionals an (vgl. www.springerprofessional.de). Der Produktkonzeption liegt die Annahme zugrunde, dass sich der Widerspruch zwischen einem schnellen Zugang zu einem breiten und sofortigen Fachinformationsangebot (*viele Informationen*) und einer Orientierungsfunktion (*wenige, aber relevante Informationen*) nur durch ein hybrides Medienkonzept auflösen lässt: Der Kombination aus einem einer digitalen Fachzeitschrift vergleichbaren Wissensdienst, der den Nutzern werktäglich für bestimmte Zielgruppen Themenvorschläge liefert (*Push*) und diese optional mit der Zugriffsmöglichkeit auf tiefes Wissen in der Datenbank ermöglicht (*Pull*). Der daraus entstehende digitale Wissensdienst wird um eine Palette an Softwaretools ergänzt, der die elektronische Archivierung des Wissens und dessen Austausch mit Fachkollegen organisiert (vgl. Abb. 8).

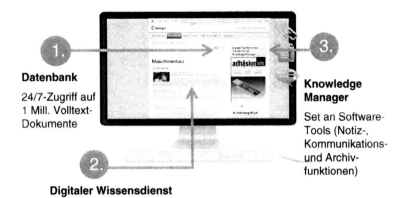

Abb. 8 Springer für Professionals – Frontend und Funktionalitäten (eigene Darstellung)

Einen anderen Weg, die Informationseffizienz in Unternehmen zu verbessern, gehen Unternehmen wie Haufe und Wolters Kluwer. Sie sehen die Zukunft der Fachmedien in einer Verschmelzung von Content und Software. Im Kern versuchen sie in ihrer Produktstrategie Wettbewerbsvorteile dadurch zu erreichen, dass sie anstreben, betrieblichen Nutzern die relevanten Informationen zum richtigen Zeitpunkt im Arbeitsablauf zur Verfügung zu stellen. Eine solche digitale Produktphilosophie setzt voraus, dass sich die entsprechenden Workflows standardisieren und in Softwarelösungen abbilden lassen. Damit fokussieren sich diese – oftmals u. a. aus der *Loseblatt-Welt* kommenden Anbieter – auf kombinierte Software- und Content-Angebote in Themenfeldern, die Problemlösungen für standardisierbare Prozessabläufe beinhalten, wie etwa in der Rechtsberatung oder im Gesundheitswesen.

3　Zusammenfassung und Ausblick

Die Realisierung von Zeitvorteilen spielt bei der rasanten Entwicklung der digitalen Medien eine entscheidende Rolle. Zeitvorteile im digitalen Produktions- und Publikationsprozess spielen insbesondere im Wissenschaftsbetrieb eine große Rolle. Im Lehrbuchbereich dominieren weniger Aktualitätsgesichtspunkte als die Vorteile im Nutzungsprozess insbesondere bei der Lernerfolgskontrolle. Bei den Fachmedien weisen hingegen die Online-Konzepte eine große Erfolgswahrscheinlichkeit auf, die die relevanten Informationen zur richtigen Zeit im Workflow-Prozess zur Verfügung stellen (vgl. Abb. 9).

Innovative Digitalprodukte	Zeitvorteile
• Online-Infodienste für die Wissenschaft • Online First Journal Publications • Open Access	• 24/7-Zugang zu Journals, Büchern u. Protocols • Veröffentlichung vor Drucklegung • Zugang ohne Kontrahierungs(zeit)aufwand
• eTextbooks • Enhanced eTextbooks • eLearning Tools	• 24/7-Zugang zu Lehrbüchern • Sofortige Lernerfolgskontrolle • Räumlich u. zeitlich selbstbestimmtes Lernen
• Zielgruppen-u. Themenportale • Online-Infodienste für Professionals • Workflow-integrierte Content-Dienste • Living Reference Works	• 24/7-Zugang zu aktuellen Informationen • Sofortiger Wissenszugriff im Arbeitsablauf • Sofortiger Wissenszugriff und Reduktion Suchaufwand durch Editorial Services • „Real time Publishing"

Abb. 9 Zeitvorteile durch innovative Digitalprodukte bei den Wissenschafts-, Lehr- und Fachmedien (eigene Darstellung)

Literatur

Arbeitsgemeinschaft Wissenschaftlicher Sortiments- und Fachbuchhandlungen (AWS) e. V. (Hrsg.). (2012). *Angebote & Services für Bibliotheken im digitalen Umfeld. Auswertung einer Umfrage in Wissenschaftlichen Bibliotheken*. AWS e. V.

Börsenverein des Deutschen Buchhandels e. V. (2012). *Buch und Buchhandel in Zahlen 2012*. Frankfurt am Main: MVB Marketing- und Verlagsservice des Buchhandels GmbH.

Kimpeler, S. (2010). Lernen mit Online-Medien – E-Learning. In W. Schweiger & K. Beck (Hrsg.), *Handbuch Online-Kommunikation*. Wiesbaden: VS-Verlag.

Outsell.com (2013). Interne Auftragsanalyse für Springer Science+Business Media.

Outsell.com (2012a). *Scientific, technical and medical information 2012, market size, share, forecast and trend report*. Burlingame, Cal. 2012.

Outsell.com (2012b). *Where next for textbooks? Market intelligence service: Market analysis*. Burlingame, Cal. 2012.

Outsell.com (2012c). *The future of interactive education, market intelligence service*. Burlingame, Cal. 2012.

Steinhauer, E. (2010). *Das Recht auf Sichtbarkeit – Überlegungen zu Open Access und Wissenschaftsfreiheit*. Münster: Monsenstein und Vannerdat.

Über den Autor

Ralf Birkelbach geb. 1960 studierte an der Universität Münster Betriebswirtschaftslehre mit den Schwerpunkten Marketing und Handel. Nach seiner Promotion begann er seine berufliche Laufbahn zunächst als kaufmännischer Geschäftsführer beim Hoffmann und Campe Verlag, wechselte zu Gruner+Jahr/RBA („National Geographic Deutschland") und ist nun als Executive Vice President Business und Technology bei Springer Science+Business Media für die deutschsprachigen Lehr- und Fachmedien zuständig.

Erlösmodelle im Internet – Neue Schnelligkeit im Pricing

Michael Schleusener

Zusammenfassung

Durch das Internet werden Käufe beschleunigt, die Kunden sind besser informiert. Die Geschwindigkeit, mit der Informationen ausgetauscht werden, macht auch vor dem Pricing nicht halt. Für Online-Händler ergeben sich ganz neue Möglichkeiten, ihre Preissetzung dynamisch zu gestalten, indem sie ihre Preise schnell und häufig ändern. Der stationäre Handel kann aufgrund seiner hohen Preisänderungskosten da nicht mithalten, demzufolge ergeben sich für Multi-Channel-Händler an dieser Stelle weitere Herausforderungen. Zentral ist die Frage nach den Einflussfaktoren für die Preisänderungen. Heute werden häufig die Wettbewerbspreise herangezogen. Doch bleibt die Frage bestehen, ob sich damit auch die Deckungsbeitragssituation nachhaltig verbessern lässt, wenn die Mengenkomponente möglicherweise nicht ausreichend berücksichtigt wird. Die Kunden versuchen ihrerseits, mit Preisbeobachtungs- und Preisvorhersage-Tools insbesondere von Preissenkungen zu profitieren. Auch die psychologischen Effekte auf das Kaufverhalten der Kunden sind nicht zu vernachlässigen. Fühlen diese sich unfair behandelt, so kann dies negative Konsequenzen für den jeweiligen Anbieter nach sich ziehen.

Inhaltsverzeichnis

1	Herausforderung Internet: Neue Schnelligkeit im Pricing	154
2	Traditionelle Anwendung der dynamischen Preisbildung	154
3	Dynamische Preise im Handel	155
	3.1 Dynamic Pricing bei Online-Händlern	155
	3.2 Dynamische Preise in stationären Geschäften	156

M. Schleusener (✉)
eWeb Research Center, Hochschule Niederrhein, Webschulstr. 31, 41065 Mönchengladbach, Deutschland
e-mail: michael.schleusener@hs-niederrhein.de

4	Reaktionen der Kundenseite auf dynamische Preise	158
	4.1 Preisvergleichsseiten und Preisalarm	158
	4.2 Preisprognoseseiten	158
5	Auswirkungen dynamischer Preissetzung im Handel	159
	5.1 Ökonomische Überlegungen	159
	5.2 Preispsychologische Effekte	163
6	Fazit	165
Literatur		166

1 Herausforderung Internet: Neue Schnelligkeit im Pricing

Das Internet verändert durch die Menge an verfügbaren Informationen und deren Bereitstellung Geschäftsmodelle nachhaltig. Der steigende Anteil des E-Commerce am gesamten Handelsvolumen macht dies eindrucksvoll deutlich (Heinemann 2012a, S. 8). Auf das Preismanagement kommt dabei eine Vielzahl von neuen, herausfordernden Aufgaben zu. Die Suchkosten der Konsumenten werden verringert, Preise werden transparenter, dadurch gerät das Preisniveau unter Druck. Das mobile Internet befeuert diese Entwicklung zusätzlich, indem sich nun auch Stationärhändler einem verstärkten Preisdruck ausgesetzt sehen (Schleusener 2012). Ein weiterer Aspekt kommt noch hinzu: die Kosten für das Verändern von Preisen, die so genannten Menükosten, sind für Online-Händler deutlich geringer als für Stationärhändler (Clement und Schreiber 2010).

Damit sind viele und kurzfristige Preisänderungen für Online-Händler möglich geworden. Bis in die 1990er Jahre hinein waren solche häufigen Preisänderungen nur für Unternehmen wie Fluggesellschaften realisierbar, die über die dazu notwendige Technologie verfügt haben. Doch die neuen Möglichkeiten bringen auch neue Herausforderungen mit sich. Wie häufig sollen die Preise angepasst werden? Welche Rolle spielen die Wettbewerbspreise vor dem Hintergrund der einfachen und schnellen Wechselmöglichkeiten der Konsumenten? Welche Preisstrategie ist dabei gewinnmaximierend?

Von den Unternehmen wurden diese Herausforderungen größtenteils erkannt (Schieder und Lorenz 2012). Doch der Professionalisierungsgrad gerade im Preismanagement ist noch zu verbessern. Gleichzeitig wird der dynamischen Preisfindung eine hohe Bedeutung für die Zukunft beigemessen.

2 Traditionelle Anwendung der dynamischen Preisbildung

Ein Bereich, in dem häufige Preisänderungen seit den siebziger Jahren des letzten Jahrhunderts durchgeführt werden, ist der Flugverkehr (Friesen und Reinecke 2007, S. 36). Dort werden schon seit dieser Zeit elektronische Buchungssysteme eingesetzt, die es erlauben, viele und schnelle Preisänderungen umzusetzen. Dies ist eine zentrale Voraussetzung für das so genannte Yield Management, bei dem die Preise nach einem komplexen Verfahren ständig angepasst werden (Simon und Fassnacht 2009). Auch die Reisebranche hat deshalb frühzeitig auf das Internet gesetzt. Der Online-Verkauf von Flugtickets ist nur die konsequente Weiterentwicklung der elektronischen Buchungssysteme in den Reisebüros zum Kunden hin. Darüber hinaus haben die Anbieter von Pauschalreisen diesen Gedanken aufgegriffen und nutzen seit einiger Zeit tagesaktuelle Preise für ihre Angebote (Fichtner und Schleusener 2003). Die Abkoppelung des Preises vom Katalog wurde vorangetrieben. Der Katalog zeigt die Urlaubsangebote, die Preise sind im Internet ersichtlich. Mit der dynamischen Zusammenstellung von Urlaubspaketen (Dynamic Packaging) ist man noch einen Schritt weitergegangen. So werden Reisen aus den tagesaktuell verfügbaren Kontingenten an Flügen und Hotels kombiniert und je nach Nachfragesituation bepreist.

In den genannten Märkten wurden schon in der Vergangenheit mit hohem Aufwand große Datenmengen analysiert. Die Verderblichkeit der Ware, hier der angebotenen Sitzplätze, und gleichzeitig die begrenzten Möglichkeiten zur Kapazitätsanpassung machten es notwendig, aus der verfügbaren Kapazität den maximalen Deckungsbeitrag herauszuholen. Durch die weitere Entwicklung sind die entsprechenden Technologien und auch die benötigten Daten heute auch in anderen Branchen verfügbar (Bailey 1998; Bergen et al. 2005). Durch die gestiegene Bedeutung des Online-Handels wird es auch im Handel immer einfacher, die Preise nach bestimmten Gesetzmäßigkeiten regelmäßig zu ändern und anzupassen. Es stellt sich allerdings die Frage, inwiefern eine solche Vorgehensweise sinnvoll ist, also das Ziel einer Deckungsbeitragsmaximierung unterstützt.

3 Dynamische Preise im Handel

3.1 Dynamic Pricing bei Online-Händlern

Mit dem Aufkommen des Online-Handels wurde erwartet, dass sich die Preise von Wettbewerbern immer stärker angleichen. Die hohe Markttransparenz sollte dazu führen, dass sich auch ein einheitlicher Marktpreis bildet. Doch die ersten Untersuchungsergebnisse waren teilweise widersprüchlich oder aber zumindest nicht eindeutig in ihrer Aussage.

Auf einigen Märkten hat es sehr früh schon schnelle und häufige Preisänderungen gegeben. Diese werden bereits ab 1998 für Händler aus unterschiedlichen Branchen berichtet (Biller et al. 2005). Andere Märkte wiederum bleiben hinsichtlich der geforderten Preise vergleichsweise stabil, obwohl stärkere Änderungen erwartet worden wären (Bounie et al. 2012). Es wurde gezeigt, dass die Händler nur alle 20–30 Tage ihre Preise ändern, und auch dann nur in geringem Ausmaß. Im amerikanischen Buchmarkt blieben die Preise zwischen zwei und sechs Monaten jeweils konstant (Bergen et al. 2005). Eine Konvergenz der Preise kann auch deshalb nur schwer ausgemacht werden, da es die Händler teilweise erfolgreich geschafft haben, sich voneinander zu differenzieren (Clay et al. 2001).

In früheren Studien wurde herausgearbeitet, dass die geringeren Menükosten nicht allein für eine größere Preisflexibilität sorgen. Die Preisstarrheit bleibt bestehen, auch wenn die physischen Wechselkosten reduziert wurden (Chakrabarti und Scholnick 2005). Offensichtlich gibt es weitere Kosten, die dazu führen, dass die Preise nicht häufiger geändert werden. Hier sind an erster Stelle die Kosten für die Sammlung und Bearbeitung von Preisinformationen zu nennen. Die Managementkapazitäten sind weiterhin häufig nicht ausreichend, um diese Informationen entsprechend zu verarbeiten (Bergen et al. 2003). Doch auch an dieser Stelle kommt wieder Software ins Spiel. So bietet beispielsweise die Plattform www.wisepricer.com an, sowohl die Preise der definierten Wettbewerber regelmäßig zu untersuchen als auch die eigenen Preise gemäß voreingestellter Regeln zu verändern.

Heute gibt es Online-Händler, die ihre Preise mehrmals am Tag verändern (Angwin und Mattioli 2012). Auch wenn die entsprechenden Unternehmen dieses Thema nicht verstärkt kommentieren wollen, werden doch Preisänderungen von erheblichem Ausmaß (beispielsweise bis zu 25 Prozent) beobachtet. Technisch ist es bereits möglich, die Preise von ein paar Millionen Produkten innerhalb von einer Stunde zu verändern.

In einem Beispiel aus dem Wall Street Journal wurden auf der Plattform Amazon.com die Preise für ein bestimmtes Mikrowellen-Modell von GE (General Electric) neun Mal an einem Tag (12.8.2012) verändert. Während Sears den eigenen Preis von 899,99 US Dollar beibehielt, hat Best Buy den eigenen Startpreis von 809,99 US Dollar zeitweise auf 899,99 US Dollar erhöht. Kurze Zeit später war das gleiche Gerät zum Preis von 744,46 US Dollar auf amazon.com erhältlich, bevor weitere Preisänderungen erfolgten (Angwin und Mattioli 2012).

3.2 Dynamische Preise in stationären Geschäften

Während die Preisänderungskosten für Online-Händler niedrig sind, gilt dies nicht für stationäre Vertriebskanäle. Dies stellt eine weitere Herausforderung für Multi-Channel-Händler dar (Bailey 1998). So ist es im stationären Bereich teilweise mit sehr hohen Kosten verbunden, die Preise zu ändern. Händler wie Elektronikmärkte oder Baumärkte können sich gegebenenfalls noch mit elektronischen Etiketten behelfen, die zwar eine gewisse Anfangsinvestitionen erfordern, anschließend aber kostengünstige Preisänderungen ermöglichen. Anders sieht es für die Modebranche aus, bei der unter Umständen für eine Preisänderung jeder einzelne Artikel händisch angefasst werden muss. Somit ergibt sich hier eine weitere Schwierigkeit für eine übergreifende und einheitliche Preispolitik für Online- und Offline-Sortimente. Einen gesamthaften Bezugsrahmen zeigt Abb. 1.

Einige Stationärhändler experimentieren tatsächlich schon mit häufigen und schnellen Preisänderungen. Mit Hilfe von elektronischen Preisschildern sind sogar Supermärkte in der Lage, ihre Preise sehr schnell anzupassen. Ein Beispiel dafür ist Kohl's Department Store, in dem mit Hilfe von elektronischen Preisschildern die Preise

Erlösmodelle im Internet – Neue Schnelligkeit im Pricing

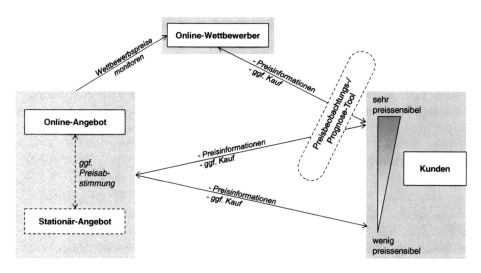

Abb. 1 Bezugsrahmen zur Preissetzung: Kunden und Wettbewerber (eigene Darstellung)

sehr einfach und ständig geändert werden können und auch geändert werden (Grant 2012; Van Cleave 2012).

Gegenüber ständigen Preisänderungen im Zeitablauf haben stationäre Händler eher den Anreiz, eine Preisdifferenzierung gemäß ihrem Standort durchzuführen. Bei besonders vorteilhaften Standorten beziehungsweise solchen ohne starke lokale Wettbewerber ist es sinnvoll, ein Preispremium auf Grund des eigenen Leistungsvorteils zu realisieren. Insofern sind sie gar nicht daran interessiert, die jeweiligen Online-Preise mitzugehen. Es bleibt bei der fundamentalen Entscheidung eines Multi-Channel-Händlers, ob er sich in den unterschiedlichen Preiswelten unterschiedlich bewegen will oder nicht (Schleusener 2012). Solche Überlegungen werden durch Studien gestützt, die zeigen, dass Multi-Channel-Händler im Durchschnitt um 15 Prozent höhere Preise als reine Online-Anbieter aufweisen (Tang und Xing 2001).

Der Multi-Channel-Händler BestBuy versucht als einer der ersten Anbieter, den Spagat zwischen den dynamischen Online-Preisen und den Stationärpreisen zu überwinden. So wurde zunächst eine Price Matching Guarantee angeboten, bei der die Preisdifferenz erstattet wird, wenn der Kunde nachweisen kann, dass er das gleiche Produkt bei einem Wettbewerber günstiger kaufen kann. Ausgeschlossen von dieser Garantie waren bislang die reinen Online-Anbieter (Bestbuy 2012). Doch inzwischen folgt Best Buy auch Amazon als reinem Online-Händler und ändert dafür sogar die Preise in den Stationärgeschäften (Zimmerman 2012). Ein Grund dafür könnte auch sein, dass die Online-Preisinformationen immer mehr auch stationär über mobile Endgeräte mit Internetzugang (Smartphones) zur Verfügung stehen und genutzt werden (Heinemann 2012b, S. 104). So bietet die Amazon-App an, das Produkt zu scannen, den Online-Preis zu ermitteln und auch gleich online zu kaufen.

4 Reaktionen der Kundenseite auf dynamische Preise

Das technische Aufrüsten auf Anbieterseite bleibt nicht ohne Folgen auf Kundenseite. Auch die Kunden versuchen ihrerseits, die technischen Möglichkeiten zu ihrem Vorteil zu nutzen. Neben den klassischen Preisvergleichsseiten etablieren sich zunehmend Seiten, die sich auf die Prognose der Preisänderungen und damit auf zukünftige Preise konzentrieren.

4.1 Preisvergleichsseiten und Preisalarm

Die klassischen Preisvergleichsseiten bieten schon lange die Möglichkeit, die Preisentwicklung über einen längeren Zeitraum zu beobachten und sich mit Hilfe einer individualisierten E-Mail-Preisbenachrichtigung informieren zu lassen, sobald ein bestimmtes Preisniveau erreicht worden ist. Neben diesen allgemeinen Seiten, die eine Vielzahl von Anbietern beobachten, etablieren sich auch Seiten, die sich speziell auf Amazon als größten Einzelhändler ausrichten, wie zum Beispiel snip-me.de. Hier gibt es die Möglichkeit, die Preisüberwachungsfunktion auf der Angebotsseite von Amazon einzubinden (mittels eines Add-ins in den Browser). So wird die Preisentwicklung direkt auf der Produktseite transparent gemacht. Das Geschäftsmodell sieht offensichtlich vor, dass der Anbieter der Seite als Partner im Amazon-Programm für die Vermittlung von Produkten eine Provision erhält. Da diese Funktion von einem Drittanbieter stammt und nur nach einer entsprechenden Suche im Internet gefunden werden kann, ist es für Amazon möglich, besonders preissensible Kunden mit intensivem Preisinteresse zu erreichen, ohne die weniger preissensiblen Kunden zum Preisvergleich zu bringen.

4.2 Preisprognoseseiten

Einen Schritt weiter gehen Anbieter, die die dynamische Preisentwicklung von Online-Händlern und sogar ganzen Produktgruppen prognostizieren, wie die Seite decide.com. Diese Website sagt den optimalen Kaufzeitpunkt für die gewünschten Produkte voraus und bewertet diese darüber hinaus noch. Die Qualität der gegebenen Prognose wird über eine Kennzahl eingeschätzt. Der Interessent kann für einen geringen Monatsbeitrag Mitglied bei diesem Anbieter werden. Damit erhält er auch eine Preisgarantie: Fällt der Preis nach dem empfohlenen Kaufzeitpunkt weiter und war die Prognose damit nicht optimal, so bekommt der Kunde die Differenz zwischen dem bezahlten Preis und dem späteren günstigeren Preis erstattet.

Die Schaffung dieses Angebots geht auf wissenschaftliche Arbeiten zurück, in denen ein Modell entwickelt wurde, um Flugscheine besonders günstig zu kaufen (Etzioni et al. 2003). Mit Hilfe von Data-Mining-Ansätzen wurde auf Basis von frei verfügbaren Daten aus dem Internet die Preisentwicklung von Flugtickets vorhergesagt, was überraschend gut gelang, obwohl die Fluggesellschaften zur Festlegung der Preise offensichtlich eine Reihe von internen Daten wie Buchungseingang und verfügbare Kapazität nutzen, die öffentlich nicht zur Verfügung stehen. Die entwickelte Methode ermöglichte es, knapp 90 Prozent der möglichen Preisersparnis durch eine zeitliche Verschiebung des Kaufs auch zu realisieren. So lange sich die grundlegenden Preissetzungsprinzipien der Anbieter nicht ändern, ermöglicht eine solche Analyse demzufolge auch, das oben skizzierte Versicherungsangebot zu der Prognoseleistung nachhaltig zu realisieren.

Zusammenfassend lässt sich festhalten, dass die Möglichkeiten, die die dynamische Preissetzung bietet, in gleicher Weise von den Konsumenten genutzt werden. Dies hat Konsequenzen für die Möglichkeit, Preisbereitschaften einseitig durch Unternehmen abzuschöpfen – bei entsprechender technologischer Aufrüstung können sich die Konsumenten ihrerseits einen Großteil der Konsumentenrente sichern.

5 Auswirkungen dynamischer Preissetzung im Handel

5.1 Ökonomische Überlegungen

Die ökonomischen Auswirkungen einer dynamischen Preissetzung mit vielen, schnellen Preisänderungen in kurzer Zeit sind nunmehr kritisch zu hinterfragen. Zentraler Ansatzpunkt ist, woher die Motivation zu einer Preisänderung kommt. Dabei lassen sich die Wettbewerbsorientierung und die Orientierung an den Zahlungsbereitschaften der Kunden unterscheiden.

5.1.1 Dynamische Preise orientiert am Wettbewerb

Ein zentraler Grund für häufige Preisanpassungen im Internet sind die Veränderungen der Wettbewerbspreise. Wo die Konkurrenz nur einen Klick entfernt ist und der Kunde sich mit Hilfe von Preissuchmaschinen schnell einen Überblick verschaffen kann, da ist von einem schnellen Anbieterwechsel durch den Kunden auszugehen. Ähnliches gilt für Aktivitäten von Online-Händlern auf Plattformen wie Amazon, wo es darauf ankommt, in der so genannten „Buy Box" möglichst weit oben zu stehen.

Konsequent ist demnach die Schlussfolgerung, dass es einem Anbieter gelingen muss, so oft wie möglich die Nummer eins bei den Suchergebnissen der Kunden zu sein. Je häufiger und damit schneller ein Anbieter seine Preise also anpasst, desto erfolgreicher sollte er sein. Unterstützung für eine halb- oder vollautomatische Preisanpassung gemäß einmal vorgegebener Regeln für eine Reihe von zu überwachenden Wettbewerbern gibt es beispielsweise in Form von Anbietern wie WisePricer oder Mercent (vgl. Abb. 2). Dort werden auch entsprechende Erfolgsbeispiele zitiert.

Allerdings bleibt fraglich, ob der niedrigste Preis auf jedem Marktplatz tatsächlich dazu führt, dass der Anbieter auch an erster Stelle gerankt ist. Amazon beispielsweise nutzt nicht nur den Preis für die Entscheidung, wo der Anbieter gerankt wird, sondern auch andere Faktoren (Lieferfähigkeit, Zufriedenheit usw.). Diese Einflussfaktoren

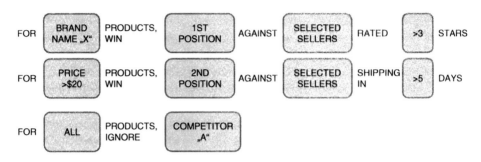

Abb. 2 Beispiel für Regeln zur automatischen Preisanpasung an Wettbewerbspreise (Mercent 2012)

sind dem Händler einerseits nicht unbedingt transparent, andererseits für die Wettbewerbsangebote auch kaum erhebbar.

Neben den direkten Umsatzeffekten aus der preislichen Vorteilsposition heraus konnten weitere Vorteile für denjenigen Anbieter identifiziert werden, der den Preisvergleich gewinnt (Ellison und Ellison 2009). Gerade im Commodity-Bereich werden Kunden über die Preissuche für einfache Standardprodukte bei einer besonderen Preisgünstigkeit auf eine Anbieterseite geleitet, wo sie dann häufig weitere qualitative Kriterien für die letztliche Auswahl des Produktes heranziehen, die von der Preissuchmaschine so nicht berücksichtigt werden können (beispielsweise Lieferdauer und Rückgaberechte). Auf diese Weise steigt über ein günstiges Preiseinstiegsprodukt der Umsatz mit mittel- und hochpreisigen Produkten.

Werden Preise und damit Margen reduziert, um Kunden über Preissuchmaschinen für den eigenen Online-Shop zu gewinnen, dann liegt die Versuchung nahe, beispielsweise über nachteilige Versand- und Zahlungsbedingungen die geopferten Margen wieder zurückzuholen. Doch diese Vernebelungstaktik durch unterschiedliche Preisbestandteile führt eher zu Kundenverwirrung, Kaufzurückhaltung und letztlich einem „Lemon-Problem", bei dem sich am Ende nur noch die schlechten Anbieter auf einem Marktplatz tummeln (Ellison und Ellison 2009).

Die erste zentrale Voraussetzung für den Erfolg einer wettbewerbsorientierten Preissetzung ist, dass die in den Preisvergleich einbezogenen Wettbewerber tatsächlich vom Kunden als austauschbar angesehen werden. Letztlich berührt dies die Frage, wie der relevante Markt abgegrenzt wird (Backhaus und Schneider 2009). Sollte der Kunde bestimmte Anbieter gar nicht als relevant einstufen (weil sie beispielsweise in der genutzten Preissuchmaschine nicht vertreten sind oder aufgrund der Kundenerfahrungen oder des Images nicht als Anbieter in Frage kommen), dann ist es sinnlos, sich an deren Preisen zu orientieren. Eine Erfassung der Wettbewerbspreise ist maschinell möglich, wenngleich bei einzelnen Artikeln eine Schwierigkeit in der konkreten Artikelidentifikation liegen kann. Gleichzeitig ist eine solche automatisierte Erfassung von Wettbewerbsdaten bei weitem nicht überall Standard (Schieder und Lorenz 2012).

Während die Wettbewerbspreise sehr einfach und schnell zu erheben sind, so sind doch die damit von den Wettbewerbern abgesetzten Mengen kaum in Erfahrung zu bringen. Bei der Austauschbeziehung zwischen Wettbewerbern handelt es sich letztlich um die Kreuzpreiselastizität. Dies bedeutet, dass die Auswirkungen der Preisänderungen des Wettbewerbers auf die eigene Menge verstanden werden müssen. Nur wenn diese Kreuzpreiselastizität hoch ist, macht es Sinn, die Wettbewerbspreise als Maßstab oder Einflussfaktoren zu verwenden (so ist letztlich die Kreuzpreiselastizität ebenfalls eine Möglichkeit, um den relevanten Markt abzugrenzen).

Angenommen, die Wettbewerber sind richtig ausgewählt. Der betreffende Händler würde jetzt auf Basis des dynamischen Pricings seine Preise jeweils an die der Wettbewerber anpassen, gegebenenfalls auch mit einem prozentualen Abstand. Sollte ein Wettbewerber ebenfalls ein dynamisches Pricing-Tool nutzen, dann kann das Ergebnis darin bestehen, dass der Preissenkungsprozess erst dann zum Stillstand kommt, wenn zumindest ein Anbieter seinen Preis auf sein Reservationspreisniveau, im schlimmsten Fall seinen Einstandspreis, gesenkt hat. In einem berichteten Fall schraubte sich die Preisspirale nach gleichem Mechanismus allerdings in die Höhe, so dass ein Buch am Ende ca. 23 Mio. US-Dollar kostete (Eisen 2011). Während der eine Händler den Preis des anderen immer mit 0,9983 multiplizierte, um zu seinem Preis zu kommen, tat der andere Händler dies seinerseits mit dem Faktor 1,27. Damit war die Preisspirale in Gang gesetzt. Je größer die Geschwindigkeit solcher Preisanpassungen, desto schneller ergeben sich unsinnige Preise.

Bei Betrachtung einer einzelnen Preissenkung ergibt sich die Notwendigkeit, dass mit der damit erzielten Mehrmenge der Deckungsbeitragsverlust überkompensiert werden muss, um den Gewinn zu steigern. Angenommen, der Deckungsbeitrag liegt bei 30 Prozent – dann würde eine 10-prozentige Preissenkung eine 50-prozentige Mengensteigerung erfordern, um nur Break Even zu sein. Dies erfordert eine Elastizität von −5, die üblicherweise nur bei großen Promotionaktionen zu beobachten ist (100−10 Prozent = 90, Deckungsbeitrag von 30 auf 20 reduziert, d. h. es müssen 50 Prozent mehr verkauft werden). Es stellt sich die Frage, ob dies realistisch ist – vor allem, da die 10-prozentige Preissenkung durch eine Preissenkung der Wettbewerber nach kurzer Zeit egalisiert werden wird. Allerdings ist zu beachten, dass sehr preissensible Kunden die genannten Preisüberwachungsdienste nutzen werden. Da der Kunde ohnehin jederzeit, auch mobil, online gehen kann, ist er auch in der Lage, den günstigen Preis zu realisieren. Dadurch kann der jeweils günstigste Anbieter einen möglicherweise starken Mengeneffekt erreichen, doch der Denkungsbeitrag wird entsprechend gering sein. Ökonomisch gesehen nähert man sich dem Modell des vollständigen, perfekten Marktes an, da die Kunden sehr schnell auf Preisänderungen reagieren.

Bei einer Preiserhöhung muss der gleiche Effekt umgekehrt wirken. Hier darf der Mengenverlust nicht zu groß werden. Allerdings ist mit asymmetrischen Effekten zu rechnen. Die Preissenkung wird unter Umständen nicht direkt zu Mehrabsatz führen, wenn die Kunden weitere Preissenkungen erwarten. Bei der Preiserhöhung könnten die Kunden eher ihre Suchanstrengungen verstärken, um dem höheren Preis auszuweichen. Insofern werden der negative Mengeneffekt bei einer Preiserhöhung stärker und der positive Mengeneffekt bei einer Preissenkung geringer ausfallen, als es bei symmetrischer Reaktion der Fall wäre.

Bei einer größeren Menge dürfte theoretisch der Stückdeckungsbeitrag für den Handel kleiner werden, wenn sich die Flächen- und Personalrentabilität erhöht. Dies gilt jedoch nur für den Fall, dass diese beiden Faktoren in der Ausgangssituation nicht ausgelastet gewesen sind, bzw. die Umschlagkapazitäten nicht begrenzt sind. Auf eine solche Betrachtung dürften jedoch die meisten Controlling-Systeme nicht eingestellt sein.

Nachteilig an einer mechanischen Anpassung an Wettbewerberpreise ist demnach die mangelnde Berücksichtigung der Deckungsbeitragssituation und der notwendigen bzw. maximal zu akzeptierenden Mengeneffekte. Dafür müssten allerdings sowohl die eigenen Mengen als auch die der Wettbewerber bekannt oder zumindest abschätzbar sein. Eine derartige automatische Berechnung von Preis-Absatz-Funktionen ist jedoch offensichtlich nur schwierig realisierbar.

Die Preiselastizität hängt weiterhin von den Suchkosten ab, die sich für den Konsumenten bei einem bestimmten Anbieter ergeben. So konnte in einem direkten Vergleich der beiden Online-Buchhändler Amazon und Barnes & Noble gezeigt werden, dass die geringeren Suchkosten bei Amazon zu einer höheren Preissensibilität bei Preissenkungen und einer geringeren bei Preiserhöhungen führen (Ghose und Gu 2006). Insofern sind auch weitere Einflussfaktoren auf die Preiselastizität zu berücksichtigen – für manche Anbieter kann sich dynamisches Pricing damit eher auszahlen als für andere.

Letztlich bleibt offen, welcher Wettbewerber als Preisführer in dem Sinne anerkannt werden sollte, dass dies einer ist, der die Kundenreaktionen richtig einschätzt und damit die relevanten Preissignale für die Branche setzen kann. Dieser Händler müsste dementsprechend die höchste Preiskompetenz (auch im Sinne von Kompetenz in der Analyse und dem Abschöpfen von Zahlungsbereitschaften) besitzen.

5.1.2 Kundenreaktionen auf dynamische Preise

Wenn die Wettbewerbspreise weniger relevant sind, so kommt es doch zentral auf die Preisbereitschaften der Kunden an. Dynamische Preise im Tagesablauf setzen voraus, dass die Preisbereitschaft in diesem Zeitraum schwankt, beziehungsweise unterschiedlich preisbereite Segmente zu unterschiedlichen Zeiten online einkaufen. Eine solche Hypothese erscheint zunächst plausibel, kann aber nur durch eine differenzierte Marktbeobachtung erhärtet werden. In der Praxis wird versucht, beispielsweise ein Elektronikprodukt vormittags günstiger als in der Mittagspause, in der zum Beispiel Angestellte online shoppen, anzubieten.

Gerade bei langlebigen Konsumgütern ist allerdings fraglich, ob die unterschiedlichen Preisbereitschaften zu unterschiedlichen (Tages-)Zeiten dauerhaft bestehen bleiben werden. Der Einsatz von Kaufagenten bzw. Preisbenachrichtigungssoftware in Verbindung mit der Möglichkeit, jederzeit online zu sein, dürfte die Abschöpfung hoher Preisbereitschaften zu bestimmten Uhrzeiten oder Wochentagen schwierig machen. In der Vergangenheit ist eine Differenzierung nach Wochentagen oder Feiertagen zumindest bei Amazon auch noch nicht beobachtet worden (Bergen et al. 2005). Vor diesem Hintergrund werden eher Preisprognoseseiten gefragt sein, die den günstigsten Kaufzeitpunkt relativ zuverlässig vorhersagen können.

Heute lässt sich noch eine deutliche Preisdispersion, d. h. viele verschiedene Preise für den identischen Artikel im Internet finden. Auch eine dynamische Preispolitik mit vielen, schnellen Preisänderungen wird nicht dazu führen, dass es weniger unterschiedliche Preise gibt. Die Heterogenität der Online-Händler bleibt bestehen, da den einzelnen Händlern weiterhin unterschiedlich viel Vertrauen entgegengebracht wird und die Händler unterschiedlich bekannt sind (Smith et al. 1999). Preisaufschläge von 10–20 Prozent sind für einzelne, sehr bekannte und respektierte Händler möglich (Bounie et al. 2012). So ist die Preissensibilität bei Amazon deutlich geringer als bei Barnes & Noble (Chevalier und Goolsbee 2003). Damit hat gerade bei diesem Händler der Preis eine geringere Bedeutung als bei anderen Händlern.

Bei den automatischen, wettbewerbsorientierten Preissetzungsrobotern ist es möglich, diese Unterschiede in Form eines prozentualen Preisabstandes, der gewahrt werden soll, festzulegen. Allerdings besteht durchaus die Gefahr einer noch stärkeren Fokussierung auf den Preis, der durch den Händler geschaffene Wert wird damit weniger deutlich. Dies gilt in gleicher Weise für bekannte Marken und ihren Markenwert. Schon immer gab es zwischen Markenherstellern und Händlern in Bezug auf die Preispolitik den Konflikt, dass der Markenhersteller seine Marke fördern und schützen will, während der Händler Preisaktionen mit großen Marken gerne dafür nutzt, auf seine Preiswürdigkeit hinzuweisen. Dieses Spannungsfeld wird durch das Preisverhalten der Plattformen noch verschärft – mit der Folge, dass einzelne große Marken wie adidas es inzwischen ablehnen, auf bestimmten Plattformen angeboten zu werden (Spohr und Merx 2012; Hecking 2012). Die derzeit praktizierte Form der dynamischen Preissetzung führt dazu, dass die Konsumenten den Wert einer Marke immer weniger wahrnehmen (Grondin 2012). Grondin argumentiert, dass so der Wert der Marke zerstört wird.

Es bleibt festzuhalten, dass die Aufmerksamkeit der Konsumenten noch stärker als bisher auf den Preis gelenkt wird. Damit tritt die eigentliche Leistung des Händlers und auch der Marke weiter in den Hintergrund. Die Preissensibilität der Kunden wird gesteigert, führt zu einem verschärften Preiswettbewerb und reduziert damit letztlich die Deckungsbeiträge. Auch vielen Unternehmen ist bewusst, dass ein zunehmender Einsatz eines dynamischen Preismanagements den Preis- und Marktdruck weiter verstärken wird (Schieder und Lorenz 2012) – ohne dass sie sich aktiv gegen eine Teilnahme an diesem Trend entscheiden.

Die Kundenbindung dürfte weiter abnehmen, dies wird auch von Unternehmen erwartet (Schieder und Lorenz 2012). Auch jetzt schon ist die Konkurrenz nur einen Klick entfernt, doch bei einer dynamischen Preissetzung wird der Kunde den bisher präferierten Anbieter neu zu bewerten haben. Besonders nachteilig wird sich das für Händler auswirken, die bisher keine starke Kundenbindung aufbauen konnten, während die mit einer starken Marke auch bei dynamischen Preisen einen Vorteil haben werden.

5.2 Preispsychologische Effekte

Es geht in der Preispolitik auch um psychologische Konstrukte, in diesem Fall vor allem um Preisfairness und Preisvertrauen (Diller 2008). Die gezahlten Preise müssen vom Kunden als fair betrachtet werden. So führt es regelmäßig zu Unzufriedenheit, wenn der Kunde das eben gekaufte Produkt kurze Zeit später vom gleichen Anbieter günstiger angeboten vorfindet. Hier kann der Kunde keinen nachvollziehbaren Grund für die unterschiedlichen Preise erkennen. Es gibt so gut wie keine Studien, die zeigen, dass Kunden unterschiedliche Preise ohne erkennbaren Grund als fair betrachten (Fassnacht und Mahadevan 2010, S. 304). Dieses Problem ist heute bei extrem kurzen Produktlebenszyklen kaum vermeidbar, wie sie beispielsweise bei Mobiltelefonen oder Tablet-Computern zu beobachten sind. Doch der Kunde ist durchaus bereit, unterschiedliche Preise als fair zu erachten, wenn er die Gründe dafür kennt und akzeptiert. So akzeptieren Flugreisende, dass der neben ihnen sitzende Passagier beispielsweise deutlich weniger bezahlt hat, wenn dieser auch früher gebucht hat (Friesen und Reinecke 2007, S. 38; Fassnacht und Mahadevan 2010, S. 304). Der Mechanismus, nach dem bei einer frühen Buchung auch ein niedrigerer Preis verlangt wird, ist bekannt und akzeptiert. In der Regel sind solche Tickets auch nicht oder nur gegen Gebühr umbuchbar; diese „Rate Fences" zwischen den Preissegmenten fördern die Fairnesswahrnehmung noch einmal (Friesen und Reinecke 2007). Denn so verkauft der früh buchende Kunde einen Teil seiner Dispositionsfreiheit an den Anbieter. Umgekehrt sieht es bei Frühbucherrabatten aus. Hier honoriert der Anbieter, dass er seine Kapazitäten gezielt einkaufen und besser planen kann. Üblicherweise bestehen solche Frühbucherrabatte daher eher im Pauschalreisebereich. Die Preisänderungen hin zum Abflugdatum beruhen ebenfalls auf identifizierbaren Preisbereitschaften für entsprechende Leistungen. So werden die mit Hilfe des erwähnten Yield Managements zustande gekommenen Preise akzeptiert, obwohl die letztendlichen Gründe für einen konkreten Preis dem Kunden nicht transparent sind. Aber es gibt ein klares Prinzip, dass nämlich die Preise steigen, je näher der Abflugtag rückt. Wenn der Kunde einen höheren Preis bezahlt als sein Nachbar im Flugzeug, dann ist dies für ihn in Ordnung, da er die Regeln für höhere und niedrigere Preise nachvollziehen kann, denn er kennt das System (Friesen und Reinecke 2007, S. 38). Würde ein Kunde nun erfahren, dass ein anderer Kunde später gebucht und dabei einen günstigeren Preis erhalten hat, würde er das System nicht mehr durchschauen und damit den selbst gezahlten Preis nicht mehr für akzeptabel halten. Letztlich geht es hier um einen prozeduralen Fairness-Begriff (Aholt et al. 2008, S. 323), bei dem die Art der Preisbildung durch den Kunden bewertet wird.

Es ist somit zu untersuchen, ob ständige Preisänderungen im Online-Handel vom Kunden als fair und angemessen angesehen werden. Ansonsten kann dies dazu führen, dass der Kunde eine geringere Preiszufriedenheit aufweist, unabhängig vom tatsächlich gezahlten Preis. Dies hat Amazon bereits im Jahre 2000 schmerzlich erfahren müssen (WSJ 2000). Unterschiedliche Kunden haben unterschiedliche Preise angeboten bekommen. Ergebnis war, dass die Kunden die Vorgehensweise nicht akzeptiert haben und Amazon die betroffenen Kunden entschädigen musste.

In diversen Studien sind die Verhaltensreaktionen von Kunden, die sich unfair behandelt fühlten, untersucht worden; sie reichen von der bloßen Wahrnehmung über den Selbstschutz durch Abwanderung bis hin zu revanchierenden Maßnahmen, bei denen dem Anbieter aktiv geschadet wird, auch wenn dem Kunden dadurch zusätzliche Kosten entstehen (Fassnacht und Mahadevan 2010; Xia et al. 2004, S.9).

Preisänderungen in der Gegenwart haben insofern noch einen weiteren Aspekt: Sie formen die Erwartungen der Kunden an das zukünftige Verhalten des Unternehmens mit (Bergen et al. 2003). Kunden lernen und bauen eine Erwartungshaltung auf. Damit reduziert das betreffende Unternehmen seine Handlungsfreiheit in der Zukunft. Vor diesem Hintergrund lassen sich die Preisänderungskosten (Menükosten) noch ein Stück weiter fassen: neben den eigentlichen, physischen Kosten der Preisänderung umfassen diese die Managementkosten und darüber hinaus noch die Kosten, die dadurch entstehen, dass die Kunden ein bestimmtes Verhalten des Unternehmens lernen.

Um die negativen Effekte einer Wahrnehmung von dynamischen Preisen als unfair abzumildern, können mehrere Ansätze genannt werden. So können Anbieter versuchen, die Ähnlichkeit der Transaktionen zu vermindern. Eingeschränkte Vergleichbarkeit führt dazu, dass Preisunterschiede als weniger unfair wahrgenommen werden (Xia et al. 2004). Weiterhin kann versucht werden, ein negatives Kundenfeedback in die eigenen, kontrollierbaren Kommunikationskanäle (z. B. Forum) zu leiten, bevor die Erfahrungen in sozialen Netzwerken geteilt werden. Dieser Strategie scheinen vor dem Hintergrund der weiten Verbreitung und Nutzung dieser Netzwerke jedoch enge Grenzen gesetzt zu sein. Eher ist darüber nachzudenken, in den Fällen einer Beschwerde eine Kompensation zu zahlen, indem beispielsweise die Preisdifferenz erstattet wird, am besten mit einem Gutschein.

6 Fazit

Zusammenfassend lässt sich festhalten, dass die Einführung einer dynamischen Preissetzung erst am Anfang der Entwicklung steht. Die heute verfügbaren Technologien in Verbindung mit ihrer zunehmenden Verbreitung und Nutzung ermöglichen ganz neue Freiheitsgrade in der Preissetzung, wie sie früher bei deutlich höherem Aufwand nur in ganz bestimmten Branchen zur Verfügung standen. Die Technologieverfügbarkeit ist jedoch nicht mit einem Anbietervorteil gleichzusetzen, da auch Informationen beispielsweise über Konkurrenzreaktionen viel schneller und kostengünstiger verfügbar sind als früher. Auf Anbieterseite kann jeder Wettbewerber diese Technologien einsetzen und wird dies auch tun. Gerade im Bereich der Preissetzung führt dies bereits erkennbar zu einer schnelleren und häufigeren Änderung von Preisen, da die technischen Preisänderungskosten drastisch gesunken sind. Gleichzeitig profitieren die Kunden in ähnlicher Weise von einer gestiegenen Preistransparenz und sind in der Lage, über Online-Agenten ihrerseits von Preissenkungen zu profitieren und gleichzeitig höhere Preise zu vermeiden.

Auch wenn die Preisänderungskosten auf Managementseite sinken, so bleibt die Abschätzung der Marktreaktionen weiterhin anspruchsvoll – wenn sie nicht durch die größere Anzahl von Parametern und Freiheitsgraden und damit Ungewissheiten sogar noch angestiegen ist. Die ökonomische Bewertung von Preisänderungen, d. h. die Betrachtung der jeweils erzielten Mengenwirkungen und der damit

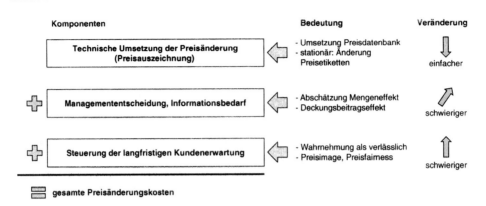

Abb. 3 Komponenten der Preisänderungskosten (eigene Darstellung)

verbundenen Umsatz- und vor allem Deckungsbeitragsänderungen bleibt der Kern jeder Preisentscheidung.

Erschwerend für den Pricing-Entscheider kommen übergeordnete Konzepte der psychologischen Preiswahrnehmung hinzu. So können einzelne Preisänderungen in beiden Richtungen und auch mit einer gewissen Geschwindigkeit zwar kurzfristig ökonomisch sinnvoll erscheinen, das Gesamtbild des Anbieters kann sich jedoch in negativer Richtung verändern. Dies kann bis zur Kundenabwanderung führen, die sich dann nicht mehr auf einzelne Käufe, sondern auf den Anbieter in Gänze bezieht. Dieser Aspekt ist in die Entscheidung über eine dynamische Preissetzung mit einzubeziehen und macht diese damit noch komplexer (vgl. Abb. 3).

Letztlich ist ein ganzheitliches Framework für Preisentscheidungen abzuleiten (Bergen et al. 2003). Dies sollte die Kundenseite bzw. die Kundeninterpretationen von Preisänderungen beinhalten, aber auch die Aufmerksamkeit auf interne Pricing-Prozesse legen.

Literatur

Aholt, A., Queißer, C., Rowe, J., & Vogel, R. (2008). Das organisationspsychologische Fairness-Konstrukt im Marketing. *Zeitschrift für Management, 3*(4), 321–338.

Angwin, J., & Mattioli, D. (2012). Don't Like This Price? Wait a Minute. In *U.S. edition of The Wall Street Journal*, Sept 5, (S. A1).

Backhaus, K., & Schneider, H. (2009). *Strategisches Marketing* (2. Aufl.). Stuttgart.

Bailey, J. P. (1998). Internet price discrimination: Self-regulation, public policy, and global electronic commerce, submitted to the twenty-sixth annual telecommunications policy research conference, student paper competition,1 Mai 1998.

Bergen, M., Ritson, M., Dutta, S., Levy, D., & Zbaracki, M. (2003). Shattering the myth of costless price changes. *European Management Journal, 21*(6), 663–669.

Bergen, M. E., Kauffman, R. J., & Lee, D. (2005). Beyond the hype of frictionless markets: Evidence of heterogeneity in price rigidity on the internet. *Journal of Management Information Systems, 22*(2), 57–89.

BestBuy (2012). BestBuy Price Match Guarantee. In bestbuy.com [Online]. Verfügbar unter: http://www.bestbuy.com/site/Payment-Pricing/Best-Buy-Price-Match-Guarantee/pcmcat204400050011.c?id=pcmcat204400050011. Zugegriffen: 27. Dezember 2012.

Biller, S., Chan, L., Simchi-Levi, D., & Swann, J. (2005). Dynamic pricing and the direct-to-customer model in the automotive industry, April 2005. *Electronic Commerce Journal*, Issue on Dynamic Pricing.

Bounie, D., Eang, B., Sirbu, M., & Waelbroeck, P. (2012). Online price dispersion: An international comparison, interdisciplinary institute for innovation, working paper 12-TS-02, April 11, 2012.

Chakrabarti, R., & Scholnick, B. (2005). Nominal rigidities without literal menu costs: Evidence from E-commerce. *Economics Letters, 86*(2), 187–191.

Chevalier, J., & Goolsbee, A. (2003). Measuring prices and price competition online: Amazon.com and BarnesandNoble.com. *Quantitative Marketing and Economics, 1*, 203–222.

Clay, K., Krishnan, R., & Wolff, E., (2001). Prices and price dispersion on the web: Evidence from the online book industry, NBER working paper No. 8271, http://www.nber.org/papers/w8271.

Clement, R., & Schreiber, D. (2010). *Internet-Ökonomie*. Heidelberg.

Diller, H. (2008). *Preispolitik* (4. Aufl.). Stuttgart.

Eisen, M. (2011). Amazon's $23,698,655.93 book about flies. In michaeleisen.org [Online]. Verfügbar unter: http://www.michaeleisen.org/blog/?p=358. Zugegriffen: 27. Dezember 2012.

Ellison, G., & Ellison, S. (2009). Search, obfuscation, and price elasticities on the internet. *Econometrica, 77*(2), 427–452.

Etzioni, O., Knoblock, C. A., Tuchinda, R., & Yates, A. (2003). To buy or not to buy: Mining airline fare data to minimize ticket purchase price. In SIGKDD '03, 24–27. August 2003, Washington, DC, USA.

Fassnacht, M., & Mahadevan, J. (2010). Grundlagen der Preisfairness – Bestandsaufnahme und Ansätze für zukünftige Forschung. *Journal für Betriebswirtschaft, 60*(4), 295–326.

Fichtner, C., & Schleusener, M. (2003). *Alles neu durch Dynamic Packaging? Travel & Tourism White Paper Series No. 5*. Bonn: Simon, Kucher & Partners.

Friesen, M., & Reinecke, S. (2007): Wahrgenommene Preisfairness bei Revenue Management im Luftverkehr. Thexis 4/2007, S. 34–39.

Ghose, A., & Gu, B. (2006). Search costs, demand structure and long tail in electronic markets: Theory and evidence, working paper #06-19, The Networks, Electronic Commerce, and Telecommunications ("NET") Institute, Oktober 2006.

Grant, K. B. (2012). Instant price changes on aisle. In Market Watch [Online]. Verfügbar unter: http://articles.marketwatch.com/2012-09-05/finance/33601334_1_instant-price-shoppers-visit-stores-physical-stores. Zugegriffen: 27. Dezember 2012.

Grondin, M. (2012). The world is changing, so why shouldn't prices? Because it is bad for brands!. In The Shopatron Blog [Online]. Verfügbar unter: http://ecommerce.shopatron.com/corporate/resources/blog-entry/world-changing-so-why-shouldnt-prices-because-it-bad-brands. Zugegriffen: 27. Dezember 2012.

Hecking, M. (2012). Markenhersteller proben Aufstand gegen Ebay und Amazon. manager magazin online, 12. Dezember 2012.

Heinemann, G. (2012a). *Der neue Online-Handel – Erfolgsfaktoren und Best Practices* (4. Aufl.). Wiesbaden.

Heinemann, G. (2012b). *Der neue Mobile-Commerce – Erfolgsfaktoren und Best Practices*. Wiesbaden.

Mercent (2012). [Online] Verfügbar unter: http://www.mercent.com/our-platform/price-optimizer. Zugegriffen: 27. Dezember 2012.

Schieder, C., & Lorenz, K. (2012). *Pricing-Intelligence-Studie 2012*. Technische Universität Chemnitz.

Schleusener, M. (2012). Pricing im Multi-Channel-Retailing. In G. Heinemann, M. Schleusener, & S. Zaharia (Hrsg.). *Modernes Multi-Channeling im Fashion-Handel* (S. 165–181). Frankfurt.

Simon, H., & Fassnacht, M. (2009): *Preismanagement. Strategie, Analyse, Entscheidung, Umsetzung* (3. Aufl.). Wiesbaden.

Smith, M. D., Bailey, J., & Brynjolfsson, E. (1999). Understanding digital markets: Review and assessment, Juli 1999. Available at http://ecommerce.mit.edu/papers/ude.

Spohr, F., & Merx, S. (2012). Adidas legt Ebay und Amazon trocken. *The Wall Street Journal Deutschland online*, 14. Dezember 2012.

Tang, F., & Xing, X. (2001). Will the growth of multi-channel retailing diminish the pricing efficiency of the web? *Journal of Retailing*, 2. Mai 2001.

Van Cleave, K. (2012). 7 On Your Side: Dynamic pricing coming to stores [Online]. Verfügbar unter: http://wj.la/QLcx5l. Zugegriffen: 27. Dezember 2012.

Wall Street Journal (2000). Amazon.com Varies Prices of Identical Items for Test, Sept. 7, at B19.

Xia, L., Monroe, K. B., & Cox, J. L. (2004). The price is unfair! a conceptual framework of price fairness perceptions. *Journal of Marketing*, 68, 1–15.

Zimmerman, A. (2012). Best Buy Plays Web Hardball. *Wall Street Journal*, S. B1, 12. Oktober 2012.

Über den Autor

Michael Schleusener studierte Betriebswirtschaftslehre an der Universität Münster, bevor er als wissenschaftlicher Mitarbeiter am Institut für Marketing bei Prof. Dr. Dr. h. c. mult. H. Meffert promovierte. Anschließend wechselte er zu Simon, Kucher & Partners in Bonn, einer internationalen Marketing- und Strategieberatung. Anfang 2006 erhielt er einen Ruf an die Hochschule Niederrhein, wo er seitdem Marketing am Fachbereich Wirtschaftsingenieurwesen lehrt.

Disruptiv direkt statt dreistufig zementiert – Online-Handel für SHK am Beispiel von Reuter.de

Bernd Reuter

> **Zusammenfassung**
>
> Eine Badewanne per Internet kaufen? Wie bequem, sicher, günstig und einfach der Online-Kauf auch für den SHK-Bereich funktioniert, beweist seit 2004 der Online-Shop www.reuter.de – mit unbegrenztem Platz für Produkte und Präsentationen, mit riesiger Markenauswahl, mit von Öffnungszeiten unabhängigem Verkauf, mit fairen Preisen und mit schnellem Versand für Kunden. Daraus ist einer der größten Fach- und Online-Händler für Bad- und Wohnkultur in Europa erwachsen. Mit Start des Online-Shops stand fest, reuter.de als Multikanalvertrieb Online/Ausstellung und als Fachmarkt mit großer Marken- und Designauswahl aufzustellen. Die Herausforderung im SHK-Bereich besteht im Unterschied zu vielen anderen Branchen darin, dass in der Regel große, schwere sowie schwierig zu transportierende Güter bewegt werden müssen – sowohl innerhalb eines Unternehmens als auch zu den Kunden. Endverbraucher benötigen darüber hinaus Hilfestellung bei der Auswahl der Produkte, da sichergestellt sein muss, dass die gekauften Sanitärprodukte später bei der Montage sowohl zueinander wie auch zu den Gegebenheiten des Kunden vor Ort passen. Zudem sind wegen des dominierenden dreistufigen Vertriebsweges tiefgehende Branchenerfahrungen, das Wissen um die Warenbeschaffung sowie eine höchst flexible, leistungsfähige Logistik unabdingbar.

Inhaltsverzeichnis

1	Der SHK-Markt	172
	1.1 Zahlen, Daten, Fakten	172
	1.2 Dreistufige Distribution	173
	1.3 Entwicklungstendenzen	174

B. Reuter (✉)
Reuter Onlineshop GmbH, Kühlenhof 2, 41169 Mönchengladbach, Deutschland
e-mail: b.reuter@reuter.de

2   Das Unternehmen Reuter.. 175
    2.1   Historie von Reuter 175
    2.2   Unternehmensportrait von Reuter................................... 175
    2.3   Positionierung und Wettbewerbsvorteil von Reuter.................. 176
    2.4   Marketingkonzept von Reuter 177
    2.5   Kundennutzen und Kundenbindung bei Reuter 179
3   Reuter.de als Vertriebsweg der Zukunft.................................. 180
    3.1   Ausgangslage – Idee/Notwendigkeit für einen Online-Shop........... 180
    3.2   Konzept und Zielsetzung des Online-Shops Reuter.de................ 180
    3.3   Wahl der Fullfilment-Dienstleister 181
    3.4   Etablierung und Ausbau 182
    3.5   Aktuelle Situation: Zahlen, Daten, Fakten 183
4   Ausblick und Zukunftsplanung.. 183
Literatur 184

1 Der SHK-Markt

1.1 Zahlen, Daten, Fakten

Der SHK-Sektor in Deutschland umfasst Betriebe der Bereiche Sanitär, Heizung, Klima (SHK). Zum Wirtschaftszweig zählten 2012 annähernd 53.000 Unternehmen mit geschätzt 480.000 Beschäftigten. Für 2011 meldet die Vereinigung deutsche Sanitärwirtschaft (VdS) einen geschätzten Umsatz von 20,8 Milliarden Euro, für 2012 eine Prognose von 21,3 Milliarden Euro. Vom Umsatz wird der größte Teil im Inland erwirtschaftet. Lediglich geschätzte rund 3,3–3,5 Milliarden Euro für 2011 und 2012 werden im Ausland erzielt (VdS 2012a).

Die klassische Sanitärwirtschaft setzt sich in Deutschland aus drei Sparten zusammen: Sanitärindustrie (Hersteller/Produzenten), Großhandel sowie Handwerker und Ausbaugewerbe. Zu den Herstellern gehören Produzenten von Sanitärkeramik, Acryl- und Stahlbadewannen, Duschabtrennungen, Armaturen, Brausen, Badmöbeln, Accessoires sowie von technischen Gebäudearmaturen und Installationssystemen hinter der Wand. Für 2012 waren dies rund 276 Unternehmen mit zusammen 97.000 Beschäftigten. Zum Fachgroßhandel, zu dessen Angeboten Sanitärprodukte wie Haustechnik zählen, gehören rund 270 Unternehmen mit zusammen 43.000 Beschäftigten. Die dritte und größte Gruppe stellt der Handwerksbereich. In diesen Bereich fallen auch die Installateure und Heizungsbauer. Insgesamt ein Bereich von rund 52.000 Unternehmen mit circa 340.000 Beschäftigten (VdS 2012a). Wie die Zahlen zeigen, ist die SHK-Branche durch Kleinunternehmen wie auch Mittelständler geprägt. Die Nachfrage im Inland spielt eine große Rolle. Die größten Kundengruppen nach Umsatzanteil sind Privatkunden (61,50 Prozent), gefolgt von gewerblichen Kunden (15,70 Prozent), Wohnungsbaugesellschaften (11,90 Prozent) sowie der öffentlichen Hand (10,90 Prozent) (Zentralverband Sanitär Heizung Klima 2012).

Neben diesen drei Sparten hat sich seit den 2000er Jahren als vierte Gruppe der E-Commerce etabliert. Das Unternehmen Reuter aus Mönchengladbach eröffnete seinen Fach- und Online-Shop bereits 2004 und zählte damit zu den Pionieren in diesem Bereich. Revolutionär zeigte sich der Aufbau des Shops gleich in zweierlei Hinsicht: Erstens der Verkauf über das damals noch junge Medium Internet. Bis dato wurden vornehmlich leicht zu versendende Waren wie Bücher, DVDs oder Unterhaltungselektronik über das Internet angeboten und verkauft. In zweiter Hinsicht war der Internetshop anders, weil er für den Sanitärbereich den Verkauf direkt an Endkunden anbot. Ein Weg, der Endverbrauchern bislang verschlossen war. Denn unter www.reuter.de können Endverbraucher wie auch gewerbliche Kunden gleichermaßen einkaufen und von fairen wie transparenten Preisen profitieren. Neuartig ist zudem die Vorgehensweise im Bereich Marketing, der bislang wenig bis kaum vom Sanitärbereich besetzt worden war. Nach einer anfänglichen reinen Pull-Strategie hat Reuter große Kampagnen aufgesetzt, die Endverbrauchern aktiv die Vorteile des Internetkaufs auch für den Bereich Sanitär erklärten und so erst Bedürfnisse geweckt haben. Dazu zählen neben TV-Spots auch Printanzeigen, Beilagen sowie Sportsponsoring zum Beispiel beim DFB oder bei Borussia Mönchengladbach.

1.2 Dreistufige Distribution

Die SHK-Märkte in der DACH-Region sind gekennzeichnet durch einen starken so genannten dreistufigen Vertriebsweg (vgl. Abb. 1). Die Lieferkette reicht vom Hersteller/ Produzenten über den Großhandel zum Handwerker. Diese Kette hat nach wie vor eine starke Marktposition. Das bedeutete lange Zeit: Es erfolgte kein Direktverkauf an Endkunden. Letztere konnten nur über den Handwerker Produkte beim Großhandel kaufen. Doch bei diesem Vertriebsweg hatte und hat der Kunde keine Preistransparenz und wenig Auswahl, da er letztlich nur das kaufen kann, was der Großhändler im Angebot hat und in den Markt bringt. Zudem ist der Handwerker – das letzte Glied in der Kette – von den Preisen des Großhandels abhängig. Endkunden ist außerdem der Vertriebsweg im Sanitärbereich häufig weder bewusst noch überhaupt bekannt.

Hersteller wie Großhandel profitieren von der dreistufigen Distribution. Sie können Lieferbedingungen festlegen und so Konkurrenzsituationen ausschließen. Zu welcher Intransparenz das System neigen kann, zeigt ein Kartellverfahren der Europäischen Union aus dem Jahr 2010. Damals verhängte die Europäische Kommission gegen 17 Hersteller von Badezimmerausstattungen wegen eines Preiskartells in sechs EU-Ländern

Abb. 1 Der dreistufige Vertriebsweg für die DACH-Region (eigene Darstellung)

Geldbußen von insgesamt 622 Millionen Euro. Nach EU-Angaben soll das Kartell zwölf Jahre bestanden haben (Europäische Kommission 2010).

Noch 2011 war das Bundeskartellamt gegen Dornbracht, einen Hersteller hochwertiger Sanitärarmaturen, vorgegangen. Denn Internethändler hatten sich beschwert, dass sie Produkte von Dornbracht gar nicht oder nur zu nicht wettbewerbsfähigen Preisen über den Großhandel beziehen konnten (Bundeskartellamt 2011). In der Schweiz läuft ebenfalls eine Untersuchung, die die dortige Wettbewerbskommission 2011 gegen zehn bedeutende Sanitärgroßhändler eröffnet hat. Die Wettbewerbshüter hegen den Verdacht, dass die Großhändler Preis- und Gebietsabsprachen getroffen haben könnten. Aufmerksam wurde die Kommission, weil bestimmte Produkte sehr teuer gewesen sein sollen und die Preise kaum variiert hätten (Helfenberger 2011).

Mit dem rasanten Wachstum des E-Commerce in Deutschland hat der herkömmliche dreistufige Vertriebsweg einen starken Wettbewerber erhalten, der für Transparenz sorgt, auf den sich Teile der Branche bis heute nicht richtig eingestellt haben. Diese Teile reagieren mit teilweise heftigen Blockaden, die über eine Nicht-Belieferung von Online-Shops hinausgehen. Endkunden wird wahlweise suggeriert, dass sie kaputte/unvollständige oder B-Ware erhalten, dass es weder Gewährleistung noch Garantien gibt, oder Online-Anbieter werden pauschal als unseriös abgestempelt.

Der dreistufige Vertriebsweg im SHK-Bereich ist vor allem in der DACH-Region etabliert. In anderen Euro-Ländern existieren bei den Sanitärmarkenprodukten zwei- und dreistufiger Vertriebsweg gleichberechtigt. Innerhalb Europas zählen neben Deutschland noch Frankreich, Großbritannien und Italien zu den großen Märkten im Bereich Haus- und Gebäudetechnik (VdS 2012b).

1.3 Entwicklungstendenzen

Das Internet ist nach wie vor der Vertriebskanal mit den höchsten Zuwachsraten bei den Umsätzen und hat die höchste Wachstumsdynamik. Laut einer Studie des Bundesverbandes Digitale Wirtschaft (BVDW 2012) erledigen die Deutschen ein Viertel ihrer Einkäufe mittlerweile über das Internet. Und fast jeder Internetnutzer (98 Prozent) informiert sich vor dem Kauf über Produkte und Dienstleistungen (BVDW 2012). Für 2012 ging der Bundesverband des Deutschen Versandhandels (bvh) von einem geschätzten Umsatz von 38 Milliarden Euro aus, der reine E-Commerce-Anteil sollte bei geschätzten 27,5 Milliarden Euro liegen (bvh 2012).

Schwierig gestaltet sich weiterhin der Bereich Sanitär, denn noch immer bestehen hier Hindernisse (SHK NRW 2012). Als Gegenpol zu den Online-Shops versuchen Großhändler, eigene Hausmarken zu etablieren, deren Vertrieb ausschließlich über ihre eigenen Kanäle läuft. So können sie Preistransparenz für Endverbraucher verhindern, aber gleichzeitig ihre Margen sichern. Auf der anderen Seite übt der Internethandel doch eine gewisse Faszination auf den Großhandel aus. Er sucht daher nach Wegen, „unkritische" Produkte wie beispielsweise Badaccessoires oder Dekorationsartikel über eigene Online-Shops zu vertreiben.

2 Das Unternehmen Reuter

2.1 Historie von Reuter

Die Historie von Reuter beginnt 1986 mit der Gründung des Installationsbetriebs – damals noch mit einem Lehrling – durch Bernd Reuter. Von Beginn an nahm die Firma eine gute Entwicklung, 1994 folgte die erste Badausstellung. Da schon damals der Zuspruch der Kunden sehr gut war, wuchs das Unternehmen schnell. Bereits seit 2007 existiert der zweite Standort in Gundelfingen bei Freiburg. Seit 2008 besteht die Ausstellung im historischen Kühlenhof in Mönchengladbach mit einer Fläche von rund 2000 Quadratmetern.

Die Ausstellungen wie auch die Badboutique unterliegen einer stetigen, aber behutsamen Weiterentwicklung, damit sie die Ansprüche der Kunden erfüllen. Diese wiederum geben mit ihren Wünschen, Fragen, aber auch mit ihrer Kritik wichtige Impulse für künftige Entwicklungen. Hatte Reuter zu Beginn die beiden Zweige Handwerk und Einzelhandel mit Fokus auf Letzterem verbunden, trat alsbald ein schneller Wandel ein. Denn bereits Mitte der 2000er Jahre veränderte sich das Kundenverhalten. Aufbauend auf dem Know-how des Fachhandels und der konsequenten Orientierung an den Bedürfnissen der Kunden wurden neue Vertriebsformen erschlossen. Die Vorteile eines stationären Fachgeschäfts sollten mit den Vorzügen eines Online-Portals verbunden werden. Im Jahr 2004 war es soweit: Mit dem Online-Shop www.reuter-badshop.de wurde ein neuer Grundstein gelegt und ein zusätzlicher Vertriebsweg für den direkten Verkauf an den Endverbraucher installiert. Von Anfang an erwies sich die Kombination von Fachausstellung und Online-Shop als voller Erfolg.

2.2 Unternehmensportrait von Reuter

Heute zählt Reuter zu einem der größten Fach- und Online-Händler für Bad- und Wohnkultur in Europa. Der Online-Shop ist zu einem großen Markenportal gewachsen, das Kunden die komplette Badeinrichtung ermöglicht. Denn zum Angebot gehören Badartikel wie Wannen und Waschtische, Armaturen und Badmöbel sowie Wohn- und Küchenaccessoires, Heimtextilien, Designmöbel und -leuchten und Gartenmöbel. Optional können Kunden einen Montageservice oder eine Badplanung buchen. Das Unternehmen bietet eine mit rund 500.000 Artikeln unübertroffen große Sortimentsauswahl, kombiniert mit kompetenter Fachberatung und günstigen Online-Preisen. Persönliche Beratung wird dabei sowohl in den Ausstellungen als auch beim Online-Shopping von Zuhause aus großgeschrieben (vgl. Abb. 2).

Mehr als 1,2 Millionen Internetnutzer besuchen jeden Monat die Website (durchschnittlicher Wert für das Jahr 2012). Alle Bereiche zusammengenommen – Ausstellungen, Logistik, Marketing, IT, Verwaltung – sind über 220 Beschäftigte für Reuter.de tätig, wobei es sich fast ausschließlich um sozialversicherungspflichtige Vollzeitarbeitsplätze handelt. In den vergangenen Jahren sind so in der Region in und um

Abb. 2 Persönliche und kompetente Beratung wird – wie hier in der Ausstellung in Mönchengladbach – großgeschrieben (eigene Darstellung)

Mönchengladbach zahlreiche qualifizierte Stellen entstanden. Reuter setzt nach wie vor auf Fachkräfte, die zum Teil in der unternehmenseigenen Akademie qualifiziert werden.

2.3 Positionierung und Wettbewerbsvorteil von Reuter

Besonderheit bei Reuter ist die Multi-Channel-Strategie, die bereits mit Etablierung des Online-Shops verfolgt wurde. Multi-Channel bedeutet, dass das Online-Angebot durch Ausstellungen und Showrooms ergänzt wird, in denen sich Interessenten einen unmittelbaren Eindruck verschaffen können („Internetangebote zum Anfassen"). Eine ca. 2.000 Quadratmeter große Badausstellung sowie ein Studio für Leuchten, Wohnen und Garten bestehen zurzeit am Hauptsitz in Mönchengladbach, eine etwas kleinere Badausstellung im süddeutschen Freiburg im Breisgau. Die Kunden sollen bewusst beide Kanäle miteinander kombinieren können und sich für jeweils den Einkaufsweg entscheiden, der ihren Bedürfnissen am ehesten entspricht. Multi-Channel bei Reuter bedeutet zudem, dass auch in den Ausstellungen immer online bestellt wird (vgl. Abb. 3). Dazu sind die Ausstellungsräume mit speziellen Infoterminals ausgerüstet. Neben der Lieferung haben Kunden ebenso die Möglichkeit, ihre Waren im Logistikzentrum selbst abzuholen.

Seit 2004 hat Reuter.de, ausgehend vom fachlichen Wissen, eine komplett eigene Datenstruktur aufgebaut, die in diesem Umfang für den SHK-Bereich einzigartig ist. Dazu wurden alle nötigen Angaben digitalisiert, die für den Online-Verkauf unabdingbar sind. Daraus erwuchs ein modernes Datenportal, das die SHK-Branche in Deutschland abbildet. Erst durch diese Grundlagenarbeit war es überhaupt möglich,

Online-Handel für SHK 177

Abb. 3 Bei Reuter wird immer online gekauft (eigene Darstellung)

einen derart umfangreichen Online-Shop, der Kunden beispielsweise detaillierte Suchmöglichkeiten bietet, aufzubauen.

Im Backend läuft eine ebenso komplexe wie fein austarierte Logistik, die ebenfalls auf den umfangreichen Datenpool zugreift. Dieser Vorteil bedeutet, ständig rund 500.000 Artikel sofort verfügbar halten zu können. Viele Lagerprodukte gehen möglichst noch am gleichen Tag in den Versand, um den Kunden die schnellstmögliche Belieferung zu bieten.

Obwohl durch faire Online-Preise bekannt, sieht sich Reuter.de bei der Positionierung seines Angebots nicht als preisaggressiver Anbieter, da eine solche Position der langfristigen Ausrichtung des Unternehmens entgegenstehen würde. Das Unternehmen setzt vielmehr auf hochwertige Marken- und Designerprodukte sowie seine Fach- und Beratungskompetenz. Diese drückt sich sowohl durch die Unternehmensgeschichte wie auch durch eine umfassende telefonische Beratung aus, die täglich bis 22 Uhr zur Verfügung steht. Zusätzlich können Kunden Angebote wie eine individuelle Badplanung oder einen Montageservice optional buchen.

2.4 Marketingkonzept von Reuter

In einem – wie oben beschrieben – schwierigen Marktumfeld stand vor allem die Steigerung der Markenbekanntheit im Fokus. Darüber wie auch über ein positives Image sollten Kunden von einem Kauf bei www.reuter.de überzeugt und aktiviert werden. Mit der Aktivierung der Kunden einher geht ein Umsatzwachstum, verbunden mit dem Ausbau des Marktanteils. Durch die so erzielte Reichweite wiederum wurden nicht nur neue Kunden gewonnen, sondern auch der Umsatz mit Bestandskunden erweitert.

Die Zielgruppe sind Haus- und Wohnungseigentümer zwischen 30 und 59 Jahren: junge Nestbauer wie ambitionierte Heimverschönerer. Generell ist der Kundenstamm gebildet, solvent, marken- wie qualitätsbewusst. Das Problem: Sanitärprodukte werden so selten gekauft, dass Preis- und Referenzpunkte schwach ausgeprägt sind. Den meisten Käufern sind Einsparpotenziale in diesem Bereich gar nicht bewusst. Hier leistet Reuter seit 2009 Aufklärungsarbeit. Um Markenbekanntheit wie Marktanteil zu vergrößern, begann Reuter 2009 mit jährlichen Werbekampagnen. Zum Start im Herbst 2009 liefen zunächst Anzeigen in regionalen Tages- und Wochenzeitungen.

2011 startete Reuter eine große nationale Kampagne, die vier Ziele verfolgt: höhere Markenbekanntheit, mehr Zugriffe auf die Web-Seite, mehr Kunden, mehr Bestellungen. Im Januar 2011 liefen TV-Spots mit dem einprägsamen Reuter-Bubble auf reichweitenstarken Privatsendern. Im Herbst des gleichen Jahres investierte Reuter in die so genannte Mitverdiener-Kampagne (vgl. Abb. 4), die 2012 für einen Effie nominiert wurde. Im Zentrum standen je 20-sekündige TV-Spots, die stark überspitzt und zugleich augenzwinkernd die Folgen eines herkömmlichen Badkaufs schildern, an dem viele mitverdienen: Menschen, die sich für den „falschen" Weg entschieden haben, werden bei jedem Betreten ihres Badezimmers daran erinnert. Flankiert wird die TV-Werbung immer durch Prospekte und Anzeigen in auflagenstarken Print-Titeln. Seit 2011 ist

Abb. 4 Screenshot aus dem TV-Spot der "Mitverdiener"-Kampagne vom Herbst 2011 (eigene Darstellung)

der Schriftzug Reuter.de zudem auf Bandenwerbung bei Fußballspielen der deutschen Nationalmannschaft wie auch beim Sponsoring-Partner Borussia Mönchengladbach vertreten.

Bei der Hälfte der Zielgruppe hinterlässt die Kampagne spuren: Die gestützte Markenbekanntheit lag vor der Kampagne bei 5,2 Prozent, nach der ersten Welle bei 6,2 Prozent und nach der zweiten Welle bei 19,0 Prozent. Damit wurden Sprünge von 19 bzw. 209 Prozentpunkten realisiert. Noch besser entwickelte sich die gestützte Werbeerinnerung. Sie lag vor der Kampagne bei 9,1 Prozent, nach der ersten Welle bei 13,1 Prozent und nach der zweiten Welle bei 53 Prozent. Die Kampagne lockt mehr Besucher auf die Web-Seite und spült Reuter ins Relevant-Set. Über die Hälfte der Zielgruppe würde gerne online bei Reuter kaufen. Die Bestellungen stiegen um 50 Prozent. Vor allem der Mitverdiener-Spot motivierte die Menschen zum Kauf.

2.5 Kundennutzen und Kundenbindung bei Reuter

Kundennutzen steht bei Reuter im Vordergrund. Es geht vor allem darum, potenzielle Neukunden durch klare USPs zu überzeugen und zum Kaufen anzuregen. Diesbezüglich hat Reuter folgende USPs aufgebaut, die zudem ständig verbessert werden:

- Optimale Online-Anbindung
- Große Marken- und Designauswahl
- Faire Preise für jeden Käufer
- Preistransparenz
- Direktverkauf an Endverbraucher
- Hohe Warenverfügbarkeit
- Schnelle Lieferung
- Fachkompetenz
- Ausstellungen (Multi-Channel-Konzept, Internetangebote zum Anfassen)
- 7 Tage die Woche Beratung und Verkauf bis 22 Uhr (Online- und Telefonverkauf)
- Schnelle Reklamationsabwicklung
- Optional: Montage- und Innenarchitekturservice

Die Herausstellung und ständige Verbesserung des Kundennutzens dient ebenfalls der Kundenbindung. Diese soll zusätzlich durch folgende Maßnahmen erhöht werden:

- Regelmäßiger Newsletter
- Kundenmagazin für Bestandskunden
- Produktbewertungen von Kunden für Kunden

Die Produktbewertungen sind der erste Schritt in Richtung Social Media, dem sicherlich weitere folgen werden.

3 Reuter.de als Vertriebsweg der Zukunft

3.1 Ausgangslage – Idee/Notwendigkeit für einen Online-Shop

Bernd Reuter hat die Möglichkeiten, die das Internet bietet, für sein Unternehmen früh erkannt: im Gegensatz zur stationären Ausstellung unbegrenzter Platz für Produkte und Präsentationen, riesige Markenauswahl, von Öffnungszeiten unabhängiger Verkauf, keine versteckten Kosten, schneller und bequemer Versand für Kunden – um nur einige Vorteile zu nennen. Schon damals war abzusehen, dass das Internet die Einkaufsgewohnheiten der Kunden klar veränderte und auch weiterhin verändern wird. Bereits zu Beginn der 2000er Jahre häuften sich Kundenanfragen nach Markenprodukten. Kunden hatten im Internet beispielsweise auf Plattformen wie eBay recherchiert, sich Informationen und Preise ausgedruckt, mit denen sie in die Ausstellung kamen. Nationale oder gar regionale Grenzen weichten schon damals auf, da Kunden zum Beispiel auch nach Markenherstellern aus Italien fragten. Damit gab das Internet ab diesem Zeitpunkt Kunden erstmals die Möglichkeit zu Preisvergleichen, womit schon damals Preistransparenz hergestellt wurde. Bernd Reuter wurde schnell klar, dass sich das Internet zu einem neuen Vertriebskanal entwickelte. Aufbauend auf dem Know-how aus dem Fachhandel und der konsequenten Orientierung an den Bedürfnissen der Kunden wurden neue Vertriebsformen erschlossen: Die Vorteile eines stationären Fachgeschäfts sollten mit den Vorzügen eines Online-Portals verbunden werden. Die Herausforderung im SHK-Bereich besteht im Unterschied zu vielen anderen Branchen darin, dass in der Regel große, schwere sowie schwierig zu transportierende Güter bewegt werden müssen – sowohl innerhalb eines Unternehmens als auch zu den Kunden. Endverbraucher benötigen darüber hinaus Hilfestellung bei der Auswahl der Produkte, da sichergestellt sein muss, dass die gekauften Sanitärprodukte später bei der Montage sowohl zueinander wie auch zu den Gegebenheiten des Kunden vor Ort passen. Vor diesem Hintergrund ist ein E-Commerce-Unternehmen in diesem Bereich deutlich schwieriger aufzubauen. Zudem sind wegen des dominierenden dreistufigen Vertriebsweges tiefgehende Branchenerfahrungen, das Wissen um die Warenbeschaffung sowie eine höchst flexible, leistungsfähige Logistik unabdingbar.

3.2 Konzept und Zielsetzung des Online-Shops Reuter.de

Zielsetzung ist es gewesen, Reuter als Multikanalvertrieb Online/Ausstellung und als Fachmarkt mit großer Marken- und Designauswahl aufzustellen. Der Online-Shop musste seriös und kompetent wirken, die Kunden sollten die deutlichen Mehrwerte beim Badkauf direkt erkennen können. Das Unternehmen gilt daher heute als Innovator des professionellen Online-Handels. Der Kunde soll – gerade im Vergleich zum stationären Handel – schnell erkennen, wie einfach, unkompliziert und günstig ein Kauf bei Reuter.de ist. Deswegen kommt Aufbau des Shops, Nutzerfreundlichkeit und technischer Performance eine herausragende Bedeutung zu. Da der Reuter-Shop mittlerweile über ein ausgesprochen umfangreiches Sortiment in den Bereichen Bad, Küchen, Wohnen, Leuchten und Garten verfügt, müssen Darstellung und Angebot so aufbereitet werden, dass sich die Kunden leicht zurechtfinden. Diese Aspekte lässt das Unternehmen von seinen Kunden selbst bewerten, beispielsweise durch Online-Umfragen. Ziel: Der Kunde soll sich schnell informieren, leicht und sicher bestellen können. Der letzte Punkt – die Datensicherheit – spielt gerade bei deutschen Kunden eine große Rolle (Initiative D21/bvh 2012). Deswegen trägt das Unternehmen seit 2004 das Gütesiegel mit Käuferschutz von Trusted Shops, bei dem Datensicherheit, Preistransparenz, Zahlungsmodalitäten und Lieferinformationen geprüft werden. Im Sommer 2011 ist außerdem das Siegel „Safer Shopping" des TÜV Süd hinzugekommen, bei dem die Prüforganisation das gesamte Unternehmen in einem aufwändigen Prozess eingehend durchleuchtet. Der TÜV Süd stellt den Schutz von persönlichen Daten, die Zuverlässigkeit in der Bestellabwicklung, die Transparenz aller Abwicklungsprozesse und die Sicherheit bei der Zahlungsabwicklung auf den Prüfstand. Alle genannten Parameter werden in regelmäßigen Abständen wieder untersucht und bewertet.

3.3 Wahl der Fullfilment-Dienstleister

Mit dem Aufbau der umfangreichen Datenbank war offensichtlich, dass für den Online-Shop eine ebenso leistungsfähige Beratung nebst Logistik entstehen musste. Um unnötige Kosten und Aufwand sowohl intern als auch beim Kunden durch nicht zu einander passende Produkte zu vermeiden, werden Aufträge auf Plausibilität geprüft – und zwar inhouse durch eigene Fachkräfte. Fallen Unklarheiten im Auftrag auf, nimmt die Hotline Kontakt zum jeweiligen Kunden auf, um eventuelle Produktänderungen zu besprechen. Die Mitarbeitenden an der Hotline können mehrsprachig beraten. Erst wenn die Prüfung des Auftrags positiv ausgefallen ist, wird die Bestellung weiter bearbeitet. Ebenso aufwändig wie die Auftragsbearbeitung und Hotline gestaltet sich die Logistik, die einen enormen Platzbedarf hat. Das erste Logistikzentrum umfasste zunächst nur 1000 Quadratmeter. Heute existiert eine Lagerfläche von 10.000 Quadratmetern mit modernen Hochregallagern, die jedoch schon längst wieder an ihre Grenzen stößt.

Wie in den anderen Bereichen auch kamen beim Aufbau der Logistik eigenes Wissen und eigene Fachkräfte zum Zuge. Die Abwicklung aller Warenbeschaffungs- und Versandprozesse erfolgt im Schichtbetrieb. Dazu zählen neben dem Verpacken und Versenden der Bestellungen auch der Kommissionierungsprozess sowie die Warenannahme und der Wareneingang. Um die Artikel schnellstmöglich bereitstellen zu können, basiert das Konzept auf der Software Microsoft Dynamics NAV, die individuell angepasst wurde. Geht ein Auftrag im Lager ein, wird eine automatisierte Kettenreaktion ausgelöst. Innerhalb des Lagers bewegen sich spezielle Stapler, die die Software automatisch durch die Kommissionierung führt. So kann jeder Artikel in kürzester Zeit gefunden werden. Ist eine Bestellung vollständig, wird sie – je nach Größe – per Spedition oder Paket versendet. Da trotz aller Vorkehrungen gerade bei erklärungsbedürftigen Produkten wie im Sanitärbereich Reklamationen nicht verhindert werden können, gibt es auch hier Fachpersonal: Zwölf Mitarbeitende kümmern sich ausschließlich um diesen Part.

3.4 Etablierung und Ausbau

Seit dem Start des Online-Shops 2004 ist das Sortiment stetig erweitert worden, zunächst im SHK-Bereich. Das erste Nicht-SHK-Segment, das in den Shop aufgenommen wurde, waren ab Frühjahr 2010 Designerleuchten. Mit Garten und vor allem Wohnen folgten weitere große Bereiche. Wichtig für alle Produktkategorien: In das Portfolio werden stets nur Markenprodukte bekannter Hersteller aufgenommen. Um trotzdem die Übersichtlichkeit des Shops zu wahren, wurde die Navigation beständig geändert und angepasst. Wichtiger Baustein der Usability ist die umfangreiche Filtersuche, die über Jahre aufgebaut und verfeinert wurde. Erst dieser Mechanismus erlaubt es Kunden, beispielsweise im Bereich Duschsets auf vielen verschiedenen Ebenen/Merkmalen nach dem Wunschprodukt zu suchen. Wer sich dagegen zunächst einen Überblick verschaffen möchte, kann die Freitextsuche wählen. Im Hintergrund läuft auch hier der oben bereits beschriebene umfangreiche Datenpool. Die Suchfunktion unterliegt einem stetigen Controlling, aus dem Optimierungen beispielsweise für Produktdarstellungen oder Usability abgeleitet werden. Dieser stetige Verbesserungsprozess gilt im Übrigen für alle Bereiche. Diese einzelnen Bausteine aufzubauen und intelligent zu verknüpfen – aus diesem Know-how ist die Stärke von Reuter.de innerhalb der Nische erwachsen. Zum Juni 2012 erfolgte ein weiterer Meilenstein: Aus Reuter-badshop.de wurde Reuter.de (vgl. Abb. 5).

Dieser neue, wesentlich prägnantere Name sollte das Wachstum auch nach außen transportieren – was auch funktioniert. So ist Reuter.de mit acht Prozent spontaner Bekanntheit als einziger Spezialanbieter im Markt präsent, gleichauf mit Ikea – bekannter sind nur Otto und Amazon. Trotz des umfangreicheren Angebots sind die Versandzeiten weiter kurz. Viele Lagerprodukte werden möglichst noch am gleichen Tag in den Versand gegeben. Das stetige Wachstum wirkt sich ebenso auf die Zahl der Mitarbeitenden aus. So wurden allein 2011 neun neue FachberaterInnen eingestellt, die eine eigens konzipierte, vierwöchige Akademie durchliefen. Diese Maßnahme wurde nötig, da die Anforderungen bei Reuter so spezifisch sind, dass sie ganz neue Stellenbeschreibungen entstehen ließen. So reicht es nicht aus, dass die Mitarbeitenden Wissen aus dem Sanitärbereich mitbringen, EDV-Kenntnisse kombiniert mit absoluter Kundenorientierung sind ebenso wichtig. Denn nur so ist sichergestellt, dass zum einen Kunden auch wirklich die Produkte erhalten, die sie benötigen, zum anderen durch die

Abb. 5 Die Weiterentwicklung des Logos dokumentiert das Wachstum von Reuter (eigene Darstellung)

kompetente Beratung die Retourenquote niedrig bleibt. Zu Letzterem tragen auch ständig verbesserte Produktbeschreibungen und -erläuterungen im Online-Shop bei, die gerade bei erklärungsbedürftigen Sanitärprodukten von großer Bedeutung sind. Genutzt wurden zudem weitere Verzahnungsmöglichkeiten zwischen Ausstellung und Online-Shop: Im Leuchten- und Badstudio können sich Kunden nicht mehr nur allein über die Internetterminals informieren. Wer über ein Smartphone mit entsprechender Software verfügt, kann die in der Ausstellung ausgehängten QR-Codes scannen. So laufen alle Informationen zu den ausgestellten Produkten direkt auf das Handy des Kunden.

3.5 Aktuelle Situation: Zahlen, Daten, Fakten

Zum Jahresende 2012 hat Reuter.de den Ausbau vor allem im Wohnbereich weit vorangetrieben. Produkte um die hochwertige Bad- und Wohneinrichtung von rund 180 verschiedenen Marken können Kunden im Shop finden. Darauf macht auch der neue Claim aufmerksam, der seit Herbst 2012 für Reuter steht: Zuhause zuliebe zu Reuter. Pro Monat verzeichnet die Webseite www.reuter.de rund 16 Millionen Seitenaufrufe und zieht 1,2 Millionen Besucher an. Reuter hat sich als Marke etabliert und dient als Dach, unter dem sich die gesamte Produktpalette von Reuter.de verorten lässt. Mit der Neuausrichtung stärkt Reuter die langfristig angelegte Markenstrategie. Parallel dazu zeigte das Unternehmen ein rasantes Wachstum. In allen Bereichen – Logistik, Marketing, Beratung wie auch Verwaltung – ist die Zahl der Mitarbeitenden kräftig gewachsen, um die gestiegene Nachfrage adäquat bedienen zu können. Insgesamt rund 60 anspruchsvolle Arbeitsplätze für Fachkräfte sind allein 2012 in der Region Mönchengladbach entstanden. Damit sind über 220 Mitarbeiterinnen und Mitarbeiter für Reuter.de tätig. 2012 wird der Umsatz voraussichtlich um 25 Prozent gegenüber dem Vorjahr steigen, die Zahl der Bestellungen um 26 Prozent.

4 Ausblick und Zukunftsplanung

Auch für die Zukunft stehen bei Reuter.de die Zeichen weiter auf Expansion. Trotz der steigenden Konzentration im E-Commerce auf wenige Topanbieter will das Unternehmen eigenständig bleiben und aus eigener Kraft weiter organisch wachsen. Neben dem Gewinn weiterer Marktanteile wird Reuter kontinuierlich in die Pflege der Marke investieren, um für die Kunden der „Online-Händler des Vertrauens" zu werden. Fortsetzen wird Reuter zudem die weitere Verzahnung zwischen Ausstellung und Netz, der begonnene Weg über QR-Codes soll ausgebaut werden, das gilt auch für stark erklärungsbedürftige Produkte wie zum Beispiel Duschkabinen. Großes Projekt wie auch große Herausforderung zugleich wird der Relaunch für das Jahr 2013. Die Darstellung der Produkte wird so weiterentwickelt, dass die reine Listenpräsentation von einer Art Konfigurator – vergleichbar dem eines Neuwagenkonfigurators – abgelöst wird. Durch den Relaunch soll der Kunde gerade im Sanitärbereich unterstützt werden, sich bei der Vielzahl der Produkte und deren Varianten schneller zurechtzufinden. Möchte er beispielsweise eine Badewanne kaufen, soll er auf einen Blick erkennen können, ob und welche Varianten es für diese Badewanne gibt (Größe, Farbe, Ausstattung etc.). Sind Auswahlmöglichkeiten vorhanden, wird der Kunde durch diese geführt. Sind keine Auswahlmöglichkeiten vorhanden, kann er direkt bestellen. Ein solcher Konfigurator – bei gleichzeitiger Verbesserung der Performance – ist für diesen Bereich einzigartig. Da eine kommerzielle Software nicht zur Verfügung stand, wurde ein spezielles Programm in monatelanger Arbeit selbst entwickelt. Doch nicht nur in der einfachen wie anschaulichen Warenpräsentation liegt die Herausforderung. Ein Kunde sollte sich bestenfalls seinen Waschtisch oder sein neues Regal räumlich in seiner Wohnung vorstellen können. Dabei helfen im Shop bei bestimmten Produkten erklärende Videos. Um hier noch bessere Ergebnisse zu erzielen, könnte der Einsatz von Augmented Reality reizvolle Perspektiven bieten – sowohl für den Online-Shop als auch für die Ausstellungen. Auch im Offline-Bereich soll und wird die Kaufentscheidung verstärkt unterstützt werden – durch neue Beilagen und Magazine.

Hat der Kunde seine Waren gekauft, stellt sich für viele Endverbraucher die Frage nach der Montage. Auch hier wird Reuter seinen Kunden einen verbesserten Service bieten. Schon heute können Kunden einen optionalen Handwerkerservice buchen. Da sich Reuter als Partner des Handwerks sieht, wird das Unternehmen in diesem Bereich noch stärker mit Handwerkern in ganz Deutschland kooperieren und eventuell ein Montageserviceportal aufbauen. Neben Kauf und Montage wird eine weitere Herausforderung in der ständigen Optimierung der Logistik liegen. Das Stichwort lautet hier Same Day Delivery. Kunden sind in diesem Punkt durch das große Wettbewerbsumfeld extrem anspruchsvoll. Selbst bei maßgefertigten Produkten werden längere Lieferzeiten nur noch ungern toleriert. Durch die große Lagerhaltung, verbunden mit der leistungsfähigen Logistik, werden trotz des breiten Sortiments bereits kurze Lieferzeiten realisiert. Denkbar wären hier weitere Logistikstandorte in Deutschland, so dass sich Kunden ihre Produkte reservieren und selbst abholen könnten. Die genannten Punkte umzusetzen, kann allerdings nur unter der Voraussetzung geschehen, dass von zuständiger Stelle in Deutschland ein fairer Handel im Bereich Sanitär- und Möbelindustrie durchgesetzt wird.

Literatur

Bundeskartellamt (2011). Bundeskartellamt stellt sicher: Hochwertige Sanitärarmaturen im Internet erhältlich. Fallbericht [Online]. Verfügbar unter: http://www.bundeskartellamt.de/w Deutsch/download/pdf/Missbrauchsaufsicht/Kurzberichte/B05-100-10-endg.pdf. Zugegriffen: 18. Dezember 2012.

Bundesverband des Deutschen Versandhandels (bvh) (2012). Umsatzzahlen im Interaktiven Handel im 3. Quartal 2012/aktualisierte Prognose für das Gesamtjahr 2012. Pressemitteilung [Online]. Verfügbar unter: http://www.bvh.info/presse/pressemitteilungen/details/datum/2012/

oktober/artikel/umsatzzahlen-3-q-2012-im-interaktiven-handel-in-deutschland-aktualisierte-prognose-fuer-das-gesam/. Zugegriffen: 16. Dezember 2012.

Bundesverband Digitale Wirtschaft (BVDW) (2012). 25 Prozent aller Einkäufe der deutschen Internetnutzer finden online statt. Pressemitteilung [Online]. Verfügbar unter: http://www.bvdw.org/medien/bvdw-25-prozent-aller-einkaeufe-der-deutschen-internetnutzer-finden-online-statt?media=4391. Zugegriffen: 16. Dezember 2012.

Europäische Kommission (2010). Kartellrecht: Geldbußen in Höhe von € 622 Millionen gegen 17 Hersteller von Badezimmerausstattungen wegen Teilnahme an Preiskartell [Online]. Verfügbar unter: http://europa.eu/rapid/press-release_IP-10-790_de.htm?locale=en. Zugegriffen: 16. Dezember 2012.

Helfenberger, W. (2011). So zocken uns die Sanitärhändler ab. In 20 min.ch [Online]. Verfügbar unter: http://www.20min.ch/finance/news/story/20830766. Zugegriffen: 16. Dezember 2012.

Initiative D21., Bundesverband des Deutschen Versandhandels e. V. (bvh) (2012). Vertrauen beim Online-Einkauf, Seite 8 ff, durchgeführt von TNS Infratest. Sonderstudie im Rahmen des (N)Onliner Atlas 2012 [Online]. Verfügbar unter: http://www.tns-infratest.com/presse/pdf/Presse/Vertrauen-beim-Online-Einkauf.pdf. Zugegriffen: 18. Dezember 2012.

Sanitär Heizung Klima Fachverband NRW (SHK NRW) (2012). Ergebnis der Marktpartner-Umfrage in NRW belegt eindeutiges „Ja" zum dreistufigen Vertriebsweg. Der Großhandel in NRW legt seine Karten offen. Pressemitteilung [Online]. Verfügbar unter: http://www.shk-nrw.de/presse_archiv.php?id=396&year=2012. Zugegriffen: 18. Januar 2013.

Vereinigung Dt. Sanitärwirtschaft e. V. (VdS) (2012a). Die Sanitärwirtschaft in Deutschland, inkl. Grafiken in der rechten Spalte [Online]. Verfügbar unter: http://www.sanitaerwirtschaft.de/de/marktdaten/die_sanitaerwirtschaft_in_deutschland-90.aspx. Zugegriffen: 19. Dezember 2012.

Vereinigung Dt. Sanitärwirtschaft e. V. (VdS) (2012b). Die Branche in ausgewählten europäischen Ländern [Online]. Verfügbar unter: http://www.sanitaerwirtschaft.de/de/marktdaten/die_branche_in_ausgewaehlten_europaeischen_laendern-231.aspx. Zugegriffen: 16. Dezember 2012.

Zentralverband Sanitär Heizung Klima (2012). Daten & Fakten, Grafik „Umsatzanteil nach Kundengruppen" [Online]. Verfügbar unter: http://www.zvshk.de/presse/medien-center/daten-fakten/. Zugegriffen: 19. Dezenber 2012.

Über den Autor

Bernd Reuter ist geschäftsführender Gesellschafter des gleichnamigen Online-Shops Reuter.de. Bernd Reuter hat die Meisterprüfungen als Zentralheizungs- und Lüftungsbauer sowie als Gas- und Wasserinstallateur abgelegt. Er gründete sein Unternehmen bereits 1986, damals noch mit einem Lehrling. 1994 eröffnete er die erste Badausstellung, 2004 schließlich den Online-Shop. Damit zählte Bernd Reuter zu den Pionieren im SHK-Online-Bereich, denn die Kombination aus Fachausstellung und Online-Shop erwies sich als voller Erfolg, so dass reuter.de in den vergangenen Jahren stark expandieren konnte und sich zu einem technologiebasierten E-Commerce-Unternehmen entwickelt hat.

Für das Familienunternehmen sind mittlerweile mehr als 220 Mitarbeitende tätig. Der Online-Shop zählt zu einem der größten Fach- und Online-Händler für Bad- und Wohnkultur in Europa.

Curated Shopping als Alternative zu ePace getriebenen Category-Killer-Konzepten

Ein nachhaltiges Online-Geschäftsmodell am Beispiel von Kaufmann Mercantile

Dominik Gyllensvärd und Sebastian Kaufmann

Zusammenfassung

Curated Shops bieten, wenn sie ein klares Profil haben, die Möglichkeit eines erfolgreichen Online- Geschäftsmodells. Mit einem guten und klar abgegrenzten Konzept kann man der schier übermächtigen Konkurrenz der Category Killer, wie Zalando oder Amazon ausweichen und in der Nische profitabel überleben. Der Artikel beschreibt das Curated-Shopping-Konzept und vergleicht dieses mit dem Category-Killer-Konzept. Es werden die Erfolgsfaktoren eines Curated-Shopping- Modells in den wesentlichen USP-Dimensionen Produkt, Kundenerlebnis und Marketing erarbeitet. Die Erkenntnisse werden anhand eines Beispiels (www.kaufmann-mercantile.com) praxisnah erläutert. Die besondere Bedeutung einer sorgfältigen Sortimentsauswahl und Glaubwürdigkeit in der Kundenzielgruppe wird in Bezug zur ePace der Category-Killer-Konzepte betrachtet.

Inhaltsverzeichnis

1	Curated Shopping als neuer Trend	188
	1.1 Abgrenzung von Curated Shopping	188
	1.2 Kernfragen	189
2	Erfolgsfaktoren von Curated Shopping Geschäftsmodellen	189
	2.1 Sortiment/Produkte	190
	2.2 Kundenerlebnis	191

D. Gyllensvärd (✉)
dgroup, Große Elbstraße 279, 22767 Hamburg, Deutschland
e-mail: dominik.gyllensvaerd@d-group.com

S. Kaufmann
KAUFMANN MERCANTILE, 119 Ingraham St. Suite 206, Brooklyn, NY 11237, USA
e-mail: sebastian@kaufmann-mercantile.com

G. Heinemann et al. (Hrsg.), *Digitalisierung des Handels mit ePace*,
DOI: 10.1007/978-3-658-01300-4_11, © Springer Fachmedien Wiesbaden 2013

	2.3	Marketing und Online-Marketing	192
3		Kaufmann Mercantile als Beispiel für ein Curated-Shopping-Konzept	194
	3.1	Historie und Motivation	194
	3.2	Inszenierung der Produkte schafft Vertrauen	195
	3.3	Glaubwürdigkeit als Erfolgsfaktor	196
	3.4	Zukunftspläne von Kaufmann Mercantile	197
4		Zusammenfassung und Ausblick	199

1 Curated Shopping als neuer Trend

1.1 Abgrenzung von Curated Shopping

Curated Shopping ist ein neuer Trendbegriff. Er erscheint seit ungefähr zwei Jahren vermehrt innerhalb der E-Commerce Community. Das Wort hat vom lateinischen curare (sorgen, pflegen) ausgehend durch Vermittlung des Englischen Eingang in die Fachsprache gefunden. Der Begriff ist bisher weder allgemeingültig noch eindeutig definiert. In den meisten Fällen wird unter Curated Shopping ein Geschäftsmodell verstanden, bei dem der Händler oder eine Handelsplattform eine Vorauswahl an Produkten trifft, um diese dem potenziellen Kunden zu präsentieren. Die Rolle des Händlers wird dabei als diejenige eines Curators im Sinne eines wohlmeinenden Vermittlers gesehen.

Die Grundidee des Curated Shopping ist, dass der Curator aufgrund seiner Sortimentskompetenz oder bestimmter anderer Qualifikationen eine bessere Produktauswahl treffen kann als der Kunde selbst, und dem Kunden ermöglicht, zeitsparend und bequem auf ein passendes Produkt zuzugreifen. Mithin basiert das Curated-Shopping-Konzept auf der Vorstellung, dass ein Kunde weder Lust noch Muße verspürt selbst eine langwierige Produktauswahl zu treffen, zu der ihm häufig auch die fachlichen Kenntnisse fehlen, und dass er sich dabei lieber auf die Vorauswahl eines kompetenten Spezialisten in der Gestalt des Curators verlässt. Ein Beispiel ist Frank & Oak, ein Shop, der Männern den Kleidungskauf erleichtern möchte. Ein weiterer Gesichtspunkt ist, dass die Vorauswahl des Curators vom Kunden als positiv empfunden wird und als Anregung zu einer Kaufentscheidung dient. In einigen Curated-Shopping-Konzepten wird die Vorauswahl durch den Curator in einem Abo-Modell präsentiert: Dem Kunden wird in Zeitabständen ein gebündeltes Paket mit für ihn passenden Produkten zugeschickt; der Kunde trifft dann seine Auswahl und retourniert die Produkte, die er nicht zu erwerben wünscht (bspw. www.outfittery.com und www.modomoto.com).

Im Grunde ist das Konzept des Curated Shopping keinesfalls neu, sondern spiegelt eine ursprüngliche Aufgabe des Händlers in modernster Form wider. Der Händler hat auch in den Zeiten, die der Epoche des E-Commerce vorausgingen, die Produkte der Hersteller für seine Kunden gesichtet und sowohl bewertet als auch mit zeitlichem Vorlauf bestellt. Er nahm dabei eine Position ein, deren Funktion im Wesentlichen der oben beschriebenen Aufgabe eines Curators entsprach. Da er nur über begrenzte Angebotsfläche und begrenzten

Lagerraum verfügte, konzentrierte er seine Handelstätigkeit auf ein Teilsortiment der Hersteller. Der Händler war so auch Gatekeeper zwischen Hersteller und Konsument. Nur wenn er Waren listete, hatte der Hersteller überhaupt die Möglichkeit, seine Produkte zu verkaufen.

1.2 Kernfragen

Das Internet hat den Handel verändert, und in Zeiten des E-Commerce verfügt der Händler hinsichtlich des Lagerraums und besonders bezüglich der Angebotsfläche über gleichsam unbeschränkte Ressourcen. So sind eine große Anzahl neuer Geschäftsmodelle entstanden. Unter ihnen ist vor allem das Category-Killer-Konzept mit dem so genannten Long-Tail-Ansatz erwähnenswert. Der Category Killer bietet alle Produkte aus einem Warensegment an; jeder Kunde und jede Nische am Markt sollen von ihm bedient werden. In seiner Logik bietet auch das im Angebotsportfolio unbedeutendste Produkt noch profitablen Umsatz. Dem Category Killer ist dabei auch wichtig, dass dieser Umsatz nicht vom Wettbewerber getätigt wird. Category-Killer-Konzepte zielen darauf ab, dass es nur einen Category Killer pro Warensegment geben kann, also maximale Verdrängung des Konkurrenten und absolute eigene Marktdominanz. So bietet zum Beispiel der Category Killer Zalando Schuhe in allen Preisklassen für jeden individuellen Kundengeschmack an. Ein potenzieller Käufer soll beim Begriff „Schuh" zuerst an das Unternehmen Zalando denken; er soll gar nicht erst auf die Idee kommen, sich im Internet auf die Suche nach alternativen Schuh-Anbietern zu begeben. Ein sehr ähnliches, aber noch konsequenteres und umfassenderes Geschäftsmodell verfolgt Zalandos Vorbild Amazon. Das Unternehmen will Category Killer für eine Vielzahl von Warengruppen sein. Den Killer-Effekt hat Amazon bei Büchern in Deutschland ohne Zweifel bereits erreicht. Stationäre Buchhändler sind unmittelbar von einem erzwungenen Marktaustritt bedroht oder müssen ihr Geschäftsmodell radikal anpassen.

Bezogen auf das „Category-Killer-Modell" werden in diesem Artikel zwei Kernfragen gestellt und anhand eines praktischen Beispiels beantwortet:

- Warum kann ein Curated-Shopping-Konzept im Internet als Gegenmodell zum Category-Killer-Ansatz erfolgreich sein?
- Welches sind die Erfolgsfaktoren eines solchen Curated-Shopping-Konzepts?

2 Erfolgsfaktoren von Curated Shopping Geschäftsmodellen

Das Category-Killer-Konzept stellt ein sehr kraftvolles Geschäftsmodell für das Internet dar. Um gegen dieses Konzept am Markt zu bestehen, muss ein alternatives Geschäftsmodell über eine starke Unique-Selling-Proposition (USP) verfügen, welche nicht oder nur schwer von Konkurrenten zu kopieren ist. Die dgroup arbeitet mit einem USP-Analyserahmen, welcher mindestens drei USP-Dimensionen und drei operative Handlungsfelder unterscheidet (vgl. Abb. 1).

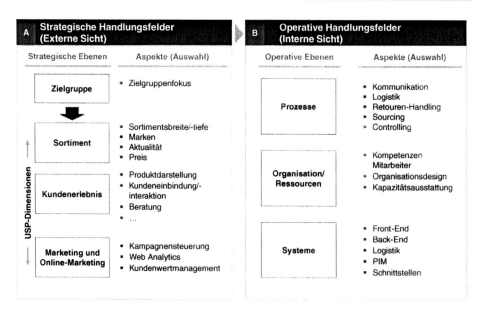

Abb. 1 USP-Dimensionen und operative Handlungsfelder (dgroup 2012)

Der USP eines Curated-Shopping-Modells soll anhand von drei externen USP-Dimensionen beschrieben und diskutiert werden:

- Sortiment/Produkte: Wie muss das Sortiment ausgesucht und gestaltet sein?
- Kundenerlebnis: Welche Anforderungen müssen hinsichtlich des Kundenerlebnisses erfüllt werden?
- Online-Marketing: Welche Besonderheiten gibt es hinsichtlich des Online-Marketings?

Die internen Handlungsfelder Prozesse, IT und Organisation, die ebenfalls der Abgrenzung vom Wettbewerb dienen können, werden nicht näher betrachten.

2.1 Sortiment/Produkte

Das Sortiment bzw. die Produkte sind wesentlicher USP-Faktor eines Curated Shop. Das Sortiment ist für die avisierte Zielgruppe sehr attraktiv, und es befriedigt deren Bedürfnisse optimal. Dabei gilt es, das Leistungsversprechen des Händlers unbedingt zu erfüllen. Steht der Curated Shop beispielsweise für Qualität, dann sind an die ausgewählten Produkte ohne Ausnahme sehr hohe Qualitätsstandards zu setzen und einzuhalten. Ist es Nachhaltigkeit oder Bio, so erwartet der Kunde, dass die Produkte erwiesenermaßen nachhaltig oder biologisch produziert werden. Angebotsversprechen dürfen keine leeren Marketing-Schlagworte sein, sondern sie sind Versprechen, die der Händler einlösen muss.

Curated Shop	Category Killer
Fokussiert in der Zielgruppe und in den Inhalten	Beliebige Zielgruppe („alle")
Fokussiert in den Inhalten	Beliebige Inhalte („alle")
Tendenziell enges Sortiment	Maximal breites Sortiment
Wenige ausgesuchte Marken und oder Hersteller pro Produktgruppe	Große Marken und Herstellervielfalt pro Produktgruppe

Abb. 2 Gegenüberstellung Sortimentsfokus (eigene Darstellung)

Stellt man das Sortiment bzw. die Produkte eines Curated Shop mit dem Angebotsversprechen einem Category-Killer-Konzept gegenüber, werden die in Abb. 2 dargestellten Unterschiede deutlich:

Im Angebot eines solchen Curated Shop wird es den Kunden aus der Zielgruppe leicht fallen, das für sie passende Produkt zu finden. Im Idealfall ist der potenzielle Käufer vom Sortiment des Curated Shop in seiner gesamten Breite begeistert, da es genau seine Bedürfnisse befriedigt. Über ein solches Qualitätssortiment fängt der Kunde an, sein Vertrauen in die Händlermarke aufzubauen.

In dem später genauer erläuterten Curated-Shopping-Anbieter Kaufmann Mercantile (www.kaufmann-mercantile.com) geht die Idee des Curated Shop so weit, dass pro Produktgruppe nur ein einziges, ausgewähltes Produkt angeboten wird. Daher findet der Käufer bei diesem Händler nur ein einziges Hammer-Modell im Sortiment, von dem der Curator Kaufmann Mercantile überzeugt ist, dass es die hochwertigen Bedürfnisse der Zielgruppe optimal bedient.

Andere Curated-Shopping-Modelle veröffentlichen kurze Biografien der Einkäufer oder Kundenberater, um eine emotionale Bindung des Kunden mit „seinem" Berater und dem Händler aufzubauen.

2.2 Kundenerlebnis

Das Kundenerlebnis beim Einkauf ist eine Möglichkeit sich von Mitbewerbern am Markt zu differenzieren. Viele Online-Shops sind heute graphisch sehr gleichförmig gestaltet und sehr ähnlich in ihrem User Interface (bspw. der Menüführung). Das hat den großen Vorteil, dass sich der Kunde auch in einem bisher noch nicht besuchten Shop sehr schnell zurechtfindet. Allerdings haben diese einheitlichen Online-Shops den Nachteil, dass sie nur sehr wenige Differenzierungsmöglichkeiten im Kauferlebnis bieten. Im Extremfall wird dem Kunden nicht bewusst, auf welcher Verkaufsplattform er sich gerade befindet und – noch schlimmer – es wird ihm unwichtig, bei welchem Händler er einkauft. Die Serviceleistungen sind überall von ähnlich guter Qualität, und allein über das harte Merkmal Preis ist eine Differenzierung der gleichförmigen Internetauftritte dann noch möglich.

Analog zum Sortiment muss die Händlermarke auch im Kundenerlebnis das Angebotsversprechen einhalten. Auch ein noch so sorgfältig ausgewähltes und zielgruppengerecht entwickeltes Sortiment ist ohne ein dazu passendes Kundenerlebnis relativ wertlos. Verspricht z. B. das Sortiment sehr modernes, reduziertes Design, so muss auch die Menüführung während des Online-Einkaufs dieses Angebotsversprechen widerspiegeln. Eine kleinteilige und komplexe Menüführung würde diesem widersprechen und dem Käufer nicht das passende Kundenerlebnis vermitteln. Modernes, reduziertes Design in den Produkten verlangt ein ebensolches, im positiven Sinne reduziertes, modernes und klares Kundenerlebnis in der Menüführung. Im gleichen Sinne müssen auch das Fulfillment und die Customer-Care-Prozesse zum Angebotsversprechen des Curated Shop passen. Bietet man als Curator z. B. hochwertige Luxus-Mode an, so muss auch die Verpackung und die Ansprache im Call Center Luxus sein, bzw. ausstrahlen. Eine Ansprache in einem Dialekt ohne Nennung des bekannten Titels eines Kunden würde das Markenversprechen des Händlers verwässern.

Da Curated Shops eine spezifische und klar begrenzte Zielgruppe bedienen, bietet sich hier insofern eine gute Möglichkeit zur Differenzierung von Mitbewerbern. Ein Shop mit nachhaltigen Produkten kann sehr ausführlich über die Herstellung der einzelnen Produkte berichten. Ein Kunde, welcher nachhaltig Produkte einkaufen möchte, bringt ein besonderes Interesse an eben diesen nachhaltigen Herstellungsprozessen der Ware mit. Diesen Erwartungen wird durch eine weitgehende Transparenz der Produktionsweise Rechnung getragen. Das kann so detailliert geschehen, dass sogar Portraits der Herstellerfirmen im Videoformat im Online-Shop eingebunden werden können.

Bei Kaufmann Mercantile spielt z. B. der Blog eine sehr wichtige Rolle, um Kunden das gewünschte Kundenerlebnis zu vermitteln. Der Blog berichtet dabei auch über Produkte, die das Angebotsversprechen von Kaufmann Mercantile einlösen würden, die man aber bei Kaufmann Mercantile dennoch nicht erwerben kann. Dieser Umstand erhöht beim Kunden die Glaubwürdigkeit des Händlers und macht ersichtlich, welche Werte Kaufmann Mercantile vertritt und nach welchen Kriterien Produkte vom Händler ausgewählt werden.

2.3 Marketing und Online-Marketing

Das Online-Marketing ist neben dem Sortiment und dem Kundenerlebnis wesentlicher Erfolgsfaktor für den Internethandel. Insbesondere gilt dieses für E-Commerce nach dem Category-Killer-Konzept, das auf Verdrängung und Marktdominanz setzt. Diejenigen Händler, die das Marketing Investment effizient einsetzen, haben die Ratio zwischen Customer Acquisition Cost (CAC = die Kosten für eine Kundenakquise) und Customer Lifetime Value (CLTV = die Umsätze bzw. Gewinne, die ein Kunde über seinen Kunden-Lebenszyklus erbringt) in ein optimales Verhältnis zueinander gebracht. Je nach Strategie und Marktsituation werden Marktanteile ausgebaut oder Profite erwirtschaftet. In einem Verdrängungsmarkt versuchen Online-Händler die CAC niedrig zu halten, aber zugleich so zu investieren, dass der CLTV gerade noch einen positiven Wert erreicht. Sobald der Markt dominiert wird bzw. wenn Konkurrenten aus dem Marktgeschehen austreten, vergünstigen sich die CAC und erhöhen sich die CLTV. Dann können überdurchschnittliche Gewinne realisiert werden.

Die Händler, die die Kompetenz haben ihr Online-Marketing so auszuspielen, achten nach Meinung der Autoren besonders auf zwei wesentliche Marketingelemente, und zwar auf die Kundendaten sowie die Entscheidungsstrukturen im Unternehmen.

- *(Kunden-)Daten*: Die notwendigen Daten über jedes Kundensegment und idealerweise zu jedem einzelnen Kunden, jedem Online-Marketingkanal und jedem Vertriebskanal müssen vorhanden und interpretierbar sein
- *Entscheidungsstrukturen im Unternehmen*: die Analyse der Daten bereitet Entscheidungen vor. Es wird zeitnah (z. T. stündlich) auf Basis des Kundenverhaltens anhand von Fakten entschieden. Es besteht eine Testkultur.

Nach Meinung von Experten wird der Erfolg im Online-Marketing die Grenze zwischen Gewinnern und Verlierern im E-Commerce ziehen. Andere Prozesse, wie etwa ein herausragender Bestellablauf im Online-Shop oder optimierte Logistik werden sich tendenziell zu Hygienefaktoren für den Internethandel entwickeln, und auf mittelfristige Sicht immer weniger Potenzial zur Differenzierung bieten. Wie beim Händler, der das Category-Killer-Konzept verfolgt, ist für den Curator das Online-Marketing ein Erfolgsfaktor, aber nicht der entscheidende. Für den Curated Shop bietet das Produktsortiment und Kundenerlebnis bessere Möglichkeiten der Differenzierung als das Online-Marketing. Trotzdem sind CAC und CLTV natürlich von übergeordneter Bedeutung und in ein sinnvolles Verhältnis zu bringen.

Der Curator beeinflusst die Kernkennzahlen des Online-Marketing jedoch auch über andere Hebel als ein Category Killer. Diese betreffen die Erlangung niedriger CAC oder höherer CLTV.

Die Erlangung niedriger CAC ist dadurch möglich, dass die Produkte eines Curated Shop wenig oder selten im Internet zu finden oder zu erwerben sind. Dadurch dürften aber auch im Search Engine Advertising (SEA) die Preise für Keywords günstiger und die Wahrscheinlichkeit auch „natürlich" über SEO gefunden zu werden höher sein. Außerdem haben die Produkte durch die Vorauswahl eine höhere Wahrscheinlichkeit den Kunden zu gefallen und gekauft zu werden. Der Besucher eines Curated Shop wird mit einer höheren Wahrscheinlichkeit auch ein Käufer, d. h. der Curator strebt über die „Zielgenauigkeit" des Sortiments eine höhere Conversionrate an.

Chancen auf höhere CLTV ergeben sich dadurch, dass Curated Shops „genau das Passende" für die Kunden der Zielgruppe haben. Diese sind beim Einkauf nicht überfordert. In einem Category Killer Shop in dem gleichsam unendlich viele Produkte angeboten werden, ist der Kunde leicht mit der Auswahl des Produktes überfordert. Er kauft dann lieber gar nichts als das Falsche. Außerdem haben Curated Shops die Chance, sich auf Seite der Kunden als profilierte Marke zu etablieren. Neue Produkte und

Sortimente werden positiv in der Kundengruppe aufgenommen und somit erhöht sich die Wahrscheinlichkeit des Wiederkaufs. Besonders ausgeprägt geschieht dieses bei den Curated-Shopping-Abo-Modellen, wie z. B. Modomoto. Es bildet sich eine langfristige, nachhaltige und durchaus emotionale Kundenbeziehung.

Curated Shops erzählen eine Geschichte zu den Produkten, z. B. mit Herstellervideos und erreichen so, dass der Kunde wiederkehrt, um sein Informationsbedürfnis über Produkte, die ihn interessieren zu befriedigen. Kunden sind bereit, eine Prämie auf den Kaufpreis zu bezahlen. Sie honorieren damit die Vorauswahl der Produkte und das Angebotsversprechen des Händlers. In einem Category-Killer-Shop dagegen muss das Produkt einen konkurrenzfähigen Preis aufweisen. Sonst wandert der Kunde schnell zu einem – weil beliebig – anderen Online-Shop ab.

3 Kaufmann Mercantile als Beispiel für ein Curated-Shopping-Konzept

3.1 Historie und Motivation

Kaufmann Mercantile wurde 2010 in den USA mit der Intention gegründet, eine breite Auswahl an qualitativ hochwertigen, nachhaltigen und umweltfreundlichen Produkten anzubieten (vgl. Abb. 3). Diese sollten auch optisch ansprechend und gleichzeitig für

Abb. 3 Ansprechende Produktdarstellung (eigene Darstellung)

den Konsumenten einfach zugänglich sein. Die Mission von Kaufmann Mercantile findet sich im Claim wieder: „More of what matters". Sie dient den Mitarbeitern und Management als regelrechter Leitspruch im täglichen Handeln.

In den USA herrscht im stationären Handel eine starke Dominanz von Big Box und Category Killer Retailern. Big Box Retailer sind Händler, die über große Flächen und ein möglichst breites Sortiment Economies-of-scale heben und damit versuchen besonders wettbewerbsfähige Preise anzubieten. Dadurch hat sich in den USA eine sehr starke Marktkonzentration vollzogen. So ist beispielsweise der Fachhandel für hochwertige Büro- und Schreibwaren durch Marktführer wie Office Depot und Staples fast vollkommen verschwunden.

Auch im Internet ist die Suche nach hochwertigen Produkten nicht einfach. Da Begriffe wie „quality", „best" oder „green" von Herstellern aller Qualitäten und Niveaus genutzt werden, ist es für Kunden, die echte Qualität suchen, schwer solche Produkte zu finden. Die üblichen Kanäle über Suchmaschinen, Portale oder Category Killer führen nicht zu den gewünschten Ergebnissen. Ein schnelles und einfaches Finden von Produkten, die den oben genannten Kriterien entsprechen, ist nur erfolgreich, wenn der Kunde bereits über Vorkenntnisse wie zum Beispiel einen Markennamen verfügt.

Kaufmann Mercantile hat sich zur Aufgabe gesetzt, Kunden diesen Frust bei der Produktsuche zu nehmen und an einem Ort ein sinnvolles Angebot von Produkten zu bieten, die den höchsten Ansprüchen an Qualität, Design, Nachhaltigkeit und Umweltverträglichkeit entsprechen. Diese bietet Kaufmann Mercantile zurzeit in zehn Kategorien, wie beispielsweise Werkzeug, Küchenprodukte, Büro oder Accessoires, an. Um in diesem Marktsegment authentisch zu sein und eine hohe Kompetenz auszustrahlen, wurde Kaufmann Mercantile als reiner Blog gestartet, in dessen Beiträgen Themen und Produkte aus diesem Umfeld diskutiert wurden. Somit konnte auch beim Launch des Online-Stores sichergestellt werden, dass Kaufmann Mercantile bereits eine eigene Community und einen gewissen Bekanntheitsgrad hat. Bei der Einführung wurde die Anzahl der Produkte bewusst klein gehalten, um klar zu kommunizieren: Fokus ist Qualität, nicht Quantität.

Durch die individuelle und geprüfte Auswahl der Produkte wuchs das Sortiment langsam aber stetig, von ursprünglich 8 auf heute über 400 Produkte.

3.2 Inszenierung der Produkte schafft Vertrauen

Um den höchsten Standard eines Produktes zu gewährleisten findet bei Kaufmann Mercantile ein strenges Verfahren statt bei dem Herkunft, Material, Funktionalität und ein optisch ansprechendes Design geprüft werden. Ziel ist es, in jeder Kategorie nur das eine Produkt anzubieten, welches diesen höchsten Ansprüchen genügt. Die Auswahl wird in vielen Fällen im Blog begründet und Kunden können sich direkt zu Wort melden. Es wird zudem darauf geachtet, dass die Produkte außergewöhnlich, bzw. für Kunden bei anderen Internetanbietern schwer zu finden sind oder idealerweise gar nicht bei Amazon oder dem jeweiligen Category Killer angeboten werden. Es wird zudem immer sichergestellt, dass das jeweilige Produkt im Internet von Konkurrenten nicht zu Discount-Preisen angeboten wird. Kaufmann Mercantile weicht somit bewusst in die Nische aus. Dieses Ausweichen geschieht in dem Wissen, dass die Nische in den USA und v. a. weltweit groß genug ist, um die gewünschte kritische Größe zu erreichen.

Vor der Einführung wird jedes Produkt in allerhöchster Bildqualität fotografiert, die man üblicherweise nur bei Luxusartikeln wie Schmuck, Uhren oder exklusiven Weinen findet. Durch die hochwertige Produktfotografie werden alltägliche Gebrauchsgegenstände zu persönlichen Luxusartikeln, die eine gewisse Begehrlichkeit wecken. Dieser Qualitätsanspruch soll auch auf die Marke Kaufmann Mercantile abstrahlen und eine hohe Wertigkeit sicherstellen. Ein weiterer Aspekt, welcher das Erlebnis der Kunden beim Einkauf steigert, sind die ausführlichen und Story orientierten Produktbeschreibungen. Hier wird Unterhaltung kombiniert mit wissenswerten Informationen über das jeweilige Produkt. Kunden werden von der Qualität des Produktes überzeugt und gleichzeitig erfahren sie eine interessante Geschichte, welche die Mund-zu-Mund Propaganda fördert.

Neuprodukteinführungen werden in E-Mails, die zwei Mal pro Woche an eine steigende Anzahl von Abonnenten gesendet werden, zelebriert. Kaufmann Mercantile nutzt zudem Facebook, Twitter, Tumblr und Pinterest um Anhänger regelmäßig auf Kaufmann Mercantile und neue Produkte aufmerksam zu machen und hierdurch zum Wiederkauf zu motivieren. Neben dem Fokus auf Produkten ist der Blog ein aktiver Bestandteil von Kaufmann Mercantile (vgl. Abb. 4). Blogthemen werden auf die neuen Produkte abgestimmt. So wird beispielsweise die Einführung einer Ledertasche begleitet von einem Beitrag über die verschiedenen Arten des Gerbens von Leder.

3.3 Glaubwürdigkeit als Erfolgsfaktor

Durch den konsequenten Fokus auf Qualität, Umweltverträglichkeit, Nachhaltigkeit und Design in der Auswahl, Darstellung und Beschreibung der Produkte wird die Mission von Kaufmann Mercantile immer gleichbleibend glaubwürdig kommuniziert. Kaufmann Mercantile bleibt „sich treu". Somit baut sich ein Vertrauensverhältnis bei Kunden auf, für die diese Kriterien beim Kauf von Produkten wichtig sind. Kunden entfällt somit die zeitaufwändige Suche und das Risiko ein minderwertiges Produkt zu erwerben. Klares Ziel ist es durch das ständig wachsende, aber nicht wechselnde, Sortiment für diese Kunden die „Go To"-Destination zu werden. Die hohe Wertigkeit spiegelt sich auch in der Preisgestaltung. So werden Produkte grundsätzlich nicht rabattiert und nur zum Vollpreis verkauft. In einem Blog-Eintrag am 26. November 2012 wurde diese Preispolitik den Kunden umfassend erläutert (vgl. Abb. 5). Die Resonanz war überaus positiv. So schrieb Joe „Your statement is exactly the reason I buy from you… thank you".

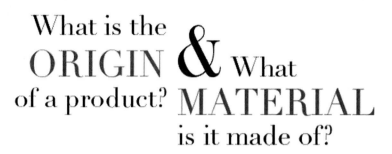

Abb. 4 Blog von Kaufmann Mercantile (eigene Darstellung)

3.4 Zukunftspläne von Kaufmann Mercantile

Die Zukunftspläne von Kaufmann Mercantile beziehen sich auf eine Sortimentserweiterung, Einführung von Eigenmarken, Eröffnung stationärer Geschäfte sowie eine Internationalisierung.

Sortimentserweiterung: Durch das vertrauensvolle Verhältnis von Kaufmann Mercantile zu seinen Kunden ergibt sich die Chance, ständig neue Produkte und Produktkategorien einzuführen. Sichergestellt werden muss nur, dass sich Kaufmann Mercantile bei der Auswahl dieser neuen Produkte und seinen Werten treu bleibt. Durch eine permanente und stetige Sortimentserweiterung kann auch ein langfristiges Wachstum sichergestellt werden. Durch die hohen Ansprüche und die Sorgfalt an die Produktauswahl erfolgt auch der Sortimentsaufbau mit einer gewissen Sorgfalt.

Abb. 5 Preispolitik von Kaufmann Mercantile: "This bag is not on sale" (eigene Darstellung)

Trotzdem ist die Sortimentsausweitung heute ein wesentlicher Wachstumsfaktor für Kaufmann Mercantile. Die Geschwindigkeit des Sortimentsausbaus ist Erfolgsfaktor, da der Markt in der Nische schnell besetzt werden und der Raum für Nachahmer reduziert werden soll.

Eigenmarken: Ein weiterer zukünftiger Fokus von Kaufmann Mercantile ist die Zusammenarbeit mit Herstellern, um bei Kaufmann Mercantile weiterhin exklusive Produkte oder exklusive Produktvariationen anzubieten. Hierdurch wird erreicht, dass sich das Produktangebot von anderen Curated Shops und Category Killers unterscheidet. Verstärkt soll dies in Zukunft auch durch den Aufbau von eigenen Marken in den verschiedenen Produktkategorien stattfinden. Es wird so langfristig sichergestellt, dass sich Kaufmann Mercantile von der Konkurrenz abhebt.

Stationäre Geschäfte: Es ist geplant, Kaufmann Mercantile auch durch eigene Verkaufsräume zu erweitern („Brick and Mortar-Stores"). Dies bietet sich zum einen an, da Kaufmann Mercantiles Produktauswahl im Gegensatz der von Category Killern, relativ gering ist. Der Kunde hat des Weiteren die Möglichkeit sich von der Qualität und Exklusivität aus nächster Nähe zu überzeugen. Die Inneneinrichtung der Läden und die Darstellung der Produkte bietet Kaufmann Mercantile zudem die Chance, die Werte und Ästhetik von Kaufmann Mercantile an Kunden zu kommunizieren. Die Marke Kaufmann Mercantile wird somit gefördert und einer größeren Anzahl von potenziellen Kunden nahegebracht. Als neuer Kanal wird dann der Multi-Channel-Handel erschlossen werden können.

Internationalisierung: Neben den USA sind in den Märkten in West- und Osteuropa, Russland und Japan die Zielgruppen in den Nischen ausreichend groß, um eine dedizierte Bearbeitung zu rechtfertigen. Auch für Kaufmann Mercantile gilt, dass der Markteintritt in diese Märkte online relativ einfach, mit geringen Investitionen und schnell erfolgen kann. Das Sortiment ist auch außerhalb der USA attraktiv und „Qualität", „Best", „Sustainable" und „Green" als Kaufkriterien relevant.

Eine globale Ausweitung erlaubt zudem, dass Kaufmann Mercantile seinen Prinzipien in der Nische treu bleiben kann. Ein Aufweichen der Prinzipien und der USPs durch neu zu erobernde Zielgruppen wird hierdurch verhindert.

4 Zusammenfassung und Ausblick

Curated Shops bieten, wenn sie ein klares Profil haben, die Möglichkeit eines erfolgreichen Online-Geschäftsmodells. Mit einem guten und klar abgegrenzten Konzept kann man der schier übermächtigen Konkurrenz der Category Killer, wie Zalando oder Amazon ausweichen und in der Nische profitabel überleben. Dabei ist dringend darauf zu achten, dass die Nische groß genug ist und gegebenenfalls muss man frühzeitig eine Internationalisierung anstreben. Bei dem Überangebot an Waren, die im Internet angeboten werden, wird es nach Meinung der Autoren immer wieder erfolgreiche Curated-Shopping-Konzepte geben, die ein ganz spezielles und ausgesuchtes Sortiment anbieten und durch diese Sortimentskompetenz regelrechte Fans gewinnen. Geschwindigkeit, z. B. in der Sortimentsausweitung spielt auch für ein Curated-Shopping-Geschäftsmodell eine übergeordnete Rolle. Dieses darf jedoch nicht auf Kosten der „Curator-Qualität" geschehen. Das Versprechen einer Curator-Händlermarke muss eingelöst werden, auch wenn, z. B. die Sortimentsauswahl länger dauert und die Produktdarstellung teurer ist als bei Alternativkonzepten.

Über die Autoren

Dominik Gyllensvärd ist Associate Partner bei der dgroup. Nach dem Doppeldiplomstudium der Betriebswirtschaftslehre in Münster und Montpellier, Frankreich startete er seine Karriere bei Accenture als Strategieberater. Sein Beratungsschwerpunkt lag im Handels- und Pharmaumfeld. So arbeitete er unter anderem an Projekten für Sainsbury's, der OTTO Group, Novartis, Schering und Merck. Im Anschluss war er als CFO für frontlineshop.com tätig. Frontlineshop.com ist einer der größten Street-Fashion-Anbieter in Europa. In seiner Rolle begleitete er den Strukturaufbau in dem stark wachsenden Unternehmen und war federführend bei einer Kapitalerhöhung. Seit 2011 ist er als Associate Partner für die dgroup tätig und berät Unternehmen im Rahmen ihrer digitalen Transformation.

Sebastian Kaufmann ist Geschäftsführer und Gründer von Kaufmann Mercantile, einem Online-Shop mit Sitz in New York. Kaufmann Mercantile bietet ein breites Sortiment von qualitativ hochwertigen, designorientierten und umweltfreundlichen Produkten an. Sebastian Kaufmann ist in Frankfurt am Main geboren. Er studierte Betriebswirtschaftslehre an der Universität Münster, NRW. Nach Abschluss seines Studiums zum Diplom-Kaufmann 1999, arbeitete er als Werbe- und Imagefilmproduzent für Neue Sentimental Film AG in Frankfurt. Von ihm produzierte Filme gewannen über 10 nationale und internationale Preise. 2002 gewann er den Deutschen Wirtschaftsfilmpreis für Nachwuchsproduzenten. 2003 verlegte er seinen Wohnsitz in die USA. Erste Anlaufstelle war Los Angeles, CA, wo er Mitgründer der Werbe- und Musikvideo-Produktion Draw Pictures wurde. Sebastian Kaufmann leitete die Firma bis zu ihrem Verkauf 2009. Im gleichen Jahr gründete er die Firma Kaufmann Mercantile und verlegte seinen Wohn- und Firmensitz 2011 nach New York.

Social TV als Chance für neue Geschäftsmodelle mit ePace am Beispiel von ProSiebenSat.1

Karl König, Arnd Benninghoff und Marcus Prosch

Zusammenfassung

Das sich stetig ändernde Mediennutzungsverhalten der Konsumenten zwingt TV-Anbieter immer mehr zum Umdenken: Nicht mehr länger die Macher entscheiden, welche Inhalte sie auf welchem Sendeplatz zu welcher Zeit in einem Programm platzieren, sondern der Zuschauer selbst. Einfaches Zuschauen genügt den meisten längst nicht mehr, Interaktivität und die Einbindung zusätzlichen Contents entscheiden die Schlacht um Reichweiten und Einschaltquoten. Kreative Ideen zum Ausbau des reinen TV-Inhaltes haben die Branche in den vergangenen Jahren revolutioniert, ProSiebenSat.1 gilt als einer der Vorreiter, innovative Konzepte an den Zuschauern zu testen und Bedürfnissen und Wünschen von Konsumenten und Unternehmen gleichermaßen gerecht zu werden. Durch die Verschmelzung des klassischen Fernsehens und die Nutzung des Internets bieten sich für Content-Anbieter und Werbungtreibende viele Möglichkeiten: Social TV ist das neue Zauberwort der Branche. Anhand ausgewählter Konzepte wie z. B. der viralen Schlagkraft der Video-Plattform MyVideo oder der Entwicklung der interaktiven Plattform „Connect" werden Chancen und Trends im Smart TV aufgezeigt und wichtige Weichen für die Zukunft des TV Commerce gestellt.

K. König (✉)
kabel eins Fernsehen GmbH, Medienallee 7, 85774 Unterföhring, Deutschland
e-mail: karl.koenig@kabeleins.de

A. Benninghoff · M. Prosch
ProSiebenSAT.1 Media AG, Medienallee 7, 85774 Unterföhring, Deutschland
e-mail: arnd.benninghof@prosiebensat1.com

M. Prosch
e-mail: marcus.prosch@prosiebensat1.com

Inhaltsverzeichnis

1 Von den Anfängen des Social TV bis zum Kampf um das Wohnzimmer 202
    1.1 Anfänge des Social TV 202
    1.2 Veränderung der Gerätenutzung – Kampf um das Wohnzimmer 203
    1.3 ProSiebenSat.1-Gruppe – Mitkämpfer um das Wohnzimmer 203
2 Connected TV – Fernsehen und Internet wachsen zusammen 204
    2.1 Besonderheiten des Connected TV 204
    2.2 Interaktives Fernsehen bei ProSiebenSat.1 205
    2.3 *Connect* – eine neue Dimension des interaktiven Fernsehens................. 206
    2.4 Vom TV-Sender zum E-Commerce-Anbieter 207
    2.5 Ein Blick über den Tellerrand.. 208
3 Fazit 209
Literatur 210

1 Von den Anfängen des Social TV bis zum Kampf um das Wohnzimmer

1.1 Anfänge des Social TV

Seit den Anfängen des interaktiven Fernsehens träumt die Fernsehindustrie davon, Produkte, die in ihren TV-Sendungen von Stars getragen oder genutzt werden, auch gleich per Rückkanal und Fernbedienung bestellbar zu machen. Denn es weckt Begehrlichkeiten, wenn man etwas kaufen kann, was auch Prominente tragen. Wie sehr, zeigt ein einfacher Feldversuch, den der US-Fernsehsender NBC bereits 2001 durchführte. Die Protagonisten der Sitcom „Will and Grace" forderten die Zuschauer am Ende der Folge auf, ein T-Shirt, das die Schauspielerin Debra Messing in der Episode getragen hat, unter NBC.com für 52 US Dollar zu bestellen. Innerhalb von 18 Stunden trudelten 3.000 Bestellungen über NBC.com ein. Der Umsatz in 1,5 Tagen belief sich auf 156.000 US-Dollar (Bajarin 2012). Da braucht es nicht viel Phantasie, um sich vorzustellen, was passiert wäre, wenn die Fernsehzuschauer das T-Shirt ohne Medienbruch gleich über ihr TV-Gerät hätten bestellen können. Doch abgesehen von ambitionierten Pilotprojekten ließ der Durchbruch von TV-Commerce auf sich warten. Dieses hatte zwei Gründe. Zum einen war der Aufwand, ein Produkt über die Fernbedienung zu bestellen, aufgrund der viel zu komplizierten Technik einfach zu hoch. Und zweitens konnte die Geräteindustrie sich auf keinen gemeinsamen Standard einigen, um Zusatzinformationen auf den Bildschirm zu bringen, so dass Content-Anbieter – ähnlich wie im heutigen Mobilfunkmarkt – für jeden TV-Hersteller eigene Inhalte produzieren mussten. Diese Probleme gehören heute jedoch weitgehend der Vergangenheit an (Bajarin 2012). Mobile Endgeräte wie Notebooks, Smartphones oder Tablets haben sich einen festen Platz auf der Fernsehcouch erobert und lassen die Grenzen zwischen Internet und Fernsehen mehr und mehr verschwinden.

Immer häufiger greifen TV-Zuschauer auf der Fernsehcouch auch zu Smartphone oder Tablet, um Zusatzinformationen zum laufenden Programm zu recherchieren oder sich über Produkte oder Unternehmen zu informieren, deren TV-Spot sie zuvor auf dem Fernsehbildschirm gesehen haben. Mittlerweile bahnt sich hinsichtlich Nutzerzahlen und Nutzungsdauer ein regelrechter Kampf um das Wohnzimmer und *Krieg der Geräte* ab.

1.2 Veränderung der Gerätenutzung – Kampf um das Wohnzimmer

Die jüngst veröffentlichte Studie „Navigator Mediennutzung 2012" von SevenOne Media, für die mehr als 1.000 Personen im Alter zwischen 14 und 49 Jahren telefonisch zu ihrem Mediennutzungsverhalten befragt wurden, kommt zu dem Schluss, dass das Zusammenspiel von Fernsehen und Internet in der werberelevanten Zielgruppe zu einer steigenden Mediennutzung führt (Sevenone Media 2012). Insgesamt hat sich das Medienzeitbudget der 14- bis 49-Jährigen seit dem Jahr 2002 um ein Sechstel erhöht. Rund 208 Minuten pro Tag schauen die Deutschen in die Röhre, 107 Minuten surfen sie im Web 2.0. Knapp 60 Prozent aller Studienteilnehmer nutzen das Internet dabei zumindest ab und zu als *Second Screen* neben dem Fernseher als Kommunikationsplattform oder zum Abrufen von Informationen. Mehr als zwei Drittel der Parallelnutzer werden durch TV-Inhalte dazu motiviert, online zusätzliche Informationen abzurufen, sei es zum Programm, Werbebotschaften, Produkten oder Dienstleistungen (Sevenone Media 2012).

1.3 ProSiebenSat.1-Gruppe – Mitkämpfer um das Wohnzimmer

Die ProSiebenSat.1 Group wurde im Jahr 2000 als größtes Fernsehunternehmen in Deutschland gegründet. Fernsehen ist unser Kerngeschäft. Hier sind wir mit unseren erfolgreichen Sender- und Programm-Marken, den reichweitenstarken digitalen Plattformen und der breiten Zielgruppenabdeckung der führende Bewegtbildvermarkter. Das Portfolio erstreckt sich von den TV-Sendern SAT.1, ProSieben, kabel eins und sixx über die ProSiebenSat.1 Networld bis hin zur Online-Videothek maxdome, digitalen Pay-TV-Angeboten und mobilen Services. Über die Red Arrow Entertainment Group werden internationale TV-Programme entwickelt und produziert sowie an Fernsehsender weltweit verkauft. Die Programmproduktions- und Vertriebstochter ist mit 18 Produktionsfirmen in neun Ländern vertreten. Der Hauptsitz befindet sich in Unterföhring bei München.

1. **Broadcasting German-speaking**
   Deutschland ist mit über 80 Millionen Menschen Europas größter TV-Markt. Hier sind wir die Nummer 1 im Werbemarkt. SAT.1, ProSieben, kabel eins und sixx bieten rund um die Uhr erstklassige Unterhaltung und Information. „The Voice of

Germany", „Germany's next Topmodel – by Heidi Klum", „Schlag den Raab", „Danni Lowinski": Das sind Programme, die Zuschauer in ihren Bann ziehen und unseren Kunden ein hochwertiges Werbeumfeld bieten. Mit unseren komplementär aufgestellten Sendern decken wir alle Zielgruppen unserer Werbekunden ab – auch in Österreich und der Schweiz. Wir entwickeln maßgeschneiderte und medienübergreifende Werbekonzepte und setzen auf neue Technologien. Wir sind Innovationsführer, wenn es um Zukunftsthemen wie HbbTV, Video-Advertising oder die Dezentralisierung von TV-Werbung geht. Bis 2015 wurde für das Segment Broadcasting German-speaking ein zusätzliches Umsatzpotenzial von mindestens 250 Millionen Euro identifiziert. Einen wichtigen Beitrag dazu wird die Nutzung neuer Verbreitungstechnologien wie HD und der Ausbau neuer Sender leisten.

2. **Digital & Adjacent**
ProSiebenSat.1 nutzt die Kraft des Fernsehens, um in verwandten Märkten erfolgreiche Unternehmen und Geschäftsmodelle zu etablieren. Dazu zählen die Bereiche Online, Pay, Games, Commerce & Ventures sowie Music. Ziel ist es, uns in diesen Wachstumsmärkten so stark wie möglich zu positionieren und unsere Unabhängigkeit von konjunkturellen Schwankungen des Werbemarkts auszubauen. Dafür sind wir hervorragend aufgestellt: Als Fernsehunternehmen besitzt die Gruppe einen umfangreichen Bestand an hochwertigem Video-Inventar, der über alle Plattformen von TV über Mobile bis zu Online und Video-on-Demand eingesetzt werden kann. Dies macht ProSiebenSat.1 zu einem der führenden Anbieter, und zwar zur Nummer 1 bei der Vermarktung von Bewegtbild-Inhalten im Internet. Über das Online-Netzwerk werden in Deutschland jeden Monat über 25 Millionen Unique User erreicht. Mit rund 45.000 Titeln ist maxdome Europas größte Online-Videothek. Auch im Wachstumsbereich Games besteht eine starke Marktposition, die kontinuierlich ausgebaut wird. Bis 2015 wird das zusätzliche Umsatzpotenzial im Bereich *Digital & Adjacent* gegenüber dem Jahr 2010 auf mehr als 250 Millionen Euro geschätzt.

2 Connected TV – Fernsehen und Internet wachsen zusammen

2.1 Besonderheiten des Connected TV

Auch die Geräteindustrie hat den Trend zur parallelen Internet- und TV-Nutzung erkannt. Via *Connected TV* konnten Fernsehzuschauer schon seit mehreren Jahren über Set-Top-Boxen, Spielekonsolen oder Blu-Ray-Player mit ihrem Fernseher online gehen – und tun dies auch. Einer Studie des Bewegtbildvermarkters Smartclip zufolge surfen sieben von zehn Connected-TV-Nutzern gelegentlich oder häufig über ihren Fernseher im Web – trotz teilweise umständlicher Navigation über die Fernbedienung (Smartclip 2012). Der aktuelle Trend unter TV-Geräteherstellern jedoch heißt eindeutig Smart TV oder Hybrid TV. Über einen so genannten *Red Button* können Fernsehzuschauer ähnlich wie beim Videotext während des laufenden TV-Programms HTML-Seiten direkt auf dem Fernsehbildschirm öffnen. Möglich macht dies der neue Standard HbbTV (*Hybrid Broadcast Broadband TV*), der dem bislang proprietären Gebaren der Geräthersteller ein Ende bereiten und so Fernsehen auf dem Internet endlich breitenwirksam etablieren soll. Über HbbTV können die Zuschauer zahlreiche neue Dienste wie Spiele, Social-Network-Integrationen, Online-Abstimmungen oder Video on Demand ebenso wie programm- beziehungsweise formatbezogene Anwendungen wie Teletext oder EPGs nutzen.

Seit dem Jahr 2011 statten die meisten Hersteller neue Fernsehgeräte und Set-Top-Boxen mit HbbTV-Funktionalität aus. Laut Branchenverband Bitkom ist mittlerweile beinahe jedes zweite in diesem Jahr verkaufte Fernsehgerät (46 Prozent) ein Smart TV (Bitkom 2012). In Summe sind das 4,9 Millionen internetfähige Geräte, die pro Jahr an die Endkunden verkauft werden. Die Auguren von Goldmedia Custom kommen zu dem Schluss, dass bis zum Jahr 2016 mehr als 20 Millionen Haushalte deutschlandweit ein Smart-TV besitzen sollen (Sattler 2011). Schon heute gehen 13 Prozent der Eigentümer eines solchen TV-Geräts mehrmals pro Woche über ihren Fernseher online, weitere 17 Prozent mehrmals pro Monat. Diese Zahlen werden weiter steigen, wenn Content-Anbieter und Werbungtreibende dem Wunsch der jungen Zielgruppe nach mehr Interaktionen mit spannenden neuen Konzepten begegnen, die die Evolution des Fernsehens vorantreiben.

2.2 Interaktives Fernsehen bei ProSiebenSat.1

ProSiebenSat.1 nutzt schon lange alle zur Verfügung stehenden Endgeräte und Plattformen, um dem neuen Mediennutzungsverhalten der Zielgruppe gerecht zu werden. Längst ist dabei nicht mehr nur das Fernsehgerät das Maß aller Dinge. *Online-First* lautet stattdessen die Strategie der im Jahr 2000 gegründeten Sendergruppe. Die Video-Plattform MyVideo soll zu einem eigenständigen Web-TV-Sender ausgebaut werden, außerdem sollen für die Zielgruppe der Digital Natives, die ihren Fernsehkonsum nicht mehr an vorgegebene Senderzeiten anpassen wollen, neue Web-Only-Channels entstehen. Wie ernst das Vorhaben ist, zeigt beispielsweise die Tatsache, dass der Gladiatoren-Spielfilm „Spartacus" seine Deutschlandpremiere auf MyVideo erlebte – noch vor der Free-TV-Ausstrahlung auf ProSieben. Die Befürchtungen, dass das Preview im Netz die TV-Quoten kannibalisieren könnte, bestätigten sich nicht: So verzeichneten die „Spartacus"-Staffeln 26 Millionen Video-Views, vor den Fernsehgeräten saßen im Schnitt 1,54 Millionen Zuschauer. Darüber hinaus bietet MyVideo auch eigene proprietäre Formate. Zu den kultigsten Protagonisten gehören Gronkh und Salazar mit ihrer Gaming-Sendung „Let's Play Together", die schon im ersten Monat über 1 Million Video Views generierte. Die beiden Gamer gaben damit im Sommer 2012 den Startschuss für ein Live-Streaming auf MyVideo, jeweils freitags um 18 Uhr. Nach der Ausstrahlung ist die Sendung auch on-demand verfügbar. In der gleichen Zeitschiene lädt montags und dienstags das Moderatoren-Duo Daniele und Thanee die junge Netzgemeinde zur einstündigen „MyVideo RushHour" ein. Das interaktive Format präsentiert die beliebtesten Videos, neuesten Apps und Gadgets oder kuriosesten News aus dem World Wide Web. Neue, unkonventionelle Formate werden sukzessive ebenso folgen wie hochkarätige TV-Formate. Allen gemein ist, dass sie über PC, Tablet oder Handy und eben auch ganz traditionell über den Fernseher konsumiert werden können – ganz wie es die Digital Natives heute von Inhalte-Anbietern erwarten. Davon profitiert letztendlich auch die Werbewirtschaft, denn mit jedem neuen Endgerät bietet sich zugleich ein neuer Touchpoint für die Konsumenten-Ansprache. Um den interaktiven Austausch zwischen Sender und Zielgruppe zu stärken, hat ProSiebenSat.1 schon früh für alle TV-Sender und Programme auch eigene Fanseiten in sozialen Netzwerken eingerichtet. Zuschauer werden dort tagesaktuell über das TV-Programm informiert. Gleichzeitig helfen die Zuschauerkommentare aus der Community den Redaktionen dabei, ihre Programminhalte entsprechend zu optimieren. Das Angebot kommt an: Allein auf Facebook erreichen die TV-Sender eine Fanbase von rund zehn Millionen Mitgliedern. Das Wissensformat „Galileo" und die ProSieben-Fanseite haben bereits 2012 die Marke von je einer Million Fans geknackt.

2.3 *Connect* – eine neue Dimension des interaktiven Fernsehens

Als gegenwärtige „Krönung des interaktiven Fernsehens" können aber die Social TV-Angebote von ProSiebenSat.1 angesehen werden. Hier startete ProSieben zur ersten Staffel der Erfolgsshow „The Voice of Germany" die interaktive Online-Anwendung *Connect*. Parallel zur Ausstrahlung im Fernsehen konnten sich Nutzer die Sendung im Live-Stream auf ihrem PC, Laptop, Smartphone oder Tablet ansehen, dabei mit Freunden chatten, Tweets mitverfolgen, sich über Hintergründe der Show informieren oder an Abstimmungen und Wettbewerben teilnehmen und durch häufiges Mitmachen reale oder virtuelle Belohnungen erstehen. Parallel zur TV-Ausstrahlung von „The Voice of Germany" erleben die Zuschauer mit „ProSieben Connect" die zweite Staffel der Show auf dem mobilen Endgerät, was in Abb. 1 dargestellt ist. Die Social TV-Anwendung wurde nach der ersten Staffel konsequent weiterentwickelt und beschränkt sich nicht nur mehr auf die reine Sendezeit oder ein Format.

Die Nutzerzahlen waren so positiv, dass ProSieben die Technik auch für andere Formate wie „Germany's next Topmodel" nutzte. Zur zweiten Staffel von „The Voice of Germany" fiel dann der Startschuss für „ProSieben Connect" als interaktive 24/7-Begleitung zum gesamten Programm des TV-Senders, um die Bindung zwischen Publikum, Show und Sendermarke zu steigern. Sendungen wie „The Voice of Germany" und „Germany's next Topmodel" werden in sozialen Netzwerken diskutiert und kommentiert. Die Meinungen der Nutzer werden über ProSieben Connect gebündelt, um Zuschauern einen Überblick zur aktuellen Stimmungslage zu gewähren. Sämtliche Tweets, die an @ProSieben gehen und mit bestimmten Hashtags versehen sind, landen im *Social Talk*-Feed. Dieses neue *Connected TV* von ProSieben ist in Abb. 2 dargestellt.

Social TV als Chance für neue Geschäftsmodelle mit ePace 207

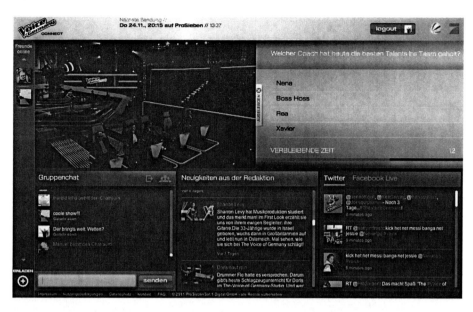

Abb. 1 Social TV auf mobilem Endgerät am Beispiel von „The Voice of Germany" (eigene Darstellung)

2.4 Vom TV-Sender zum E-Commerce-Anbieter

Auch in Sachen TV-Commerce zeigte sich die ProSiebenSat.1 Group schon früh sehr experimentierfreudig. Auf der CeBIT 2010 wurde ein erster Case präsentiert, bei dem SevenOne Intermedia in Zusammenarbeit mit SevenOne AdFactory, SevenOne Media und IBM Media Interactive Solutions für die Reality-TV-Show „Die Model-WG" auf ProSieben eine breit gefächerte Format-Applikation auf Basis von HbbTV realisierte. Zuschauer konnten während der Ausstrahlung der Sendung ihr Lieblingsmodel als Rahmen auf dem TV-Bildschirm einblenden sowie per Klick auf den Red Button virtuell die Garderobe eines Models durchstöbern und die Lieblings-Outfits mit ein paar weiteren Klicks gleich beim Otto-Versand bestellen. Auch Infos zu den Models selbst konnten sich die Nutzer einblenden lassen und schauen, wer gerade was über welches Model im Social Web postet. Aus OTTO-Sicht startete damit ein Modekonzern eine vernetzte Kampagne zu „Die Model WG". OTTO setzte dabei auf ein individuelles Konzept der SevenOne AdFactory, woduch Fashionkompetenz multimedial im TV und Internet inszeniert wird. Dieses ist in Abb. 3 dargestellt.

Ganz neue Möglichkeiten eröffnet HbbTV auch für die Werbung. So entwickelte der ProSiebenSat.1-Vermarkter SevenOne Media beispielsweise zum Start des Science-Fiction-Thrillers „Prometheus – Dunkle Zeichen" für den Filmverleih 20th Century Fox eine exklusive HbbTV-Kampagne. Wer die Werbung im Fernsehen sah und dabei den roten Knopf seiner Fernbedienung drückte, konnte weitere Hintergrundinformationen abrufen, exklusive Screenshots ansehen, sich den offiziellen Trailer zum Film zu Gemüte führen oder an einem Gewinnspiel teilnehmen. Der Kauf eines Kinotickets zum

Abb. 2 Connected TV von ProSieben (eigene Darstellung)

Wunschtermin im Kino in der Nähe des Zuschauers wäre hier nur der nächste, logische Schritt in die Zukunft. Dass man mit einer HbbTV-Kampagne inzwischen nicht nur Nischenzielgruppen erreicht, zeigen die Reichweitenzahlen der Kampagne: Sie überschritten erstmals die Marke von 1 Million Geräten. Damit hat sich die technische Reichweite innerhalb von fünf Monaten mehr als verdoppelt – ein weiteres Indiz dafür, dass das Smart TV wirklich das Potenzial hat, sich zum Massenmedium zu entwickeln.

2.5 Ein Blick über den Tellerrand

In den USA experimentieren aktuell verschiedene Unternehmen mit T-Commerce-Formaten: Der Online-Marktplatz eBay testete während der Olympischen Spiele in

Social TV als Chance für neue Geschäftsmodelle mit ePace 209

Abb. 3 Vernetzte OTTO-Kampagne zu „Die Model WG" (eigene Darstellung)

London die unmittelbare Abverkaufswirkung von interaktiven TV-Inhalten. Über die App „Watch with eBay" konnten TV-Zuschauer die Inhalte ihrer App mit den Inhalten im TV synchronisieren und auf eBay beispielsweise dieselben Schuhe kaufen, die die Athleten gerade beim 100-Meter-Lauf trugen, Poster mit den Athleten bestellen oder andere Produkte im Zusammenhang mit den Spielen ordern (Rupley 2012). Zwar nennt eBay zu dieser Aktion keine konkreten Umsatz- oder Kundenzahlen, doch Marktforscher schreiben Television Commerce (*T-Commerce*) ein großes Kundeninteresse zu. Laut einer US-Studie des Online-Payment-Dienstleisters PayPal von Oktober 2011 würden rund die Hälfte der Pay-TV-Abonnenten Produkte und Dienstleistungen, die mit TV-Inhalten in Verbindung stehen, gerne auch gleich dort bestellen (Dunlap 2012).

3   Fazit

Anders als noch vor einigen Jahren wollen insbesondere die jungen Zuschauer heute zunehmend selbst entscheiden, wann sie die Inhalte konsumieren wollen, über welches Endgerät auch immer. Das Ende der klassischen Fernsehunterhaltung ist das nicht. Doch für Programmanbieter steigt die Komplexität ihres Geschäfts. Musste bislang nur ein Kanal – das Fernsehgerät – mit adäquaten Inhalten bespielt werden, gilt es heute, sich in einem fragmentierten Markt an allen Touchpoints zu präsentieren, an denen die Zuschauer sich aufhalten – sei es im Social Web, im Mobile Web oder auf dem Smart-TV. Und während das klassische TV-Nutzungsverhalten in jahrzehntelanger Marktforschung bis auf das kleinste Detail analysiert wurde, steht die Branche in der Ära des interaktiven Fernsehens mit ihren Erkenntnissen noch ganz am Anfang. Die Gesetze müssen erst gelernt werden – doch genau dies macht das neue Fernsehen wieder spannend. „The show must go on", sang der britische Popstar Freddy Mercury 1991. Sie wird auch im Jahr 2013 weitergehen – vielleicht aber ganz anders.

Die ProSiebenSat.1 Group wurde im Jahr 2000 als größtes Fernsehunternehmen in Deutschland gegründet. Fernsehen ist das Kerngeschäft der Unternehmensgruppe. Diese ist mit ihren erfolgreichen Sender- und Programm-Marken, den reichweitenstarken digitalen Plattformen und der breiten Zielgruppenabdeckung der führende Bewegtbildvermarkter in Deutschland. Das Portfolio erstreckt sich von den TV-Sendern SAT.1, ProSieben, kabeleins, sixx und dem neuesten Sender der Gruppe – SAT.1 Gold – über die ProSiebenSat.1 Network mit den TV-Portalen und dem WebTV Channel MyVideo bis hin zur Online-Videothek maxdome, digitalen Pay-TV-Angeboten und mobilen Services.

Literatur

Bajarin, T. (2012). Silicon Insights: T-Commerce a New Killer App? In abc News [Online]. Verfügbar unter: http://abcnews.go.com/Business/story?id=87150&page=1#.UMrjmYYWqPU. Zugegriffen: 14. Dezember 2012.

Bitkom (2012). Fernseher mit Internet-Anschluss werden Standard. In Bitkom.org [Online]. Verfügbar unter: http://www.bitkom.org/72265_72261.aspx. Zugegriffen: 14. Dezember 2012.

Dunlap, S. (2012). PayPal commits to bring "T-Commerce" to life through new collaborations with key industry leaders at TV of Tomorrow show. In ThePayPalBlog.com [Online]. https://www.thepaypalblog.com/2012/06/paypal-t-commerce/. Zugegriffen: 14. Dezember 2012.

Rupley, S. (2012). Watch with eBay iPad App updated with summer olympics section. In Ebayincblog.com [Online]. Verfügbar unter: http://ebayinkblog.com/2012/07/25/watch-with-ebay-ipad-app-updatedwith-summer-olympics-section/. Zugegriffen: 14. Dezember 2012.

Sattler, C. (2011). *Smart TV: Wer erringt die Portalhoheit auf dem Fernseher*. Berlin: Goldmedia Innovation.

SevenOne Media (2012). *Navigator Mediennutzung 2012* (S. 7). Unterföhring: SevenOne Media.

Smartclip (2012): *Multiscreen ist Realität: Wie Connected TV die Fernsehlandschaft verändert*. Hamburg: Smartclip.

Über die Autoren

Karl König (*1.3.1966) ist seit April 2011 Geschäftsführer von kabel eins. Davor hatte er seit 1. Mai 2009 die Position Strategy Officer der ProSiebenSat.1 TV Deutschland GmbH inne und kümmerte sich um die Koordination senderübergreifender Programm- und Projektplanung, sowie im Schwerpunkt um das Projekt TV 3.0. Karl König begann im Jahre 2000 als leitender Redakteur in der ProSieben Chefredaktion und übernahm anschließend das Ressort Info. Bis Mai 2006 gehörte die Ressortleitung Service & Lifestyle zu seinen Aufgaben, bis er anschließend die stellvertretende Chefredaktion der Ressorts Service & Lifestyle sowie Service & Wissen übernahm. Im Juli 2008 wurde er Chefredakteur, im Februar 2009 stellv. Geschäftsführer von ProSieben.
Vor seiner Zeit bei ProSieben war Karl König u. a. bei RTL, SAT.1 und dem WESTFALEN-BLATT tätig.

Arnd Benninghoff (geboren 1969) ist seit 1. Mai 2012 Chief Digital Officer im Vorstandsbereich Digital & Adjacent der ProSiebenSat.1 Group. Benninghoff verantwortet insbesondere die Weiterentwicklung des Digital-Geschäfts, strategische Wachstumsthemen und Business Development im Online-Business. Der Fokus liegt dabei auf den Themenfeldern Video, Mobile, Games und neuen digitalen Plattformen. Zuvor war Benninghoff Vorsitzender der Geschäftsführung von ProSiebenSat.1 Digital und verantwortete das Kerngeschäft des digitalen Entertainment-Unternehmens der ProSiebenSat.1 Group. Bevor er zur ProSiebenSat.1 Group kam, war Arnd Benninghoff als Geschäftsführer bei Holtzbrinck eLab in München für das komplette Beteiligungsportfolio und dessen Vermarktung verantwortlich. Zuvor trug er als Director bei Holtzbrinck die Portfolioverantwortung für sieben Unternehmen und hatte die Geschäftsführerposten mehrerer Beteiligungsunternehmen inne. Von 2000 bis 2006 war Benninghoff bei Tomorrow Focus, wo er die Geschäfte von Tomorrow Focus next media und das Portalgeschäft leitete. Benninghoff hat in Münster Betriebswirtschaftslehre und Publizistik studiert.

Marcus Prosch (*1970) ist Leiter des Kommunikationsbereichs Sales & Diversifikation der ProSiebenSat.1 Group. Dazu zählt die Unternehmens- und Produktkommunikation der Vermarktungsunternehmen Seven One Media und Seven One Ad Factory sowie der Konzern-Tochterfirmen ProSiebenSat.1 Digital, ProSiebenSat.1 Licensing, ProSiebenSat.1 Games sowie SevenVentures, maxdome und Starwatch Entertainment. Darüber hinaus ist Marcus Prosch für alle übergreifenden Kommunikationsfelder rund um die Bereiche Forschung und Medienentwicklung der TV-Gruppe verantwortlich. Prosch kam im Jahr 2001 zur ProSiebenSat.1 Group. Er studierte Soziologie, Politik- und Medienwissenschaften an der Heinrich-Heine-Universität in Düsseldorf. Seit 2005 leitet er die Fachgruppe Medienforschung im Bundesverband deutscher Pressesprecher (BdP).

Teil IV

E-Organisation und E-Prozesse mit Cycle-Time-Reduction

Erfolgsfaktoren von Online-Projekten – Beobachtungen und Erfahrungen aus der Praxis

Olaf Rotax

Zusammenfassung

Nach mehr als 15 Jahren Praxiserfahrung in der Konzeption, Umsetzung und Optimierung von Online-Projekten in operativer und zuletzt beratender Tätigkeit wird dem Autor immer wieder dieselbe Frage gestellt. Warum sind manche Online-Projekte erfolgreich und andere nicht? Erfolgreiche Projekte orientieren sich konsequent an vier grundlegenden Feldern von Erfolgsfaktoren: (1) Strategisches Fundament als Basis, (2) Online-optimierte Implementierung zum Start, (3) Operative Exzellenz im Betrieb und (4) geschlossene Prozesssicht in der Weiterentwicklung. Die Erfahrung zeigt, dass nur sehr wenige Online-Projekte diese Erfolgsfaktoren konsequent berücksichtigen. Viel zu viele Projekte bleiben so hinter ihren Potenzialen zurück und sind aus Sicht der Verantwortlichen nicht erfolgreich. Die Hoffnung durch Online-Projekte und ohne substantiellen Aufwand mangelnden Erfolg im Basisgeschäft ausgleichen zu können, muss enttäuscht werden. Die kritische Situation vieler Geschäftsmodelle ist ein Hauptgrund dafür, dass so viele Online-Projekte hinter den Erwartungen zurückbleiben. „Stuck in the middle" ist gerade online sehr zutreffend. Wenn nach dem Best-Effort-Prinzip gehandelt wird, beträgt der Umsatz zumeist ca. nur 5–15 Prozent des theoretischen Potenzials. Anhand einer detaillierten Betrachtung der vier Erfolgsfaktoren wird jedoch deutlich, dass der Erfolg von Online-Projektenaktiv gestaltbar ist.

O. Rotax (✉)
dgroup, Große Elbstraße 279, 22767 Hamburg, Deutschland
e-mail: olaf.rotax@d-group.com

Inhaltsverzeichnis

1	Einleitung	216
2	Digitaler Erfolg ist Digital	216
3	Erfolgsfaktor Strategisches Fundament	218
4	Erfolgsfaktor online-optimierte Implementierung	223
5	Erfolgsfaktor operative Exzellenz im Betrieb	227
6	Erfolgsfaktor geschlossene Prozesssicht in der Weiterentwicklung	231
7	Fazit	232
	Literatur	233

1 Einleitung

Nach mehr als 15 Jahren Praxiserfahrung in der Konzeption, Umsetzung und Optimierung von Online-Projekten in operativer und zuletzt beratender Tätigkeit wird dem Autor immer wieder dieselbe Frage gestellt. Warum sind manche Online-Projekte erfolgreich und andere nicht?

Selbstverständlich gibt es für diese Frage keine allgemeingültige und triviale Antwort. Es lassen sich jedoch einige wichtige Erkenntnisse ableiten, die aus inzwischen über 50 durchgeführten Online-Projekten stammen. Diese Erkenntnisse wurden dabei aufgrund einer höheren Praxisrelevanz analytisch nicht zwingend vollständig bzw. repräsentativ zusammengefasst.

Die Erkenntnisse stammen im Einzelnen mehrheitlich aus der Implementierung und Optimierung von Fashion-Händlern und Markenshops diverser nationaler und internationaler Player. Diese Unternehmen weisen alle ein Umsatzvolumen im deutlich zweistelligen, wenn nicht gar dreistelligen Millionenbereich auf. Da die Konzepte jedoch bereits mehrfach erfolgreich auf andere Branchen und Geschäftsmodelle angewendet werden konnten, wird grundsätzlich eine für typische Online-Projekte hinreichende Übertragbarkeit angenommen.

Dem Anspruch dieses Buches und aller bisher durchgeführten Projekte Genüge leistend, sei explizit darauf hingewiesen, dass unabhängig der Allgemeingültigkeit vieler Erkenntnisse jedes Projekt „trotzdem" einzigartig war. Eine individuelle erfahrungsbasierte Betrachtung kann deshalb in keinem Fall ersetzt werden.

2 Digitaler Erfolg ist Digital

Die Erfahrung von über 15 Jahren Online-Projekten lässt sich in einer einfachen Formel zusammenfassen: Der Erfolg von digitalen Projekten scheint digital zu sein. Analog dem klassischen Porter-U scheint es keine „sinnvolle Mitte" zu geben, sondern nur zwei Cluster von Projekten: besonder serfolgreiche und überhaupt nicht erfolgreiche.

Erfolgsfaktoren von Online-Projekten

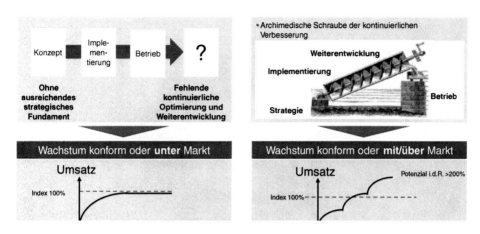

Abb. 1 Unterschiedliche Entwicklung typischer und erfolgreicher Online-Shop-Projekte (eigene Darstellung). *Quelle* dgroup, auf Basis von über 50 relevanten Online-Shop-Projekten

Erfolgreiche Projekte orientieren sich dabei konsequent an den, im Folgenden beschriebenen, vier grundlegenden Feldern von Erfolgsfaktoren. Diese Projekte erreichen das theoretische Marktpotenzial zu 80–100 Prozent und werden als „Best-in-Class-Projekte" bezeichnet. Nicht erfolgreiche Projekte hingegen machen in allen Feldern der Erfolgsfaktoren vielfache Kompromisse aufgrund gegebener und für nicht veränderbar gehaltener Restriktionen. Hiermit erreichen diese Projekte nur ca. 5 – 15 Prozent des theoretischen Potenzials. Sie werden deshalb als „Best-Effort-Projekte" bezeichnet, bzw. in der Zeugnissprache würden sie die Beurteilung „Alle Leistungen entsprachen den Fähigkeiten. Alle waren stets ums Beste bemüht" bekommen (vgl. Abb. 1).

Die vier grundsätzlichen Felder von Erfolgsfaktoren bilden dabei einen Regelkreis in sinnvoller Reihenfolge der Berücksichtigung (vgl. Abb. 2):

- Strategisches Fundament als Basis
- Online-optimierte Implementierung zum Start
- Operative Exzellenz im Betrieb
- Geschlossene Prozesssicht der Weiterentwicklung

Die Erfahrung zeigt, dass nur sehr wenige Online-Projekte diese Erfolgsfaktoren konsequent verfolgen und daher viel zu viele Projekte hinter ihren Potenzialen zurück bleiben, bzw. aus Sicht der Verantwortlichen nicht erfolgreich sind.

Probleme eines typischen Ein typisches Problem ist ein häufig nicht ausreichendes strategisches Fundament für den späteren operativen Erfolg. Zudem belastet die Kombination aus „klassischen" Projektfehlern und der Verzicht auf Online-Potenziale eine zügige und erfolgreiche Umsetzung. In vielen Fällen fehlt zudem die wichtige kontinuierliche Weiterentwicklung, die aufgrund der Geschwindigkeit und Dynamik des Marktes unerlässliche für den Erfolg ist.

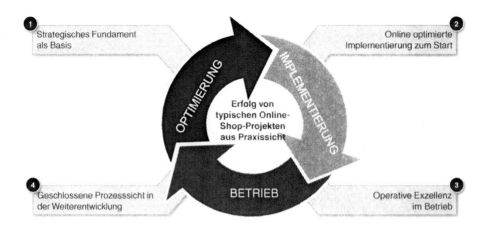

Abb. 2 Wichtigste Einflussfaktoren für den Erfolg von typischen Online-Shop-Projekten aus Praxissicht (eigene Darstellung). *Quelle* dgroup, auf Basis von über 50 relevanten Online-Shop-Projekten

- Zu häufig kein ausreichendes strategisches Fundament für den späteren operativen Erfolg
- Die Kombination aus „klassischen" Projektfehlern und der Verzicht auf mögliche Online-Potenziale belasten zu viele Umsetzungsprojekte
- In vielen Fällen fehlt die kontinuierliche Optimierung bzw. Weiterentwicklung, die gerade aufgrund der Geschwindigkeit und Dynamik des Marktes unerlässlich für den Erfolg ist

Langfristig führt diese typische Herangehensweise zu einem maximal linearen, häufig in der Dynamik sogar abnehmenden, Wachstum unterhalb des Marktwachstums.

Erfolgreiche E-Commerce-Projekte hingegen entwickeln sich kontinuierlich von Zyklus zu Zyklus mit eher exponentiellem Wachstum oberhalb des Marktwachstums und erreichen so im späteren Stadium substantielle exponentielle Wachstumsverläufe (vgl. Abb. 3).

3 Erfolgsfaktor Strategisches Fundament

Essenzielle Grundlage späteren Erfolgs ist ein solides und strategisches Fundament. Dieses wird in der Praxis vielfach, aus Unkenntnis oder Unterschätzung der wichtigsten Erfolgshebel, vernachlässigt.

Es müssen von Beginn an einige elementare Aspekte bedacht werden, damit später keine Probleme auftauchen, die das Online-Projekt hindern.

Erfolgsfaktoren von Online-Projekten

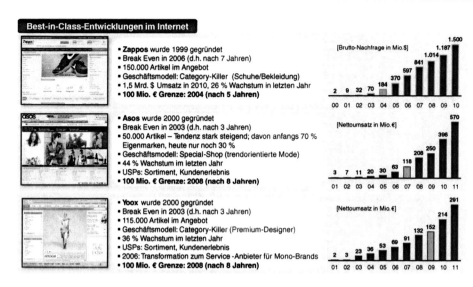

Abb. 3 Best-in-Class-Beispiele für erfolgreiche Entwicklung von Online-Shops (eigene Darstellung). *Quelle* dgroup, auf Basis von öffentlichen Informationen zu den ausgewählten Abietern

Die gravierendsten Fehler beim strategischen Fundament werden nachfolgend aufgelistet und erläutert:

- Zu eng gefasste Wettbewerbssicht
- Unzureichender USP aus Kundensicht
- Unrealistische Stakeholder-Erwartungen
- Fehlendes internes Basisfundament
- Kein (CEO-)strategiegetriebener Prozess

Zu eng gefasste Wettbewerbersicht Der durch seine Dynamik und Wettbewerbsintensität stark geprägte Online-Markt erfordert in hohem Maße eine Betrachtung des Wettbewerbs. Viele Unternehmen haben hier aber gar keine oder eine viel zu eng gefasste Wettbewerbersicht.

Die klassische Wettbewerbsbetrachtung des bestehenden analogen Geschäftsmodells ist lediglich ein kleiner Ausschnitt der ganzheitlichen Wettbewerbsarena. Online ist die Konkurrenz unabhängig von Ort und Zeit lediglich den bekannten Click entfernt. Ein Benchmarking muss somit alle potenziellen Wettbewerber enthalten, unabhängig davon, ob diese national bzw. international tätig sind oder das gleiche Geschäftsmodell bzw. überlappende Geschäftsmodelle verfolgen. Der Wettbewerb wird somit viel breiter.

Für den Online-Shop eines Fashion-Händlers zum Beispiel ist der stationäre Handel häufig von untergeordneter Bedeutung im Online-Markt. Dafür muss ein Benchmarking jedoch alle internationalen Anbieter (z. B. Asos, Zappos etc.) sowie alle Online-Spezialkonzepte (z. B. Vente Privée, Polyvore etc.) enthalten. Nur bei dieser ganzheitlichen Betrachtung der Wettbewerbsarena wird ersichtlich, dass eine 1:1-Übertragung des Offline-Geschäftsmodells nicht ausreichend ist, da gerade die internationalen Konzepte und Online-Spezialkonzepte durch neue innovative Lösungsansätze erhebliche Kundenmehrwerte generieren. Die Kunden lernen diese schätzen und lassen sich durch bisherige Restriktionen analoger Geschäftsmodelle immer weniger beeindrucken (vgl. auch Herausforderungen des Handels bei Gehrckens/Boersma in diesem Buch).

Unzureichender USP aus Kundensicht Den durch neue Online-Wettbewerber geschaffenen Kundenmehrwerten lässt sich am besten durch saubere Ausgestaltung eines eigenen USP (Unique Selling Proposition = kundenrelevantes Differenzierungsmerkmal zum Wettbewerb) begegnen (vgl. Abb. 4).

Der Ausgangspunkt für eine geeignete USP-Gestaltung ist dabei die Bestandsaufnahme in Form einer Wettbewerbsanalyse. Dabei werden externe Kernfaktoren analysiert und anschließend werden die Optionen, relativ zum Wettbewerb, abgeleitet. Die spätere Ausgestaltung des Ziel-USP ist dann hierarchisch geordnet und enthält die fünf Strategiebausteine, Geschäftsmodell/Zielgruppe, Angebot/Sortiment, Kundenerlebnis und Multi-Channel und Kommunikation (vgl. auch Gehrckens/Boersma in diesem Buch).

Alle fünf Strategiebausteine sollten in der aufgeführten Reihenfolge betrachtet werden. Zunächst gilt es, das Geschäftsmodell festzulegen, die Zielgruppe zu definieren und damit das theoretische Marktpotenzial zu definieren.

Strategieebene	Erfolgsfaktoren
Zielgruppe/Geschäftsmodell	• Zielgruppenfokus • Geschäftsmodelloptionen
Angebot/Sortiment	• Sortimentsbreite/-tiefe • Marken • Aktualität • Preis
Kundenerlebnis	• Front-End/Online-Shop • Kundeneinbindung • Service
Multi-Channel	• Multi-Channel-Integration • Mobile
Kommunikation	• Branding • On-Site-Marketing • Off-Site-Marketing/Social Media

Abb. 4 Dimensionen eines externen USP (eigene Darstellung). *Quelle* dgroup, Projektmethodik erfolgreich auf über 50 relevanten Online-Shop-Projekten getestet

Anschließend wird das Angebot/Sortiment (Art, Breite/Tiefe, Exklusivität etc.) bestimmt. Nachfolgend wird der Fokus auf das Kundenerlebnis gelegt, dabei geht es speziell um die Erfahrung, welche der Kunde beim Besuch des Online-Shops haben soll (Funktionalitäten, Services, Features etc.). Letztlich folgen die Kanalvernetzung und der Marketing-Mix (SEO, SEA, Social Networks, Apps etc.).

Die vorgegebene Hierarchie ist von hoher Bedeutung. Es besteht zwar die Möglichkeit durch eine Steigerung des Aufwands auf der jeweils nächsten Ebene vorliegende Defizite zu kompensieren. Diese Kompensation ist jedoch endlich und führt in der Regel zu einer niedrigeren Profitabilität bzw. im Extremfall zu Verlusten. Sehr gute Angebote oder Mehrwerte lassen sich zum Beispiel auch in mittelmäßigem Umfeld mit schlechtem Kanal-Mix und Marketing verkaufen. Umgekehrt können Defizite beim Angebot und Kundenerlebnis nur selten durch exzellentes Marketing profitabel geheilt werden. Vereinfacht stellt sich Erfolg aus Praxiserfahrung als Funktion des theoretischen Marktpotenzials und USP dar. Die konkrete Ausgestaltung des USP ist somit kausal für realistische Erwartungen an den Erfolg. Je relevanter der USP, desto höher der realistische Anteil am theoretischen, durch Geschäftsmodell und Zielgruppe determinierten, Marktpotenzial.

Unrealistische Stakeholder-Erwartungen Bei Online-Projekten kommt es aber entgegen dieser Erkenntnis sehr häufig vor, dass die Stakeholder absolut unrealistische Erwartungen an das Projekt haben, bzw. Ursache und Wirkungen voneinander zu entkoppeln versuchen.

Der Wunsch, dass ein Projekt so wenig wie möglich kostet und das bestehende Geschäft nicht beeinflusst, ist online genauso wenig wie offline realistisch.

Die Projekterfahrung zeigt in der Regel ungünstige Rahmenvoraussetzungen im bestehenden Geschäftsmodell. Diese müssen bei der Ausgestaltung des Online-USP berücksichtigt und für eine erfolgreiche Perspektive verändert werden. Viele Projekte starten eher mit negativen „Altlasten", auf die zu einem späteren Zeitpunkt noch eingegangen wird. Aber auch ohne zu lösende „Altlasten" des bestehenden Geschäftsmodells zeigt der Blick auf Best-in-Class-Anbieter, dass eine relevante Skalierung statt in erhofften 2–5 Jahren meist erst nach 5–8 stattfindet (vgl. Abb. 3).

Eine der wegweisendsten Entscheidungen für die Stakeholder zur Beginn eines Online-Projektes ist die Entscheidung für Best-Effort oder Best-in-Class.

- Sollen bestmögliche Vorraussetzungen geschaffen werden, um das Potenzial maximal auszuschöpfen?
- Soll mit bestehenden Vorraussetzungen das Bestmögliche erreicht werden?

Auf der Haben-Seite geht es um entweder plus 10 Prozent oder 90 Prozent, auf der Sollseite meist aber auch um deutlich unterschiedliche Einsätze bei Budget und Risiko (vgl. auch Gehrckens/Boersma in diesem Buch).

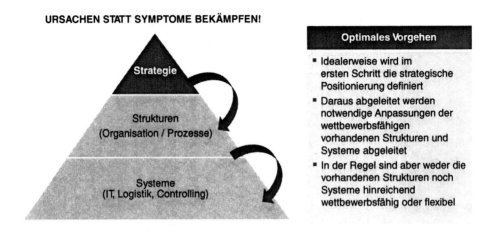

Abb. 5 Basisstrukturen sind Kernherausforderungen für Online-Projekte (eigene Darstellung). *Quelle* dgroup, auf Basis von über 50 relevanten Online-Shop-Projekten

Was nicht funktionieren und sinnvoll sein kann, ist auf jeden Fall die Kombination aus Potenzial des einen und Aufwand des anderen.

Fehlendes internes Basisfundament Wie angedeutet brauchen erfolgreiche Online-Projekte saubere Basisstrukturen und Systeme, auf denen sie aufsetzen können. Unter Basisstrukturen werden die Prozesse, Systeme und die Organisation eines Unternehmens verstanden.

Da viele Unternehmen – zum Teil bewusst, zum Teil aber auch unbewusst – keine sauberen Basisstrukturen haben, bauen Online-Projekte viel zu häufig auf wackeligen Strukturen auf. Online-Verantwortliche müssen folglich im Projekt sehr viele Altlasten beseitigen und können sich daher nicht um ihr eigentliches Geschäft kümmern (vgl. Abb. 5).

Kein (CEO-)strategiegetriebener Prozess Online-Projekte können also nur dann wie geplant funktionieren, wenn alle Unternehmensbereiche bei der Lösung von Altlasten gemeinsam an einem Strang ziehen. Dies ist aber nur im seltenen Fall Realität.

Folgende typische Herausforderungen lassen sich beobachten:

- Nicht harmonisierte Ziele/Incentive-Systeme führen zu Fehlsteuerungen
- Unzureichender Vorstands-Support blockiert Online-Team in politischen Diskussionen
- Die Erkenntnis mangelnder Alternativen wäre meist hilfreicher als jeder Versuch der „verursachungsgerechten" Investitionsrechnung
- Interne Verrechnungsdiskussionen gewinnen keine Kunden und sparen kein Geld

Unternehmensintern ist es wichtig, Ursachen anstatt Symptome zu bekämpfen. In erfolgreichen Umgebungen fungieren Online-Projekte daher bewusst im Auftrag des CEO (Vorsitzender der Geschäftsführung/des Vorstandes) als „Trüffelschweine" für generelle Probleme des Geschäftsmodells. Entdeckte Altlasten werden als Chance für das Grundgeschäftsmodell gesehen und dort gelöst und nicht als Zusatzballast allein den Online-Verantwortlichen zur Lösung überlassen. Die Rahmenbedingungen müssen dabei aktiv vom Top-Management geschaffen werden. Ein Online-Projekt ohne Top-Management-Verankerung bleibt meist leider hinter seinem Potenzial zurück.

4 Erfolgsfaktor online-optimierte Implementierung

Die Kombination aus klassischen Projektfehlern und der Verzicht auf die Ausnutzung möglicher Online-Potenziale belasten viele Umsetzungsprojekte.

Die bedeutendsten Gründe für ein Scheitern der Umsetzung sind jedoch:

- Kein phasenbasiertes Vorgehen
- Keine Rangreihung Projektstellhebel
- Kein orchestriertes Projekt-Setup
- Klassisches Projektvorgehen
- Keine Nutzung von Standards sowie keine flexiblen Strukturen und Prozesse

Kein phasenbasiertes Vorgehen Ein Online-Projekt ist entgegen vielfacher Meinung von Entscheidungsträgern ein sehr komplexes Projekt, da versucht wird das bestehende Geschäftsmodell in einer weiteren Dimension adaptiert nachzubilden. Ein ordentliches, phasenbasiertes Vorgehen macht diese Komplexität erst lösbar und steigert gleichzeitig die Geschwindigkeit. „Was wird zum Start zwingend benötigt und wie wird dabei ein möglichst flexibles dynamisches Gebilde erschaffen?" ersetzt den in der Praxis nicht realistischen Wunsch eines „perfekten Starts ohne großen notwendigen weiteren Anpassungsbedarf". Von der Idee bis zum Start kann ein Projekt erfolgreich in 6–9 Monaten umgesetzt werden. Ein „fertiges" Gesamtsystem gibt es frühestens nach zwei bis drei Jahren, wenn dieser Zustand in einem dynamischen Markt überhaupt sinnvoll ist. Ein phasenbasiertes Vorgehen vermeidet nicht nur die Komplexitätsfalle, die Rangreihung nach Nutzen und Komplexität steigert auch die Gesamtgeschwindigkeit am Ende durch ideal späteres exponentielles Wachstum (vgl. Abb. 3).

Keine Rangreihung Projektstellhebel Vergleichbar mit allen anderen Projekten gilt auch online das „magische Projektdreieck" (Litke 2007), welches in Abb. 6 dargestellt ist.

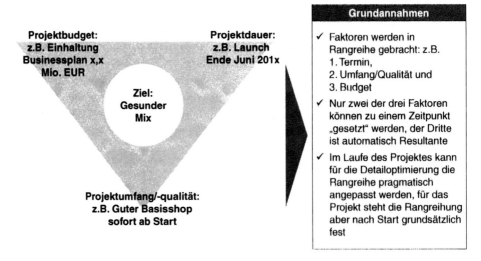

Abb. 6 Das „magische Projektdreieck" (eigene Darstellung). *Quelle* dgroup, auf Basis von über 50 relevanten Online-Shop-Projekten

Dieses kann auch nicht durch Stakeholder-Beschluss außer Kraft gesetzt werden, da wenige feste Regeln bei erfolgreichen Projekten gelten müssen:

- Die Faktoren werden in Rangreihe gebracht, es können jedoch nur zwei der drei Faktoren zu einem Zeitpunkt „gesetzt" werden, der dritte ist automatisch „Resultante".
- Im Laufe des Projektverlaufes kann für die Detailoptimierung die Rangreihe pragmatisch angepasst werden, für das Projekt steht die Rangreihung nach dem Start aber grundsätzlich fest.

Kein orchestriertes Projekt-Setup Das Projekt-Setup ist für den Aufbau eines Online-Geschäftszweiges von höchster Bedeutung. Es besteht aus den Dimensionen Projektphasen, Projektaufgaben und der Projektorganisation.

Die unterschiedlichen Aufgaben müssen aufgrund der hohen Komplexität optimal über die Projektphasen gesteuert werden und Interdependenzen zwischen den einzelnen Aufgaben müssen berücksichtigt werden. Da die Aufgaben vielfältig und nicht trivial bearbeitbar sind, sind Spezialisten für alle Aufgabenfelder notwendig. Online-Projekte sind zudem so anspruchsvoll und zeitaufwändig, dass eine Arbeit parallel zum Tagesgeschäft nicht sinnvoll ist. Es wird also ein dediziertes Projektteam benötigt. Da dieses zum Start zwingend notwendig ist, später im Betrieb aber zum Teil andere Anforderungen an das Team bestehen und die Verfügbarkeit entsprechender Spezialisten im Markt knapp ist, wird vielfach auf Interims-Teams zurückgegriffen. Das Team sollte sich ferner sowohl intern, als auch mit externen Dienstleistern sehr gut vernetzten. Im Idealfall bildet ein

Erfolgsfaktoren von Online-Projekten

orchestriertes, dediziertes Projektteam die Brücke zwischen Internen Mitarbeitern und den notwendigen externen Dienstleistern für Online-Shop, Backendsysteme etc. In Abb. 7 werden die wichtigen Dimensionen des Projektes veranschaulicht.

Klassisches Projektvorgehen widerspricht dynamischer Marktentwicklung Da der Markt sehr schnelllebig ist und sich somit sehr schnell entwickelt, ist als Projektvorgehen aus Praxiserfahrung nur ein agiler Prozess möglich (vgl. Abb. 8). Im agilen Projektmanagement wird dabei das magische Projektdreieck aus Zeit, Budget

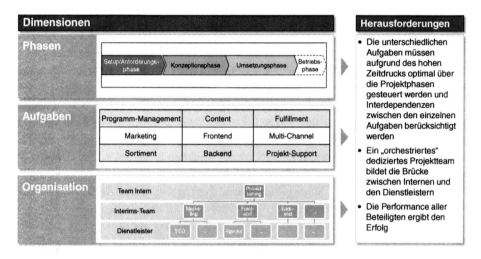

Abb. 7 Wichtige Dimensionen eines Online-Projektes (eigene Darstellung). *Quelle* dgroup, exemplarische Darstellung auf Basis eines erfolgreich umgesetzten Projektes

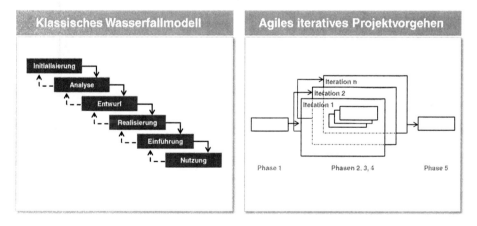

Abb. 8 Gegenüberstellung klassisches zu agilem Projektvorgehen (eigene Darstellung in Anlehnung an Royce 1970). *Quelle* Royce (1970) Managing the Development of Large Software Systems

und Qualität durch Zeit, Budget und Funktionalität ersetzt. Analogen Projekten liegt hingegen häufig das Wasserfall-Modell zugrunde. Dieser Ansatz ist für Online-Projekte jedoch nicht sinnvoll, da zum einen die Grundlage häufig nicht gegeben ist (siehe „Fehlendes internes Basisfundament") und zum anderen parallel zum Markt gearbeitet werden muss. Der Markt ist zu schnell um ihn außer Acht zu lassen. Außerdem ist ein implementierter Online-Shop kein definiertes „Endprodukt". Eine kontinuierliche Optimierung des Shops ist zwingend notwendig. Einer britischen Studie zufolge scheitert der Großteil der IT-Projekte, die den Wasserfallansatz befolgen (Thomas 2001).

Keine Nutzung von Standards sowie keine flexiblen Strukturen und Prozesse Das Herzstück jedes Online-Shop-Projektes ist eine flexible, serviceorientierte Architektur, damit im dynamischen Marktumfeld alle System-Komponenten flexibel an den Markt angepasst werden können. Zu Beginn eines Online-Projektes reichen außerdem vorhandene Standardsysteme und es kann entgegen gängiger Praxis fast vollständig auf Individualentwicklung verzichtet werden. Ein Standard-Shop-System wie „ishop" oder „demandware" bietet zwar keine nachhaltige Differenzierung zum Start, ist aber aus eigenen Studien in der Demo-Shop-Implementierung bereits besser als der Großteil der existierenden Online-Shops in der Praxis (vgl. Abb. 9).

Individualentwicklung sollte nur dann erfolgen, wenn eine nachhaltige Differenzierung damit verbunden ist (z. B. Passform-Tool zur Retourenoptimierung).

Es gilt der Grundsatz, „Mit Standards starten und das Hygieneniveau sicherstellen, dann Komponenten mit Differenzierungschance proprietär in Gesamtsystem einfügen!"

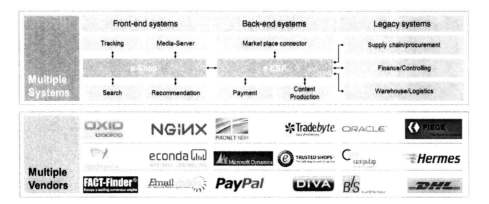

Abb. 9 Exemplarisches Projekt-Setup Online-Shop (eigene Darstellung). *Quelle* dgroup, exemplarisch Darstellung auf Basis eines erfolgreich umgesetzten Projektes

5 Erfolgsfaktor operative Exzellenz im Betrieb

Ein Online-Projekt ist in der Praxis erfolgreich, wenn eine optimale Kombination aus einem geeigneten Spezialistenteam und der kontinuierlichen Weterentwicklung der USPs vorliegt. Auch an dieser Stelle gibt es eine Menge Gefahrenpotenzial. Unzureichende operative Exzellenz im Betrieb kann unter folgenden Gegebenheiten vorliegen:

- Best-of-Bench statt Best-of-Market beim Team
- Unzureichende kanalvernetzte Sortimentsarbeit
- Unzureichendes aktives Online-Merchandising
- Kein integriertes Marketingverständnis
- Mangelnde Transparenz von Ursache-Wirkungs-Beziehungen

Best-of-Bench statt Best-of-Market beim Team Im operativen Betrieb von Online-Shops ist das Team der Erfolgsfaktor Nummer 1 und ein unzureichendes Team, lässt sich durch keinen anderen Erfolgsfaktor auffangen.

Häufig ist der Headcount zu gering, da die Komplexität unterschätzt wird, außerdem werden quasi zwei parallele Teams benötigt, da neben dem Betrieb eine kontinuierliche, dynamische Weiterentwicklung zwingend erforderlich ist.

Viele Teams haben zudem unzureichende Online-Kompetenzen. Es wird häufig der Professionalisierungsgrad der Einzeldisziplinen, der sich über Jahre hinweg entwickelt hat, unterschätzt. Es ist nicht mehr ausreichend, sich „Online mit dem Kunden selbst beizubringen". Dem Professionalisierungsgrad des Online-Marketing z. B. lässt sich nur noch mit erfahrenen Spezialisten begegnen.

Eine weitere Fehlerquelle in der Teambesetzung ist der Verzicht auf eine externe Verlängerung, da das Budget zu knapp geplant wurde oder eine externe Expertise in der wirklichen Preis-Leistung nicht beurteilt werden kann. Da jedoch in der Planung meist hohe Umsätze und Ergebnisse auf Basis von Hochleistungsteams unterstellt werden, ist der Einsatz externer Experten alternativlos. Viele Online-Teams sind zudem schlecht mit dem Kerngeschäft vernetzt. Dies ist problematisch, da der Kunde häufig nur Multi-Channel kennt, aber nicht die Differenzierung „online" und „stationär". Entsprechend kann der Kunde auch nicht verstehen, wenn eine andere interne Organisations- und Machtstruktur das Kanalverhalten vorzugeben versucht, statt seine Bedürfnisse kanalübergreifend möglich zu machen.

Der bereits beschriebenen Dynamik des Marktes Rechnung tragend, spielt nicht zuletzt Flexibilität für Online-Teams eine sehr bedeutende Rolle. Die Anforderungen an ein Online-Team ändern sich dynamisch im Zeitverlauf. Daraus folgt, dass das Setup flexibel und nicht starr sein darf. In der Regel ist dieses Setup daher im Gegensatz zum klassischen Geschäft mit einem hohen Anteil von Outsourcing bzw. Freelancern verbunden, über die das Team, je nach aktuellem Bedarf, flexibel verfügt.

Unzureichende, kanalvernetzte Sortimentsarbeit Grundsätzlich lässt sich festhalten, dass die Dynamik im Online-Markt eher eine stündliche denn eine wöchentliche Anpassung des Sortiments erfordert. Viele Unternehmen glauben aber mit langem Vorlauf im Einkauf „zu wissen", was der Kunde wann und zu welchem Preis in der Zukunft kaufen möchte. Dies ist ein Trugschluss. Erfolgreiche Online-Unternehmen leiten ihr Sortiment aus dem Online-Kaufverhalten ihrer Kunden ab und lernen „kontinuierlich dynamisch" anhand von Daten. Als Beispiel sei Amazon genannt. Beim Verkaufsstart einer neuen Category versteht Amazon nichts von den neuen Sortimenten, nutzt aber die Daten der Handelspartner, um aus diesen später eigene Sortimente kundenorientiert und risikooptimiert abzuleiten. Zudem gibt es keine festen Saisonzyklen im Online-Handel. Das Sortiment wird jeden Tag optimiert.

Ein Großteil der Unternehmen unterschätzt die Wirkung von Markenvielfalt im Internet. Erfolgreiche Unternehmen sorgen dafür, dass relevante Marken der Zielgruppe in ausreichend wahrnehmbarer Menge vorhanden sind, bevor die Kategorie in die Tiefe ausgebaut wird. Es geht darum, die für den Kunden relevanten Marken und Produkte vorzuhalten und nicht zu versuchen, alle Produkte einiger weniger Marken abzubilden.

Marken sind im Internet durch die hohe Transparenz und geringe Wechselbarrieren häufig aber auch unter Markendruck. Online-Shops benötigen Marken um die Frequenz aufrechtzuerhalten, gleichzeitig müssen sie aber auch die eigene Marge sichern. Dies kann langfristig nur über eine Eigenmarken-/Exklusivartikel-Strategie gelöst werden. Dieser Ansatz ermöglicht einen Ausweg aus der Preisvergleichbarkeit. Wenn bspw. Modellvarianten von Waschmaschinen nur in einem Online-Shop exklusiv erhältlich sind, kann dies auf Preisvergleichsdiensten garantiert werden und eine „gefühlte" Preisattraktivität ist die Folge. Dieses Eckpreislagenmanagement sollte im Idealfall datengetrieben, halbautomatisch und real-time erfolgen, da die Konkurrenz bereits nach sehr kurzer Zeit (innerhalb von Stunden) auf die Preisänderungen reagieren kann und wird.

Unzureichendes aktives Online-Merchandising Active Merchandising ist im Online-Geschäft von sehr hoher Bedeutung und wird häufig unterschätzt. An dieser Stelle sind viele Ansätze denkbar, aber es ist hilfreich, die Perspektive des Kunden nicht aus dem Auge zu verlieren. Bildvarianten sind in Online-Shops ein wichtiger Aspekt. Diese haben einen erheblichen Einfluss auf den Abverkauf. Es muss aber auch in der vollständigen Prozesskette gedacht werden, denn geschönte Produktfotos führen zu einer hohen Retouren-Quote und verkehren somit künstlich hohe Ansprachen ins Negative.

Ebenso bedenklich ist es, Produkte mit Standardbildern und Standardtexten mit dem „Charme eines Hochregallagers" zu präsentieren. Viel zu viele Online-Shops verpassen die Chance der emotionalen Ausgestaltung des Einkaufserlebnisses, welche schon lange nicht mehr nur dem stationären Einkauf vorbehalten ist. Vielmehr belegen Umfragen, dass die positive Erlebniswelt von Online-Shops wie Amazon und Co („Es funktioniert einfach ohne Probleme – besonders, wenn mal etwas schief geht") zum neuen Standard für die Offline-Welt wird.

Ein sinnvolles Feature ist hier z. B. die Integration des Kundenfeedbacks bei Produktbeschreibungen. Jako-o bietet beispielsweise Kunden die Möglichkeit, ihr Feedback direkt in einem Call-Center loszuwerden, während die Mitarbeiter des Call-Centers diese direkt mit und veröffentlichen diese angeheftet an die Produktbeschreibung. Treiber ist das Onsite-Traffic-Management, bei dem zum aktuellen Kontext passende Angebote platziert werden, die die Conversion bzw. Ausschöpfung des Besuchers steigern. Als Beispiel sei ein einfacher Skyscraper rechts zu Marken /Aktionen aus anderen Sortimentsbereichen genannt. Im Idealfall sollten diese natürlich automatisch und dynamisch angelegt werden.

Kein integriertes Marketingverständnis Das Marketing für einen Online-Shop wird viel zu häufig mit Performance-Marketing gleichgesetzt.

Online besteht Marketing bei analytischer Betrachtung jedoch aus vier Blöcken:

- Produkt-Marketing (marketingsubventionierte Preise)
- Service-Marketing (marketingsubventionierter Service)
- Performance-Marketing (marketingsubventionierter performanceabhängiger Traffic-Einkauf)
- Brand-Marketing (marketingsubventionierter Bekanntheits- bzw. Imageaufbau)

Eigentlich ist es trivial, dass Marketingausgaben nur einmal und an der richtigen Stelle getätigt werden sollten. In der Umsetzung findet aber aufgrund fehlender Kenntnisse von Ursache-Wirkungsbeziehungen häufig das Gegenteil statt. Dabei wird dann der bereits subventionierte Artikel nochmals im SEA (Search Engine Advertising) beworben und am besten noch mit einer Versandkostenfrei-Aktion kombiniert. Auf diese Weise kann Ansprache generiert, aber niemals Geld verdient werden. Ein weiteres Phänomen im Online-Marketing sind gedeckelte Performance-Budgets, durch die selbst profitable Maßnahmen nicht weiter skaliert werden können, weil das absolute Budget erreicht ist. Erfolgreiche Unternehmen arbeiten daher nicht mit festen Budgets, sondern mit erfolgsvariablen Vorgaben, d. h. im Erfolgsfall ist das Budget „unendlich".

Abschließend sei an dieser Stelle gesagt, dass kein Kunde je verstehen wird, warum es für Online-Shop und Filiale unterschiedliche Kundenkarten oder Voucher geben sollte. Eventuelle Systemrestriktionen sind keine Entschuldigung für ein enttäuschendes Kundenerlebnis.

Mangelnde Transparenz von Ursache-Wirkungsbeziehungen Zur Verdeutlichung der nicht einfachen Ursache-Wirkungsbeziehung vieler Aktivitäten soll ein Fallbeispiel des Online-Performance-Marketing dienen.

Es soll die Kernfrage beantwortet werden, welche Wirkungszusammenhänge zwischen Cost per Order (CPO), Conversion Rate Order (CRO), Cost per Click (CPC), Kosten-Umsatz-Relation (KUR) und Average Order Value (AOV) bei der Steuerung meines Search Engine Advertising (SEA) bestehen – wann eine SEA-Aktion also erfolgreich ist (vgl. Abb. 10).

Annahme: Ein Artikel für **20 €** wird beworben für **CPC = 0,25 €** und hat eine **CRO von 2 %**.
Ist der Ansatz erfolgreich?

$$CPO = \frac{CRO}{CPC} = 12{,}50\ €$$

$$KUR = \frac{CPO}{AOV}$$

Fall 1 (Exklusivartikel Gesamtbon 20 €): KUR = 62,5 %

Fall 2 (Mitnahmeartikel Gesamtbon 70 €): KUR = 18 %

Abb. 10 Fallbeispiel Online-Performance-Marketing (eigene Darstellung). *Quelle* dgroup, exemplarisch Darstellung auf Basis eines erfolgreich umgesetzten Projektes

In beiden Fällen unterstellen wir einen auf SEA zurückzuführenden Kauf eines Artikels für 20 Euro. Aus den Tracking- und Kampagnendaten wird zudem eine CRO von 2 Prozent und ein CPC von 25 Cent entnommen.

Im ersten Fall eines Exklusivartikels, bei dem der Artikel alleine ohne weitere Artikel gekauft wird, liegt die KUR bei 62,5 Prozent, was selbst bei einem Grenzdeckungsbeitrag von 20–30 Prozent in der Regel nicht profitabel ist. Eine solche Aktion ist potenziell nur bei der Neukundengewinnung sinnvoll, wenn der gewonnene Neukunde später deutlich günstiger reaktiviert werden kann (Zeitreihenbetrachtung vs. Zeitpunktbetrachtung).

Im zweiten Fall fungiert der Artikel erfolgreich als Orderstarter, zu dem weitere Artikel im Wert von 50 Euro ohne weiteres Marketing gekauft werden, so dass die KUR bei 18 Prozent liegt. Dieses ist bei einem Grenzdeckungsbeitrag von 20–30 Prozent in der Regel sinnvoll.

Aber auch ein möglicher Mehrfachbewerbungseffekt ist in jedem Fall zu beachten, denn die obigen Annahmen basieren auf einem maximalen Grenzdeckungsbeitrag von 20–30 Prozent. Sollte der Artikel selbst aktiv als Eckpreisartikel knapper kalkuliert sein, dann kann auch Fall 2 schnell unprofitabel werden. Gleiches gilt, wenn der Artikel mehrfach über verschiedene Marketingaktionen provisioniert wird, was sich nur auf dem Click-Verlauf z. T. über mehrere Tage und Kanäle erkennen lässt (Bsp. Kunde kommt über Google-Anzeige und später zum gleichen Artikel noch mal über einen Retargeting Banner). Die Erfassung und Analyse einer integrierten Datenbasis mit möglichst vielen Stellhebeln ist somit erfolgskritisch für die Beurteilung von Marketingaktionen. In Projekte werden allerdings oft weder die Datenbasis, noch die notwendigen Analysekapazitäten, vorgefunden.

6 Erfolgsfaktor geschlossene Prozesssicht in der Weiterentwicklung

Das wahre Potenzial von Online liegt in datengetriebenen geschlossenen und automatisierten Regelkreisen. In der Praxis finden wir dabei aber sehr häufig keine geschlossene Prozesssicht in der Weiterentwicklung.

Risikopotenzial bieten dabei primär fünf Aspekte:

- Verzicht auf Initial-Integration vorhandener Datentöpfe
- Verzicht auf Test & Learn bzw. UCD (User Centric Design)
- Keine geschlossenen Regelkreise
- Verzicht auf automatisierte Optimierung
- Verzicht auf kanalübergreifendes CRM

Verzicht auf Initial-Integration vorhandener Datentöpfe Speziell bei Multi-Channel-Playern typisch, ist die nicht vollständige Nutzung von wertvollen vorhandenen Daten zum Start. Ein erfolgreiches Multi-Channel-Management sollte vielmehr einen deutlichen Mehrwert durch intelligente Verknüpfung der unterschiedlichen Kanäle schaffen können.

Ein intelligenter Mehrwert kann geschaffen werden, wenn Potenziale aus Digitalisierung und Vernetzung am POS genutzt werden. Vorhandene Stärken aus dem Stationärgeschäft müssen ins Netz übertragen werden und umgekehrt. So kann zum Beispiel ein Kassenabzug im Warenhaus die Recommendation-Engine ab der ersten Sekunde mit sehr guten Daten füttern oder ein zweiter Kassenbon als Voucher für den Online-Shop genutzt werden. Solche Projekte halten die Kosten gering und können meist sehr schnell umgesetzt werden. Zudem ist der Kundennutzen sehr hoch und kann von reinen Online-Anbietern nicht direkt kopiert werden.

Verzicht auf Test & Learn bzw. UCD (User Centric Design) Grundsätzlich kann gesagt werden, dass es für eine Website keinen Finalzustand gibt. Jede Website ist nur der Prototyp der nächsten Iteration. Es wird jedoch sehr häufig zu viel Aufwand in die theoretische Optimierung einer Website gesteckt. Anders als im stationären Ladenbau kann bzw. muss eine Website regelmäßig und dynamisch überarbeitet werden.

Das Augenmerk sollte darauf gelegt werden, den Online-Shop anhand von Daten- und Kundenfeedbacks zu optimieren. Eine emotionale, glaubensbasierte Diskussion zwischen Marketing und Management über die Art und Platzierung von Buttons hingegen ist nicht zielführend.

Erfolgreiche Online-Shops testen entsprechend diverse mögliche Varianten der Website. Die Varianten laufen dann (halb-)automatisch nebeneinander her und der User stimmt durch seine Nutzung über die Usability ab oder wird gezielt und regelmäßig schon vor der Nutzung nach Feedback gefragt.

Nicht Expertenmeinungen, sondern qualitative und quantitative Kundenfeedbacks sollten über die Ausgestaltung des Online-Shops entscheiden.

Keine geschlossenen Regelkreise Datenmanagement und geschlossene Regelkreise sind für einen guten Online-Shop die grundlegende Basis der Differenzierung. Technologie wird mehr und mehr zur Commodity. Der gut geführte und aktualisierte Demandware-Shop von der Stange ist zum Startzeitpunkt häufig bereits besser als viele etablierte Online-Shops im Markt. Mit der Zeit sinken auch die Markteintrittsbarrieren, was zwangsläufig dazu führt, dass Geschäftskonzepte immer leichter kopiert werden können. Bei näherer Betrachtung wird dabei deutlich, dass kontinuierlich angereicherte exklusive Daten zu einem sehr relevanten Wettbewerbsvorteil werden. Folglich ist das Management von Daten und Regelkreisen von höchster Bedeutung für ein Unternehmen (unabhängig ob Business Intelligence, CRM oder Big-Data). Verwunderlich ist jedoch, dass eine Vielzahl von Online-Shop-Organisationen keine Ressourcen auf die Pflege und Aufbereitung verwenden. Es werden weder verantwortliche Mitarbeiter eingestellt, noch Zeit oder Budget aufgewendet.

Verzicht auf automatisierte Optimierung Unternehmen, die online erfolgreich sind, haben für das Daten-Management komplette, strategisch aufgestellte Teams. Zum Management von Daten gehört auch die automatische Optimierung. Eine automatische Optimierungsintelligenz aufzubauen, die die technologisch skalierende Optimierung mit menschlicher Optimierung kombiniert, bringt in Bezug auf die Analyse und Auswertung von Daten enorme Vorteile. Prozesse können vereinfacht und beschleunigt werden. Zudem sind Maßnahmen von Konkurrenten schneller zu erfassen. Selbstverständlich ist die Automatisierung mit Ressourcen verbunden, die, ins Verhältnis gesetzt zum Mehrwert, jedoch gut investiert sind.

Verzicht auf kanalübergreifendes CRM Es ist von sehr hoher Bedeutung, dass das CRM zentral gesteuert wird und kanalübergreifend funktioniert. Der Kunde erwartet ein einheitliches Anbieter- bzw. Markenerlebnis. Aus diesem Grund führen getrennte CRM-Systeme zu suboptimalen Ergebnissen. Aus Kundensicht sind die Kanäle nicht getrennt und Unterschiede in der Kundenwahrnehmung führen immer zu einem Störgefühl.

Der Kunde muss an die Hand genommen werden und Multi-Channel-übergreifende Differenzen müssen beseitigt werden. Das Ziel ist es, dem Kunden den Kontakt so positiv und konsistent wie möglich zu gestalten, denn der Kunde unterscheidet keine Kanäle, er sieht nur das große Ganze.

7 Fazit

Die Betrachtung der Erfolgsfaktoren von Online-Shop-Projekten macht deutlich, dass der Erfolg dieser Projekte aktiv gestaltbar ist. Er ist aber auch mit enormem Aufwand verbunden. Die Hoffnung durch Online-Projekte ohne substanziellen Aufwand mangelnden Erfolg im Basisgeschäft ausgleichen zu können, muss enttäuscht werden. Die kritische Situation vieler Geschäftsmodelle ist damit ein Hauptgrund dafür, dass so viele Online-Projekte hinter den Erwartungen zurückbleiben.

Unsere Erfahrung zeigt sehr deutlich, dass „stuck in the middle" und damit verbunden das „Porter-U" gerade online sehr zutreffend sind (Porter 1983). Wenn nach dem Best-Effort-Prinzip gehandelt wird, beträgt der Umsatz zumeist ca. 5–15 Prozent des theoretischen Potenzials. Für ein Unternehmen ist das Best-Effort Prinzip jedoch häufig der bequeme Weg. Die ursprünglichen ambitionierten Ziele werden auf diese Weise jedoch nicht erreicht.

Literatur

Litke, H. (2007). *Projektmanagement. Methoden, Techniken, Verhaltensweisen, evolutionäres Projektmanagement.* 5., erw. Aufl. München: Hanser.
Porter, M. (1983). *Wettbewerbsstrategie, Methoden zur Analyse von Branchen und Konkurrenten* (1. Aufl.). Frankfurt (Main): Campus.
Royce, W. (1970): Managing the development of large Software Systems. Abrufbar unter: http://www.cs.umd.edu/class/spring2003/cmsc838p/Process/waterfall.pdf. Zugegriffen: 11. Jan 2013.
Thomas, M. (2001). IT-Projects Sink or Swim. *British Computer Society Review.*

Über den Autor

Olaf Rotax Jahrgang 1973, ist gebürtiger Hamburger und studierte Wirtschaftsingenieurwesen in Wedel und Buckingham. Nach dem Studium arbeitete er im Anschluss an ein Traineeprogramm zunächst in der Tchibo Holding AG und hat seit dem Aufbau von tchibo.de seinen Fokus auf das Digitalgeschäft gelegt. Nach weiteren Management-Stationen bei Otto, Shopping24 und Karstadt, wo er zuletzt als Geschäftsführer den Neuaufbau von karstadt.de verantwortete, wechselte Herr Rotax 2008 auf die Beratungsseite. Unter der Vision: „Creating business in a digital world" unterstützt er in seinem Unternehmen dgroup gemeinsam mit rund 50 Kollegen Unternehmen bei der aktiven Nutzung der Potenziale der Digitalisierung. Neben Beratung umfasst das Leistungsportfolio der Gruppe dabei auch die Umsetzung in der eigenen Agentur sowie die Unterstützung der zunehmend digitalen Kommunikations- und Markenarbeit. Olaf Rotax ist verheiratet und hat drei Kinder.

Beschleunigte Internationalisierung von Pure Plays – Glossybox als Erfolgsbeispiel für einen globalen Ramp-up

Floriane von der Forst

Zusammenfassung
Bei der Internationalisierung folgen traditionelle Handelsunternehmen einem schrittweisen Expansionspfad, der zunächst auf lokale Verdichtung setzt. Im Gegensatz zu diesen existiert seit Geburt des World Wide Web eine Anzahl junger Internetunternehmen, die speziell für schnelle, simultane, internationale Expansion ausgestaltet sind. Glossybox ist eines dieser Unternehmen, die die Rahmenbedingungen für einen so genannten Ramp-up bei Gründung erfüllt haben. Durch zielorientierte Erfolgsfaktoren hat sich Glossybox zum weltweit größten Beautybox-Anbieter entwickelt. So wurde ein Modell erschaffen, welches eine Win-win-Situation zwischen Kosmetikherstellern und Kunden herstellt und diese beiden Parteien durch erhöhte Transparenz näher zusammenbringt. Trotz Schnelligkeit der Expansion wurde die Partnerakquise sehr konservativ und stets mit einem Experten aus der Industrie vorgenommen. Die zentrale USP von Glossybox ist die Wertigkeit bzw. Qualität der Box und ihrer Produkte mit einer zielgruppengerechten Zusammenstellung der Artikel. Der hohe Grad der Involvierung der Investoren bei Unternehmensgründung und Ramp-up und ein regelmäßiger Austausch hat die Entwicklung von Glossybox stark geprägt. Weitere Erfolgsfaktoren sind der frühzeitige Aufbau eines starken Teams und das Investment in hoch qualifizierte Mitarbeiter mit Erfahrung und Referenzen, die eigenständige Entscheidungen treffen können. Dieses beinhaltet auch eine adäquate Führungskultur mit der Abgabe von Entscheidungen und Lenkung der Mitarbeiter, zum Wohle der persönlichen Work-Life-Balance. Die Steuerung des Unternehmens legt den Fokus auf Zahlen, anstatt auf Emotionen und Bauchentscheidungen, wie es im traditionellen Handel häufig noch der Fall ist. Dieser Zahlenfokus ist auch deswegen wichtig, weil hohe Investitionen von Zeit und Geld in den

F. von der Forst (✉)
Beauty Trend GmbH, Rosenstraße 17, 10178 Berlin, Deutschland
e-mail: floriane.vdf@gmail.com

Aufbau einer globalen Marke inklusive Corporate Identity und vergleichbaren Service weltweit getätigt werden. Ziel ist es, sich dauerhaft als Qualitätsführer und zugleich als Innovationsführer zu positionieren.

Inhaltsverzeichnis

1	Internationalisierungsstrategien für Pure Plays	236
	1.1 Definition einer digitalen Internationalisierung	236
	1.2 Definition eines Ramp-up	237
	1.3 Voraussetzungen eines Ramp-up	238
	1.4 Motivation	239
	1.5 Roll-out-Strategien	240
	1.6 Erfolgskontrolle	242
2	Glossybox als Born Global	242
	2.1 Ausgangssituation	242
	2.2 Historie Zahlen, Fakten, Status quo, Geschäftsidee	243
	2.3 Geschäftsidee, Geschäftsmodell und Monetarisierung	246
	2.4 Internationalisierungsstrategie und Vorbereitung des Ramp-up	247
	2.5 Operative Ausgestaltung und Umsetzung	248
	2.6 Erfolgsfaktoren	250
3	Schlussfolgerung und Ausblick	251
	3.1 Resümee und Lessons Learned	251
	3.2 Ausblick und Zukunftsplanung	251
Literatur		252

1 Internationalisierungsstrategien für Pure Plays

„Hungrig, aggressiv und schnell immer Nr. 1 sein" (Kaczmarek 2012) ist die Erste von 22 Lektionen, die einer der erfolgreichsten Internetunternehmer unseres Jahrzehnts der Generation der Internet- Gründer von Start-ups erteilt. Ein Großteil der von ihm gegründeten, oder von seiner Venture- Capital (VC) Firma Rocket Internet unterstützten Start-ups sind Pure Plays, digitale Unternehmen, deren einziger Vertriebskanal im Internet besteht und die von Gründung an für hohes Wachstum vorgesehen sind. Seit deren Existenz haben sich die Gegebenheiten der klassischen Internationalisierung eines Unternehmens umfassend verändert (Graham 2012).

1.1 Definition einer digitalen Internationalisierung

Internationalisierung im klassischen Sinne ist die geographische Dezentralisierung der Tätigkeit eines Unternehmens auf internationalen Märkten (Swoboda 2002).

Zur Beschreibung des Musters der Internationalisierung von traditionellen Handelsunternehmen gibt es eine Vielzahl von Untersuchungen. Das Uppsala-Modell ist eine der anerkanntesten Forschungsarbeiten über die theoretische Grundlage der Internationalisierung. Es beschreibt das Wachstum von Unternehmen über zwei alternative Expansionspfade, dem örtlichen und dem zeitlichen. Der örtliche Expansionspfad ist die graduelle Internationalisierung basierend auf den psychologisch nahestehenden Ländern als ersten Schritt, vor der Expansion in kulturell oder geografisch entferntere Märkte. Der zeitliche Expansionspfad beschreibt die lokale Präsenz im Heimatmarkt als Grundlage zur Sammlung von Erfahrungen im Geschäftsmodell und anschließender Expansion (Johanson und Vahlne 1990).

Im Zuge der weltwirtschaftlichen Gegebenheiten durch die Globalisierung verändert sich das Muster der klassischen Internationalisierung bedeutend. Zeitliche und örtliche Kriterien spielen eine andere Rolle. Die digitale Internationalisierung beschreibt die ausschließlich Internet-basierte, geographische Expansion in internationale Märkte. Außer einer lokalen Betriebsstätte zur Lenkung des jeweiligen Marktes existiert im Normalfall keine physische Präsenz. Große Teile der Wertschöpfungskette werden über E-Commerce, rein über das Internet, mit direktem Absatz an den Endkunden, abgebildet.

Digitale Internationalisierung wird von kleinen, aber sehr wettbewerbsorientierten Firmen, die als *Born Globals* bezeichnet werden, geleistet. Diese sind Organisationen, die von Gründung an ihren Wettbewerbsvorteil aus internationaler Nutzung von Ressourcen und internationalen Absatzmärkten ziehen (Oviatt und McDougall 2005). Born Globals stellen konventionelle Theorien von schrittweisem, graduellem Wachstum in Frage, indem sie mit meist sehr innovativen Produkten direkt bei Gründung global expandieren (Liesch und Knight 1999). Dabei werden die potenziellen Vertriebsmärkte nicht nach örtlichen und psychischen Kriterien ausgewählt, sondern nach Internetaffinität, Produktaffinität und Kaufkraft. Bezüglich der zeitlichen Komponente handelt es sich bei der digitalen Internationalisierung um einen *Expansionsspread*, bei dem möglichst viele Märkte in einer möglichst kurzen Zeit erschlossen werden. Erfahrung im Heimatland zur Sammlung von Marktkenntnissen wird als weniger relevant bewertet als die zeitlich explosionsartige Expansion zur schnellen Besetzung der Wachstumsmärkte.

1.2 Definition eines Ramp-up

Typischerweise beschreibt ein Ramp-up eine signifikante Erhöhung der Produktion eines Unternehmens, die in Vorbereitung auf eine bevorstehende Steigerung in der Nachfrage durchgeführt wird (Burt et al. 2005; Gielens und Dekimpe 2007). Bei der digitalen Internationalisierung von Born Globals beschreibt ein Ramp-up die extrem schnelle Erschließung neuer, internationaler Absatzmärkte und die zeitgleiche Erhöhung des Output, in Antizipation einer Erhöhung der globalen Nachfrage, die im erschlossenen Land jeweils sprunghaft ansteigt. Ziel des Ramp-up ist die Sicherung des Ersteintritts in den Markt (First Mover Advantage), um bei den zunächst meist kleinen Nischenunternehmen in kurzer Zeit Skaleneffekte zu erreichen. Die Bestimmung der Zielmärkte ist das Ergebnis von Quick-and-Dirty-Analysen und kurzen Einschätzungen von Experten, da angenommen wird, dass die Kosten für den Markteintritt als Zweiter höher sind, als ein Rückzug aus einem Markt, der nicht das erwartete Potenzial erreicht.

1.3 Voraussetzungen eines Ramp-up

Ein Ramp-up im Rahmen der digitalen Internationalisierung ist nur möglich, da sich die dynamischen Zusammenhänge verschieben und durch den Wegfall der Notwendigkeit einer physischen Präsenz als Abverkaufskanal für Produkte und Serviceleistungen. Die wichtigsten Voraussetzungen für einen erfolgreichen Ramp-up werden im Folgenden detailliert beschrieben.

Information Technology Eine solide technische Infrastruktur ist für Pure Plays Grundvoraussetzung. Auf dieser basiert die Abwicklung des Absatzes als auch die interne Wertschöpfungskette und externe Anbindung an Logistikdienstleister. Sobald der Programmiercode für einen Abverkaufskanal (z. B. Online-Shop) geschrieben ist, kann dieser Code innerhalb kurzer Zeit kopiert werden. Zusätzlich ist eine solide IT-Infrastruktur ein wichtiges Werkzeug für gutes Management der Prozesse und Mitarbeiter. Der Austausch von Informationen kann per Email oder Chats über Grenzen hinweg in Sekundenschnelle stattfinden (Rennie 1993).

Kundenbedürfnisse Eine wichtige Voraussetzung für einen erfolgreichen Ramp-up ist die Nähe zum Kunden. Born Globals verstehen die Bedürfnisse des Kunden im Detail und antizipieren diese bei der Entwicklung eines neuen Produkts. Damit positionieren sie sich und ihr Produkt in einem Markt, in welchem es praktisch keine Konkurrenz gibt (Bell et al. 2004).

Organisationsstruktur Kleine Firmen können sich oft kosteneffizienter und wendiger an kürzere Produktlebenszyklen und den Konsumentengeschmack anpassen. Wichtig ist für einen erfolgreichen Ramp-up, dass innerhalb des Unternehmens schnelle Entscheidungen getroffen werden können (Bell et al. 2004).

Produkt Um Erfolg zu haben, muss ein Born Global vor allem bezüglich Qualität und Wert des Produkts wettbewerbsfähig sein. *Mover-and-Shaker*-Produkte oder Dienstleistungen entstehen meist aus innovativer Technologie und Produktdesign. Geringe Kosten sind im Vergleich zum alten System nicht unbedingt der treibende Wettbewerbsfaktor. Integration viraler Marketingkanäle wie Facebook als Teil des Produkts kann eine wichtige Voraussetzung für ein erfolgreiches Ramp-up sein (Bell et al. 2004).

Ressourcen Lange Zeit waren strategische Möglichkeiten eines kleinen Unternehmens aufgrund von Ressourcenknappheit vor allem in Bezug auf finanzielle Mittel und Management Skills begrenzt. Nicht so bei einem Ramp-up.

- *Finanzielle Mittel*: Eine der Grundvoraussetzungen für eine erfolgreiche Ramp-up-Phase ist, dass der Bedarf an finanziellen Mitteln und deren Freigabe als Verwendung für einen Ramp-up im Vorfeld geklärt sein müssen.
- *Netzwerk*: Ebenfalls unabkömmlich für einen Ramp-up ist ein gutes Netzwerk, in dem das betreffende Unternehmen Zugriff auf Unterstützung in den Schlüsselpositionen hat. Zu diesem Netzwerk gehören unter anderem Branchenexperten, IT und Juristen.
- *Management Skills*: In kürzlich durchgeführten Studien wird darauf verwiesen, dass die beschleunigte Internationalisierung vor allem durch sehr unternehmerisch denkende Manager getrieben ist, die meist eine sehr internationale Ausbildung genossen haben und damit eine globale Denkweise internalisiert haben. Diese Geisteshaltung hilft, den meist an der jeweiligen Firma beteiligten Managern, die Ressourcenknappheit zu überwinden (Welsh und White 1981).

1.4 Motivation

Die Gründe für den Markteintritt im Ausland sind vielfältig. Generell kann zwischen passiven und aktiven Motiven unterschieden werden. In Studien von Handelsunternehmen waren lange Zeit vor allem passive Faktoren ausschlaggebend für die Internationalisierung. Dazu gehörten erwartete Wachstumschancen in ausländischen Märkten sowie die Marktsättigung im Heimatmarkt. Strukturell nimmt die aktive Motivation zu, die im strategischen Wunsch nach Internationalisierung des Handels begründet ist. Gründe dafür sind die globale Orientierung und Reorganisation, die wachsenden Anforderungen an Handelspartner in der internationalen Industrie sowie die zunehmende Konkurrenz und Preistransparenz über Vertriebswege für viele kleine Nischenanbieter im Internet (Olejnik und Swoboda 2012).

In der Vergangenheit ging man davon aus, dass bei der Internationalisierung von kleineren Firmen passive Faktoren ausschlaggebend sein würden. Man bewertete die Motivation von Managern eher reaktiv und opportunistisch, als strategisch geplant. Obwohl die meisten Manager eine grundsätzliche Vision für die Internationalisierung ihres Unternehmens haben, wird die exakte Strategie von unterschiedlichen Faktoren beeinflusst und die sich ständig verändernden Ziele werden auf den verschiedensten Wegen erreicht.

Aktuelle Studien zeigen, dass dies insbesondere bei Born Globals nicht den Tatsachen entspricht. Die Internationalisierung beginnt hier direkt mit der Gründung des Unternehmens und sie ist am Angebots- und Marktpotenzial orientiert. Die Internationalisierung ist Kerngeschäft, sie ist sehr schnell und meist revolutionär. Das Internet wird auf natürliche Weise als Vertriebskanal einbezogen oder stellt, im Falle von Pure Plays, den einzigen Vertriebskanal dar. Der Wettbewerbsvorteil dieser Firmen liegt meist in der fortschrittlichen, globalen Weltanschauung der Unternehmensführung und im hochentwickelten Grundlagenwissen des Managements durch Ausbildung und Erfahrung (Bell et al. 2004).

Einer der wichtigsten Einflussfaktoren für den anhaltenden Erfolg und die Expansion einer kleinen Firma ist die Vision der CEOs, die auf eine optimierte Exekution der Internationalisierung innerhalb des Unternehmens Wert legen, auch wenn es keine explizite und formulierte Strategie gibt. Das bedeutet nicht, dass die strategische Vision fehlt, denn meist reifen durchdachte Strategien erst im Laufe des Lebenszyklus einer Firma (Bell et al. 2004).

1.5 Roll-out-Strategien

Im Folgenden sollen die Unterschiede zwischen den Internationalisierungsstrategien von traditionellen Unternehmen im Handel und Born Globals näher erläutert werden (vgl. Abb. 1).

Muster – lokale Verdichtung vs. simultane Internationalisierung In der Literatur findet man zwei typische Muster als Strategie für eine Expansion. Insbesondere bei Handelsunternehmen ist die lokale Verdichtung der klassische und konservative Weg

	Traditionelle Unternehmen	**Born Globals**
Muster	*lokale Verdichtung*	*simultane Internationalisierung*
	lokale Expansion	simultane lokale und internationale Expansion
	psychologisch nahestehende Länder	Märkte mit Potenzial
	schwaches Netzwerk	starkes Netzwerk
Geschwindigkeit	*Expansionspfad*	*Expansionsspread*
	langsame Internationalisierung in wenige Exportmärkte	schnelle Internationalisierung in viele Exportmärkte
	ein Markt nach dem anderen	mehrere Märkte gleichzeitig
	Produkt für Markt adaptiert	innovative, globale Produkte
Eintrittsmethode	*konventionell*	*flexibel*
	über Agenturen und Distributoren, B2B, Großhandel	über Joint Ventures, Distributoren, Franchising, B2C
Operative Ausgestaltung	*dezentral*	*zentral*
	Zweigniederlassung mit physischen Büros	starke Zentralisierung im Gründungsland durch Internet

Abb. 1 Roll-out-Strategien (Bell et al. 2004)

zur Vergrößerung des Absatzmarktes und liegt zeitlich vor einer länderübergreifenden Internationalisierung. Die Öffnung für internationale Märkte findet zunächst bei psychologisch nahestehenden Ländern statt, mit ähnlichen kulturellen Wurzeln und Gewohnheiten und gleichem Entwicklungsniveau. Durch die nationale Verwurzelung besteht meist kein starkes Netzwerk an Kontakten, die für die Expansion zu Rate gezogen werden können. Das zweite Muster der Expansion ist von Born Global Unternehmen geprägt. Das Konzept von Born Globals ist es, simultan und fokussiert in mehrere Märkte einzutreten, das Kriterium physischer Distanz ist dabei nebensächlich (Olejnik und Swoboda 2012). Besonders Pure Plays expandieren über ihren Mono-Vertriebskanal, das Internet, ohne die Notwendigkeit einer physischen Präsenz, fast gleichzeitig in die wichtigsten Märkte mit dem meisten Potenzial. Starke Netzwerke helfen den Leitern des Unternehmens die notwendigen Ressourcen bereitzustellen, um diese simultane Roll-out-Strategie erfolgreich umsetzen zu können.

Geschwindigkeit – Expansionspfad vs. Expansionsspread Die stufenweise Internationalisierung wie im Uppsala-Modell beschrieben steht im Gegensatz zur schnellen Expansion eines Start-ups. Das Uppsala-Modell beschreibt die Internationalisierung als einen sich selbst verstärkenden und stetig zunehmenden Lernprozess, in welchem Unternehmen Stück für Stück Informationen über einen ausländischen Markt sammeln und schrittweise ihr Engagement in diesen Märkten erhöhen. Der Markteintritt wird zunächst mit einzelnen Exporten in ein anderes Land getestet und über unabhängige Agenten durchgeführt, bevor eine physische Präsenz im Markt erschaffen wird. Zeitlich liegt der Markteintritt in verschiedene Länder hintereinander. Meist wird das exportierte Produkt auch an den ausländischen Markt angepasst. In der Vergangenheit sind viele Firmen, sowohl große Handelsunternehmen als auch kleine Unternehmen, diesem Internationalisierungspfad gefolgt. Anders verhält es sich bei Born Globals. Innerhalb kurzer Zeit treten sie in eine große Anzahl von ausländischen Absatzmärkten ein. Häufig findet der Markteintritt simultan in verschiedenen Ländern statt und geschieht in enormer Schnelligkeit. Man kann diese Beobachtung als *Expansionsspread* im Gegensatz zum traditionellen Expansionspfad beschreiben. Dieser *Expansionsspread* kann besonders bei Pure Plays beobachtet werden, die beispielsweise ihren Web-Auftritt von Spanien für den Markteintritt in spanischsprachigen Ländern Südamerikas nur leicht anpassen müssen und damit innerhalb kürzester Zeit mehrere Märkte besetzen. Auch ist das exportierte Produkt meist so geschaffen, dass es global, ohne großartige Adaptionen, abgesetzt werden kann.

Eintrittsmethode – konventionell vs. flexibel Traditionelle Firmen sind generell weniger aggressiv und vorsichtiger bezüglich der Expansion. Sie bauen bei der Expansion auf bestehende Akteure im ausländischen Markt. Dies können Agenturen, Distributoren oder Großhandelsabnehmer sein. Direkter Vertrieb an den Endkunden findet vor allem dann statt, wenn das Produkt an die lokalen Bedürfnisse des Kunden angepasst ist. Born Globals nutzen ebenfalls Agenturen oder Distributoren, allerdings steht der direkte Kontakt zum Endkunden, meist über das Internet, klar im Fokus. Je nach Eigentümerstruktur des Unternehmens können sowohl bei traditionellen Unternehmen als auch bei Born Globals Joint Ventures oder Licensing/Franchising als Markteintritt eine Option sein (Bell et al. 2004).

Operative Ausgestaltung – zentral vs. dezentral Ein Roll-out kann aus einem zentralen Headquarter oder mit dezentralen Länderorganisationen stattfinden. Traditionelle Unternehmen expandieren häufig über nationale Zweigniederlassungen und physische Büros, wobei Pure Plays über das Internet meist stark zentralisiert geführt werden (Leybold 2010).

1.6 Erfolgskontrolle

Als Messung für den Erfolg eines Ramp-up ist die tatsächliche Marktpenetration im Vergleich zum geschätzten Marktpotenzial eine wichtige Kontrollinstanz. In diesem Zusammenhang spielt auch die Konvertierung von Neukunden in der Kundenakquisition eine entscheidende Rolle. Ist die Neukundenakquisition zunächst kostenintensiv, ist es wichtig, dass diese Kosten zu einem späteren Zeitpunkt erheblich reduziert werden können.

Unabhängig von der Finanzierungsstruktur ist die Kontrolle der Kosten ein vitaler Indikator des Erfolgs. Beim Ramp-up mit simultanem Markteintritt in verschiedene Länder kann ein Benchmarking sinnvoll sein. In der Forschung wird erwähnt, dass einige sehr schnell expandierende Firmen nach dem Markteintritt in verschiedene Länder nicht gut abgeschnitten haben. In viele Länder gleichzeitig zu expandieren kann bedeuten, dass der Fokus fehlt und so zunächst niedrige Umsätze generiert werden (Shrader et al. 2000). Allerdings wird die Performance über die Zeit meist substanziell verbessert, was bedeutet, dass die Ergebnisse eines Markteintrittes über einen längeren Zeithorizont bewertet werden müssen.

Es kommt ebenfalls des Öfteren vor, dass Firmen mehrmals in einen Markt eintreten und dann wieder austreten. Gerade im E-Commerce sind Ein- und Austrittsbarrieren meist gering und der unternehmerische Lerneffekt, der durch einen Markteintritt gewonnen wird, kann an anderer Stelle erfolgreich eingebracht werden (Crick 2004).

2 Glossybox als Born Global

2.1 Ausgangssituation

Glossybox ist ein Marketingtool für Kosmetikfirmen einerseits und ein Kosmetikabonnement für beauty-affine Endverbraucher andererseits. Die Boxen beinhalten fünf Luxussamples und werden dem zahlenden Endkunden in einem bestimmten

Rhythmus zugesendet. Momentan ist der einzige Vertriebskanal die firmeneigene Web-Seite. Der Endkunde bestellt eine Glossybox online und füllt nach dem Kauf ein *Beauty-Profil* aus, wo er seine Präferenzen bezüglich der Kosmetikprodukte angibt (u. a. Hauttyp, Haarstruktur, Duftpräferenzen, Kosmetikausgaben). Er erhält eine zum Typ passende Box, ohne dass ihm die Produkte vorher bekannt sind und testet die haptischen Produkte zu Hause. Nach dem Test der Produkte füllt der Glossybox-Kunde ein Feedback-Formular aus. Meist tauscht der Kunde sich zusätzlich online über Social Media, Blogs etc. mit Abonnenten oder anderen Beauty-Experten über die Produkte aus und erwägt den Kauf des Produktes in voller Größe.

Der Kosmetikhersteller erreicht durch Glossybox eine klar definierte Zielgruppe. Er kann über die Beilage eines Kosmetikproduktes aus seinem Sortiment in der Glossybox den Endverbraucher von seinem Produkt überzeugen und zum Kauf anregen. Die Kosmetikhersteller stellen die Produkte überwiegend kostenlos zur Verfügung und erhalten im Gegenzug ein individuell verhandelbares Servicepaket, welches festlegt, wie das jeweilige Produkt über unterschiedliche Kanäle beworben wird, um Reichweite und Bekanntheit zu steigern und einen Sales Uplift zu induzieren. Die Werbemaßnahmen werden außer in der Box hauptsächlich über die von den Glossybox-Kunden frequentierten Online-Kanäle durchgeführt, z. B. Social Media, Blogs, Email-Newsletter. Im Nachgang der Partizipation erhält der Hersteller eine Präsentation, die eine Auswertung und Analyse des vom Kunden ausgefüllten Fragebogens sowie eine Messung des Kundenverhaltens auf der Glossybox Web-Seite (Klickraten etc.) und der Performance im Social-Media-Bereich (über ein führendes Monitoring-Tool) beinhaltet.

2.2   Historie Zahlen, Fakten, Status quo, Geschäftsidee

Glossybox ist ein Unternehmen der Beauty Trend Holding GmbH und wurde im Februar 2011 von Charles von Abercron, Janna Schmidt-Holtz und Brigitte Wittekind in Berlin gegründet. Financier (in bis heute zwei Finanzierungsrunden) und Unterstützer des jungen Unternehmens ist Rocket Internet, gemeinsam mit Holtzbrinck und Kinnevik. Die Idee zur Versendung monatlicher Kosmetikboxen im Abonnement kommt aus den USA. Dort ist es unter dem Namen Birchbox bekannt. In Europa war Glossybox das Pioniermodell. Es hat bis zum jetzigen Zeitpunkt bereits weltweit viele Nachahmer gefunden. Kurz nach Gründung und erfolgreicher Markteinführung in Deutschland ist Glossybox, analog mit dem vorher beschriebenen Born-Global-Modell, so schnell wie möglich in viele internationale Märkte expandiert. In verschiedenen Phasen wurde Glossybox in insgesamt 21 Länder ausgerollt, von denen heute noch 16 Länder aktiv sind (vgl. Abb. 2).

Während des Roll-out in andere Länder hat sich das Modell von seinem anfänglichen Vorbild Birchbox gelöst und eine eigene Strategie entwickelt. Dazu gehört eine eigene Markenbildung, eigene Corporate Identity und eine Multi-Box-Strategie. Nach der zweiten Finanzierungsrunde sollte unter dem Dach der Beauty Trend GmbH ein weiteres

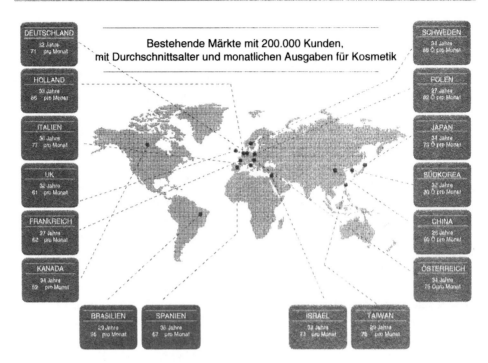

Abb. 2 Glossybox-Märkte (eigene Darstellung)

Unternehmen nach einem anderen amerikanischen Vorbild entstehen. Glossybox Style wurde als Abonnement für Schuhe, Taschen und Accessoires aufgebaut. Allerdings hat man sich nach kurzer Aktivität gegen das Weiterführen dieses Business-Modells entschieden. Kurz darauf entstand ein weiteres Modell namens PetiteBox, wieder mit amerikanischem Vorbild, welches aktuell unter dem Namen Glossybox Baby weitergeführt wird. Zeitgleich entstanden im ältesten Markt und designiertem Pionierland Deutschland weitere Boxenmodelle, die von einem wachsenden Team lanciert wurden. Das aktuelle Boxenportfolio umfasst nun die ursprüngliche Glossybox Beauty, die Glossybox Men für Herren, die Glossybox Young Beauty für Teenager, die Glossybox Baby für junge Mütter und die Glossybox ECO mit nur Naturkosmetikprodukten (vgl. Abb. 3). Außerdem gibt es zahlreiche Spezialboxen in einfacher Auflage, die nicht als Abonnement verkauft werden.

Glossybox hat weltweit ein virales Konzept im Beauty-Bereich etabliert. Es gibt eine große Gruppe von Bloggern mit enormer Reichweite, die im Lifestyle-Segment sehr aktiv sind und ihre eigenen Videos und Berichte online stellen, um über die Produkte und die Glossybox zu berichten (MissUnimpeachable03 2012). In Abb. 4 werden die Produkte der Glossybox in einem Bloggerbericht detailliert vorgestellt.

Die weltweit über 200.000 Abonnenten haben sich zu einer interaktiven Community von kosmetikaffinen Konsumenten entwickelt, die sich regelmäßig über den Inhalt der Boxen,

GLOSSYBOX Beauty	GLOSSYBOX Young Beauty	GLOSSYBOX for Men	GLOSSYBOX Eco	GLOSSYBOX Baby
• monatlich fünf Beauty-Produkte • Im Ein-, Drei- und Sechs-Monats-Abo • Durchschn. Alter 32 Jahre • Durchschn. 70 Euro Ausgaben für Kosmetik pro Monat • Durchschn. Jahresgehalt 50 Tsd. Euro	• Fünf Produkte passend zu junger Haut • Alle zwei Monate • Durchschn. Alter 19 Jahre • Durchschn. 30 Euro Ausgaben für Kosmetik pro Monat	• Sechs bis acht Produkte • Alle drei Monate • Durchschn. Alter 34 Jahre • Durchschn. 20 Euro Ausgaben für Kosmetik pro Monat • Durchschn. Jahresgehalt 50 Tsd. Euro	• Box im Einzelverkauf • Fünf ausgewählte Produkte für natürliche Schönheit • Durchschn. Alter 37 Jahre	• Box im Einzelverkauf • Variante 1: Box für Mütter zur Geburt • Variante 2: Box für werdende Mütter • Durchschn. Alter 33 Jahre

Abb. 3 Boxensortiment (eigene Darstellung)

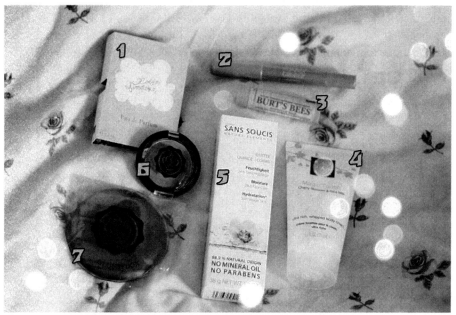

Abb. 4 Bloggerbericht zu Glossybox (Fröhlich 2012)

sowie Kosmetikprodukte und Neuheiten austauscht. Die Zielgruppe bewegt sich hauptsächlich auf Social Media (Facebook, Twitter, Youtube, Pinterest) und gilt als sehr online-affin.

Glossybox hat sich bis heute offiziell zum weltweit größten Beautybox-Anbieter entwickelt und zählt über 350 starke Partner im Kosmetikbereich und 400 Mitarbeiter. Durch das schnelle internationale Wachstum und den ausschließlichen Vertriebskanal im Internet kann Glossybox in die Kategorie der Born Global Pure Plays eingeteilt werden.

2.3 Geschäftsidee, Geschäftsmodell und Monetarisierung

Das Business-Modell von Glossybox ist es, eine E-Commerce-Idee aus USA mit bestehendem *Proof of Concept* in Europa zu starten und bei Erfolg in Märkte mit viel Potenzial zu expandieren. Ein wichtiger Teil der Strategie fußt auf einer rein Internetbasierten geographischen Expansion – der digitalen Internationalisierung. Im Falle von Glossybox war es essentiell von Beginn an strategisch und schnell zu agieren, da das Modell innerhalb kürzester Zeit von vielen potenziellen Mitbewerbern als attraktiv bewertet worden war. Um die explosionsartige Geschwindigkeit (ePace) für das Wachstum umsetzen zu können, entschied man sich für einen Ramp-up.

Als First Mover in neue Märkte einzutreten wurde zu diesem Zeitpunkt als entscheidender Wettbewerbsvorteil eingestuft. Eine Analyse von Porters Five Forces belegte die hohe Wettbewerbsintensität im Markt für Beautyboxen, der es aufgrund von niedrigen Eintrittsbarrieren, der geringen Switching-Kosten für Käufer und Lieferanten und vielen möglichen Substitutionsprodukten entgegenzuwirken galt. Aus diesem Grund wurde die Differenzierung von Glossybox von seinen potenziellen Mitbewerbern weiter vorangetrieben. Dazu gehörten die Positionierung als hochwertiges Marketingtool mit exzellentem Service, wo auf das Markenumfeld, sowie das Packaging und die Perzeption der Marke, mit der eine Kosmetikfirma in Verbindung gebracht werden möchte, besonderes Augenmerk gerichtet wurde.

Um die Strategie umsetzen zu können, wurde Glossybox in zwei Finanzierungsrunden mit dem notwendigen Kapital ausgestattet. Aus den verschiedenen Modellen der Gründungsfinanzierung – die strategieerfüllende und die strategiebestimmende Gründungsfinanzierung – wurde bei Glossybox die strategieerfüllende Finanzierung nach dem Konzept des *Big-Money-Modells* gewählt. Hierbei steht die Vision der Gründer im Vordergrund und die Finanzierung dient als Aspekt der Durchsetzung der Idee; die Höhe der Finanzierung wird aus dem Businessplan abgeleitet und das Gründungsteam legt die allgemeingültige Strategie fest. Bei Glossybox fand die Finanzierung vor dem Markteintritt statt. Die Umsetzung und anschließende Expansion war nur mit dieser Ressourcenausstattung möglich (vgl. Abb. 5).

Das Modell Glossybox rechnet sich über die Masse an verkauften Boxen an Endverbraucher und über teilweise kostenpflichtige Serviceleistungen für Kosmetikhersteller.

Die Kosten setzen sich zum großen Teil aus der Herstellung der hochwertigen Boxen und Verpackungsmaterialien, Logistik (händische Zusammenstellung der Boxen und

Beschleunigte Internationalisierung von Pure Plays

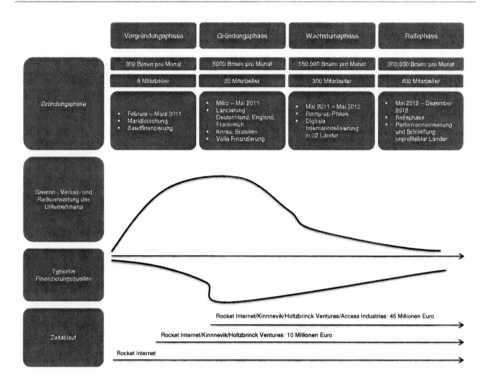

Abb. 5 Unternehmenszyklus Glossybox (eigene Darstellung)

Versand), sowie Nutzungsgebühren für Zahlungsanbieter zusammen. Das Modell ist so ausgestaltet, dass nach einem Ramp-up kurzfristig Profitabilität eintreten kann. Profitabilität ist naturgemäß eine der wichtigen Zielsetzungen der Investoren für die Gründer und Voraussetzung für die Ausbezahlung der Finanzierungstranchen.

2.4 Internationalisierungsstrategie und Vorbereitung des Ramp-up

Bei Glossybox wurde die digitale Internationalisierung zur erklärten Strategie. Diese sollte mit vollem Fokus auf die Exekution umgesetzt werden. Perfektionierung von Web-Seite, Produkten, Marketing, Brand etc. sollte im zweiten Schritt erfolgen. Trotzdem mussten einige Grundvoraussetzungen erfüllt werden, um einen erfolgreichen Ramp-up umzusetzen.

Information Technology In kurzer Zeit wurde eine einfache IT-Infrastruktur geschaffen, die als Basis für den Roll-out diente. Ein existierendes Baukastensystem wurde im Backend eingesetzt, um das Abonnement abbilden zu können. Das visuelle Frontend wurde innerhalb kürzester Zeit gestaltet und umgesetzt. Diese Grundlage war die Vorbereitung für die IT, die mit der Kopie des Codes und der Übersetzung der lokalen Web-Seite in die Landessprache jeweils ein Land pro Monat lancieren konnte.

Kundenbedürfnisse In Bezug auf den Kunden wurden zwei Hauptkriterien bewertet: die Affinität der Kunden und des Marktes zu Kosmetik, und das E-Commerce-Verhalten des Kunden im jeweiligen Land. Es war wichtig für die Entscheidung für ein jeweiliges Land, dass beide Kriterien hoch eingestuft wurden. Die Expansion von Glossybox fand anschließend in die vielversprechendsten Beauty-Märkte statt, mit sehr Internet- und Social-Media-affinen Bevölkerung. Brasilien ist beispielsweise mit einer geringen Dichte an Kaufhäusern und damit einer geringen Verfügbarkeit an hochwertigen Kosmetika ein idealer Markt für den Versand von Kosmetikprodukten.

Organisationsstruktur Glossybox ist als Nischenangebot in den Markt gestartet, ohne nennenswerte etablierte Konkurrenz. Entscheidungen werden in dem nach wie vor kleinen Unternehmen sehr schnell getroffen. Die Gründer beeinflussen richtungsweisende Entscheidungen in erheblichem Maße. Diese Struktur erlaubt enorme Wendigkeit und hohe Flexibilität.

Produkt Die Qualität und Hochwertigkeit des Produkts Glossybox ist seit Gründung eines der wichtigsten Merkmale und wird von Endkunden und Herstellern, auch im Vergleich zu in den Markt eingetretenen Mitbewerbern, sehr geschätzt.

Ressourcen

- *Finanzielle Mittel*: Mit der Stufenfinanzierung wurden die Rahmenbedingungen für die ausreichende Finanzkraft des Unternehmens Glossybox für den Rollout sichergestellt. Der komplikationslose Zugang zu finanziellen Mitteln ist eine Grundvoraussetzung, um vollen Fokus auf die Expansion legen zu können.
- *Netzwerk*: Das private Netzwerk, sowie das Netzwerk der Investoren, vornehmlich Rocket Internet, wurde für die Gründung und Expansion stark in Anspruch genommen. Durch die weltweite Präsenz von Rocket war es unproblematisch gute, lokale Gründer zu finden und aus dem Erfahrungsschatz von Rocket Internet bei anderen Ramp-ups zu schöpfen.
- *Management Skills*: Die internationale Ausbildung der drei Gründer an renommierten Universitäten und deren Erfahrung in den Bereichen Investment Banking, Beratung und vorhergegangene Unternehmensgründung befähigt das Management mit analytischem Verständnis für den Aufbau und die internationale Expansion eines globalen Unternehmens.

2.5 Operative Ausgestaltung und Umsetzung

Die Ausgestaltung des Ramp-up sollte im Startland Deutschland sehr ähnlich wie in allen anderen Ländern vor sich gehen.

Simultane Internationalisierung Im Gegensatz zu der im Handel üblichen lokalen Verdichtung im Heimatmarkt wurden bei Glossybox die Märkte mit dem höchsten Absatzpotenzial herausgefiltert und deren Markteintritt vorbereitet. Die Entscheidung fiel auf fünf Länder. Als erstes wurde Deutschland als Gründungsland gestartet. Zunächst sollte im Heimatmarkt ein Proof of Concept entstehen. In Deutschland konnten die Gründer sowie Rocket Internet aus dem größten Netzwerk schöpfen. Deutschlands Internetnutzer sind sehr weit entwickelt und haben eine hohe E-Commerce-Affinität. Zusätzlich ist die Kaufkraft im Kosmetikbereich hoch. Frankreich wurde als Mutter Natur im Beauty-Bereich als weiteres Land aufgebaut. Es gibt kaum ein kosmetik-affineres Land. Es ist essentiell in Frankreich eine Filiale aufzubauen, da die Kosmetik-Trends häufig dort entstehen und weltweit adaptiert werden. Die Suche nach den lokalen Gründern, nach dem vorher skizzierten Profil, war der erste, entscheidende Schritt. Zusätzliche Qualifikationen mit Erfahrung im E-Commerce-Bereich oder in der Beauty-Industrie des Landes waren von Vorteil.

Großbritannien wurde als Land ausgewählt, da es psychisch dem am weltweit meist entwickelten E-Commerce-Markt USA sehr ähnlich ist und ebenfalls eine tiefe E-Commerce-Penetration besitzt. USA ist Trendsetter in Beauty- und Lifestyle-Themen und Großbritannien ist wegen der geringen linguistischen Barriere das Sprachrohr zu Europa.

Brasilien wurde als nächstes Land aufgebaut, da es strukturell im Beauty-Bereich vielversprechend war. In Brasilien ist der Zugang zu hochwertiger Kosmetik schwierig, da es besonders in ländlichen Gebieten wenige Kaufhäuser gibt. Das Interesse für Beauty ist dort umso höher und Glossybox konnte die Nachfrage mit einem innovativen Konzept erfüllen. Brasilien wurde zunächst über Rocket Internet Brasilien übernommen und aufgebaut. Eigene Gründer wurden kurz darauf eingesetzt.

Korea war für Glossybox das Tor zu Asien, da es von den asiatischen Ländern Europa psychisch am nächsten steht und höchstentwickelt im Bereich Internetnutzung und E-Commerce ist. Zusätzlich ist das Konsumverhalten gerade im Bezug auf Beauty und Skin Care noch stärker ausgeprägt als in China. Um die Schnelligkeit der Expansion zu gewährleisten, wurde in Korea zunächst ebenfalls auf Rocket-Internet-Ressourcen zurückgegriffen, bevor eigene Gründer eingesetzt wurden.

Expansionsspread Innerhalb kurzer Zeit wurde das Modell von Glossybox im internationalen Start-up-Markt bekannt und sehr heiß gehandelt. Der Wettbewerbsdruck stieg an, als in vielen weiteren Ländern ähnliche Modelle auf den Markt gebracht werden sollten. Entscheidend für den weltweiten Erfolg des Unternehmens Glossybox war der Ersteintritt in den Markt und die Erschaffung einer globalen Marke. Aus diesem Grunde entschied man sich für einen *Expansionsspread*, mit enormer Geschwindigkeit in neue Absatzmärkte einzutreten. Eine langwierige und detaillierte Analyse der jeweiligen Expansionsmärkte wurde in diesem Zusammenhang nicht durchgeführt. Damit ging man bewusst das Risiko ein, dass die Eröffnung einiger Länder möglicherweise nicht nachhaltig war und dass einige Märkte aller Wahrscheinlichkeit nach wieder schließen müssten. Um die notwendige Geschwindigkeit zu projizieren, wurden die Schlüsselaufgaben definiert und klar verteilt: Fokus der Gründer auf je eine

Region, lokale Gründersuche, Kontaktherstellung zu Entscheidungsträgern in der Kosmetikindustrie und zu Bloggern.

Der zu erschließende Weltmarkt wurde in drei Regionen eingeteilt, je ein Gründer war verantwortlich für eine der Regionen. Zum Aufbau des Landes und zur Auswahl der Mitarbeiter hielten sich die Gründer physisch viel in der jeweiligen Region auf. Zusätzlich tauschten sie sich regelmäßig über die Key Learnings aus und gaben diese in die Länder, in denen schrittweise neue Landesverantwortliche eingesetzt wurden, damit sich die Gründer auf das nächste Land fokussieren konnten. Um schnell Fuß zu fassen, mussten die beiden wichtigsten Stakeholder des jeweiligen Landes angegangen und für Glossybox eingenommen werden, die Kosmetikfirmen zum einen und die existierende *Beauty Community* – meist repräsentiert durch Blogger und V-logger – zum anderen. Mit der Erstansprache dieser Stakeholder und der Einführung des innovativen Geschäftskonzepts wurde Glossybox zum Pionier und der Markt sensibilisiert und erzogen. Nachahmerkonzepte, die als zweites oder drittes in den Markt einstiegen, hatten einen schweren Stand und haben häufig die kritische Masse nicht erreicht. Der Markt der Beauty-Boxen ist ein *Winner-takes-it-all*-Markt.

Flexible Eintrittsmethode Aufgrund der oben genannten Gegebenheiten musste die Einstiegsmethode in den neuen Markt sehr flexibel sein. Da es kaum bestehende Unternehmen mit demselben Modell gab, kam ein Joint Venture oder eine Distribution über B2B nicht in Frage. Alle Länder waren direkt an der Holding aufgehängt. Aufgrund der Schnelligkeit des Markteintrittes musste die Exekution im jeweiligen Land auf Anhieb perfekt sein (one shot), da andernfalls Mitbewerber die Position für sich genutzt hätten.

Dezentrale Expansion: Trotz der Tendenz von Pure Plays zum zentralen Internationalen Roll-out, haben die Gründer bei Glossybox sich durch die Gegebenheiten des Kosmetikmarktes zu dezentralem Roll-out entschieden. Die meisten bedeutenden Hersteller haben ihre Wurzeln in Frankreich und expandieren von dort aus weltweit. Jedes Land hat jedoch lokale Hauptsitze, wo über Marketingbudgets und die Verwendung von Samples unabhängig entschieden werden kann. Aus diesem Grund wurden lokale Glossybox-Firmensitze im jeweiligen Land aufgebaut, mit eigenständigem Brand Relationship Management sowie selbstständiger Logistik, Marketing (insbesondere PR, Blogger-Relations und Social Media) und Kundenbetreuung.

2.6 Erfolgsfaktoren

Zum aktuellen Zeitpunkt können verschiedene Erfolgsfaktoren angeführt werden:

Es wurde ein Modell erschaffen, welches eine Win-win-Situation zwischen Herstellern und Kunden herstellt und diese beiden Parteien durch erhöhte Transparenz näher zusammenbringt. Die zentrale USP von Glossybox ist die Wertigkeit der haptischen Box und die Qualität der Box, sowie die Qualität der Produkte, die sie beinhaltet, und die zielgruppengerechte Zusammenstellung der Artikel. Trotz Schnelligkeit der Expansion wurden die Maßnahmen zur Partnerakquise sehr konservativ und stets mit einem Experten aus der Industrie vorgenommen. Dieses Vertrauensverhältnis wurde Schritt für Schritt und sehr behutsam ausgebaut.

Ein weiterer, entscheidender Erfolgsfaktor ist der hohe Grad der Involvierung der Investoren bei Unternehmensgründung und Ramp-up. Der regelmäßige Austausch und die Überwachung der Entwicklungen durch die Investoren hat die Entwicklung von Glossybox stark geprägt. Die Investoren verlangen den Gründern vollsten Einsatz und einen 100-Prozent-Fokus ab und legen erheblichen Wert auf die pure Exekution ohne Limits.

3 Schlussfolgerung und Ausblick

3.1 Resümee und Lessons Learned

Durch die solide Erfüllung der Grundvoraussetzungen hat sich Glossybox zum weltweit größten Beautybox-Anbieter entwickelt. Ein Interview mit den Gründern gibt Aufschluss darüber, welche Entscheidungen vom heutigen Standpunkt aus essentiell waren oder hätten anders ergehen müssen:

- Frühzeitiger Aufbau eines starken Teams.
- Investment in hoch qualifizierte Mitarbeiter mit Erfahrung und Referenzen, die eigenständige Entscheidungen treffen können.
- Abgabe von Entscheidungen und Lenkung der Mitarbeiter, zum Wohle der persönlichen Work-Life-Balance.
- Fokus auf Zahlen, anstatt auf Emotionen und Bauchentscheidungen.
- Investition von Zeit und Geld in den Aufbau einer globalen Marke inklusive Corporate Identity und vergleichbaren Service weltweit.
- Fokus auf Qualität in allen Bereichen.
- Positionierung als Innovationsführer anstelle als Nachfolger.

3.2 Ausblick und Zukunftsplanung

Die Kosmetikindustrie befindet sich im Umbruch. Unternehmen bewegen sich vom klassischen POS-Geschäft immer weiter in Richtung Online-Verkauf von Produkten. Das bestätigt die Zunahme von Kosmetik-Online-Shops in der jüngsten Vergangenheit. Ziel von Glossybox ist es sich noch stärker als fester Partner von Kosmetikfirmen zu positionieren und sich als zusätzlicher Marketingkanal im Markt zu etablieren, indem der Austausch zwischen Endkunden und der Industrie gefördert wird.

Für Kunden wird die Glossybox Community mit der zunehmenden Kreation von eigenen Inhalten im Online- und Offline-Magazin und auf Social-Media-Seiten wie

Facebook, YouTube, Twitter, aber auch Pinterest und Instagram, immer mehr zum Anlaufpunkt für Kosmetikfreunde. Durch den Austausch über verschiedene Länder hinweg entwickelt sich Glossybox zum weltweiten Kosmetik-Trendsetter. Auch der Wachstumspfad von Glossybox ist noch nicht abgeschlossen, die Eröffnung von weiteren Ländern ist in Planung.

Literatur

Bell, J., Crick, D., & Young, S. (2004). Small firm internationalization and business strategy. *International Small Business Journal*, 23–56.

Burt, S., Davies, K., McAuley, A., & Sparks, L. (2005). Retail internationalisation: From formats to implants. *European Management Journal*, 23(2), 195–202.

Crick, D. (2004). UK SMEs' decision to discontinue exporting: An exploratory investigation into practices within the clothing industry. *Journal of Business Venturing*, 19, 561–587.

Fröhlich, J (2012). Bloggerbericht zu Glossybox im November 2012. In wildheartscantbebroken.blogspot.de [Online]. Verfügbar unter: http://wildhearts-cantbebroken.blogspot.de/2012/11/glossybox-november.html. Zugegriffen: 22. Jan 2013.

Gielens, K., & Dekimpe, M. (2007). The entry strategy of retail firms into transition economies. *Journal of Marketing*, 71, 196–212.

Graham, P. (2012). Startup is growth, in paulgraham.com [Online]. Verfügbar unter: http://paulgraham.com/growth.html. Zugegriffen: 18. Okt 2012.

Johanson, J., & Vahlne, J. (1990). The mechanism of internationalisation. *International Marketing Review*, 7(4), 11–24.

Kaczmarek, J. (2012). 22 Dinge, die Gründer von Oliver Samwer lernen können. In gruenderszene.de [Online]. Verfügbar unter: http://www.gruenderszene.de/allgemein/oliver-samwer-learnings. Zugegriffen: 16. Dez 2012.

Leybold, C. (2010). *Erfolgreiche Internationalisierung von online Pure Plays*, S. 231–243.

Liesch, P., & Knight, G. (1999). Information internalization and hurdle rates in small and medium enterprise internationalization. *Journal of International Business Studies*, 30(2), 383–394.

MissUnimpeachable03 (2012). Videobericht zu Glossybox im November 2012 [Online]. Verfügbar unter: https://www.youtube.com/watch?v=1-6oHLpXA-s. Zugegriffen: 22. Jan 2013.

Olejnik, E., & Swoboda, B. (2012). SMEs' internationalisation patterns: Descriptives, dynamics and determinants. *International Marketing Review*, 29(5), 466–495.

Oviatt, B., & McDougall, P. (2005). Defining international entrepreneurship and modeling the speed of internationalization. *Entrepreneurship Theory & Practice*, 29(5), 537–553.

Rennie, M. (1993). Global competitiveness: Born global. *The McKinsey Quarterly*, 4, 45–52.

Shrader, R. C., Oviatt, B. M., & McDougall, P. P. (2000). How new ventures exploit trade-offs among international risk factors: Lessons for accelerated internationalisation of the 21st century. *Academy of Management Journal*, 43(6), 1227–1247.

Swoboda, B. (2002). The relevance of timing and time in international business-analysis of different perspectives and results. In *Strategic management – A European approach* (3. Aufl., S. 85–113.). Wiesbaden: Gabler.

Welsh, J., & White, J. F. (1981). A small business is not a little big business. *Harvard Business Review*, 59(4), 18–32.

Über die Autorin

Floriane von der Forst ist Geschäftsführerin von Beauty Trend GmbH GLOSSYBOX. Nach Stationen in Bonn, Buenos Aires, London und Nürnberg erlangte sie den Bachelor of Science an der *ebs* European Business School in Oestrich-Winkel. Im Jahr 2007 begann sie ihre Karriere bei der Investmentbank Goldman Sachs in Frankfurt und London im Bereich Fixed Income Sales and Trading. Im Anschluss absolvierte sie ein MBA-Studium an der IESE Business School in Barcelona, welches sie 2011 abschloss. Kurz nach Gründung des Unternehmens stieg Floriane von der Forst bei Glossybox in Berlin ein und ist seither verantwortlich für die Märkte Deutschland, Österreich und Schweiz.

Hohe Innovationsgeschwindigkeit durch Best-Practice-Corporate-Venture-Capital

Detlev Hülsebusch und Andreas Haug

Zusammenfassung

Innovation ist nicht nur für Handelsunternehmen, sondern für alle etablierten Unternehmen mit gewachsenen Strukturen eine Herausforderung. Doch für den Handel sind Innovationen im Bereich E-Commerce und digitaler Geschäftsmodelle durch die rasant steigende Bedeutung des Internets besonders relevant. Dieser Bereich ist in den letzten Jahren geprägt durch eine immer weiter steigende Anzahl und Geschwindigkeit von Innovationen, neuen Technologien und Start-ups. Der Handel steht vor der Herausforderung die eigene Innovationsgeschwindigkeit zu erhöhen, um mit dieser Entwicklung Schritt halten zu können. Vor diesem Hintergrund haben verschiedene Handelsunternehmen in Deutschland in den letzten Jahren Corporate-Venture-Capital-Aktivitäten im Internetumfeld aufgebaut oder ihre Aktivitäten ausgeweitet, z. B. Otto mit e.ventures und Project A, Tengelmann mit Tengelmann Ventures und Klingel mit K-New Media. Gleichzeitig haben viele Corporate-Venture-Capital-Aktivitäten in den letzten Jahrzehnten die hohen Erwartungen nicht erfüllt. Wenn Handelsunternehmen Corporate Venture Capital als Mittel für Innovation erfolgreich und mit einer hohen Innovationsgeschwindigkeit einsetzen wollen, ist es daher nicht ausreichend „nur" eine Corporate-Venture-Capital-Einheit zu etablieren. Viele dieser Ansätze bringen nicht die erwünschte hohe Taktzahl von innovativen und erfolgreichen Beteiligungen. Nur Best-Practice-Ansätze für Corporate Venture Capital können die gewünschte hohe Innovationsgeschwindigkeit und erfolgreiche Investitionen sicherstellen.

D. Hülsebusch (✉)
Ilex Invest GmbH, Wöhlertstrasse 18, 10115 Berlin, Deutschland
e-mail: d.huelsebusch@ilexinvest.de

A. Haug
dgroup, Große Elbstraße 279, 22767 Hamburg, Deutschland
e-mail: andreas.haug@d-group.com

Inhaltsverzeichnis

1 Einleitung ... 256
2 Voraussetzungen ... 258
    2.1 Unternehmensinterne Voraussetzungen ... 258
    2.2 Strategische und finanzielle Ziele ... 258
3 Umsetzung Corporate Venture Capital ... 259
    3.1 Erfolgsfaktoren Corporate Venture Capital ... 259
    3.2 Vorteile eines Fondskonstrukts ... 260
    3.3 Finanzielle Ausgestaltung des Fonds ... 261
    3.4 Investitionsfokus und -leitlinien ... 263
    3.5 Risikomanagement ... 265
    3.6 Fondsmanagement ... 266
4 Interne und externe Schnittstellen ... 267
    4.1 Community und Vernetzung ... 267
    4.2 Nutzung von Assets des Mutterunternehmens und Schnittstellen ... 268
    4.3 Fondsgovernance ... 270
5 Zusammenfassung ... 271
Literatur ... 273

1 Einleitung

Innovation ist nicht nur für Handelsunternehmen, sondern für alle etablierten Unternehmen mit gewachsenen Strukturen eine Herausforderung (Christensen 1997). Für den Handel sind Innovationen im Bereich E-Commerce und digitaler Geschäftsmodelle durch die rasant steigende Bedeutung des Internets besonders relevant. Dieser Bereich ist in den letzten Jahren geprägt durch eine immer weiter steigende Anzahl und Geschwindigkeit von Innovationen, neuen Technologien und Start-ups. Der Handel steht vor der Herausforderung die eigene Innovationsgeschwindigkeit zu erhöhen, um mit dieser Entwicklung Schritt halten zu können.

Es existiert ein Spektrum von internen und externen Ansätzen, um Innovation zu ermöglichen (vgl. Abb. 1):

- Eigenentwicklung/-aufbau neuer Geschäfte innerhalb bestehender Profit Center bzw. eigener Inkubatoren
- Venture-Capital-Beteiligungen, d. h. die Beteiligung an neuen und innovativen Geschäftsmodellen und Unternehmen in einer frühen Phase des Beteiligungsunternehmens
- M&A, d. h. Mehrheitsbeteiligung bzw. Übernahme reiferer Unternehmen mit hoher strategischer Relevanz

Die Erfahrung zeigt, dass Eigenentwicklungen häufig nicht schnell genug und in ausreichender Anzahl gelingen, um eine Portfoliomischung von neuen Ansätzen zu erreichen. Es fällt etablierten Unternehmen schwer eine Kultur zu schaffen, die Eigengründungen

Best Practice Corporate Venture Capital

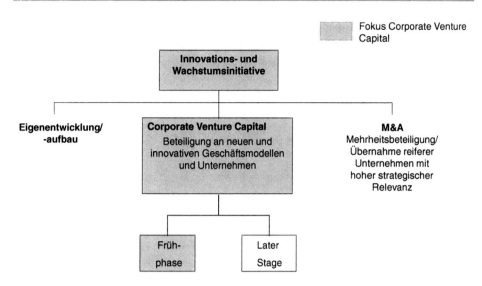

Abb. 1 Innovationsansätze (eigene Darstellung). (*Bildrechte*: e.Ventures 2012)

zum Erfolg führt. M&A ist ein weiterer Ansatz, der Teil einer Innovationsstrategie sein sollte. Dieser Ansatz ist aber vergleichsweise teuer und bei M&A kann ein Unternehmen nicht immer sicher sein, den Zuschlag bei attraktiven M&A Targets zu bekommen. Corporate Venture Capital schließt die Lücke zwischen Eigengründungen und M&A im Innovationsmanagement.

So haben auch verschiedene Handelsunternehmen in Deutschland in den letzten Jahren Corporate-Venture-Capital-Aktivitäten im Internetumfeld aufgebaut oder ihre Aktivitäten ausgeweitet. Zu nennen sind z. B. Otto mit e.ventures und Project A, Tengelmann mit Tengelmann Ventures und Klingel mit K-New Media.

Gleichzeitig hat Venture Capital in den letzten Jahrzehnten die Erwartungen nicht erfüllt. Die Erträge von Venture Capital sind – abgesehen von wenigen Top-Tier-Venture-Fonds – seit 1990 nicht besser als der Marktdurchschnitt anderer Anlageformen und seit 1997 ist von Venture Capital weniger Kapital an Investoren zurückgeflossen als in Venture Capital investiert wurde (z. B. Kauffman Foundation 2012).

Wenn Handelsunternehmen Corporate Venture Capital als Mittel für Innovation erfolgreich und mit einer hohen Innovationsgeschwindigkeit einsetzen wollen, ist es daher nicht ausreichend *nur* eine Corporate-Venture-Capital-Einheit zu etablieren. Viele dieser Ansätze bringen nicht die erwünschte hohe Taktzahl von innovativen und erfolgreichen Beteiligungen. Manche Corporate-Venture-Capital-Ansätze werden dann stillschweigend wieder eingestellt, wie es zuletzt nach der Internetblase auch in Deutschland bei einigen großen Unternehmen zu beobachten war. Nur Best-Practice-Ansätze für Corporate Venture Capital können die gewünschte hohe Innovationsgeschwindigkeit und erfolgreiche Investitionen sicherstellen.

Im Folgenden werden die typischen Fragestellungen und Herausforderungen von Corporate Venture Capital beschrieben und Antworten auf diese Herausforderungen in Form von Best-Practice-Corporate-Ansätzen vorgestellt.

2 Voraussetzungen

2.1 Unternehmensinterne Voraussetzungen

Unternehmensinterne Voraussetzungen betreffen die langfristige Perspektive sowie die Vorbereitung auf Extreme:

Langfristige Perspektive: Ein erfolgreicher Corporate-Venture-Capital-Set-up benötigt eine langfristige Perspektive und die nachhaltige Unterstützung des Top-Managements des Mutterunternehmens. Die Initiatoren der Corporate-Venture-Capital-Aktivitäten müssen durchsetzungsstarke Förderer eines langfristig orientierten, nachhaltigen Umsetzungsprozesses sein und die Bereitschaft haben, eine unabhängig agierende Corporate-Venture-Capital-Einheit von unternehmensinternen Strömungen bzw. Entwicklungen freizuhalten. Im Top-Management und in der Organisation des Mutterunternehmens muss das Bewusstsein bestehen, dass insbesondere in den ersten Jahren des Umsetzungsprozesses politisch schwierige Phasen durchzustehen sind.

Vorbereitung auf Extreme: Die Initiatoren sollten auf Extreme vorbereitet sein. Einige Beteiligungen werden im günstigen Fall als *Stars* mit hohem Wertzuwachs veräußert bzw. erfolgreich in das Unternehmen integriert werden, während die Mehrzahl der Investitionen komplett verloren geht. Es muss Unterstützung für eine „Try often – and if you fail, fail fast"-Mentalität geschaffen werden. Dies beinhaltet, Misserfolge zu akzeptieren: „Alle Erfahrungen sind wertvoll" – auch am Markt gescheiterte Investitionen bieten ein hohes Lernpotenzial. Schließlich muss die Bereitschaft bestehen verlässlich in Kooperationsnetzwerken zu agieren – auch in einer *Junior-Partner*-Rolle.

2.2 Strategische und finanzielle Ziele

Die Besonderheit von Corporate Venture Capital und die Unterscheidung zu klassischem Venture Capital ist der gleichzeitige Fokus auf strategische Ziele sowie auf finanzielle Renditeziele.

Die Herausforderung in der Praxis liegt in der Gewichtung dieser beiden Ziele. Es gibt zwei typische Schwachstellen, die zum einen die strategischen Ziele und zum anderen die finanziellen Ziele betreffen.

Strategische Ziele werden dann nicht klar formuliert, wenn beim Top-Management die Einstellung vorherrscht, dass man auch „eine Corporate-Venture-Capital-Einheit" haben sollte und dass damit das *Innovations-Thema* ausreichend adressiert ist. Es fehlen die Unterstützung von oben und der erforderliche Fokus, das Corporate-Venture-Capital-Geschäft richtig zu betreiben.

Die finanziellen Ziele zu vernachlässigen ist das größere Risiko. Es ist verlockend eine schwache Performance der Corporate-Venture-Capital-Beteiligungen durch die *strategische Bedeutung* beziehungsweise die Synergiepotenziale der Beteiligungen zu rechtfertigen.

Best-Practice-Corporate-Venture-Capital dagegen erzielt mit den eingegangenen Beteiligungen eine adäquate Rendite auf Private-Equity-üblichem Niveau. Durch die adäquate Rendite können die besten Co-Investoren gewonnen werden und die Corporate-Venture-Capital-Einheit ist in den attraktivsten Dealflow im Beteiligungsmarkt eingebunden. Nur so lassen sich die besten Teams und Ideen für das eigene Portfolio gewinnen und die Gefahr vermeiden als Finanzierer zweiter Wahl wahrgenommen zu werden.

Wichtig ist die Fokussierung auf Finanz- und Renditeziele (wie unabhängige Venture-Capital-Firmen) im operativen Beteiligungsgeschäft. Strategische Corporate-Venture-Capital-Zielsetzungen müssen in der übergeordneten Struktur und Marktausrichtung verankert sein, dürfen aber nicht den Fokus von der operativen Beteiligungsoptimierung nehmen.

3 Umsetzung Corporate Venture Capital

3.1 Erfolgsfaktoren Corporate Venture Capital

Stabile Rahmenbedingungen, verbindliche Kapitalzusagen, Unabhängigkeit von starren Konzernstrukturen und ein aktives Beteiligungsmanagement sind wichtige Erfolgsfaktoren für Best-Practice-Corporate-Venture-Capital:

Stabile Rahmenbedingungen und verbindliche Kapitalzusagen: Um am Markt als Kapitalgeber ernst genommen zu werden ist es wichtig, dass die Corporate-Venture-Capital-Einheit auf Langfristigkeit ausgelegt ist und mit verlässlicher Kapitalausstattung bei Bedarf auch spätere Finanzierungsrunden mitgehen kann. Für Unternehmer, die Venture Capital suchen, ist Corporate Venture Capital häufig die zweite Wahl. Es gibt Zweifel bezüglich des langfristigen Engagements bei einer veränderten Strategie des Mutterunternehmens, Managementwechseln oder einem veränderten Marktumfeld. Entsprechend bedeutend sind eine langfristige Strategie und verbindliche Zusagen über die notwendigen Mittel. Das Unternehmen muss stabile, mittelfristig ausgerichtete und verlässliche Rahmenbedingungen für das Beteiligungsgeschäft schaffen und diese durch ein entsprechendes Investitionsbudget und -leitlinien verankern.

Unabhängigkeit: Es sollte keine Einflussnahme auf das operative Geschäft durch das Mutterunternehmen geben. Insbesondere sollten für die Beteiligungen Kontrahierungszwänge ausgeschlossen sein. Dies gilt auch für Einbindung von Zentralbereichen des Unternehmens wie Recht und Steuern, die häufig keine ausreichende Beratungspraxis in dem sehr speziellen Venture-Capital-Geschäft mitbringen. Hierin liegt in der Praxis eine große Hürde für viele Eigenentwicklungen und gleichzeitig die Chance von Corporate-Venture-Capital-Beteiligungen, die sich zunächst unabhängiger von Restriktionen des Unternehmens am Markt etablieren können.

Aktives Beteiligungsmanagement: Die Qualität und Intensität eines *aktiven Beteiligungsmanagements* zeichnet Best-Practice-Corporate-Venture-Capital-Ansätze aus. In der Praxis bedeutet das die Mitwirkung bei strategischen Entscheidungen des Beteiligungsunternehmens, Begleitung von Folgefinanzierungsrunden, sowie Nähe und Nachhaltigkeit der persönlichen Betreuung des operativen Managements der Beteiligungen durch den Beteiligungsmanager.

Fondskonstrukt: Eine Fondskonstruktion, wie sie bei reinen Venture-Capital-Fonds marktüblich sind, erfüllt die wichtigsten Erfolgsfaktoren und ist besser geeignet Langfristigkeit zu signalisieren als unternehmensnähere organisatorische Einheiten, die fallbasiert finanzielle Mittel freigeben bzw. abrufen können.

Im Rahmen eines Best-Practice-Corporate-Venture-Capital-Ansatzes ist ein Fondskonstrukt zu bevorzugen. Im Folgenden werden die Vorteile und Ausgestaltung des Best-Practice-Corporate-Venture-Capital-Fonds näher erläutert.

3.2 Vorteile eines Fondskonstrukts

Ein Fondskonstrukt gilt dann als vorteilhaft, wenn es unabhängig ist vom Marktumfeld, flexible Möglichkeiten bietet, steuerlich optimiert sowie zeitlich begrenzt ist:

Unabhängigkeit vom Marktumfeld: Ein Fonds kann vom Marktumfeld und der Finanzierungssituation des Mutterunternehmens unabhängig agieren und ist keinen jährlichen und unterjährigen Budgetierungsprozessen unterworfen. Ein schwieriges Marktumfeld führt in Abwesenheit eines Fondskonstrukts häufig zu Budgetbeschränkungen. Ein Fonds kann dagegen antizyklisch handeln und gerade in einem schwierigen Marktumfeld investieren und diese Gelegenheit nutzen vorteilhafte Beteiligungskonditionen durchzusetzen.

Flexibles Konstrukt: Ein Fonds bietet darüber hinaus flexible Möglichkeiten weitere Kapitalgeber einzubinden (vgl. Abb. 2). Zunächst können Mittel von Drittinvestoren oder Co-Investoren, Fördermittel und Darlehen von Fall zu Fall direkt in die jeweiligen Beteiligungsfirmen fließen. Darüber hinaus können Drittinvestoren direkt am Fonds beteiligt werden. Und schließlich eröffnet ein Fonds die Möglichkeit Investmentmanager und Geschäftsführer direkt zu beteiligen. So ist es marktüblich, dass Fondsmanager als General Partner des Fonds je nach Fondsgröße 1–2 Prozent des Fondsvolumens aus eigenem Geld investieren können, bzw. sogar dazu verpflichtet werden diesen Betrag zu investieren.

Steuerliche Optimierung: Wird der Fonds als reine Finanzholding oder Vermögensverwaltungsholding geführt, ist dieses Konstrukt nach derzeitige Rechtslage bezüglich der Ertragsbesteuerung begünstigt. Nachteile bei der Vorsteuerabzugsberechtigung werden in Kauf genommen und sind nachrangig. Die begünstigte Ertragsbesteuerung ist häufig Voraussetzung, um Co-Investments mit internationalen Co-Investoren zu ermöglichen und eine doppelte Besteuerung der Erträge zu vermeiden.

Best Practice Corporate Venture Capital

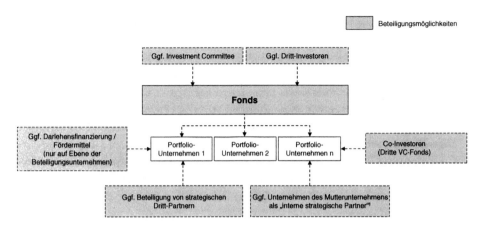

Abb. 2 Beteiligungsstruktur Corporate-Venture-Capital-Konzept (eigene Darstellung)

Zeitlich befristeter Fonds: Die zeitliche Begrenzung eines Fonds ist Marktstandard und daher auch für Corporate-Venture-Capital-Fonds zu empfehlen. Typischerweise ist die Investmentperiode eines Fonds auf 5 Jahre ausgelegt, sodass sich mit einer Haltedauer für Beteiligungen von bis zu ca. 5 Jahren, eine Gesamtlaufzeit des Fonds von ca. 10 Jahren ergibt. Kontinuität darüber hinaus ergibt sich durch Auflegen weiterer Fonds nachdem der Startfonds investiert wurde.

Auch um steuerliche Vorteile realisieren zu können ist die zeitliche Begrenzung eines Fonds erforderlich. Erlöse aus Beteiligungsverkäufen können auch in diesem Fall bis zu 20 Prozent des Fondsvolumens zuzüglich operativer Kosten reinvestiert werden ohne den steuerlichen Vorteil zu verlieren. Es ist darauf zu achten, dass das Fondsmanagement keine faktische Geschäftsführung für die Beteiligungen übernimmt, um das Steuerprivileg zu erhalten. So wäre z. B. das Nachverhandeln von Einkaufskonditionen für eine oder mehrere Beteiligung durch das Fondsmanagement nicht zulässig.

Als Rechtsform bietet sich eine GmbH & Co. KG mit dem Zweck der Vermögensverwaltung an. Der Mutterunternehmen fungiert als Kommanditist, das Management als Komplementär des Fonds.

3.3 Finanzielle Ausgestaltung des Fonds

Die finanzielle Ausgestaltung des Fonds betrifft das Fondsvolumen, Finanzierung und Portfolioziele des Fonds, die Zielkapitalrendite sowie die Finanzierung der operativen Kosten.

Das Fondsvolumen bzw. das verfügbare Investitionsvolumen ist eine wichtige festzulegende Größe. 50 Millionen EUR ist eine Untergrenze, die für einen Corporate-Venture-Capital-Fonds nicht unterschritten werden sollte. Diese Größenordnung lässt sich aus drei verschiedenen Perspektiven ableiten: Marktkonforme Größe, Skalierung von Management Ressourcen und statistische Signifikanz:

- *Marktkonforme Größe:* Ein Vergleich von fünf der Corporate-Venture-Capital-Fonds von DAX-30-Unternehmen sowie Mitgliedern des High-Tech-Gründerfonds (HTGF) ergibt ein Fondsvolumen von mindestens 50 Millionen Euro.
- *Skalierung der Managementressourcen:* Aus Gründen der Risikostreuung ist es sinnvoll mindestens zwei Fondspartner und Geschäftsführer zu beschäftigen. Ein Generalpartner hat mit entsprechendem Unterbau an Investmentmanagern ausreichende Kapazität, um 10 Millionen Euro p.a. und mehr zu investieren. Ein 50 Millionen-Euro-Fonds ist für zwei Partner damit schon eher an der Untergrenze für eine sinnvolle Größe.
- *Statistische Signifikanz:* Bei einer durchschnittlichen Beteiligungshöhe von 2 Millionen Euro (Varianz ca. 0,5 bis 5 Millionen Euro) sind ca. 25 Early-Stage-Beteiligungen möglich. Ein Venture-Capital-Fonds bringt typischerweise aus einem Portfolio von Beteiligungen nur wenig große Gewinner hervor. Bei ca. 40 Prozent Abschreibungen und einer 10-prozentigen Gewinnerrate der verbleibenden Beteiligung, sollte ein erfolgreicher 50 Millionen-Fonds 1–2 Gewinner hervorbringen, die den Fond refinanzieren. Bleibt man unterhalb dieser Größe, bleibt das Portfolio zu klein, um mit hinreichender Wahrscheinlichkeit Gewinner im Portfolio zu haben.

Die ausreichende Finanzierung des Fonds ist ebenfalls sicherzustellen. Wird ein Corporate-Venture-Capital-Fonds zum ersten Mal eingerichtet, ist die Bereitschaft 50 Millionen zur Verfügung zu stellen nicht immer direkt vorhanden. Eine mögliche Lösung in so einer Situation ist die Aufteilung auf zwei Fondsfinanzierungen (*Closings*), um Risiko und Entscheidungshürde zu verringern. Bei Bedarf kann die zweite Fondsfinanzierung auch durch Beteiligung von Drittinvestoren erfolgen, wenn der Mutterunternehmen nicht bereit ist das komplette Fondsvolumen zur Verfügung zu stellen.

Grundsätzlich ist aber die Beteiligung von Drittinvestoren für einen ersten Corporate-Venture-Capital-Fonds schwer umsetzbar, da keine entscheidungskritische Erfolgshistorie dargestellt werden kann. Beteiligungen von Drittinvestoren sind nach dem erfolgreichen Investment des ersten Fonds für Folgefonds leichter zu realisieren. Gleichzeitig muss aus Cash-Flow-Gesichtspunkten nicht das komplette Fondsvolumen von Anfang an zur Verfügung stehen. Die Auszahlung des Fondsvolumens erfolgt dann über Kapitalabruf erst bei konkreten Investments (das ändert aber nichts an der rechtlich bindenden Zusage, das gesamte Volumen bei Bedarf zur Verfügung zu stellen.). Die Cash-Flow-Planung wird zusätzlich dadurch entlastet, dass zu jedem Zeitpunkt immer nur ein Teil des Fondsvolumens investiert und ein Teil für Folgeinvestments reserviert ist. Zusätzliche Cash-Verbesserungen ergeben sich durch Kapitalzufluss aufgrund von Beteiligungsverkäufen.

Im Hinblick auf die Portfolioziele des Fonds ist zunächst festzulegen, ob der Fonds nur direkte Beteiligungen oder auch indirekte Beteiligungen an anderen Fonds eingehen soll. Indirekte Beteiligungen können aus mehreren Gründen sinnvoll sein. So erleichtern sie die Vernetzung mit internationalen Top-Venture-Capital-Fonds und Business Angels und ermöglichen damit das Lernen von Best-Practice. Darüber hinaus sind solche Vernetzungen ein wichtiges Argument bei der Vermarktung des eigenen Fonds gegenüber Gründern und Beteiligungen.

Die Zielkapitalrendite muss Marktstandards entsprechen. Man sollte aber auch den Fehler vermeiden für Venture Capital überzogene Renditeziele zu formulieren. Eine Zielrendite von 10–15 Prozent IRR nach Kosten ist für Corporate Venture Capital eine gute Richtgröße, die allerdings nur die Top-Tier-Fonds realisieren.

Die Finanzierung der operativen Kosten bietet einen Vorteil. Dieser bezieht sich auf die Möglichkeit, die Finanzierung der operativen Kosten des Fonds unabhängig von Budgetierungsprozessen des Mutterunternehmens sicherzustellen und erst dadurch wirkliche Unabhängigkeit und eine langfristige Ausrichtung zu ermöglichen. Die Finanzierung kann durch eine Kombination aus Deal-Strukturierungsgebühren (Prozentsatz des investierten Kapitals) und Portfoliomanagementgebühren (Prozentsatz des Fondsvolumens) erfolgen.

3.4 Investitionsfokus und -leitlinien

Die verschiedenen Elemente der Fondsstrategie und -eckpunkte werden in Investitionsleitlinien festgehalten. Diese Leitlinien verankern einerseits die strategischen und finanziellen Ziele im Corporate-Venture-Capital-Fonds und geben andererseits dem Fondsmanagement die Möglichkeit auf dieser Basis im operativen Geschäft weitgehend unabhängig vom Mutterunternehmen agieren zu können. Leitlinien können sich auf den Reifegrad, die Regionen, Suchfelder und Geschäftsfelder für Investments, das Finanzierungsvolumen pro Investment, die Beteiligungshöhe, Beteiligungseckdaten sowie die Exit-Perspektive beziehen.

Reifegrad: Corporate Venture Capital kann prinzipiell in der Later Stage, Early Stage oder Seed-Phase eines Unternehmens investieren (vgl. Abb. 3)

Early Stage Investments geben die größte Chance für preiswerten Zugriff auf potenziell strategische Assets. So werden häufig Beteiligungen in der Frühphase/Early Stage bis zur frühen Wachstumsphase von Unternehmen angestrebt.

Regionen: Für attraktive Kapitalrenditen, Nutzung von Marktchancen, Zugriff auf neuste Geschäftsmodelle und Technologien, sowie Vernetzung mit Co-Investoren, sind für digitale Geschäftsmodelle auch Investments außerhalb von Deutschland sinnvoll. Für das Beteiligungsgeschäft in Regionen außerhalb Europas ist ein direkter Markt- bzw. Netzwerkzugang wichtig. Deswegen sollten Investments außerhalb Deutschlands zunächst zusammen mit anderen Lead-/Co-Investoren getätigt werde, beziehungsweise können über die Beteiligung an entsprechenden Regionalfonds erfolgen.

Suchfelder und Geschäftsfelder für Investments: Die Suchfelder für Investments sind für jedes Unternehmen spezifisch und leiten sich zum großen Teil aus den strategischen Zielen ab, die mit den Investments erreicht werden sollen. Gleichzeitig spielt es

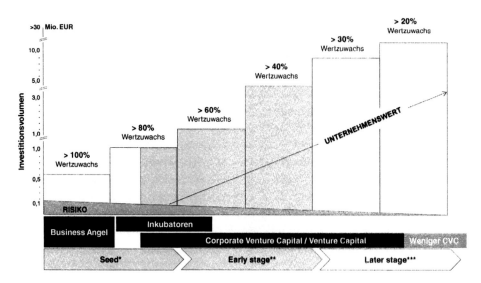

Abb. 3 Reifegrad Investments (durchschnittlicher Wertzuwachs je Phase) (eigene Darstellung)/ (*Bildrechte* e.Ventures 2012)

eine Rolle, welche Kompetenzen und Assets das Unternehmen als potenziellen Mehrwert für die Beteiligungen einbringt.

Notwendige Voraussetzung für eine Beteiligung ist in der Regel, dass die potenzielle Beteiligung in einem für das Unternehmen strategisch relevanten Geschäftsfeld aktiv ist bzw. es Anknüpfungspunkte zum operativen Geschäft des Unternehmens gibt. Hier können auch Kriterien definiert werden, wie die Einschränkung der Beteiligungen auf innovative Technologien, potenzialträchtige Geschäftsmodelle, qualifizierte Managementteams oder eine führende Wettbewerbsposition und wachsende Märkte.

Finanzierungsvolumen pro Investment: Die Investitionshöhe in Form von Eigenkapital, Gesellschafterdarlehen bzw. bewerteten Eigenleistungen pro Beteiligung (gestaffelt nach Finanzierungsrunden) muss definiert werden. Über die durchschnittliche Größe eines Investments und die Fondsgröße ergeben sich damit auch die wesentlichen Eckpunkte für das Portfolio-Mengengerüst des Fonds. Es gilt darüber hinaus festzulegen, ob im Einzelfall auch höhere Beteiligungen möglich sind und ob Nachschusspflichten eingegangen werden.

Beteiligungshöhe: In der Regel sind Minderheitsbeteiligungen von 5 Prozent bis maximal 25 Prozent üblich. Für den Fonds ist zu klären, ob durch Folgefinanzierungen auch Beteiligungen über 25 Prozent möglich sind und ob in strategischen Kernfeldern auch Mehrheitsbeteiligungen bis zu 100 Prozent erlaubt und gewünscht sind. Eventuell ist hier die Abstimmung mit der M&A-Abteilung des Mutterunternehmen notwendig, um eine klare Abgrenzung der Aufgabengebiete sicherzustellen.

Auch ist die Frage zu beantworten, ob Co-Investments mit anderen strategischen Partnern bzw. Venture Fonds möglich sind.

Beteiligungseckdaten: In den Investitionsleitlinien können schließlich wesentliche Eckpunkte für die Beteiligungen vorgegeben werden. Dabei kann man unterscheiden zwischen Standards, gewünschten Eckpunkten und unerwünschten vertraglichen Regelungen:

- *Standards*: Vorkaufsoptionen, Take-along/Drag-along Regelungen, Liquidationspräferenzen, Minderheitenschutzrechte, Sitz und wesentliche Gestaltungsrechte in den Gesellschaftsgremien, längerfristige Ziel-(Milestone-)Vereinbarungen mit Gründern und Vesting-Regeln für Gründer
- *Gewünschte Eckpunkte*: Put-Option bzw. Exit-Rechte im Misserfolgsfall bzw. Notfinanzierungsrunde zu nominal, Möglichkeit zur Übernahme der Anteile der Co-Investoren zu fixierten Konditionen und Übertragungsoption auf andere Limited Partner (für Flexibilität bei Übertragung von Beteiligungen auf mögliche Folgefonds)
- *Unerwünschte Eckpunkte*: Nachschusspflichten und Garantien, Wettbewerbsverbot und Put-Optionen an den Fonds von Co-Investoren

Exit-Perspektive: Schließlich sollte die Exit-Perspektive von Beteiligungen in den Investitionsleitlinien klar festgelegt werden. Der geplante durchschnittliche Beteiligungszeitraum sollte festgelegt werden. Darüber hinaus ist eine Gewichtung der möglichen Exit-Perspektiven der Beteiligungen vorzunehmen. So sind Zielvorstellungen zu formulieren bezüglich Integration und Verkauf an das Mutterunternehmen, Einbringung von Beteiligungen in Joint Ventures mit strategischen Partnern, Verkauf an strategische Investoren oder Wachstums-/Secondary-Kapitalbeteiligungsgesellschaften sowie IPOs.

3.5 Risikomanagement

Häufig bereiten die wahrgenommenen Risiken Sorgen beim Einrichten einer Corporate-Venture-Capital-Einheit. Dabei können drei Arten von Risiken unterschieden werden: finanzielles Risiko, Compliance-Risiko und Reputations-Risiko. All diese Risiken können durch geeignete Maßnahmen begrenzt werden.

Finanzielles Risiko: Das finanzielle Risiko kann auf den Verlust der in den Corporate-Venture-Capital-Fonds eingelegten finanziellen Mittel beschränkt werden. Dazu ist es z. B. notwendig bei Beteiligungen keine weiteren finanziellen Pflichten durch Ausschluss von Nachschusspflichten für Folgefinanzierungen und Bürgschaften zu akzeptieren. Darüber hinaus wird das Risiko dann beschränkt, wenn die Corporate-Venture-Capital-Einheit nur das tatsächlich bereitgestellte Kapital in Beteiligungsunternehmen investiert und auf den Einsatz finanzieller Instrumente zur Hebelung des verfügbaren Finanzierungsvolumens verzichtet.

Compliance-Risiko: Die Corporate-Venture-Capital-Einheit sollte eine eigene gesellschaftsrechtliche Hülle bekommen, die das Mutterunternehmen als reinen Kapitalgeber und Investor rechtlich abschirmt. Darüber hinaus wird das Compliance-Risiko durch eine Regelbeteiligung unter 25 Prozent und den unbedingten Verzicht auf formale oder faktische Geschäftsführungsrollen in den Beteiligungen beschränkt. So liegen zum Beispiel wettbewerbsrechtliche Verstöße und denkbare illegale Aktivitäten der Beteiligungen in der Verantwortung der jeweiligen Beteiligungsgeschäftsführer. Auch kann das Mutterunternehmen Compliance-Vorgaben wie zum Beispiel den Ausschluss von bestimmten Ländern oder Geschäftstypen durch die Investitionsleitlinien auch auf eine Corporate-Venture-Capital-Einheit übertragen.

Das Management der Corporate-Venture-Capital-Einheit selbst kann durch D&O-Versicherungen abgesichert werden.

Reputations-Risiko: Manchmal besteht die Sorge, dass sich potenziell erfolglose Beteiligungen der Corporate-Venture-Capital-Einheit auch negativ auf die Reputation des Mutterunternehmens als Kapitalgeber auswirken. Diesem Risiko kann Rechnung getragen werden, indem die Corporate-Venture-Capital-Einheit einen Namen trägt, der nicht mit dem Mutterunternehmen in Verbindung gebracht wird. Die Beteiligungen selbst agieren ohnehin unter einer eigenständigen Marke, wodurch kein Bezug zur Marke des Mutterunternehmens vorhanden ist. Die Nutzung des Investornamens für Marketingaktivitäten und PR der Beteiligungen kann durch entsprechende Regelungen limitiert werden. Grundsätzlich sollte aber das Scheitern von Beteiligungen der Corporate-Venture-Capital-Einheit von Anfang an eingeplant werden. Dass ein signifikanter Anteil von Beteiligungen ohne Erfolg bleibt, liegt in der Natur des Venture-Capital-Geschäfts und ist daher auch nicht a priori gleichbedeutend mit einer Reputationsschädigung.

3.6 Fondsmanagement

Die Qualität des Fondsmanagements wird durch eine marktfähige Vergütung mit Erfolgsbeteiligung sichergestellt. Darüber hinaus ist ein Win-win-Mindset im Management des Mutterunternehmens erforderlich sowie ein hochqualifiziertes Team mit solidem Track Record.

Qualität des Managements durch marktfähige Vergütung mit Erfolgsbeteiligung: Die Qualität des Managements des Corporate-Venture-Capital-Fonds ist zentral für den Erfolg. Wichtig sind komplementäre Kompetenzen im Managementteam und eine große kumulierte Venture Capital bzw. Markt- und *Unternehmer*-Erfahrung des Managements. Um ein hochkarätiges Management für den Corporate-Venture-Capital-Fonds zu gewinnen, ist eine marktübliche Managementkompensation erforderlich, die sich an der Kompensation bei unabhängigen Venture-Capital-Firmen orientiert. In der Regel enthält die Vergütung eine Erfolgsbeteiligung in Form eines *Carried Interest*. Häufig führt das zu Konflikten in einem Corporate-Umfeld mit einem eigenen Gehaltsgefüge.

Win-win-Mindset im Management des Mutterunternehmens: Das Management des Mutterunternehmens sollte den – im Vergleich zum Gehaltsgefüge eines *normalen* Unternehmens – hohen monetären Erfolg von Gründern/Unternehmern und Fondsmanagern bei erfolgreichen Beteiligungen als eine *Win-win-Situation* sehen und akzeptieren. Grundsätzliche Voraussetzung dafür ist die Einsicht, dass man es selbst nicht besser machen kann, und zwar trotz oder gerade wegen der Größe des Unternehmens.

Hochqualifiziertes Team mit solidem Track Record: Das Team muss sich aus hochqualifizierten Mitarbeitern mit einschlägigem Track Record im Bereich Venture Capital und in den geplanten inhaltlichen Investitionsschwerpunkten zusammensetzen. Idealerweise sind auf der Ebene der Geschäftsführer und Investmentmanager Mitarbeiter mit Gründererfahrung und Unternehmerhintergrund vertreten. Attraktive Geschäftsführerkandidaten sind häufig erfahrene Investmentmanager in erfolgreichen Venture-Capital-Firmen mit Potenzial selbst Fund Raising betreiben zu können.

4 Interne und externe Schnittstellen

4.1 Community und Vernetzung

Ein zentraler Faktor für den Erfolg von Corporate Venture Capital ist die Vernetzung in der Venture-Capital-Szene. Best-Practice-Corporate-Venture-Capital zeichnet sich aus durch ein hohes Ausmaß der Einbindung in branchenspezifische Netzwerke sowie ein hohes Ausmaß der Syndizierung mit anderen Co-Investoren.

Die Vernetzung in der Venture-Capital-Industrie erfolgt vor allem über die Beteiligungen (vgl. Abb. 4). Daher ist die Qualität der eigenen Beteiligungen zentral für den Erfolg einer Corporate-Venture-Capital-Einheit. Nur wer mit den besten Kapitalgebern persönlich vernetzt ist und über Zeit Vertrauen aufgebaut hat, wird gefragt, wenn Beteiligungsoptionen an attraktiven Wachstumsunternehmen diskutiert werden.

Die Offenheit auch internationale Investments tätigen zu können ist dabei Voraussetzung für die Vernetzung mit den internationalen Top-Venture-Capital-Firmen. Die Etablierung einer Fondsstruktur, die Unabhängigkeit der Venture-Capital-Einheit sowie die Qualität des Managements dienen auch dazu, die erforderliche Vernetzung mit den besten Venture-Capital-Firmen am Markt zu unterstützen. Die Vernetzung mit anderen Venture-Capital-Firmen ist gleichzeitig die Grundlage für Vernetzung mit Gründern und wachsenden Unternehmen. Das heißt über die Vernetzung werden die Qualität und die Taktzahl möglicher Beteiligungen gesteuert. Die Einbindung in Netzwerke bestimmt einen zentralen Erfolgsfaktor, nämlich die Höhe eines attraktiven und qualifizierten Deal Flows. Auch ist eine gute Vernetzung Voraussetzung für eine hohe Innovationsgeschwindigkeit.

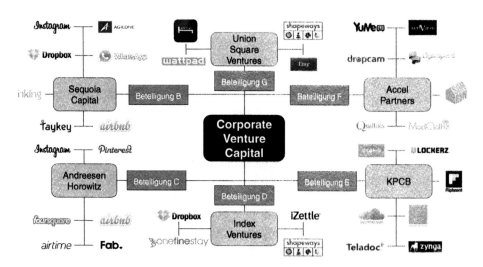

Abb. 4 Vernetzung in der VC-Industrie (eigene Quellen)

4.2 Nutzung von Assets des Mutterunternehmens und Schnittstellen

Gerade wenn große Unternehmen eine Corporate-Venture-Capital-Einheit etablieren, ist häufig das Bewusstsein noch nicht vorhanden, dass man mit anderen Venture-Capital-Firmen im Wettbewerb um die besten Beteiligungen und Teams steht. Es geht also darum einen USP zu formulieren, warum die Corporate-Venture-Capital-Einheit der beste Financier für eine potenzielle Beteiligung ist. Eine Corporate-Venture-Capital-Einheit kann einen USP (Unique Selling Proposition) aus der Nutzung von Know-how, Kompetenzen und Assets des Mutterunternehmens formulieren. Das heisst es steht von Anfang an die Frage im Raum, in welcher Form ein Austausch zwischen Beteiligungen und Mutterunternehmen stattfinden kann.

Synergien Win-win: Die Nutzung und der Austausch von Assets sollten nur dort erfolgen, wo sich eine Win-win-Situation für beide Seiten ergibt – also für die Beteiligung und das Profit Center im Mutterunternehmen, das die Assets zur Verfügung stellt. Viele Unternehmen nutzen die Möglichkeit, dass eine Unternehmenseinheit als Sponsor für ein Investment auftritt und daher schon vorher klar ist, dass eine solche Win-win-Situation existiert. Dieser Ansatz ist immer dann erfolgversprechend, wenn die Strategie der Venture-Capital-Einheit darauf abzielt das bestehende Geschäft mit Innovationen zu stärken. Geht es darum neue Märkte oder komplett neue Geschäftsfelder für das Mutterunternehmen zu erschließen, ist ein Sponsoring aus bestehenden Unternehmenseinheiten schwerer abzubilden. In R&D-lastigen Industrien, wie z. B. Biotechnologie, tritt häufiger die R&D-Abteilung als Sponsor auf. Dieser Ansatz spielt bei Investments in digitale Geschäftsmodelle allerdings eine weniger wichtige Rolle. Es ist nicht empfehlenswert für Beteiligungen von vorneherein definierte Modalitäten festzulegen, wie und zu welchen Konditionen Assets des Mutterunternehmens genutzt werden können. Stattdessen werden pro Beteiligung individuelle Lösungen gesucht.

Schnittstellenmanagement zwischen Corporate-Venture-Capital-Fonds und Mutterunternehmen: Gleichzeitig ist es eine der Hauptaufgabe des Corporate-Venture-Capital-Managements entsprechende Kommunikationskanäle und Plattformen für die Beteiligungsfirmen in Richtung Mutterunternehmen zu öffnen. Umgesetzt werden kann dies durch die Besetzung der Managementgesellschaft mit 1–2 Managern, die das Mutterunternehmen gut kennen und Kontakte herstellen können. Operativ verantwortlich für die Herstellung von Kontakten sind dann die Investment Manager der jeweiligen Beteiligung. Das Corporate-Venture-Capital-Management spielt eine zentrale Rolle beim Herstellen eines Wissensaustausches zwischen Corporate-Venture-Capital-Fonds und Mutterunternehmen. Das Corporate-Venture-Capital-Management hat im Sinne einer Wertsteigerung der Beteiligungen ein Eigeninteresse den Austausch zu fördern. Er gibt verschiedene Möglichkeiten diesen Austausch herbeizuführen:

- *Informell*: Der konkrete Austausch ergibt sich eher *viral* und situationsabhängig, als durch formalisierte Mechanismen. Die Beteiligten sehen ihren individuellen Nutzengewinn aus dem direkten Dialog und *vernetzen* sich entsprechend.
- *Austausch in Gremien*: Ein Wissensaustausch erfolgt in Richtung des Managements im Mutterunternehmen durch Sitze im Investment-Komitee oder im Beirat des Corporate-Venture-Capital-Fonds.
- *Operativer Austausch*: Es können Dealflow-Meetings mit Business-Development-Verantwortlichen aus der Unternehmenszentrale oder aus anderen Unternehmensbereichen etabliert werden. Kontakte für Kooperationsansätze können vermittelt werden. Experten aus dem Mutterunternehmen können auf Anfrage der Corporate-Venture-Capital-Einheit bei Geschäftsmodellbeurteilungen und Investment-Deals unterstützen, für die besonderes Know-how im Mutterunternehmen vorhanden ist. Ebenso können Know-how-Träger und Experten aus dem Mutterunternehmen zu Vorgesprächen zu Investment-Deals und strategischen Fragestellungen hinzugezogen werden.
- *Wissensaustausch*: Der Austausch von Expertenwissen und Marktinformationen zu Geschäftsmodellen, Technologien, Marktentwicklungen etc. kann darüber hinaus durch Vorträge oder Beiträge zu Unternehmens-Workshops und durch Vernetzungstreffen zwischen den Beteiligungen erfolgen.

Die relevanten Bereiche des Mutterunternehmens können über das operative Geschäft des Corporate-Venture-Capital-Fonds regelmäßig informiert werden, haben jedoch keine Entscheidungsfunktion in den operativen Prozessen. Ist *Input* von Unternehmensbereichen im Prozess vorgesehen, so ist dieser eine Bringschuld der Bereiche und nicht eine Holschuld der Corporate-Venture-Capital-Einheit. Sinnvoll kann es sein, regelmäßig und für eine gewisse Zeit, Mitarbeiter aus dem Mutterunternehmen in den Corporate-Venture-Capital-Fonds zu entsenden, um die Vernetzung in und aus dem Unternehmen zur Corporate-Venture-Capital-Einheit zu gewährleisten sowie den Know-how-Transfer zu sichern.

4.3 Fondsgovernance

Die Organisation und Governance der Steuerungsorgane für einen Corporate-Venture-Capital-Fonds ist ein zentraler Faktor, der vor allem die Entscheidungsgeschwindigkeit bestimmt.

Unabhängiges Entscheidungsgremium: Der Best-Practice-Ansatz fordert ein vom Mutterunternehmen unabhängiges Entscheidungsgremium für Investitionen und Desinvestition mit der Fähigkeit zur effektiven und – falls notwendig – schnellen Entscheidungsdurchführung. Die Unabhängigkeit dieses Gremiums ist unbedingt erforderlich, um gegenüber Gründern und Drittinvestoren glaubhaft den *besten Deal* sicherzustellen und nicht z. B. bei Exit-Entscheidungen das Mutterunternehmen zu bevorteilen. Dieses Entscheidungsgremium ist in der Regel das autark agierende Management in der Managementgesellschaft des Fonds (vgl. Abb. 5).

Zusätzlicher Einfluss für das Mutterunternehmen durch ein Investment Komitee: Die Bereitschaft einen separaten Corporate-Venture-Capital-Fonds ohne Einflussmöglichkeit zu etablieren ist so in der Regel in einem Unternehmen nicht vorhanden. Ein Kompromiss, um dem Unternehmen mehr Einfluss auf den Fonds zu ermöglichen, ist die Einführung eines Investment-Komitees. Das Management der

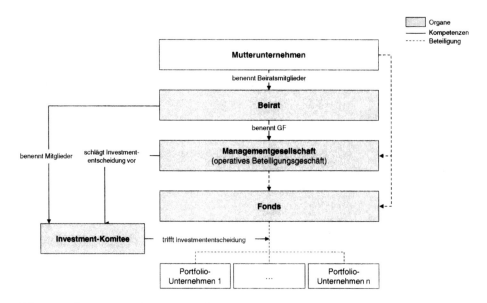

Abb. 5 Fondsgovernance (eigene Darstellung)

Venture-Capital-Einheit gibt die formale finale Entscheidungsbefugnis an dieses Gremium ab, wobei das Investment-Komitee in der Praxis selten von Vorschlägen den Beteiligungsvorschlägen des Venture-Capital-Managements abweichen sollte, da sich das Management deutlich intensiver mit Beteiligungsvorhaben beschäftigen kann, als das einem Investment-Komitee möglich ist.

Besetzung Investment-Komitee: Entscheidend ist daher die Besetzung des Investment-Komitees. So sollte ein Best-Practice-Investment-Komitee neben Vertretern des Mutterunternehmens vor allem mit externen Venture-Capital-Experten und Unternehmern mit ausgewiesenem Track Record besetzt werden. Die Unabhängigkeit des Investment- Komitees wird durch die mehrheitliche Besetzung mit Externen, gleichberechtigten Stimmen, Verzicht auf Vetorechte und eine entsprechende Geschäftsordnung sichergestellt.

Geschwindigkeit von Entscheidungen: Die Geschwindigkeit und Effizienz von Informations- und Entscheidungsprozessen sind Kernerfolgsfaktor für die Teilnahme an Venture-Capital-Investorennetzwerken. Hier gilt es besonders bei Corporate-Venture-Capital-Einheiten dem häufig berechtigten Vorurteil entgegenzutreten, dass Entscheidungen eines Unternehmens immer langwierig sind.

Die Geschwindigkeit kann durch die Geschäftsordnung des Investment-Komitees sichergestellt werden. So sollten Beteiligungsprozesse in der Regel sehr kurzfristig, d. h. innerhalb von 2–6 Wochen vollständig abgeschlossen werden können. Die Entscheidungsfristen für bestimmte Geschäftsvorfälle im Investment-Komitee sollte nicht mehr als 48 Stunden betragen. Dabei bedeutet keine Rückmeldung Zustimmung. Adhoc-Meetings für Beteiligungsentscheidungen können per Telefon- oder Web-Konferenz stattfinden.

5 Zusammenfassung

Es gibt zwei Gruppen von Unternehmen, die aus den Best-Practice-Ansätzen für Corporate Venture Capital Nutzen ziehen können. Zum einen handelt es sich um Unternehmen, die schon im Bereich Corporate Venture Capital aktiv sind. Zum anderen geht es um Unternehmen, die bisher noch gar keine Aktivitäten in diesem Bereich haben. Je nach Situation müssen sich diese Unternehmen unterschiedliche Fragen stellen, um Handlungsbedarfe vor dem Hintergrund des beschriebenen Best-Practice-Ansatzes abzuleiten. Dies gilt für Unternehmen im Allgemeinen und für Handelsunternehmen im Besonderen:

Handelsunternehmen ohne Corporate-Venture-Capital-Aktivitäten: Zentrale Frage ist, wie innovativ das Unternehmen ist. Es ist zu fragen, ob ausreichend viele Geschäftsmodelle vorliegen und Produkte oder Technologien in der Pipeline für signifikantes, profitables Wachstum jenseits des etablierten Kerngeschäfts sind.

Für Unternehmen, die überwiegend auf Eigenentwicklungen als Innovationsstrategie setzen, sind folgende Fragen zu stellen:

- Haben wir eine ausreichend hohe Taktzahl von Innovationen?
- Haben wir ein ausreichend großes Portfolio von Eigenentwicklungen?
- Entwickeln sich die eigenen Geschäfte so erfolgreich wie unabhängige Start-ups, die Venture Capital finanziert sind?
- Dürfen die Eigenentwicklungen unabhängig agieren? Sind die Eigenentwicklungen frei von Konzernrestriktionen wie zum Beispiel Kontrahierungszwängen?
- Werden weniger erfolgreiche Eigenentwicklungen konsequent beendet?
- Steht ausreichend Kapital für ein aggressives Marktwachstum der Eigenentwicklungen zur Verfügung?

Für Unternehmen, die überwiegend auf M&A als Innovationsstrategie setzen, sind andere Fragen zu beantworten:

- Sind wir bei ausreichend vielen M&A-Targets auch erfolgreich, oder verlieren wir bei der Transaktion häufiger gegen andere, sodass wir bei eigentlich zukunftsweisenden Märkten, Produkten oder Technologien mit *leeren Händen* dastehen?
- Kaufen wir Unternehmen häufig zu teuer?
- Erfahren wir von wichtigen Trends und Technologien erst zu spät?
- Gibt es Bedenken bzgl. finanziellen, Reputations-, oder Compliance-Risiken von Corporate Venture Capital? Wurden diese wahrgenommenen Risiken einer sachlichen und systematischen Prüfung unterzogen?

Handelsunternehmen mit Corporate-Venture-Capital-Aktivitäten sollten auf ihre Erfahrungen zurückgreifen und folgende Fragen stellen:

- Wie gut war die Performance der Venture Capital Investments in der Vergangenheit? Haben wir einen marktkonformen ROI erwirtschaftet?
- Wenn wir Investments als *strategisch* bezeichnen – wie messen wir diesen strategischen Wert? Stellen wir sicher, dass mit dem Argument *strategisch* nicht schlechte Performance gerechtfertigt wird?
- In welchem Umfang ist die Venture-Capital-Einheit in den international besten Deal Flow eingebunden? Sind wir bei wirklich renommierten und stark wachsenden Start-ups investiert?
- In welchem Netzwerk von Investoren agieren wir? Sind unsere Partner die besten internationalen Investoren oder spielen wir eine oder mehrere Ligen darunter?
- Welche Investmentanfragen bekommen wir? Sind das Start-up Unternehmer, die sich zwischen verschiedenen Finanzierungsoptionen entscheiden können?
- Wie gut ist die Mannschaft, die Investments tätigt? Was hat sie für einen *Track Record*? Handelt es sich um Investoren und Unternehmer, die schon in der Vergangenheit selbständig eigene unternehmerische Erfolge gefeiert haben und die die richtigen Trends und Themen erkennen können?

- Wie ist das Entlohnungssystem für die Investmentmannschaft? Orientiert sich die Entlohnung am Marktstandard für Top-Venture-Capital-Investoren oder an den Gehaltsbändern im Unternehmen?
- Wie schnell sind wir bei Entscheidungen? Verlieren wir Deals, weil Entscheidungsprozesse zu lange dauern oder wir als zu bürokratisch wahrgenommen werden? Können wir im Zweifelsfall innerhalb von 48 Stunden reagieren und entscheiden?

Wenn bei einigen der oben genannten Fragen die Antwort *nein* lautet, bietet der Best-Practice-Ansatz für Corporate Venture Capital Anregungen und Orientierung, warum Corporate Venture Capital Teil der Innovationsstrategie eines Handelsunternehmens sein sollte und wie diese Unternehmen ihre Venture-Capital-Einheiten erfolgreicher aufstellen und organisieren können.

Literatur

Bielesch, F., Brigl, M., Khanna, D., Roos, A., & Schmieg, F. (2012). *Corporate venture capital, avoid the risk, miss the rewards*. The Boston Consulting Group.

Christensen, C. M. (1997). *The innovator's dilemma: When new technologies cause great firms to fail*. Boston, MA: Harvard Business Review Press.

MacMillan, I., Roberts, E., Livada V., & Wang, A. (2012). Corporate venture capital (CVC) – seeking innovation and strategic growth; recent patterns in CVC mission, structure and investment (Hrsg.). U.S. Department of Commerce NIST GCR 08-0916 National Institute of Standards and Technology.

Mulcay D., Weeks B., & Bradley H. (2012). "WE HAVE MET THE ENEMY... AND HE IS US"; Lessons from Twenty Years of the Kauffman Foundation's Investments in Venture Capital Funds and The Triumph of Hope over Experience (Hrsg.). Ewing Marion Kauffman Foundation.

Röper, B (2004). *Corporate Venture Capital; Eine empirische Untersuchung des Beteiligungsmanagements deutscher und US-amerikanischer Corporate Venture Capital-Investoren*. Uhlenbruch Verlag.

Über die Autoren

Detlev Hülsebusch studierte Physik, Volkswirtschaftslehre und Public Administration an der Universität Heidelberg sowie der Harvard University. Dort war er Stipendiat der Studienstiftung des Deutschen Volkes, der Fulbright-Stiftung und McCloy-Stipendiat. Nach Abschluss seiner universitären Ausbildung begann er 1999 seine berufliche Laufbahn bei McKinsey & Company, wo er zuletzt als Associate Partner tätig war. Seinem Wunsch folgend stärker unternehmerisch tätig zu sein, gründete Detlev Hülsebusch 2006 sein erstes Internetunternehmen für Online-Rubrikenanzeigen zusammen mit der Econa AG, einem Internet-Frühphaseninvestor. Anschließend folgte die Zusammenarbeit mit Team Europe Ventures, einem weiteren Frühphaseninvestor, in der Rolle eines Venture Partners und dort der Aufbau von madvertise.com als Co-Geschäftsführer, sowie die Gründung eines Online-Schuhclubs. Seit 2011 ist Detlev Hülsebusch als Associate Partner für die dgroup tätig und konzentriert sich dort auf die Beratung von etablierten Unternehmen beim Aufbau digitaler Geschäfte sowie beim Aufbau von Venture-Capital-Einheiten und Inkubatoren. Seit Anfang 2013 ist Detlev Hülsebusch CEO von mydeco.com, einem europaweit tätigen und in London basierten Online- und Multi-Channel-Unternehmen für Möbel und Wohnaccessoires.

Andreas Haug Jahrgang 1963, hat an der European Business School in Oestrich, London und Paris Betriebswirtschaft studiert. Anschließend war er einige Jahre in verschiedenen Managementpositionen bei der Bertelsmann AG tätig. Bis 1998 war Andreas Haug als Mitgründer CEO der infoMedia-Group, einer Full-Services Multimedia- und E-Commerce-Unternehmensgruppe tätig. Als Partner der Unternehmensberatung diligenZ management consulting GmbH hat Andreas Haug den Bereich Digital Business aufgebaut. Daneben ist er Co-Founder und Managing Partner von e.ventures, einem Venture Capital Fonds, der mit einem gemanagten Fondsvolumen von rd. 750 Millionen US-Dollar aus fünf dedizierten Länderfonds in „Seed and early stage" Digital-Businesses in Europa, USA, Asien und Brasilien investiert. Als Serial Entrepreneur, Business Angel und Investor beschäftigt er sich seit 20 Jahren mit dem Aufbau von Unternehmen im Digital Business. Andreas Haug ist Aufsichtsrat und Beirat verschiedener Unternehmen aus dem Internet- und IT-Bereich.

Teil V
Spezialaspekte ePace

Im Labyrinth der Screens – Produktstrategien in einem Multi-Device-E-Commerce

Andreas Haack, Lars Finger und Remigiusz Smolinski

Zusammenfassung

E-Commerce war für lange Zeit untrennbar mit dem klassischen Desktop Personal Computer (PC) verbunden. Spätestens seit der Einführung des iPhones im Jahr 2007 müssen sich Händler jedoch auch auf neue Endgeräteklassen einstellen. Die zunehmende Verbreitung von Tablet-PCs, Smart TVs sowie anderen internetfähigen Geräteklassen führt heute zu einer immer komplexer werdenden Endgerätelandschaft. Händlern muss dabei bewusst sein, dass sich bereits mittelfristig ein signifikanter Teil der E-Commerce-Umsätze auf diese neuen Formate verteilen wird. Hierbei bieten neue Nutzungskontexte und innovative Angebote zwar grundsätzlich die Chance, zusätzliche Umsätze zu erzielen. Gleichzeitig besteht jedoch auch die Gefahr, Marktanteile über diese Kanäle zu verlieren, sofern nicht aktiv in die neuen Endgeräte investiert wird. Eine zentrale Herausforderung für Händler besteht daher darin, für jedes Device eine speziell optimierte Angebotsgestaltung vorzunehmen. Denn nur wer die individuellen endgeräteseitigen Charakteristika wie Hardware-Eigenschaften und Nutzungskontext berücksichtigt, kann das volle Potenzial der neuen Endgeräte voll ausschöpfen. Eine reine Übertragung der für PCs konzipierten Web-Seite kann daher keine Option sein. Die Geschwindigkeit und das

---

A. Haack (✉) · L. Finger · R. Smolinski
Otto Group, Wandsbeker Straße 3-7, 22172 Hamburg, Deutschland
e-mail: andreas.haack@ottogroup.com

L. Finger
e-mail: lars.finger@ottogroup.com

R. Smolinski
e-mail: remigiusz.smolinski@ottogroup.com

Timing zur Umsetzung endgerätespezifischer Angebote stellen hierbei einen zentralen Aspekt dar. Denn nur wer umgehend auf Veränderungen reagiert und seine Produktstrategie und Konzepte schnell umsetzt, wahrt seine Chancen, wettbewerbsfähig zu bleiben.

Inhaltsverzeichnis

1	E-Commerce in einer Multi-Device-Welt	278
2	Marktentwicklung neuer Endgeräteklassen	280
3	Determinanten für die Produktgestaltung auf neuen Endgeräten	282
	3.1 Geräteeigenschaften	283
	3.2 Nutzungskontext	285
	3.3 Stärken der Endgeräteklassen innerhalb des Kaufprozesses	286
4	Strategien zum Einsatz neuer Endgeräte	288
5	Fazit und Ausblick	291
	Literatur	292

1   E-Commerce in einer Multi-Device-Welt

E-Commerce war für lange Zeit unzertrennlich mit dem klassischen Desktop Personal Computer (PC) verbunden. Weitere internetfähige Endgeräte spielten viele Jahre keine Rolle. Auch das Aufkommen internetfähiger Mobiltelefone Ende der 90er Jahre hatte für den E-Commerce zunächst eine vernachlässigbare Bedeutung. Denn deren rudimentäre Funktionalität, eine geringe nutzerseitige Verbreitung sowie kostspielige Datentarife boten kein stimulierendes Umfeld für die Entfaltung von E-Commerce-Angeboten. Erste Aktivitäten auf diesem Kanal (wie z. B. dem bereits in 2000 gestartetem Mobile-Shop von otto.de) hatten demnach zunächst auch keine Umsatzrelevanz, sondern wurden im Rahmen von F&E-Projekten als potenzielle Investition in die Zukunft getätigt. Folglich fokussierten sich die Anbieter bei der strategischen Ausrichtung des Produktangebotes auf den herkömmlichen PC bzw. Laptop als Hauptabsatzkanal.

Vor diesem Hintergrund zeichnet sich heute ein Paradigmenwechsel ab. Denn bei aktueller Betrachtung der für den E-Commerce potenziell relevanten Endgeräteklassen, ergibt sich ein deutlich komplexeres Bild als noch vor wenigen Jahren. So müssen sich Online-Händler spätestens seit der Einführung des iPhones im Jahr 2007 auch auf *neue Endgeräte* einstellen. Auch die zunehmende Verbreitung von Tablet-PCs oder Hybrid-TV-Geräte trägt zu einer immer komplexer werdenden Gerätelandschaft bei. Nachdem Commerce-Angebote auf solchen Devices lange Zeit einen F&E-Status inne hatten, werden in Europa heute bereits relevante Umsatzzahlen über die neuen Kanäle generiert. So beziffert z. B. Forrester Research die europäischen Umsätze in 2012 mit 2,74 Milliarden

Euro und prognostiziert für 2017 bereits einen Anstieg auf 20 Milliarden Euro (Forrester Research Inc. 2012). Diese Marktentwicklung setzt E-Commerce-Händler unter Zugzwang, da diese ihre Angebote nun auch auf neue Endgeräteklassen bringen müssen. Eine bloße Übertragung des herkömmlichen Webshops kann hierbei jedoch nicht die Lösung sein – müssen doch unterschiedliche technische Anforderungen und Nutzungskontexte der Geräte beachtet werden.

Ob die Fragmentierung des Marktes durch die Etablierung von Smartphones, Tablet-PCs und Hybrid-TV-Geräte bereits ihr Ende findet, sollte dabei in Frage gestellt werden. Denn auch andere Geräteklassen wie Spielekonsolen, Navigationssysteme oder intelligente Haushaltssysteme weisen eine zunehmende Verbreitung auf. Langfristig ist auch bei diesen Geräteklassen von einer breiten Abdeckung großer Konsumentenschichten auszugehen, so dass händlerseitig schon heute erste Versuche stattfinden, auch diese zusätzlichen Kanäle mit kommerziellen Angeboten zu erschließen (vgl. Kap. „Kundenmehrwert durch ePace").

Mit Blick auf die aktuelle Situation wird jedoch klar, dass sich die neuen Endgeräte zu entscheidenden Treibern für den weiterhin stark wachsenden E-Commerce-Markt entwickeln. Bereits für das Jahr 2015 wird die Größe des deutschen E-Commerce-Marktes auf fast 30 Milliarden Euro geschätzt (Netto-Warenhandel ohne digitale Güter; Euromonitor International 2011). Den Händlern muss dabei bewusst sein, dass sich ein signifikanter Teil dieser Umsätze auf die neuen Endgeräteklassen verteilen wird. Hierbei bieten neue Nutzungskontexte und innovative Formate zwar zum einen die Chance zusätzliche Umsätze zu erzielen. Gleichzeitig besteht jedoch die Gefahr, Marktanteile über diese Kanäle zu verlieren, sofern nicht aktiv in die neuen Endgeräte investiert wird.

Die hiermit verbundenen Potenziale bringen für den Händler eine hohe zusätzliche Komplexität mit sich. Aus einer strategischen Perspektive ergeben sich dabei insbesondere zwei zentrale Fragestellungen:

- Welche Geräte sind zu welchem Zeitpunkt relevant?
- Welche Produktkonzepte eignen sich für die Geräte?

Während sich die erste Frage relativ gut auf Basis von Marktstudien und Marktprognosen beantworten lässt, bringt die Frage nach der Art der Produktgestaltung eine erhöhte Unsicherheit mit sich. Denn oftmals existieren hierfür am Markt noch keine Best Practices. Um das volle Potenzial der neuen Endgeräte auszuschöpfen, kann eine reine Übertragung der für PCs konzipierten Web-Seite keine Option sein. Vielmehr müssen jeweils die individuellen endgeräteseitigen Charakteristika wie Hardwareeigenschaften und Nutzungskontexte berücksichtig werden. Es ist notwendig, dass für jede Geräteklasse eine *Device-optimierte Angebotsgestaltung* vorgenommen wird. Neben diesen strategischen Herausforderungen (markt- und produktseitig) besitzt die diversifizierte Endgerätelandschaft eine Vielzahl weiterer Implikationen, die von Online-Händlern adressiert werden sollten. Als zusätzliche Komplexitätstreiber müssen hierbei insbesondere organisatorische (z. B. Multi-Device-Verantwortliche, Berichtslinien, Produktionsprozesse etc.) sowie technologische Herausforderungen (z. B.

Betriebssysteme, technologische Umsetzung, backend-seitige Anbindung etc.) berücksichtigt werden.

Zur Erschließung dieses sehr facettenreichen Themas liegt der Fokus des folgenden Beitrags im Kern auf den produktstrategischen Implikationen der erweiterten Endgerätelandschaft.

2 Marktentwicklung neuer Endgeräteklassen

Der E-Commerce ist schon seit geraumer Zeit kein reines *Personal-Computer*-Thema mehr. Händler sehen sich bereits heute mit einer Vielzahl internetfähiger Endgeräteklassen konfrontiert. Dabei etablieren sich zum einen *neue Geräteklassen* wie z. B. Tablet-PCs, zum anderen werden vormals *analoge Geräte* wie z. B. Fernseher herstellerseitig mit IP-Fähigkeit aufgerüstet.

Auf Seiten der Gerätehersteller wird durch die Konnektivität mit dem Internet die Möglichkeit eröffnet, die Produkte mit neuen Inhalten und Interaktionsmöglichkeiten anzureichern. Diese Fähigkeit schafft neue Mehrwerte für den Kunden und führt so zu einer Erhöhung der Attraktivität der Angebote. Für E-Commerce-Händler entstehen dadurch neue potenzielle Kanäle zur Ausweitung ihres Angebots oder zur Realisierung neuer Inhaltskonzepte.

Die marktseitige Relevanz für den E-Commerce liegt für viele der neuen Endgerätetypen jedoch noch in weiter Ferne. IP-fähige Haushaltsgeräte wie beispielsweise von Miele (Miele@Home), *smarte* Navigationsgeräte oder auch portable Spielekonsolen (z. B. Sony PSP) lassen auch längerfristig keine relevanten Umsätze für den E-Commerce erwarten.

Ausgehend von der marktseitigen Verbreitung und den mittelfristigen Wachstumsraten lassen sich aktuell vier relevante Endgerätetypen identifizieren, und zwar PCs/Notebooks, Smartphones, Tablets und Hybrid-TV (internetfähige Fernseher).

Der PC bildet aktuell die Basis für den Großteil der E-Commerce-Aktivitäten, denn mit 55 Millionen Endgeräten weisen der PC bzw. das Notebook die höchste gerätseitige Verbreitung in Deutschland auf (vgl. hier und im Folgenden: Otto Group interne Analyse 2012). Auch perspektivisch ist mit einer steigenden Durchdringung des PCs in deutschen Haushalten und Arbeitsplätzen zu rechnen, so dass nach aktuellen Prognosen mittelfristig eine Verbreitung von über 60 Millionen Endgeräten erwartet werden kann. Mit dieser Verbreitung bleibt der PC für den E-Commerce auch weiterhin zentral. Mit Blick auf die marktseitigen Wachstumsraten bis 2015 wird sich der PC (+15 Prozent) im Vergleich zu anderen *neuen Endgeräteklassen* jedoch unterdurchschnittlich entwickeln (vgl. Abb. 1). Hier wird insbesondere bei Smartphones (+205 Prozent), Tablets und Hybrid-TV-Geräten (jeweils +1.900 Prozent) ein weit höheres Wachstum erwartet.

Aufgrund der starken Verbreitung und Nutzung gehört das Smartphone für eine Vielzahl von Händlern bereits zum festen Bestandteil ihrer E-Commerce-Strategie. Das Smartphone ist unter den neuen Endgeräteklassen eindeutig auf dem Weg zur Commodity, denn heute (2012) ist knapp jeder dritte Deutsche im Besitz eines

Smartphones. Die Verbreitung ist bzw. bleibt dabei rasant steigend: Die Absatzzahlen lassen darauf schließen, dass bereits in 2015 mit einer Durchdringung von 30 Millionen Endgeräten in Deutschland zu rechnen ist.

Das Smartphone und damit verbunden der M-Commerce nehmen für Internethändler eine hoch relevante Rolle ein, die bereits weitestgehend Akzeptanz findet. Eine Vielzahl der E-Retailer spielt bereits heute mobil-optimierte Seiten aus (Internet Retailer 2012, S. 36 ff.). In den USA könnte der M-Commerce über Smartphones zwischen 2011 und 2015 bereits um 47 Prozent auf über 30 Milliarden US-Dollar wachsen, womit bereits neun Prozent des dortigen E-Commerce-Gesamtmarktes erreicht wären (GPBullhound 2012). Diese Prognose untermauert, dass E-Commerce auf dem Smartphone längst keinen F&E-Status mehr hat, sondern bereits dabei ist, eine umsatzrelevante Größe zu werden. Dass der M-Commerce auch in Deutschland längst angekommen ist, zeigen jüngste Marktergebnisse: So hat beispielsweise OTTO im Weihnachtsgeschäft des Jahres 2011 bereits rund 5 Millionen Euro Nachfrage mit Hilfe von Smartphones erzielt (Treiss 2012).

Den vergleichsweise neuen Tablet-PCs kann aus einer E-Commerce-Perspektive ebenfalls ein großes Potenzial zugesprochen werden. Wortschöpfungen wie *Couch Commerce* oder *Leisure Commerce* verdeutlichen dabei die Erwartungshaltung einzelner Marktteilnehmer, die sich durch den Nutzungskontext des Tablets zur *Couchtime* am Abend und generell in einer entspannten Atmosphäre neue Impulse für einen inspirativen E-Commerce erhoffen (Tomorrow Focus Media 2011). Vergleichbar mit der Einführung des iPhones war es erneut die Firma Apple, die mit dem iPad im Jahr 2010 den entscheidenden Impuls für die weitreichende Verbreitung von Tablets sorgte. In den USA erzielen Tablets im Jahr 2012 mit 40 Millionen Geräten bereits eine Penetration von über 10 Prozent der Einwohner, für das Jahr 2015 liegen die Prognosen bereits bei bis zu

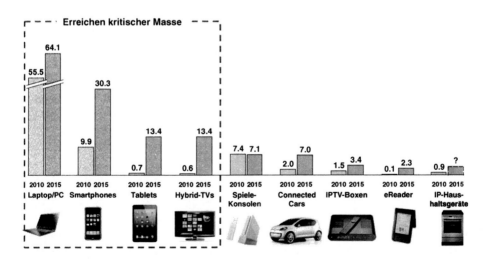

Abb. 1 Bestand aktiver IP-fähiger Endgeräte 2010 & 2015 (DE; private Nutzung; in Millionen) (eigene Darstellung; Otto Group interne Analyse 2012)

20 Prozent. Die Entwicklung in Deutschland verläuft etwas weniger dynamisch, jedoch wird auch hierzulande für das Jahr 2015 von einer Penetration von über 15 Prozent der Einwohner ausgegangen- das entspricht einer Nutzung von über 13 Millionen Geräten. Sollten sich die dem Tablet zugesprochenen Wachstumsraten bestätigen, so ist es sehr wahrscheinlich, dass sich Tablets neben dem PC und dem Smartphone als zentraler E-Commerce-Kanal etablieren werden.

Im Bereich TV bringen aktuell drei Geräteklassen das Internet auf den Bildschirm, die sich wie folgt kategorisieren lassen:

- *Hybrid-TV-Geräte* besitzen einen integrierten Internetanschluss (z. B. Samsung SMART TV),
- *IPTV-Boxen* ermöglichen den Zugang zum IPTV-Angebot eines Telekommunikationsanbieters – meist mit garantierter technischer Angebotsqualität (z. B. T-Home Entertain),
- *Hybride Set-Top-Boxen* bieten zusätzlich zum linearen TV-Signal auch Zugang zu IP-basierten Inhalten (z. B. Apple TV).

Die Verbreitung internetfähiger TV-Geräte befindet sich in Deutschland derzeit noch in einer sehr frühen Entwicklungsphase (vgl. Abb. 1). Grundsätzlich deuten aber verstärkte Aktivitäten der Telekommunikationsanbieter, Gerätehersteller und Medienunternehmen auf eine hohe Dynamik in den nächsten Jahren in diesem Markt hin. Insbesondere hybride TV-Geräte versprechen hinsichtlich der Marktdurchdringung mittelfristig die größte Reichweite zu erzielen. Nach aktuellen Prognosen kann für das Jahr 2015 in Deutschland bereits mit >13 Millionen angeschlossener und aktiv genutzter Hybrid-TV-Geräte gerechnet werden – dies entspricht einer Penetration von über 34 Prozent der Haushalte. Neben einer Vielzahl proprietärer Geräteplattformen, scheint sich aktuell der geräteunabhängige Standard *Hybrid Broadcast Broadband TV* (HbbTV) auf den neuen TV-Geräten zu etablieren. Dieser ermöglicht u.a. das lineare TV-Programm mit zusätzlichen IP-Inhalten anzureichern, was für E-Commerce-Händler die Umsetzung neuer innovativer Angebotsformate ermöglicht. So nutzte OTTO diese Technologie z. B. bereits im Dezember 2011 und bot seinen Kunden die Möglichkeit, sich zur TV-Weihnachtskampagne zusätzliche Informationen zu den im Spot beworbenen Produkten anzeigen zu lassen oder einen Rückruf mit dem Kundencenter direkt über das TV-Gerät zu vereinbaren.

3 Determinanten für die Produktgestaltung auf neuen Endgeräten

Eine zentrale Herausforderung für Händler ist die Frage, mit welchen Produktkonzepten die neuen Endgeräte adressiert werden sollten. Die meisten Endgeräte besitzen unterschiedliche Charakteristika in Bezug auf ihre Geräteeigenschaften und den Nutzungskontext.

Die einfache Übertragung des PC-Webshops ist daher – wie schon erwähnt – keine sinnvolle Strategie. Denn ein Verzicht auf ein für das Gerät optimiertes Konzept führt zu einer schlechten User-Experience, geringeren Conversionrates und damit letztlich zu weniger Umsatz. Insbesondere bei Smartphones erscheinen diese Implikationen naheliegend, schließlich unterscheiden sich Smartphones alleine durch die Displaygröße drastisch von PC-Web-Seiten. Diese Tatsache führt dazu, dass nicht optimierte Shops aufgrund der schlechten, nicht angepassten Bedienbarkeit auf Smartphones zu hohen Abbruchquoten führen. Ein Beleg für die Bedeutung Device-spezifischer Bedienkonzepte sind die in 2011 im Mobile-Shop bei Baur durchgeführten Optimierungsmaßnahmen. Diese führten zu einer Erhöhung der Conversionrate um 13,5 Prozent (Internet World Business 2012).

Auch auf Tablets können ähnliche Tendenzen festgestellt werden. So stellen einige Marktstudien signifikante Verschlechterungen der Conversionrates, aber gleichzeitig einen Anstieg der Average Order Sizes im Vergleich zum PC-Web-Shop fest (Adobe Digital Marketing Insights 2011). Als Ursache kann hierfür sicher eine fehlende Optimierung in Bezug auf die Touch-Steuerung angeführt werden. Auch Demographie-Effekte könnten eine Rolle spielen, da die Nutzergruppen von Tablets tendenziell zahlungskräftiger sind. Als ein weiterer Einflussfaktor sollten aber auch die neuen Nutzungskontexte der Tablets berücksichtigt werden.

Eines wird aus dieser Betrachtung sehr deutlich: Stellt man die Key-Performance-Indikatoren (KPIs) in Relation zum steigenden Traffic der *neuen Endgeräte*, laufen Händler Gefahr, starke Umsatzeinbußen zu erleiden. Entsprechend wichtig ist es, für die jeweiligen Devices optimierte Konzepte zu entwickeln.

Eine erfolgversprechende Strategie kann dabei nur ein kundenzentrierter Ansatz sein, der die Bedürfnisse des Konsumenten in den Vordergrund stellt. In der heutigen Multi-Device-Welt stehen diese Bedürfnisse in wechselseitiger Abhängigkeit von zwei zentralen Faktoren:

1. Den individuellen Geräteeigenschaften
2. Dem Nutzungskontext des Konsumenten

Beide Faktoren bieten verschiedene Möglichkeiten, aber auch Limitationen für E-Commerce-Konzepte. Mit Blick auf die Gestaltung von Produktkonzepten müssen sich Händler über diese zentralen Faktoren im Klaren sein, um sie bewusst in der gesamten Produktstrategie umzusetzen. Dabei gilt es insbesondere die jeweiligen Stärken der Devices auszuspielen aber auch gleichzeitig deren Limitationen und Ineffizienzen entgegenzuwirken.

3.1 Geräteeigenschaften

Die verschiedenen Endgeräte zeichnen sich durch individuelle (hardware-seitige) Charakteristika aus. Als zentrale Unterscheidungsmerkmale können dabei die Displaygröße, die Eingabeeffizienz, Komfortaspekte und Device-spezifische Funktionalitäten genannt

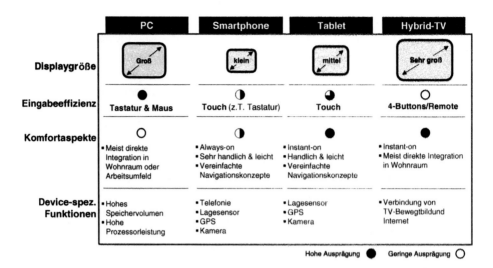

Abb. 2 Zentrale Geräteeigenschaften neuer Endgeräteklassen im Vergleich zum PC (eigene Darstellung)

werden (vgl. Abb. 2). Die einzelnen Faktoren werden im Folgenden näher erläutert und anhand von Gerätebeispielen verdeutlicht:

Displaygröße Die Displaygröße ist ein zentraler Einflussfaktor für das Interaktionsdesign und bildet eine natürliche Grenze für den darstellbaren Informationsgehalt. Im E-Commerce-Kontext ist zudem die Wirkung von Produkt- und Bewegtbildern stark von der Bildschirmgröße abhängig. Denn die mit solchen Inhalten verbundene Emotionalisierung bzw. das Involvement des Nutzers, erhöht sich bei steigender Displaygröße. Eine Stärke von TV-Geräten im E-Commerce-Kontext liegt daher z. B. in der emotionalisierenden und unterhaltenden Wirkung von großflächigen Produkt- und Bewegtbild-Darstellungen.

Eingabeeffizienz Die Eingabeeffizienz ist ein entscheidender Faktor für den E-Commerce. Abwicklungsprozesse wie Registrierungen oder Zahlungsdateneingaben müssen schnell und einfach vonstattengehen können. Ist dies nicht gegeben, verliert der Nutzer schnell die Geduld, was zu erhöhten Abbruchquoten führt. Gleiches gilt für Produktrecherchen.

PCs bieten z. B. durch die Kombination von Maus und Tastatur weiterhin die höchste Eingabeeffizienz und eignen sich daher besonders für aufwändige Abwicklungs- und Informationsprozesse. Das TV-Gerät besitzt im Vergleich eine (noch) sehr niedrige Eingabeeffizienz. Die Eingabe von Zahlungsdaten oder langwierigen Registrationsprozessen sind dort nur sehr mühsam zu bewältigen.

Komfortaspekte Eine einfache und komfortable Nutzbarkeit steigert den *Joy of Use*. Durch eine Erhöhung des Spaßes und der Freude bei der Nutzung entfalten sich Potenziale für die Schaffung von unterhaltenden und inspirativen Inhalten.

PCs wirken z. B. aufgrund des langen Hochfahrprozesses und ihrer Sperrigkeit eher unattraktiv und bleiben somit eher ein Arbeitsgerät. Das Tablet bietet hingegen Flexibilität, ein einfaches Bedienkonzept bei hoher Portabilität (klein, leicht, handlich) und ist sofort betriebsbereit (instant-on).

Device-spezifische Funktionalitäten Die Ausschöpfung der device-spezifischen Eigenschaften sollte genutzt werden, um neue, anwenderrelevante Features und Produktkonzepte zu konzipieren. Die Relevanz der Angebote und die User Experience werden hierdurch positiv beeinflusst.

Beim Smartphone bieten z. B. GPS Sensor oder Kamera die Möglichkeit Location Based Services oder QR- bzw. Barcodescanning anzubieten. Beim Hybrid-TV besteht durch die Nutzung von HbbTV das Potenzial TV-Bewegtbild mit kontext-abhängigen Internetinhalten zu verbinden.

Die hier vorgenommene Klassifizierung (vgl. Abb. 2) ist dabei nicht statisch zu sehen. Langfristig ist davon auszugehen, dass vormals sehr unterschiedliche Geräteklassen in Bezug auf vereinzelte Hardwarecharakteristika konvergieren. So kann bereits heute festgestellt werden, dass Tablet-PCs zunehmend auch mit hardware-seitigen Tastaturen ausgestattet werden, um so die Eingabeeffizienz zu erhöhen (z. B. Microsoft Surface). Auch Notebooks weisen grundsätzlich Überschneidungen zu Tablets auf (z. B. in Bezug auf die Mobilität), wurden hier aber aus Gründen der Vereinfachung unter PCs subsummiert.

3.2 Nutzungskontext

Die einzelnen Endgeräteklassen unterscheiden sich nicht nur signifikant in ihren spezifischen Eigenschaften, sie unterscheiden sich ebenso im Grad des Kontexts der Verwendung. Hierbei lassen sich grundsätzlich die beiden Dimensionen *Nutzungsmodus* und *Nutzungsumfeld* voneinander unterscheiden (in Anlehnung an Fischer und Nagel 2011).

Nutzungsmodus In dieser Dimension wird die Frage beantwortet, in welchem Modus sich der Konsument in Bezug auf die Informationsverarbeitung derzeit befindet. Dabei wird häufig zwischen den beiden Begrifflichkeiten *Lean Forward* und *Lean Back* unterschieden. Abhängig vom Modus, in dem sich der Konsument befindet, hat er sehr unterschiedliche Ansprüche an Inhalte, Darstellung und Funktionalitäten, die ihm in einem E-Commerce Kontext zugespielt werden.

Im *Lean-Forward*-Modus ist der Konsument aktiv und konzentriert, seine Aktionen sind von längerer Dauer und er ist auf seine Tätigkeit fokussiert. Modifizierung und Veränderung von Informationen sind von höherer Bedeutung.

In Bezug auf die Angebotsgestaltung ist dieser Modus also prädestiniert zur Deckung von Informations-, Kauf- oder Abwicklungsbedürfnissen.

Beim *Lean-Back*-Modus ist der Konsument hingegen vorwiegend entspannt und passiv, die Nutzung ist weniger anstrengend, sondern eher erholsam. Es handelt sich primär um einen Medien- und Informationskonsum, bei dem ein Fokus auf die Tätigkeit nicht zwingend notwendig ist. Für die Angebotsgestaltung lässt sich ableiten, dass eine konkrete Konsumabsicht nicht zwingend vorhanden ist. Im Mittelpunkt steht eher das Bedürfnis zu stöbern sowie Unterhaltung bzw. Inspiration zu erfahren.

Nutzungsumfeld In der Dimension des Nutzungsumfeldes wird die Frage betrachtet, wo und mit wem das Gerät benutzt wird. Denn aus der unmittelbaren Situation können unterschiedliche Ansprüche erwachsen. Somit hat neben dem Nutzungsmodus auch das Nutzungsumfeld entscheidenden Einfluss auf die Ansprüche des Konsumenten. Das Nutzungsumfeld ist dabei sehr variabel und lässt sich in sehr viele Dimensionen unterteilen. Zwei zentrale Ausprägungen sind dabei der Grad der Mobilität sowie der privaten Nutzung.

Die *Mobilität* beschreibt den Grad der Nutzung unterwegs oder auf Reisen und steht damit im Gegensatz zur stationären Nutzung. Dieses Nutzungsumfeld ist geprägt von meist kurzer Nutzungsdauer, ist oft hektisch, laut und wenig entspannend. Der Bedarf nach schnellem Informationszugang ist daher sehr ausgeprägt. Gelegentlich kann die Nutzung aber auch von längerer Dauer sein – z. B. auf Reisen. Für die Angebotsgestaltung bedeutet dieses Nutzungsumfeld eine erhöhte Kontextrelevanz, da der Konsument mit Impulsen aus seiner Umgebung konfrontiert wird.

Der Grad der *personalisierten Nutzung* beschreibt eine Nutzungsform durch nur eine Person ohne nachgelagerte Nutzung durch weitere Personen. Für die Angebotsgestaltung bietet dies Potenziale für die personalisierte Ansprache des Nutzers und ermöglicht gleichzeitig die Schaffung individualisierter Angebote.

Abbildung 3 liefert eine illustrative Darstellung der Unterschiede der neuen Endgeräteklassen in Bezug auf Nutzungsmodus und Nutzungsumfeld. Da *Lean Forward* mit Hinsicht auf den Grad der Nutzung im reziproken Verhältnis zu *Lean Back* steht, wird hier nur eine Kategorie gesondert aufgeführt. Zusammenfassend bieten Tablet und Hybrid-TV gute Möglichkeiten, den Konsumenten im Lean-Back-Modus zu erreichen und zu inspirieren. Das Smartphone auf der anderen Seite ist immer dabei, immer connected und bietet die Möglichkeit den Nutzer jederzeit mit kauf- und kontextrelevanten Informationen zu versorgen.

3.3 Stärken der Endgeräteklassen innerhalb des Kaufprozesses

Die Fragmentierung der Gerätelandschaft impliziert, dass dem Konsumenten auf allen relevanten Endgeräten ein möglichst vollständiges Kauferlebnis zur Befriedigung seiner Bedürfnisse geboten werden sollte. Die individuellen Geräteeigenschaften und Nutzungskontexte der Endgeräte führen jedoch dazu, dass die Geräteklassen ihre Stärken in unterschiedlichen Phasen des Kaufprozesses besonders entfalten. Zur

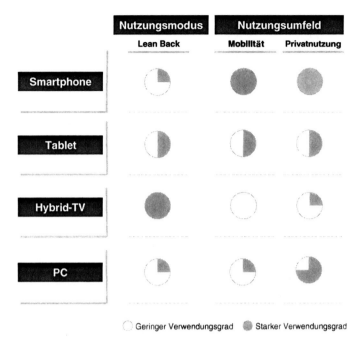

Abb. 3 Nutzungskontexte neuer Endgeräteklassen (eigene Darstellung)

Ausschöpfung des vollen Potenzials der jeweiligen Endgeräte, sollten diese Stärken daher bei der Angebotsgestaltung berücksichtigt werden.

Der Kaufprozess lässt sich in einem Multi-Device-Kontext in fünf Phasen unterteilen:

1. *Impuls* – der Anreiz, der den Kunden auf die Diskrepanz in Bezug auf seine Bedürfnisse und deren Befriedigung bringt (Kotler und Armstrong 2007), z. B. durch App-Push-Nachrichten
2. *Entdecken* – eine Eruierung der Diskrepanz und damit verbunden eine Identifikation der Produktkategorien, die potenziell geschlossen werden können, z. B. Stöbern im Web-Shop
3. *Information* – das Sammeln und Bewerten der Informationen über die Produkte, deren Eigenschaften und Preise, z. B. Lesen von Produktbeschreibungen oder Preisvergleichen
4. *Kauf* – die Wahl der optimalen Produktalternative, die die Kundenbedürfnisse am besten befriedigt und im Budgetrahmen liegt, inklusive der Transaktion *Checkout*, z. B. in den Warenkorb legen und bezahlen
5. *Aftersales* – alle Interaktionen, die zwischen dem Käufer und dem Verkäufer nach Abschluss der Transaktion stattfinden, z. B. Bestellstatus prüfen oder Newsletter abonnieren

Je nach Gerät ergeben sich Unterschiede im Kaufprozess:

PC Die Stärke der Nutzung von PCs und Notebooks liegt in der Befriedigung von Informations-, Kauf- und Abwicklungsbedürfnissen. Der Einsatz findet unverändert während des gesamten Kaufprozesses statt, hat die größte Bedeutung jedoch während der letzten drei Phasen: Information, Kauf und Aftersales.

Smartphone Das Smartphone besitzt eine hohe Kontextsensitivität und wird damit sehr impulsgetrieben genutzt. Bei der Nutzung besteht ein hoher Bedarf nach schnellem kontext- bzw. kaufbezogenem Informationszugang. Die Nutzung ist meist von kurzer Dauer und zielgerichtet – erfolgt vereinzelt aber auch nebenbei (z. B. zur Zeitüberbrückung). Das Smartphone ist während des gesamten Kaufprozesses beteiligt, es dient insbesondere als Empfänger der externen Impulse, ist Begleiter beim Sammeln von Informationen und während des Aftersales-Prozesses.

Tablet-PC Die Nutzung erfolgt zu einem großen Teil in entspannter Atmosphäre mit hohem Fokus. Es besteht ein hohes Potenzial zur Inspiration, gleichzeitig wird das Tablet aber ebenso für Kauf- und Abwicklungsprozesse verwendet. Das Tablet kann eine wichtige Rolle während des gesamten Kaufprozesses übernehmen, vor allem auch beim Entdecken, Informieren und bei der eigentlichen Kauftransaktion.

Hybrid-TV Die Nutzung findet stationär im Haushalt statt, meistens in entspannter Atmosphäre. Häufig wird das Hybrid-TV von mehreren Personen gemeinschaftlich genutzt und deckt primär den Bedarf nach Unterhaltung. Das Endgerät weist damit eine Stärke in der Bedarfsweckung auf und ist somit besonders geeignet für den Einstieg in den Kaufprozess. Speziell als Impulsempfänger ist es sehr sinnvoll und unterstützt beim Entdecken und Informieren.

4 Strategien zum Einsatz neuer Endgeräte

Die neue Endgerätevielfalt bringt eine erhöhte Komplexität für die operative und strategische Ausrichtung eines E-Commerce-Händlers mit sich. Dabei gilt es vor allem zwei Fragen zu beantworten, die von besonderer Bedeutung sind:

- Welche Geräte sind zu welchem Zeitpunkt relevant?
- Welche Produktkonzepte eignen sich für diese Geräte?

Als Basis für diese Entscheidungsfindung wurde in den beiden vorangegangenen Kapiteln zum einen die Marktentwicklung der neuen Endgerätelandschaft genauer untersucht und zum anderen die verschiedenen Charakteristika der Endgeräte in Bezug auf die Geräteeigenschaften, deren Nutzungskontext, sowie den sich daraus ergebenden Kundenansprüchen herausgearbeitet. Zur Ableitung eines strategischen Vorgehens ergeben sich in einer Multi-Device-Welt zwei übergeordnete Dimensionen, und zwar die *Device-Marktreife sowie der* Grad der *Device-Optimierung*.

Die *Marktreife* der Endgeräte ist primär vom Verbreitungsgrad (vgl. Kap. 2) sowie der wettbewerbsseitigen Aktivität auf diesem Kanal abhängig. Für die strategische Ausrichtung hat dies folgende Implikationen:

- Das marktseitige Umsatzpotenzial über passende Inhaltskonzepte ist umso größer, je höher die nutzerseitige Marktdurchdringung ist,
- Mit zunehmender Marktreife nimmt gleichzeitig auch der Wettbewerbsdruck durch optimierte Angebote zu. Es erhöht sich gleichzeitig auch die Erwartungshaltung der Kunden in Bezug auf die Angebotsgestaltung,
- Je höher die Marktreife ist, desto höher ist dabei aber auch das Risiko des Marktanteilsverlusts, sofern der Kanal nicht durch adäquate Konzepte bespielt wird.

In Hinblick auf den Grad der *Optimierung* wurde bereits in Kap. 3 verdeutlicht, dass die einzelnen Endgeräteklassen sehr unterschiedliche Charakteristika aufweisen. Dies hat folgende Implikationen für die strategische Ausrichtung:

- Das Potenzial eines Kanals in Bezug auf *Conversionrate* bzw. *Average Order Size* wird umso mehr ausgeschöpft, je stärker die jeweiligen Angebote durch spezielle Inhaltskonzepte und Interaktionsdesigns auf die Geräteeigenschaften und den jeweiligen Nutzungskontext optimiert sind.
- Mit steigendem Optimierungsgrad erhöht sich das umsetzungsseitige Risiko in Bezug auf Konzeptions-, Implementierungs- und Betriebskosten. Dieses Risiko wird jedoch bei einer zunehmenden Kommoditisierung (=erhöhte Marktreife) der neuen Endgeräte gesenkt, da sich hierdurch auch Best Practices am Markt etablieren und somit von Lerneffekten profitiert werden kann.

Durch die übergeordneten Dimensionen Optimierungsgrad und Marktreife, ergeben sich in der Matrix vier generische Handlungsoptionen (vgl. Abb. 4). Diese sollen im Folgenden näher diskutiert werden. Zum besseren Verständnis wird dies am Beispiel von Tablet-PCs illustriert:

Option I: Marktbeobachtung Wie zuvor bereits beschrieben, weisen Tablets aktuell noch eine vergleichsweise geringe marktseitige Verbreitung auf (vgl. Abb. 1). Entsprechend konnten auch auf Angebotsseite bisher kaum Best Practices in Bezug auf Commerce-Angebote etabliert werden. Folglich kann die Marktreife des Tablets derzeit als gering bezeichnet werden. Vor diesem Hintergrund ist es nicht überraschend, dass der Großteil der Händler noch keine spezifischen Aktivitäten auf diesem Device aufweist. Die fehlenden Best Practices am Markt führen zu erhöhten Unsicherheiten in Bezug auf die Ausgestaltung der Angebote, zudem führen unflexible, interne Strukturen des Öfteren zu erhöhter Prozesskomplexität und hohem Implementierungsaufwand.

Abb. 4 Strategische Handlungsoptionen zum Einsatz neuer Endgeräte (eigene Darstellung)

Mit zunehmender Marktreife kann diese Strategie jedoch langfristig keine Option sein. Denn entschließen sich Händler dazu, nicht auf die Entwicklungen im Tablet-Markt zu reagieren und weiterhin die normalen PC-Web-Shop auszuspielen, werden sie mit hoher Wahrscheinlichkeit Marktanteile verlieren. Kurzfristig könnte sich dies in niedrigeren Conversionrates zeigen, die ihre Ursache in Faktoren wie einer nicht für *Touch* optimierten Usability haben. Langfristig gesehen droht durch überlegene (optimierte) Angebote der Wettbewerber der (vollständige) Verlust von Kunden über das Tablet.

Option II: Marktbesetzung Vor dem geschilderten Hintergrund war es bisher ein verbreitetes Vorgehen der Anbieter, zunächst bestehende Inhalte z. B. in Form von digitalen Katalogen zu übertragen (z. B. Lands' End). Diese Konzepte wurden zusätzlich mit weiteren Funktionalitäten wie Produktinformationen oder einer Verlinkung in den Checkout der normalen PC-Website angereichert. Bedienkonzepte und Inhalte wurden jedoch zumeist nicht für das Device optimiert und somit sind diese Lösungen nicht in der Lage, das Potenzial des Tablets voll auszuschöpfen. Diese Option erlaubt es in Phasen einer geringen Marktreife zu relativ geringen Investitionskosten erste Erfahrungen mit neuen Konzepten am Markt zu sammeln. Umsatzverlusten kann hierdurch frühzeitig entgegengewirkt werden. Mit zunehmendem Reifegrad verliert jedoch auch diese Option an Relevanz, da Kunden eine erhöhte Anspruchshaltung entwickeln und solche Konzepte das Potenzial des Tablets nicht ausreizen. Es droht der Marktverlust.

Option III: Marktentwicklung Einige wenige Anbieter verfolgen einen gegensätzlichen Ansatz und bieten bereits heute explizit für das Tablet optimierte Angebote an. So war z. B. bonprix im Juli 2012 der erste große deutsche Online-Händler der unter t.bonprix.de einen vollständig für das Tablet optimierten Web-Shop in den Markt brachte. Die Shop-Oberfläche wurde hierzu speziell für die Bedienung per *Touch* optimiert und es wurde ein simples und übersichtliches Interaktionsdesign entwickelt, welches das Stöbern in einem entspannten Kontext (z. B. auf der Couch) vereinfacht.

Einen etwas anderen Ansatz fährt z. B. der Online-Fashion-Händler Net-A-Porter, der jede Woche ein für das iPad konzipiertes, dynamisches Modemagazin herausbringt. Mit großflächigen Produktbildern, redaktionellen Inhalten und interaktiven Elementen wird hierbei versucht, vor allem das Inspirationspotenzial des Tablets auszureizen.

Beide Konzepte haben gemein, dass sie mit einem relativ großen Unsicherheitsfaktor hinsichtlich des optimalen Angebotskonzepts für die jeweilige Kundengruppe auf dem Tablet behaftet sind. Entscheidend für diese Handlungsoption ist daher das kontinuierliche Testen und damit verbunden ein iterativer, schneller Verbesserungsprozess durch qualitative User Tests und Auswertung relevanter KPIs.

Wesentliches Risiko der Handlungsoption sind die hohen Konzeptionskosten bei gleichzeitig hoher Unsicherheit. Andererseits bringt die frühe Bespielung des Kanals Tablet mit optimierten Angeboten jedoch auch erhebliche Vorteile und Potenziale mit sich:

- Umsatzverluste durch ungeeignete Konzepte können vermieden werden,
- Neue Marktanteile können über das Tablet anhand wettbewerbsüberlegener Angebote erschlossen werden,
- Etablierung am Markt und Auf-/Ausbau von Vorteilen gegenüber Wettbewerbern.

Option IV: Marktbearbeitung Langfristig ist davon auszugehen, dass die Mehrzahl der Händler mit wachsender Marktreife zunehmend für das Tablet optimierte Konzepte entwickeln wird. Mit steigender Marktdurchdringung werden vermehrt Wettbewerber den Kanal mit gerätespezifischen Konzepten nutzen. Auch werden sich durch die Entwicklung von Best Practices die Konzeptions- und Umsetzungskosten aller Marktteilnehmer reduzieren. Allerdings steigt auch die Anspruchshaltung der Kunden an die Angebotsgestaltung durch das Vorhandensein von optimierten Wettbewerbsangeboten.

5 Fazit und Ausblick

Die Faktoren, die bei der Erstellung der neuen Produktkonzepte berücksichtigt werden müssen, lassen sich sowohl von den Eigenschaften der neuen Geräte, als auch von den Erwartungen und Bedürfnissen der Kunden sowie von den Nutzungskontexten ableiten. Die Angebotsstrategie ist ein dynamischer Prozess, der der Entwicklung des Marktes und den internen Kompetenzen und der Ressourcenlage folgen sollte. Die Umsetzung der Strategie bzw. die Ausprägung im Detail hängt letztlich von dem gewünschten bzw. möglichen Device-Optimierungsgrad und von der Device-Marktreife ab. Die Geschwindigkeit und das Timing stellen hierbei einen zentralen Aspekt dar. Denn nur wer umgehend auf Veränderungen reagiert und seine Produktstrategie und Konzepte schnell umsetzt, wahrt seine Chancen wettbewerbsfähig zu bleiben. Eine hierfür wichtige Voraussetzung, die jedoch im Rahmen dieses Beitrages nicht im Fokus stand, ist die Etablierung eines Monitoring-Prozesses. In diesem sollten die relevanten Endgeräte in Bezug auf den Verbreitungsgrad und einen potenziellen Umsatzbeitrag identifiziert sowie die Aktivitäten des Wettbewerbsumfelds überwacht werden.

Der Blick in die Zukunft zeigt, dass einige Komplexitätsdimensionen zu erwarten sind, die nach strategischen, organisatorischen und technologischen Herausforderungen unterteilt werden können. Die strategische Herausforderung ist, welche Gerätetypen zu welcher Zeit und mit welchen Konzepten entwickelt werden. Aus organisatorischer Sicht stellt sich die Frage, wie sich die Unternehmen intern aufstellen sollten (Berichtslinien, Content Teams etc.). Bei den technologischen Komponenten muss geklärt werden, welche Betriebssysteme Verwendung finden, welche Technologien zur Umsetzung genutzt werden und welche Voraussetzungen plattformseitig geschaffen sein müssen.

Die Weiterentwicklung der Endgeräte wird auch zukünftig neue Optionen und Anforderungen kreieren. Wesentliche Impulse werden aus der Konvergenz der unterschiedlichen Gerätetypen und der Schaffung neuer Hybrid-Modelle (Beispiel: Microsoft Surface) kommen.

Dabei stellen sich einige Fragen:

- Wie sieht die Device-übergreifende Nutzung aus?
- Wie die Fragmentierung des Kaufprozesses?
- Lassen sich Angebote übergreifend gestalten?
- Wie könnten Kaufprozesse in der Multi-Device-Landschaft aussehen?
- Wie verhält sich der Konsument in diesem Kaufprozess?
- Wie wird das Marketingbudget optimal verteilt?
- Wo sollten die Prioritäten optimaler Weise gesetzt werden?

Die neue Gerätevielfalt eröffnet Händlern damit viele Chancen, stellt sie aber auch vor große Herausforderungen. Nur wem es gelingt diese Hürden zu überwinden, kann sich auch zukünftig in einer Multi-Device Welt und damit im Wettbewerbsumfeld behaupten.

Literatur

Adobe Digital Marketing Insights (Hrsg.). (2011). The Impact of Tablet Visitors on Retail Website [Online]. Verfügbar unter: http://success.adobe.com/assets/en/downloads/whitepaper/18011_201205_Digital_Index_Tablet_Report.pdf. Zugegriffen: 07. Dez 2012.

Euromonitor International (2011). Industry reports – apparel [Online]. Verfügbar unter: http://www.euromonitor.com. Zugegriffen: 07. Dez 2012.

Fischer, V., & Nagel, W. (2011). Multiscreen Experience – Prinzipien und Muster für das Informationsmanagement in der Digitalen Gesellschaft. In multiscreen-experience.com [Online]. Verfügbar unter: http://www.multiscreen-experience.com. Zugegriffen: 07. Dez 2012.

Forrester Research Inc. (Hrsg.). (2012). EU Mobile Commerce Forecast, 2012 To 2017 [Online]. Verfügbar unter: http://www.forrester.com/EU+Mobile+Commerce+Forecast+2012+To+20 17/fulltext/-/E-RES61377. Zugegriffen: 07. Dez 2012.

GPBullhound (Hrsg.). (2012): Mobile Commerce. From Evolution to Revolution [Online]. Verfügbar unter: http://www.gpbullhound.com/en/research/. Zugegriffen: 07. Dez 2012.

Internet Retailer (Hrsg.). (2012). Top 400 Europe – Edition 2012. Chicago.

Internet World Business (2012). Bequemeres Mobile Shopping. Case study mobile commerce [Online]. Verfügbar unter: http://www.internetworld.de/Heftarchiv/2012/Ausgabe-10-2012/Bequemeres-Mobile-Shopping. Zugegriffen: 07. Dez 2012.

Kotler, P., & Armstrong, G. (2007). Principles of Marketing (12. Hrsg., S. 177f). Prentice Hall, März 2007.

Tomorrow Focus Media (Hrsg.). (2011). Mobile Effects Mai 2011: Deutschland erobert das mobile Internet! In tomorrow-focus-media.de [Online]. Verfügbar unter: http://www.tomorrow-focus-media.de/uploads/tx_mjstudien/Mobile_Effects_29042011_01.pdf. Zugegriffen: 07. Dez 2012.

Treiss, F. (2012). Interview: Matthias Häsel über Mobile Commerce bei OTTO. In mobilbranche.de [Online]. Verfügbar unter: http://mobilbranche.de/2012/06/interview-matthias-hasel-uber-mobile-commerce-bei-otto/18024. Zugegriffen: 07. Dez 2012.

Über die Autoren

Andreas Haack Jahrgang 1983, absolvierte zunächst eine Ausbildung zum Informatikkaufmann in der Management-Beratung Putz & Partner. Anschließend hat er in Hamburg und Nottingham BWL mit den Schwerpunkten Medienmanagement und Wirtschaftsinformatik studiert und mit einem Top-3-Prozent-Examen abgeschlossen. Seit 2011 arbeitet er als Projektmanager in der Otto Group und berät die Einzelunternehmen bezüglich neuer Trends im Internet sowie dem Einsatz innovativer Technologien und Produkte im E-Commerce.

Dr. Lars Finger Jahrgang 1969, leitet das E-Commerce Competence Center der Otto Group. Er beschäftigt sich mit allen E-Commerce relevanten Fragestellungen der Otto Group und berät Vorstand und Geschäftsführungen in Bezug auf E-Commerce-Strategie und -Technologien, ist verantwortlich für den Aufbau bzw. die Akquisition neuer Geschäftsfelder sowie für das Innovationsmanagement. Dr. Finger hat über 15 Jahre Berufserfahrung in den Bereichen Strategieentwicklung und -umsetzung, Unternehmensentwicklung sowie dem Aufbau neuer Geschäftsfelder im Mobilfunk-, Medien- und Internetumfeld. Vor seiner Tätigkeit bei der Otto Group hat er für PricewaterhouseCoopers, Swisscom, Versatel und Roland Berger Strategy Consultants gearbeitet. Lars Finger ist Diplom-Wirtschaftsinformatiker und promovierte zum Dr.rer.pol. am Lehrstuhl für Unternehmensführung der Technischen Universität Braunschweig.

Dr. Remigiusz Smolinski ist bereits seit vielen Jahren in der E-Commerce-Branche tätig (Lycos Europe, eBay, mobile.international). Aktuell leitet er das Innovationsmanagement der Otto Group und engagiert sich parallel als Research Associate am Forschungsinstitut CORE der School of Business and Social Sciences, Aarhus University. Während seiner Promotion an der Handelshochschule Leipzig arbeitete er als Gastwissenschaftler an der Harvard University und der Fletcher School of Law and Diplomacy an der Tufts University. Dr. Smolinski veröffentlichte bereits zahlreiche Fachbeiträge in namhaften Journalen und ist Dozent an der IESEG School of Management in Lille, sowie der Handelshochschule Leipzig.

Beschleunigte Expansion von Markenherstellern – CBR als Erfolgsbeispiel für eine Multi-Brand- und Multi-Channel-Company

Marcus Krekeler und Nicolas Speeck

Zusammenfassung

Da sein, wo der Kunde ist. Das ist die Herausforderung, vor der immer mehr Unternehmen stehen. Die Entwicklung des Internets und die Nutzung mobiler Endgeräte bringt mit sich, dass der Kunde scheinbar überall und jederzeit mit Informationen und Produkten in Berührung kommt. Folglich müssen Unternehmen den Kunden bei unterschiedlichen Touchpoints überzeugen, um konkurrenzfähig zu sein. Daher erweitern Online Pure Player ihr Geschäft um stationäre Stores und Unternehmen mit stationären Geschäften verfügen über einen Online-Shop. CBR stellt dabei ein Erfolgsbeispiel für den schnellen Aufbau eines weiteren Vertriebszweiges dar und zeigt auf, welche Herausforderungen Unternehmen bewältigen müssen und welches Know-how gefordert ist, um das Bedürfnis des Kunden nach passenden Absatzkanälen zu befriedigen.

Inhaltsverzeichnis

1	Multi-Channel-Distributionssysteme	298
	1.1 Neue Chancen durch Multi-Channel-Verzahnung	298
	1.2 Formen von Multi-Channel- Distributionssystemen	299
	1.3 Multi-Channel-Anforderungen	300
2	Best Practices für Multi-Channel-Expansionen	302
	2.1 Offline zu Online	303
	2.2 Online zu Offline	304

M. Krekeler (✉)
dgroup, Große Elbstraße 279, 22767 Hamburg, Deutschland
e-mail: marcus.krekeler@d-group.com

	2.3	Als Multi-Channel-Unternehmen gegründete Firmen......................	304
3		Internationalisierung von Multi-Brand- und Multi-Channel-Plays am Beispiel CBR....	305
	3.1	CBR als typisches Beispiel für „Offline zu Online"...........................	305
	3.2	Der Plan...	306
	3.3	Die Umsetzung..	306
	3.4	Der Start..	307
	3.5	Erfolgsfaktoren und Learning für vergleichbare Projekte...................	309
4		Zusammenfassung und Ausblick...	310
Literatur			311

1 Multi-Channel-Distributionssysteme

1.1 Neue Chancen durch Multi-Channel-Verzahnung

Mit der voranschreitenden Entwicklung der Technologie, insbesondere in der mobilen Nutzung, kommen Kunden jederzeit und überall durch unterschiedliche Kanäle mit Informationen und Produkten in Berührung. Sie erwarten aber auch zunehmend, ihren Einkaufsprozess in allen Kanälen gestalten zu können. Online anschauen, prüfen ob der Artikel im stationären Geschäft verfügbar ist, anschließend den Artikel am POS bestellen und nach Hause liefern lassen und bei Nichtgefallen den Artikel im stationären Geschäft retournieren. So sieht für viele Kunden ein potenzieller Einkauf aus. Eine Umfrage der Medienagentur „netz98" hat ergeben, dass 63,3 Prozent aller Kunden unterschiedliche Kanäle bei ihrem Einkauf nutzen, wobei hier die Informationssuche vor dem endgültigen Kauf von hoher Bedeutung ist (netz98 2012). Die Möglichkeit, die Wahl beim Einkaufen zu haben und den Einkaufsprozess individuell zu gestalten, wird aus Kundensicht immer mehr zur Selbstverständlichkeit.

Ob stationäre Händler, die mit eigenen Online-Shops in den digitalen Markt einsteigen, oder frühere E-Commerce-Pure-Player, die den stationären Vertriebsweg (wieder) für sich entdeckt haben. Bei der Masse an Möglichkeiten ist es entscheidend, den richtigen Zeitpunkt für einen Einstieg zu wählen. Wichtig ist es im ersten Schritt, dass die einzelnen Vertriebskanäle wettbewerbsfähig sind. Im zweiten Schritt ist es vorteilhaft, die Vertriebskanäle miteinander zu verzahnen, um sowohl für den stationären als auch den Online-Vertrieb weitere Wettbewerbsvorteile zu erzielen.

Was der Kunde bei der Entwicklung nicht hinterfragt, sind die Prozesse, die für Unternehmen hinter Online-Shops und Multi-Channel-Aktivitäten stecken und diese vor große Herausforderungen stellen, denn die Logistik hinter einem zusätzlichen Vertriebskanal erfordert unterschiedliche Prozessabläufe. Genauso ist es dem Endkunden egal, ob das Unternehmen direkt (Retail) oder über indirekte Partner (Wholesale) seine Ware vertreibt.

Diesbezüglich stellen sich eine Reihe von Fragen, die zu beantworten sind, wie zum Beispiel zu den folgenden Themen: Sollen Online- und Offline-Vertriebskanäle an einem Lagerstandort zusammengefasst werden? Kann noch am selben Tag geliefert werden, wenn der Warenbestand des stationären Handels mit einbezogen wird? Wie soll die Preispolitik gestaltet werden? Wie sollen Mitarbeiter bei verschiedenen Kanälen einbezogen werden, sodass diese die unterschiedlichen Abläufe kennen und bei Kundenfragen auch die richtige Antwort parat haben? Das sind nur einige der Fragen, mit denen sich Unternehmen auseinandersetzen müssen, um das Thema gewinnbringend für sich einsetzen zu können. Denn wenn die Voraussetzungen nicht stimmen, die Umsetzung nicht konsequent erfolgt und/oder das Konzept nicht durchdacht ist, können die hohen Erwartungen an den Online-Shop bzw. die Multi-Channel-Projekte auch zum Trugschluss werden.

Die Wechselwirkungen von Online-Shop bzw. Multi-Channel sind äußerst komplex, denn es bestehen unterschiedlichste Zusammenhänge. Die Interferenz der Kanäle kann jedoch, mit einer koordinierten und durchdachten Strategie, für alle Seiten gewinnbringend genutzt werden. Geht doch zum einen jeder dritten Online-Bestellung eine persönliche Beratung voraus. Weiterhin informiert sich nahezu jeder Zweite beim Kauf im stationären Handel vorab im World Wide Web (ECC-Handel 2012), das entspricht im Jahr 2011 einem Umsatz von knapp 16 Milliarden Euro (IFH Köln 2012a). Die E-Commerce-Umsätze in Deutschland verzeichnen in den letzten Jahren einen starken Anstieg. Waren es 2005 noch 14,5 Milliarden Euro, sind es 2011 bereits 26,1 Milliarden Euro, ein Anstieg von mehr als 55 Prozent. Auch die stetige Weiterentwicklung von Tablets und Smartphones verstärkt die Effekte des Multi-Channel. So nutzen 43 Prozent der Smartphone-Nutzer ihr mobiles Endgerät mehrmals monatlich, um bereits im stationären Laden Preise zu vergleichen (Eckstein und Halbach 2012).

In Deutschland steckt das Thema Multi-Channel noch in den Kinderschuhen, um es mit den Worten von Jeff Bezos, Gründer von Amazon zu sagen: „It's still day one – early in the morning". Obwohl das Zitat die Entwicklung des Online-Handels beschreibt, trifft die Aussage ebenfalls auf die Entwicklung des Multi-Channel zu. Die Forderung der Kunden ist klar, jedoch stehen die althergebrachte Entwicklung der Unternehmen und die Umsetzung der Anforderungen noch ganz am Anfang. Daher ist genau jetzt der Zeitpunkt, sich Gedanken zum Ausbau der Prozesse zu machen, um mit dabei zu sein.

1.2 Formen von Multi-Channel- Distributionssystemen

So unterschiedlich die Unternehmen sind, so unterschiedlich gestalten sich auch die Expansionsformen der Multi-Channel-Distribution. Versandhändler, für die früher der Katalog der Hauptdistributionsweg war, bauen stationäre Geschäfte oder Online-Shops auf. Andersherum entdecken Online-Pure-Player das Stationärgeschäft und auch Kataloge für sich. Jeder Distributionskanal bringt eigene Vorteile, Risiken und Prozesse.

Daher muss jedes Unternehmen differenziert auswerten, welcher Weg der geeignete für die jeweilige Firma ist. Übergreifend gesehen lassen sich die Distributionssysteme in Versandhandel (klassisch per Printkatalog und modern per Internet) und stationäre Vertriebswege einteilen. Die Vorteile beim Stationärhandel für den Kunden sind dabei unter anderem die individuelle Beratung, ein persönlicher Ansprechpartner und das haptische Einkaufserlebnis. Jedoch erfahren traditionelle Vertriebswege immer mehr Konkurrenz durch moderne Versandhandelskanäle mit größerem Sortiment und oft günstigeren Preisen, die mit der Entwicklung des Internets einhergehen. Dazu zählt der Vertrieb von Produkten mit Hilfe eines Online-Shops, Markenbildung und Kommunikation durch Social Media oder neue Kanäle wie Mobile Commerce. Letzterer muss noch einmal differenziert nach der Nutzungssituation unterteilt werden (Zuhause per Tablet oft über WLAN oder unterwegs per Smartphone oft über UMTS). Die Verbreitung beider Nutzungsarten schreitet immer weiter voran und erfordert spezifische Antworten. Die Vorteile der modernen Distributionswege sind dabei die Informationsvielfalt, Preistransparenz und Vergleichbarkeit der Produkte sowie das bequeme Einkaufen von zu Hause, ohne sich an Öffnungszeiten oder regionale Grenzen halten zu müssen (eCommerce Manager 2012).

Entscheidend für den Erfolg der Distributionssysteme sind definierte Ziele und Wirtschaftlichkeit der einzelnen Kanäle. So kann ein Vertriebsweg dazu dienen, den Verkauf von Produkten in einem anderen Kanal vorzubereiten, wenn man bedenkt, dass Kunden zum Teil zwischen Informations- und Vertriebskanal unterscheiden. Durch die unterschiedlichen Kontaktpunkte wird häufig erst der Bedarf beim Kunden geschaffen, der ohne einen bestimmten Kanal gar nicht geweckt worden wäre. Allerdings entstehen nicht selten Konflikte und Konkurrenzdenken zwischen Verantwortlichen der Distributionszweige. Grund dafür ist das Messen des Erfolgs eines Kanals am Umsatz. Des Weiteren wechseln Kunden z. B. bei Nichtverfügbarkeit eines Artikels entweder den Kanal oder sogar den Anbieter (Hudetz et al. 2011). Dr. Kai Hudetz, Geschäftsführer des IFH Köln erklärt, es könne vorteilhaft sein, eine Kannibalisierung des eigenen Vertriebssystems in Kauf zu nehmen, wenn dadurch weniger Kunden an die Konkurrenz verloren gingen (IFH Köln 2012b). Weiterhin erklärt er, dass ein Vertriebskanal nicht ausschließlich an den Umsatzzahlen gemessen werden sollte, da innerhalb eines Multi-Channel-Distributionssystems Wechselwirkungen der Kanäle bestehen, die in eine differenzierte Bewertung mit einfließen müssen.

1.3   Multi-Channel-Anforderungen

Zu Beginn eines jeden Projektes sollten sich die Verantwortlichen im Vorfeld über den Sinn und Unsinn einer Multi-Channel-Strategie für die jeweilige Firma, bzw. deren Zielkunden im Klaren sein. Dabei kann auch herauskommen, dass nur bestimmte Services je Kanal benötigt werden und keine komplette Integration aller denkbaren Möglichkeiten erforderlich ist.

Beschleunigte Expansion von Markenherstellern

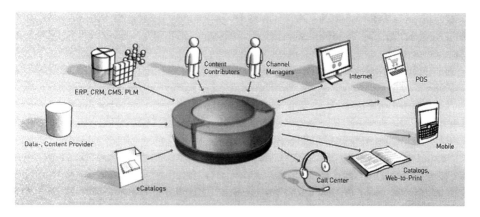

Abb. 1 Multi-Channel-Verzahnung (Comspace 2012)

Im Sinne einer ausgereiften Multi-Channel-Strategie geht es nicht nur darum, möglichst viele Distributionsformen anzubieten, ebenso sollten idealerweise auch alle verkaufsbegleitenden Leistungen wie Beratung, Kundensupport oder Garantieservice in sämtlichen Vertriebskanälen verknüpft werden. Der Kunde sollte stets die Möglichkeit haben, während des Informationsprozesses die Kanäle wechseln zu können. Diese Kanäle sollten miteinander kombiniert ein allumfängliches System darstellen, welches unterschiedlichste Anforderungen an verschiedene Bereiche des Unternehmens stellt (Hell 2012) (vgl. Abb. 1).

„Die Anforderungen an die Unternehmen, was ihre Vertriebsstrukturen betrifft, werden weiter massiv wachsen" (Lafferenz 2012), prognostiziert Friedrich Wilhelm Düsing, Geschäftsführer METROPLAN ENGINEERING GmbH. Der On- und Offline-Handel mit eigenen Web-Shops und stationären Läden sowie der Vertrieb über etablierte Marktplätze, wie z. B. Amazon, müssen systematisch von Logistikprozessen unterstützt werden, da die Vertriebsabläufe über alle Kanäle hinweg mit ihren spezifischen Anforderungen in Einklang gebracht werden müssen (Lafferenz 2012).

Doch nicht nur im Vertrieb und der Logistik müssen alle Kanäle als Gesamtsystem betrachtet werden. Die IT-Systeme, wie das Warenwirtschafts- oder Kassensystem, müssen übergreifend verknüpft arbeiten, damit bspw. ein online erworbener Gutschein auch im stationären Laden eingelöst oder die Kundenkarte kanalübergreifend erfolgreich genutzt werden kann.

Auch an das Sortimentsmanagement eines Unternehmens stellt der Multi-Channel-Ansatz besondere Anforderungen. So wird im Idealfall das Sortiment im Medien-Mix übergreifend präsentiert. Marketingaktionen haben übergreifend ein identisches Thema und verwenden beispielsweise die gleichen Bildwelten. Dies führt zu einer einheitlichen Ansprache der Kunden über alle Kanäle hinweg. Dadurch wird der Wiedererkennungswert einer Marke/eines Produkts erhöht. Außerdem können online emotionale Kaufanreize gesetzt werden (Zoom-Ansichten, 360°-Bilder, weiterführende Informationen etc.), die nicht im Katalog veröffentlicht werden können. Erklärungsbedürftige Produkte können so auch außerhalb des stationären Handels verkauft werden.

Ein Online-Shop kann auch als Regalverlängerung genutzt werden, indem im stationären Store nur die gängigen Größen und/oder Farben angeboten werden. Er kann das komplette Sortiment darstellen, so dass Kunden, die stationär nicht das Passende für sich finden, ihr Produkt im Online-Shop bestellen können. Dabei ist ein breites Online-Sortiment eine notwendige Voraussetzung.

Besondere Bedeutung im Multi-Channel hat auch das Thema Logistik, denn neben der klassischen Distribution über den stationären Handel (Selbstabholung) wünschen Kunden immer mehr die Lieferung zur Haustür. Die hierbei entstehenden Kosten müssen in die Preiskalkulation mit einfließen, denn der Kunde fordert immer häufiger die versandkostenfreie Lieferung am nächsten Tag. Auch das Thema „Same Day Delivery" wird immer präsenter und bedingt zusätzliche Prozesse und Kosten. An das Lager bestehen ebenfalls besondere Anforderungen: War es früher die reine Verteilung der Lots, Paletten oder Großgebinde an die Filialen, müssen heute einzelne Teile zum Kunden geliefert und auch wieder retourniert werden können. Das Ganze wird noch deutlich komplexer, wenn dezentrale Lagerstandorte zum Einsatz kommen (Warenverfügbarkeit, Lieferzeit etc.).

Die verschiedenen Kanäle müssen dem Kunden klar und deutlich vermittelt werden. So sollte beispielsweise der Online-Auftritt auch im stationären Geschäft beworben werden. Auch der Markenauftritt muss einheitlich sein und die erprobten Elemente und Erfahrungen von Online antizipieren. Eine einheitliche Corporate Identity ist gefordert. Sowohl die Preisgestaltung als auch das Leistungsangebot über alle Verkaufs- bzw. Kommunikationswege sollten aufeinander aufbauen. Wenn ein Kanal allerdings zusätzliche Leistungen bzw. Services bietet, spricht in begründeten Fällen nichts dagegen, auch einen abweichenden Preis anzubieten. Ein übergreifendes Call-Center und CRM-System gehören mehr als nur zum guten Ton. Außerdem werden von Kunden über alle Kanäle Kundenkarten mit einheitlichen Kundenkonten und -historien erwartet.

2   Best Practices für Multi-Channel-Expansionen

Die entscheidende Frage ist nun, was eine erfolgreiche Multi-Channel-Strategie ausmacht und welche Unternehmen als Vorreiter und Best Practices gesehen werden können. Einerseits haben sowohl klassische Händler und Marken als auch reine Online-Pure-Player den jeweils anderen Markt für sich entdeckt. Diesbezüglich ist „Offline zu Online" und „Online zu Offline" zu unterscheiden. Andererseits gibt es Unternehmen, die von Beginn an die Multi-Channel-Distribution als Erfolgsfaktor gesehen haben und direkt als Multi-Channel-Unternehmen gegründet wurden (Abb. 2).

Abb. 2 Formen der Multi-Channel-Expansionen (eigene Darstellung)

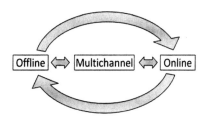

2.1 Offline zu Online

Klassische „Brick-and-Mortar"-Unternehmen, die sich mit der Online-Welt ein zweites Standbein aufbauen und den weiteren Vertriebsweg nutzen, gelten als „Offline zu Online". Typische Beispiele sind Nordstrom und Apple.

Nordstrom Das amerikanische Warenhaus Nordstrom liegt gemessen am Umsatz (2011 ca. 916,5 Millionen US-Dollar online) auf Platz 31 der Top-500-Online-Shops in den USA (Internetretailer.com 2011) und gilt hierzulande als Multi-Channel-Vorbild (Wilhelm 2012b). So können sich Kunden auf nordstrom.com oder auch in der Mobile-App Artikel aussuchen, reservieren und noch am selben Tag in der nächsten Filiale abholen. Außerdem ist jeder Lager- und Geschäftsartikel online verfügbar. Sollte also die gewünschte Hose noch genau einmal in einem stationären Laden verfügbar sein, können Kunden diese auch online kaufen (Clifford 2010). Nordstrom setzt stark auf die digitale Verkaufsexzellenz. So wurden Unternehmen wie Hautelook (Flash-Verkaufs-Web-Seiten) und Bonobos (Herrenmoden-Pureplay-Händler) übernommen. Der jährliche Online-Umsatz nähert sich der 1 Milliarde US-Dollar-Marke, genau diesen Betrag will das Unternehmen auch in den nächsten fünf Jahren in den Ausbau der E-Commerce-Infrastruktur investieren. Kannibalisierungseffekte sieht Nordstrom nicht in der Umschichtung von stationär auf online, sondern vielmehr im Wettbewerb mit Amazon. Ziel ist es, den Kunden glücklich in der „eigenen Familie" zu behalten, online, mobile oder im stationären Geschäft spielt dabei keine Rolle (Arnott 2012).

Apple In Sachen Multi-Channel bietet Apple seinen Kunden schon jetzt eine große Vielfalt. So kann ein iPhone-Besitzer mit einem technischen Problem über das Internet oder die Apple Store App einen Termin an der nächstgelegenen Genius-Bar, den technischen Support in allen Apple Stores vereinbaren und so lange Wartezeiten vor Ort vermeiden. Des Weiteren ermöglicht Apple das Mobile- und Online-Kaufen bzw. Reservieren von Produkten. Diese werden dann im Anschluss geliefert oder können direkt in einem der Stores abgeholt werden und sind somit sofort nutzbar. Mobile Geräte zeigen, sofern die Standort-Dienste aktiviert sind, auch direkt den nächsten Store mit Öffnungszeiten und Kontaktdetails an. Ebenso ist hiermit eine direkte Wegbeschreibung verknüpft, die den Kunden auf dem schnellsten Weg in den Laden bringt. Ein weiteres Feature der mobilen Applikation ist das Bezahlen im Store. Mit EasyPay kann der

Barcode kleinerer Produkte im Store gescannt und direkt bezahlt werden. Die Wartezeit an der Kasse bzw. die Kontaktaufnahme mit einem Mitarbeiter entfällt (Heise.de 2011).

2.2 Online zu Offline

Nicht nur klassische Brick-and-Mortar-Unternehmen bauen sich in der Online-Welt ein zweites Standbein auf und nutzen einen weiteren Vertriebsweg. Auch Unternehmen, die man ausschließlich aus dem Web kennt, tauchen nach und nach in der „realen" Welt auf. Ob dauerhaft oder als Pop-Up- Store, Pure Player nutzen diese, um ihre Marke zu stärken, den persönlichen Service anzubieten und Kritiker an den Online-Handel heranzuführen (Kolbrück 2012).

Bekannte Online-Pure-Player, die den Weg in die Offline-Welt gewagt haben, sind Zalando, eBay und Cyberport. Aber auch weitere Online-Shops finden mit Flagship- und Pop-Up-Stores Einzug in die Innenstädte.

Zalando Zalando – gegründet 2008, Umsatzprognose 2012 ca. 1 Milliarde Euro – (Krisch 2012) eröffnete im Februar 2012 seinen ersten Offline-Store in Berlin und bietet seinen Kunden reduzierte Ware aus dem Zalando-Sortiment. Um jedoch im Outlet-Store auf Schnäppchenjagd gehen zu können, müssen sich die Kunden für eine Zalando-Outlet-Card anmelden. Die Kommunikation erfolgt dabei über unterschiedliche Kanäle (Flur 2012). Des Weiteren baut Zalando immer mehr eigene dezentrale Logistikzentren auf, um eine möglichst schnelle Lieferung zu gewährleisten (Sachs 2012).

Cyberport Der Elektronikhändler Cyberport stieg sehr früh in den Online-Handel ein und gilt als Pionier des Online-Handels. Seit 1998 werden Produkte über einen eigenen Online-Shop vertrieben. Nach fünf Jahren reiner Online-Präsenz wurde der erste stationäre Shop eröffnet. Obwohl nach wie vor durch den Online-Kanal der meiste Umsatz generiert wird, sind stationäre Filialen für Cyberport wichtig. Denn laut Olaf Siegel, Geschäftsführer von Cyberport, ist „Technik […] heute auch Lifestyle, da wollen viele die Produkte anfassen und erleben" (Raatz 2012). Mittlerweile betreibt Cyberport neben dem Online-Shop acht stationäre Filialen. 2013 sollen zehn weitere Stores folgen. Das Konzept der Filialen basiert dabei auf Einfachheit. So finden sich in den Geschäften nur ausgewählte Produkte, damit eine Übersichtlichkeit gewährleistet ist (Raatz 2012). Der Erfolg gibt dem Elektronikversender Recht, so verzeichnete das Unternehmen 2012 einen Umsatz von 538,3 Millionen Euro, was einen Zuwachs von 48 Prozent gegenüber dem Vorjahr bedeutet (Hell und Krisch 2013).

2.3 Als Multi-Channel-Unternehmen gegründete Firmen

Alleinstellungsmerkmal von als Multi-Channel-Unternehmen gegründeten Firmen ist die Tatsache, dass der zeitliche Aufbau unterschiedlicher Distributionssysteme nah aneinander liegt. Auf diese Weise ist das Unternehmen von Anfang an auf unterschiedlichen Kanälen präsent.

Globetrotter Globetrotter ist ein ausgezeichnetes Beispiel für ein „Born Multi-Channel-Unternehmen". Nach der Gründung eines stationären Geschäfts 1979 in Hamburg wurde anschließend an einem weiteren Vertriebsweg gearbeitet. So stieg Globetrotter bereits fünf Jahre später mit dem ersten Handbuch (Katalog) in den Versandhandel ein. Wiederum zwei Jahre später erschien das Globetrotter-Handbuch zwei Mal jährlich. So wurde schon sehr früh ein zweites Standbein zum stationären Geschäft aufgebaut. Heute wird das Globetrotter-Handbuch in einer Auflage von 1,2 Millionen Exemplaren publiziert (Globetrotter 2013).

Im Jahr 2003 erkannte der damalige Geschäftsführer Thomas Lipke: „Globetrotter konzentriert sich auf eine sehr spezielle, sehr kleine und manchmal sehr kritische Zielgruppe. Nur wer den Kunden ernst nimmt, kann in diesem Markt erfolgreich sein" (ECC-Handel 2003). Dies macht deutlich, dass Globetrotter sehr früh die Notwendigkeit der Kundenorientierung und individuellen Kundenansprache für sich entdeckt hat. Unterstrichen wird die Aussage durch die Tatsache, dass bereits 1993 ein Teil der Kundenkommunikation via E-Mail stattfand. Heute finden sich die Kunden in den Globetrotter-Filialen in einem Erlebnismarketingkanal wieder. Kunden können die Artikel auf Herz und Nieren prüfen, indem sie zum Beispiel die favorisierte Regenjacke direkt in der Regenkammer testen.

Bereits im Jahre 1996 wurde die Homepage www.globetrotter.de gelauncht. 2003 stand die Web-Seite als Plattform für E-Commerce und Kommunikation. Außerdem erschien bereits damals zwei Mal im Jahr ein Katalog (Auflage: 600.000) mit 35.000 Artikeln. Heute kann der Katalog ebenso online und mit der Smartphone-App abgerufen werden. Über die neuen Medien sind zusätzlich Detailbeschreibungen und Bewertungen abrufbar. Außerdem erfolgt eine nahtlose Anbindung an soziale Netzwerke wie Facebook und Google+.

Der damalige Umsatz von 83 Millionen Euro entfiel zu 47 Prozent auf den Versandhandel (70 Prozent davon auf das Internet), die restlichen 53 Prozent erwirtschaften die sieben Ladengeschäfte in Deutschland (Hamburg, Berlin, Dresden, Köln, Bonn, Frankfurt a.M. und München) (ECC-Handel 2003). Die Standorte der Filialen wurden strategisch so gewählt, dass Kunden in kurzer Zeit ein stationäres Geschäft erreichen können.

3 Internationalisierung von Multi-Brand- und Multi-Channel-Plays am Beispiel CBR

3.1 CBR als typisches Beispiel für „Offline zu Online"

Die CBR Fashion Group gehört mit den Marken Street One und Cecil seit der Gründung 1980 zu den führenden Modeunternehmen in Deutschland und Europa. Die unternehmerische Idee, den POS (selbständige Einzelhandelspartner) mit schnell drehenden kommerziellen Produkten zu versorgen, führte drei Jahre später zur Weiterentwicklung zum Markenkonzept: Street One war geboren!

Acht Mal im Jahr bot Street One seinen Kundinnen eine schnell drehende Young-Fashion-Kollektion. 1989 wurde die Schwestermarke CECIL im Young-Fashion-Segment platziert.

Ab 1993 wurde die Anzahl der Kollektionen beider CBR-Marken, die mittlerweile in ganz Europa im Handel erhältlich sind, erstmalig auf zwölf Mal pro Jahr erhöht. Schnelligkeit bildet die Basis des Erfolgs: In den folgenden Jahren wurden Warensysteme und Lieferprogramme eingeführt, welche die Artikel binnen 24 Stunden vom Großhandel an den Einzelhandel bringen. Die Orientierung ganz dicht an dem Bedarf und den Wünschen der Kundinnen ist dabei ein essentieller Bestandteil.

Das Konzept ging schnell auf und der Erfolg ließ nicht lange auf sich warten: 2001 wurde das beliebte T-Shirt „Laura" von Street One eine Million Mal verkauft. Um beide Marken vereint anzubieten wurde 2004 das POS-Konzept „CBR Companies" (heute: „FAVORS! by cbr") gelauncht. Das Multilabel-Konzept richtet sich an die Einzelhandelspartner an Kleinstadtstandorten und erreicht eine breite Zielgruppe. Im Jahr 2007 stieg der heutige Investor EQT in das Unternehmen ein. Der Großhandelsumsatz stieg auf über 700 Millionen Euro.

2011 wurden die Vertriebskanäle um einen weiteren Zweig erweitert: CBR war bereit für den Einstieg in den E-Commerce und den Kontakt zum Endkunden! Der Weg von „Offline zu Online" lässt sich am Beispiel CBR sehr gut erläutern, da an einem konkreten Beispiel aufgezeigt werden kann, welche Maßnahmen und welches Know-how gefordert ist, um so ein Projekt erfolgreich zu meistern.

3.2 Der Plan

Es wurden ambitionierte Ziele gesteckt, so dass innerhalb von wenigen Monaten mehrere Online-Shops (Street One, Cecil) geplant, konzipiert und umgesetzt werden sollten. Dabei sollten die Shops als separate Mandanten auf einem Online-Shopsystem und mit demselben Warenwirtschaftssystem laufen, um später weitere Marken, Länder und Online-Vertriebskanäle zu ergänzen.

In dem Unternehmen bestanden zu dieser Zeit keine eigenen Kompetenzen und Ressourcen, um den Online-Kanal aufzubauen. So wurde ein zehn-köpfiges Interimsteam aus E-Commerce-Experten und eigenen Mitarbeitern zusammengestellt, um das gesetzte Ziel, den Launch der Shops in nur wenigen Monaten, zu erreichen.

3.3 Die Umsetzung

Zunächst wurde ein Benchmark nationaler und internationaler Wettbewerber durchgeführt, um den Status quo festzulegen. Auf Basis des Benchmarks wurde eine auf die CBR-Gruppe maßgeschneiderte E-Commerce-Strategie entwickelt und abgestimmt. Daraufhin galt es, das Konzept für die Entwicklung aufzusetzen, wobei externes

Know-how und das Management mit einbezogen wurden. Grundlage bildete die bedingungslose Zustimmung und Unterstützung der Geschäftsführung und aller Bereichsleiter.

Nachdem die Prozesse und das Feinkonzept feststanden, wurden Ausschreibungen zur Auswahl relevanter Systeme und Dienstleister durchgeführt. Dazu zählten Partner im Bereich Frontend, Backend, Kundenservice und Logistik. Auf diese Weise konnten Experten für jeden Bereich gewonnenen werden, sodass sich die einzelnen Bereiche auf ihre Kernkompetenzen konzentrieren konnten. Dadurch konnte das schnelle Vorankommen in dem Projekt nachhaltig beeinflusst werden. Gleichzeitig war dies auch einer der Erfolgsfaktoren des Projektes. Bei einem so straffen Zeitplan konnte auf Know-how externer Beteiligter zurückgegriffen werden, sodass eine schnelle Geschwindigkeit des Aufbaus sichergestellt werden konnte.

Außerdem wurden mit Technologiepartnern externe Marktplätze (u. a. Amazon und Otto) integriert.

Das Interimsteam schaffte die Rahmenbedingungen für das E-Commerce-Geschäft und übernahm bis zum Livegang die Steuerung aller neuen Prozesse. Parallel dazu wurden bereits zukünftige interne Mitarbeiter rekrutiert, die das Interimsteam nach erfolgreichem Start sukzessive ablösen und den Regelbetrieb übernehmen sollten.

3.4 Der Start

Am 28. Februar 2011 war es soweit. Nach nur wenigen Monaten Umsetzungszeit gingen alle Shops planungsgemäß bezüglich Zeit, Budget und Qualität online. In den Abb. 3 und 4 werden die Shop-Homepages von Street One und Cecil dargestellt. Nach und nach übergab das Interimsteam die Aufgaben an die festangestellten Mitarbeiter. In diesem Zusammenhang war das Thema Content-Produktion ein wichtiger Treiber für ein Alleinstellungsmerkmal. CBR hat monatlich wechselnde Kollektionen, wobei täglich neue Ware in den Online-Shop integriert wird. Um diese Flexibilität zu gewährleisten, wurde ein Inhouse-Content-Konzept entwickelt. So kann die Ware täglich fotografiert und betextet werden. Auf diese Weise wird sichergestellt, dass der Online-Shop innerhalb von 24 Stunden über das aktuelle Sortiment verfügt.

Die parallele Weiterentwicklung wurde weiterhin durch Mitglieder des Interimsteams vorangetrieben. Diese Vorgehensweise erwies sich als einer der Erfolgsfaktoren des Projektes. Denn so konnten nach und nach Inhouse-Kompetenzen aufgebaut werden, die ein erfolgreiches Weiterführen des Projektes garantierten.

Der Vertrieb erfolgte zunächst nur innerhalb Deutschlands. Allen Beteiligten war jedoch klar: Nach dem Launch ist vor dem Launch. Um konkurrenzfähig zu bleiben, muss stets weiter optimiert werden, sodass weiterhin neue Features entwickelt, weitere Länder und Absatzkanäle realisiert und die Maßnahmen umgesetzt werden.

Mittlerweile, ein Jahr später, sind weitere Shops, die auf dem Launch von 2011 basieren, live. Nun kommen auch Kunden in der Schweiz, in Österreich und in den

Abb. 3 Street One Homepage (eigene Darstellung), Street-One.de (2012)

Niederlanden in den Genuss von Street One und Cecil. Die meisten Prozesse werden dabei Inhouse betrieben, abgesehen von sehr personalintensiven Bereichen wie Logistik und First-Level-Kundenservice. Zusätzlich geht CBR immer mehr den Multi-Channel-Weg. Ein Filialfinder ist bereits in den Online-Shops integriert. Testweise werden Partner mit Tablet-PCs ausgestattet, sodass Produkte, die in der Filiale nicht verfügbar sind, direkt bestellt werden können.

Durch den Einstieg in den E-Commerce konnte CBR eindeutige Vorteile erlangen. So konnte erstmalig ein direkter Endkundenkontakt hergestellt werden. Damit einhergehend konnte ein Customer Relationship Management aufgebaut werden, sodass unterschiedliche Maßnahmen zur Kundenbindung realisiert wurden. Gleichzeitig konnte CBR der Kundenabwanderung zu Wettbewerbern aufgrund eines fehlenden Online-Shops entgegentreten.

Beschleunigte Expansion von Markenherstellern

Abb. 4 Cecil Homepage (eigene Darstellung), Cecil.de 2012

Der Erfolg gibt CBR Recht. Durch den Online-Shop wurden in den ersten zwei Jahren mittlere zweistellige Millionenumsätze generiert, es ist weiter davon auszugehen, dass diese in den nächsten Jahren durch eine weitere Optimierung der Online-Shops und Multi-Channel-Initiativen stark steigen werden.

3.5 Erfolgsfaktoren und Learning für vergleichbare Projekte

Die Erfolgsfaktoren und Learnings des Projektes basieren auf den Kriterien Timing, Budget und Qualität.

Timing Um ein Projekt in Time realisieren zu können, ist es wichtig, ein klares Ziel inkl. eines definierten Scopes vor Augen zu haben und dieses auch deutlich für alle zu kommunizieren. Nur wenn das Timing steht, kann darauf hingearbeitet werden, ohne dass sich einzelne Bereiche in Details verlieren. Der Teufel steckt zwar wie so häufig im Detail, jedoch kann eine dezidierte Planung und Roadmap mit Fokus auf das Wesentliche helfen, einem Zeitverzug präventiv entgegenzuwirken.

Budget Der schnelle Start und Strukturaufbau ist essentiell für ein erfolgreiches Projekt. Dafür muss ausreichend Budget bereitstehen. Dies zahlt sich am Ende auch aus, denn jeder Monat früherer Start bringt einen Mehrumsatz mit sich. Auch der Ansatz des Interimsmanagements ist entscheidend für den Erfolg. So kann zu Beginn ein Team aus internen und externen Mitarbeitern den Weg für das erfolgreiche Projekt ebnen und anschließend von internen Mitarbeitern weitergeführt und -entwickelt werden. Darüber hinaus ist es leichter, Mitarbeiter für E-Commerce-Aktivitäten zu rekrutieren, wenn diese eine bereits bestehende E-Commerce-„Grundstruktur" übernehmen können.

Qualität Schließlich ist Qualität der letzte Schlüssel zum Erfolg. Die Arbeit an einem Online-Shop ist nie abgeschlossen und muss stets technisch und inhaltlich den neuen Entwicklungen angepasst werden.

So ist es sinnvoll, mit einer „guten" Lösung an den Start zu gehen, um diese dann im Livebetrieb sukzessive zu einer „sehr guten" Variante weiter aufzubauen. Hierfür muss kontinuierlich ein Budget zur Verfügung stehen, um die Qualität im Vergleich zum Wettbewerb zu halten. Dabei ist es wichtig, mit Systemen zu arbeiten, die zukunftsorientiert sind und sich flexibel den sich ändernden Bedürfnissen anpassen lassen.

Das beste Online-Projekt ist allerdings wenig wert, wenn nicht dieselben hohen Maßstäbe an die zukünftige Vermarktung und Kundengewinnung zur Bekanntheitssteigerung gesetzt werden.

4 Zusammenfassung und Ausblick

Die Zukunft des Einkaufens wird durch Multi-Channel geprägt (Klatt 2012). Online wird immer wichtiger. Der Anteil der Kunden, die im Kaufprozess mit mehr als einem Kanal in Berührung kommen, liegt bei 63,3 Prozent. Dieser Anteil wird in Zukunft noch deutlich steigen. Für den Einzelhandel sollte die Frage nicht mehr lauten, ob in den Online-Handel eingestiegen wird, sondern nur noch wie, denn Kunden verlangen schon heute eine Präsenz von Unternehmen auf allen Kanälen (Wilhelm 2012a).

In Zukunft wird man nicht mehr von Online und Offline sprechen, vielmehr wird von einer „No-Line-Welt", in der alle Kanäle miteinander ein System abbilden, gesprochen. Das Thema Multi-Channel wird von Innovationsschüben geprägt sein, denn M-Commerce (Mobile Commerce) und Location-Based-Services, wie z. B. mobile Preisabfragen im Laden, lassen den stationären und Online-Markt zwangsweise weiter miteinander verschmelzen. Die Frage, in welchem Kanal Kunden einkaufen, wird in den Hintergrund rücken. Vielmehr gilt es, den Kunden beim „Channel-Hopping" nicht an die Konkurrenz zu verlieren. Das Unternehmen muss in jedem Kanal Spezialist und Marktführer sein. Multi-Channel-Leistungen liefern einen deutlichen Teil zur Kundenbindung im Rahmen des Kaufprozesses und stellen damit sowohl für den Kunden als auch für den Händler einen echten Mehrwert dar (Accenture 2012).

Abschließend ist festzuhalten, dass ein Online-Shop noch so schön sein kann, fehlt jedoch der Mehrwert für den Kunden (Preis, Sortiment, Service etc.), werden Unternehmen immer vor der Gefahr stehen, nicht konkurrenzfähig zu sein. Die Verzahnung der Online- mit der Offline-Welt stellt im Moment eine der größten Herausforderungen für Händler dar (Wilhelm 2012b). Um ambitionierte E-Commerce-Projekte innerhalb kurzer Zeit durchführen zu können, ist es hilfreich, sich externes Know-how ins Haus zu holen, um eigene Kompetenzen aufzustocken und so zeitliche Grenzen zu überwinden.

Literatur

Accenture (2012): Preisbereitschaften für Leistungen im Multi-Channel-Handel – wofür ist der Kunde bereit zu zahlen? Eine Studie von Accenture und dem eWeb-Research-Center der Hochschule Niederrhein; Jens Diekmann; Christoph Schwarzl; Christine Welsch (accenture GmbH); Gerrit Heinemann; Michael Schleusener; Silvia Zaharia; Düsseldorf. http://www.accenture.com/de-de/Pages/insight-willingness-pay-services-multi-channel-commerce.aspx.

Arnott, G. (2012). Nordstrom vs. Marks & Spencer: Who wins omnichannel? In powerretail.com [Online]. Verfügbar unter: http://www.powerretail.com.au/multichannel/nordstrom-vs-marks-spencer/. Zugegriffen: 15. Dez 2012.

Cecil.de (2012). Cecil Homepage [Online]. Verfügbar unter: http://www.cecil.de/. Zugegriffen: 20. Dez 2012.

Clifford, S. (2010). Nordstrom links online inventory to real world. In nytimes.com [Online]. Verfügbar unter: http://www.nytimes.com/2010/08/24/business/24shop.html?_r=0. Zugegriffen: 15. Dez 2012.

Comspace (2012). hybris Software-End-to-End Multichannel Commerce. In comspace.de [Online]. Verfügbar unter: http://www.comspace.de/aktuelles/fachthemen-multichannel-commerce-mit-hybris.html. Zugegriffen: 20. Dez 2012.

ECC-Handel (2003). Globetrotter – erfolgreicher Spezialversender mit umfangreichem Internet-Angebot. In ecc-handel.de [Online]. Verfügbar unter: http://www.ecc-handel.de/Branchen/branchen-detail/Globetrotter—erfolgreicher-Spezialversandh%C3%A4ndler-mit-umfangre. Zugegriffen: 15. Dez 2012.

ECC-Handel (2012). B2B Multichannel-Studie [Online]. Verfügbar unter: http://www.ecc-handel.de/Themenfelder/themen-detail.php?we_objectID=1862. Zugegriffen: 02. Jan 2013.

Eckstein, A., & Halbach, J. (2012). Mobile Commerce in Deutschland – Die Rolle des Smartphones im Kaufprozess [Online]. Verfügbar unter: http://www.ecc-handel.de/Downloads/Themen/Mobile/ECC_Handel_Mobile_Commerce_in_Deutschland_2012.pdf. Zugegriffen: 02. Jan 2013.

eCommerce Manager (2012). Multi Channel – Welche Kanäle gibt es und lohnt sich deren Einsatz für mich? In ecommerce-manager.com [Online]. Verfügbar unter: http://www.ecommerce-manager.com/?p=1215. Zugegriffen: 4. Jan 2012.

Flur, D. (2012). Zalando Outlet Store | Berlin Kreuzberg. In friedrichshainblog.de [Online]. Verfügbar unter: http://friedrichshainblog.de/zalando-outlet-store-berlin-kreuzberg/. Zugegriffen: 16. Dez 2012.

Globetrotter (2013). Globetrotter Homepage [Online]. Verfügbar unter: http://www.globetrotter.de/de/wir/firmengeschichte/index.php. Zugegriffen: 04. Jan 2013.

Heise.de. (2011). Apple-Store-App: Bezahlen mit iPhone und iTunes-Account. In heise.de [Online]. Verfügbar unter: http://www.heise.de/mac-and-i/meldung/Apple-Store-App-Bezahlen-mit-iPhone-und-iTunes-Account-1375160.html. Zugegriffen: 10. Dez 2012.

Hell, M. (2012). Was bringt die Online/Offline Verknüpfung? In chip.de [Online]. Verfügbar unter: http://business.chip.de/artikel/Trendthema-Multichannel-Verkaufen-auf-allen-Kanaelen_57080657.html. Zugegriffen: 19. Dez 2012.

Hell, M., & Krisch, J. (2013). Cyberport wächst 2012 von 364 Mio. auf 538 Mio. Euro (+48 %). In excitingcommerce.de [Online]. Verfügbar unter: http://www.excitingcommerce.de/2013/01/cyberport-2012.html. Zugegriffen: 11. Jan 2013.

Hudetz, K., Hotz, A., & Strothmann, S. (2011). In Von Muli-Channel zu Cross–Channel – Konsumentenverhalten im Wandel [online]. Verfügbar unter: http://shop.ecc-handel.de/de/ECC-SHOP/Ausgewaehlte-Studien/Multi-Channel-Management/Von-Multi-Channel-zu-Cross-Channel-Konsumentenverhalten-im-Wandel-Print. Zugegriffen: 29. Dez 2012.

IFH Köln (2012a). Branchenreport Internethandel Jahrgang 2012 [Online]. Verfügbar unter: http://shop.ifhkoeln.de/de/Themen/E-Commerce/Branchenreport-Internethandel-Jahrgang-2012?x6255e=2f7dc3c98281f328269fac7b42d1a06e. Zugegriffen: 02. Jan 2013.

IFH Köln (2012b). Nicht Verfügbarkeit ist bei jedem dritten Kauf Grund für Kanalwechsel. In ifhkoeln.de [Online]. Verfügbar unter: http://www.ifhkoeln.de/News-Presse/Nicht-Verfuegbarkeit-ist-bei-jedem-dritten-Kauf-Grund-fuer-Kanal. Zugegriffen: 04. Jan 2013.

Internetretailer.com (2011). Top 500 Guide. In internetretailer.com [Online]. Verfügbar unter: http://www.internetretailer.com/top500/profiles/Nordstrom-Inc/#Nordstrom-Inc. Zugegriffen: 02. Jan 2013.

Klatt, R. (2012). Multichannel-Shopping ist das Einkaufen der Zukunft. In e-commerce-blog.de [Online]. Verfügbar unter: http://www.e-commerce-blog.de/2012/11/09/multichannel-shopping-ist-das-einkaufen-der-zukunft/7465/. Zugegriffen: 20. Dez 2012.

Kolbrück, O. (2012). Urbanara und eBay: Warum Online-Händler große Lust auf Pop-up-Stores haben. In etailment.de [Online]. Verfügbar unter: http://etailment.de/2012/urbanara-und-ebay-warum-online-haendler-grosse-lust-auf-pop-up-stores-haben/. Zugegriffen: 15. Dez 2012.

Krisch, J. (2012). Zalando wächst von 200 auf 471 Mio. € im ersten Halbjahr In excitingcommerce.de [Online]. Verfügbar unter: http://www.excitingcommerce.de/2012/10/zalando-umsatz-2012.html. Zugegriffen: 13. Jan 2012.

Lafferenz, A. (2012). LogiMAT 2013: METROPLAN zeigt Multichannel-Fulfillment-Strategien. In nachrichten.net [Online]. http://www.nachrichten.net/details/138382/LogiMAT_2013_METROPLAN_zeigt_Multichannel_Fulfillment_Strategien_.html. Zugegriffen: 19. Dez 2012.

netz98 (2012). netz98-Studie: Multichannel-Shopping ist für deutsche Internetnutzer gelebte Praxis. In netzt98.de [Online]. Verfügbar unter: http://www.netz98.de/agentur-systemhaus/news/details/single/netz98-studie-multichannel-shopping-ist-fuer-deutsche-internetnutzer-gelebte-praxis/. Zugegriffen: 11. Dez 2012.

Raatz, C. (2012). Cyberport erobert Deutschland, sz-online.de [Online]. Verfügbar unter: http://www.sz-online.de/nachrichten/cyberport-erobert-deutschland-1481537.html. Zugegriffen: 11. Jan 2013.

Sachs, S. (2012). Zalando erweitert seine Logistik-Kompetenz. In gruenderszene.de [Online]. Verfügbar unter: http://www.gruenderszene.de/news/zalando-logistik. Zugegriffen: 15. Dez 2012.

Street-One.de (2012). Street-One Homepage [Online]. Verfügbar unter: http://www.street-one.de/. Zugegriffen: 20. Dez 2012.

Wilhelm, S. (2012a). Zukunft des Handels: Digital lostreten, in der Filiale ernten. In derhandel.de [Online]. Verfügbar unter: http://www.derhandel.de/news/technik/pages/Multichannel-Zukunft-des-Handels-Digital-lostreten,-in-der-Filiale-ernten-8672.html. Zugegriffen: 20. Dez 2012.

Wilhelm, S. (2012b). Multichannel mit hohem technischen Aufwand für Händler. In derhandel.de [Online]. Verfügbar unter: http://www.derhandel.de/news/technik/pages/Crosschannel-Multichannel-mit-hohem-technischen-Aufwand-fuer-Haendler-8989.html. Zugegriffen: 14. Dez 2012.

Über die Autoren

Marcus Krekeler ist geschäftsführender Gesellschafter der mindwyse GmbH und member of the dgroup Executive Board. Die dgroup gehört zu den größten digitalen Enabling-Unternehmen in Europa und er verantwortet dort den Enabling-Bereich (u. a. Business Consulting, Shop-Aufbau und Shop-Weiterentwicklung, Entwicklung und Betrieb von mobilen Applikationen). Nach dem Betriebswirtschaftsstudium an der Universität Essen war Marcus Krekeler unter anderem Leiter von shopping24, dem Internetmarktplatz der OTTO-Gruppe und bei eBay als Head of Business Development, tätig. Sein aktueller Schwerpunkt liegt in der Beratung und Umsetzung von unterschiedlichen Digitalprojekten für Konzerne, den Mittelstand sowie der Beratung von Start-ups auch im internationalen Umfeld.

Nicolas Speeck ist Geschäftsführer der CBR eCommerce GmbH. Er hat dort das gesamte eCommerce-Geschäft der Marken Street One und CECIL für die CBR Fashion Group aufgebaut. Davor war er (Mit-)Gründer des größten Online-Shoppingclubs „brands4friends", welcher 2010 erfolgreich an eBay verkauft wurde. Nicolas Speeck hat über 10 Jahre fundierte Erfahrung im Online- und eCommerce-Bereich. Mit seiner eigenen eCommerce-Beratung unterstützte er außerdem bereits z. B. T-Mobile, ElectronicScout24 und Congstar. Zum Beginn seiner Karriere leitete er das Marketing von ProMarkt.de und war damals neben der Unternehmens- auch auf Werbeagenturseite tätig.

Beschleunigte Conversion – Sellaround-Widgets als modernes Verkaufsinstrument im Zeitalter des SoLoMo

Felix von Kunhardt

Zusammenfassung

Kombiniert man soziale Netzwerke wie Facebook mit E-Commerce, wird klar, dass darin ein erhebliches Potenzial liegen kann. Die Menschen, die sich via Facebook und Co. miteinander austauschen, beziehen von dort zunehmend Nachrichten und Informationen von ihren Lieblingsmarken, teilen Einkaufserlebnisse oder suchen Rat und Empfehlungen bei Freunden. Erstaunlicherweise gibt es noch immer eine große Diskrepanz in Hinblick auf die gegenseitige Erwartungshaltung von Markenanbietern und Konsumenten auf Facebook. Ein wesentlicher Schlüssel liegt dabei in der Fanbeziehung der Marken zu den Kunden. Fans sind nachweislich die wertvolleren Kunden, wollen aber auch richtig angesprochen werden. Die Firma Sellaround bietet einen Ansatz, die Beziehung von Kunden zu Marken in den sozialen Netzwerken zu nutzen, um Angebote zu machen oder von Kunden weiterempfehlen zu lassen. Dabei ist der Grundgedanke, die Möglichkeit der Kaufanbahnung noch näher an den Kunden zu bringen und zwar genau dorthin, wo er sich aufhält, also direkt in den Nachrichtenstrom von Facebook.

Inhaltsverzeichnis

1 Im Zeitalter des SoLoMo 316
2 Sellaround als innovativer Zeitgeistanbieter 318
    2.1 Das Selling-Widget: Verkauf eines Produkts 319
    2.2 Social Shop: Verkauf mehrerer Produkte 319
    2.3 Promotion-Widget: Soziales Werbebanner 319

F. von Kunhardt (✉)
Sellaround GmbH, Joachimstaler Straße 31-32, 10719 Berlin, Deutschland
e-mail: f.vonkunhardt@sellaround.net

2.4	Social-Actions-App: Die Weiterentwicklung des Like-Buttons	320
2.5	Mit QR Codes direkt zur Kaufabwicklung	321
3	Aus Fans werden Kunden – das Beispiel HERTHA BSC	322
3.1	Kampagnenbeispiel 1: Hertha-BSC-Virtual-Fanshop	324
3.2	Kampagnenbeispiel 2: Der Berliner-Freunde-Button	325
4	Schlussfolgerung und Ausblick	327
Literatur		328

1 Im Zeitalter des SoLoMo

Nach Mark Zuckerberg, Gründer und CEO von Facebook, ist Social Commerce „das nächste ganz große Ding". Er sagt das sicherlich nicht ohne Hintergedanken, denn der Begriff *Social* ist eng verbunden mit Facebook, dem größten sozialen Netzwerk weltweit (Socialtimes 2011).

Nach eigenen Angaben von Facebook sind mittlerweile mehr als eine Milliarde Nutzer dort aktiv. Alleine in Deutschland kommt Facebook auf mehr als 24 Millionen Nutzer, die dort mehr als 17 Prozent ihrer Online-Zeit verbringen (Seis 2012). Neben der hohen Verbreitung ist auch die häufige Nutzung bemerkenswert. Mehr als 55 Prozent aller Nutzer loggen sich täglich ein. Diese Zahlen sind vor allem deshalb beeindruckend, weil Facebook erst seit 2004 existiert. Das Netzwerk hat insofern ein rasantes Wachstum realisiert, was nur durch das Gesetz der großen Zahl begrenzt zu sein scheint. Auch der E-Commerce-Markt hat in den vergangenen Jahren enorm an Bedeutung gewonnen. Menschen kaufen zunehmend online ein oder lassen sich durch ihre Online-Recherche zu einem Kauf im Geschäft inspirieren. Das weltweite Online-Retail-Volumen wuchs in 2011 um 25 Prozent (Imrg 2011) und wird auch in den nächsten Jahren weiter wachsen (Heinemann 2012).

Kombiniert man Soziale Netzwerke wie Facebook mit E-Commerce, wird klar, dass darin ein erhebliches Potenzial liegen kann. Die Menschen, die sich via Facebook und Co. miteinander austauschen, beziehen von dort zunehmend Nachrichten und Informationen von ihren Lieblingsmarken, teilen Einkaufserlebnisse oder suchen Rat und Empfehlungen bei Freunden.

Bis 2015 soll der Social-Commerce-Markt auf 30 Milliarden US-Dollar wachsen, wie die Unternehmensberatung Booz ausführt (Booz & Company 2011). Davon wird der US-Markt fast die Hälfte ausmachen (vgl. Abb. 1).

Für Marken aller Art erscheint es wichtig, sich darauf einzustellen. Sie werden zukünftig mit hoher Wahrscheinlichkeit nicht mehr an Social Media vorbeikommen. Parallel zur immer stärkeren Nutzung auf Facebook gehen die Besuche von herkömmlichen Markenweb-Seiten deutlich zurück. Dieses betrifft vor allem die bei den 16–24-Jährigen, deren Nutzung dort alleine in den letzten 3 Jahren um 25 Prozent gesunken ist. Lag sie 2008 noch bei 96 Prozent, fiel sie in 2001 bereits auf 72 Prozent. Dieser Trend setzt sich weiter fort (Seis 2012).

Erstaunlicherweise gibt es noch immer eine große Diskrepanz in Hinblick auf die gegenseitige Erwartungshaltung von Markenanbietern und Konsumenten auf Facebook. Dieses

Beschleunigte Conversion

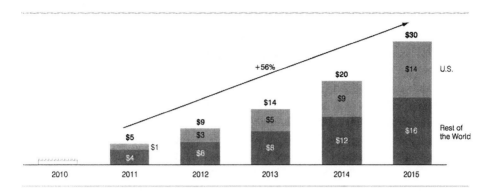

Abb. 1 Social Commerce Market Booz & Co. *Quelle* Booz & Company (2011)

Abb. 2 Perception Gap. *Quelle* IBM (2011)

Phänomen ist bekannt als das *Perception Gap* (IBM 2011). Fragt man Mitarbeiter einer Marke nach der Einschätzung, was Konsumenten von dieser Marke auf Facebook erwarten, fallen Begriffe wie „informieren über Produktneuheiten", „generelle Informationen über das Unternehmen beziehen" oder „Meinungsaustausch mit Gleichgesinnten". „Produkte-" und „Schnäppchen anbieten" wird dort am wenigsten vermutet. Fragt man hingegen einen Konsumenten, der z. B. Adidas mit *gefällt mir* angeklickt hat, sieht das Bild ganz anders aus. So erwartet dieser von der Marke Adidas auf Facebook in erster Linie Produktangebote, und zwar gerne diskontiert oder andersartig attraktiv gestaltet. Dieses Ergebnis überrascht nicht, ist doch die Erwartungshaltung außerhalb der sozialen Netzwerke ähnlich. Diese ändert sich nicht grundlegend, nur weil sich das Medium ändert. Trägt jemand generell gerne Kleidung von Adidas, tut er dies auch, wenn er auf Facebook unterwegs ist (vgl. Abb. 2).

Dennoch ist Social Commerce noch nicht wirklich etabliert. Nur 2 Prozent aller Facebook-Nutzer haben bereits auf Facebook eingekauft. Insgesamt können sich 15 Prozent vorstellen, auf Facebook einzukaufen. Aufgrund der vielen Nutzer sind 2 Prozent zwar immerhin 469.000 Teilnehmer und 15 Prozent rund 3,5 Millionen Nutzer allein in Deutschland, aber das Potenzial ist wesentlich größer (Fittkau & Maaß Consulting 2012). Ein wichtiger Schlüssel liegt dabei in der Fanbeziehung der Marken zu den Kunden. Fans sind nachweislich die wertvolleren Kunden. Sie kaufen im Gegensatz zu Nicht-Fans in 28 Prozent der Fälle häufiger und empfehlen zu 41 Prozent öfter ihre Marken an ihre Freunde weiter (Adobe Systems 2011). Außerdem geben Fans 71,84 US-Dollar pro Jahr mehr für Produkte ihrer Marken aus, als Nicht-Fans (Adobe Systems 2011).

Als größte Herausforderung gilt sicherlich die mangelnde Adaption der Marken an das neue Umfeld. Eine 1:1-Kopie eines Web-Shops funktioniert nicht auf Facebook. Hier geht es in erster Linie um Beziehungen. Das bedeutet für Marken, dass ein Verkauf auf Facebook nur funktioniert, wenn es eine holistische Social-Media-Strategie gibt, die dem Kunden den Mehrwert der Fanbeziehung klarmacht. Damit kann die ganze Wertschöpfungskette positiv beeinflusst werden (McKinsey & Company 2012). Kauft die Marke im schlimmsten Fall Fans und bespielt diese dann auf Facebook mit denselben Angeboten, die es auch im Web-Shop gibt, wenden sich die Fans ab. Außerdem sinkt die Aktivität auf der Seite. Umsatz wird nicht generiert. Deshalb erhält das *Social* in *Social Commerce* auch einen hohen Stellenwert. Sind die Produkte so relevant für die Nutzer, dass sie gerne darüber reden, dann funktioniert Social Commerce in der Regel. Voraussetzung dafür ist allerdings eine aktive Fanbeziehung sowie ein attraktives Angebot, am besten exklusiv nur auf Facebook für die Fans.

Mittlerweile sind 67 Prozent aller Facebook-Nutzer auch via Smartphone auf Facebook aktiv (Facebook 2012). Zunehmend wird auch von unterwegs der Status der Freunde abgefragt und an Orten eingecheckt. Auch werden Fotos gepostet oder Aktivitäten der Freunde kommentiert. Apple-Geräte führen auch hier das Feld an. Da allerdings iPhones, iPads und iPods kein Flash erlauben, müssen sich Markenanbieter Strategien überlegen, wie sie mit ihren Informationen im Nachrichtenstrom – dem so genannten *Newsfeed* – bleiben. Alles, was nicht im Nachrichtenstrom als *Post* erscheint, wird auf Smartphones de facto nicht angezeigt und damit nicht gesehen. Dazu gehören auch sämtliche Applikationen auf den Facebook-Seiten der Marken.

2 Sellaround als innovativer Zeitgeistanbieter

Die Firma Sellaround bietet einen Ansatz, die Beziehung von Kunden zu Marken in den sozialen Netzwerken zu nutzen, um Angebote zu machen oder von Kunden weiterempfehlen zu lassen. Dabei ist der Grundgedanke, die Möglichkeit der Kaufanbahnung noch näher an den Kunden zu bringen und zwar genau dorthin, wo er sich aufhält, also direkt zum Nachrichtenstrom von Facebook.

Sellaround hat Firmensitze in Stuttgart und Berlin. Der Social-Commerce-Spezialist wurde 2011 gegründet. Mit ausschlaggebend war die sehr gute Platzierung in den Top-10-Finalisten der PayPal X Developer Challenge in San Francisco, die mit dem Produktkonzept realisiert wurde (Anwar 2010).

Sellaround ist nach eigenen Angaben die „einfachste Art, online Produkte zu verkaufen: Im Web, in sozialen Netzwerken und mobil". Die Social-Commerce-Lösung bietet vier Tools für den Online-Verkauf. Alle Arten von Social Commerce sind damit möglich, und zwar in Streams (z. B. der Facebook-Chronik), auf Facebook-Seiten, auf mobilen Seiten sowie auf klassischen Web-Seiten.

2.1   Das Selling-Widget: Verkauf eines Produkts

Wer ein einzelnes Produkt im Netz verkaufen will, nutzt als App das Selling-Widget. Die Basisfunktion der Sellaround-Idee eignet sich besonders für Deals-Kampagnen, in denen ein Produkt für eine bestimmte Zeit oder in einer limitierten Menge angeboten wird. In einem direkt auf der jeweiligen Seite eingebetteten Widget (Werbebanner und Shop in einem) können Kunden den Kauf komplett abwickeln, ohne die Seite verlassen zu müssen.

2.2   Social Shop: Verkauf mehrerer Produkte

Die Social-Shop-App wurde für Anbieter entwickelt, die mehrere Produkte auf Facebook oder im Web verkaufen möchten. Sie eignet sich für E-Commerce-Einsteiger, wie beispielsweise kleinere Unternehmen, Musiker, Autoren, Verlage oder Einzelhändler. Web-Shop-Betreiber und größere Marken können diese Funktion aber auch als separaten Kampagnen-Shop nutzen, der in die Facebook-Seite eingebettet wird. Der Shop kann sowohl als *Stand-Alone-Link* verwendet als auch in eine bestehende Website, Blog oder Facebook-Seite eingebunden werden.

2.3   Promotion-Widget: Soziales Werbebanner

Das Promotion-Widget ähnelt der Selling-Widget-App, enthält aber keine Shop-Funktionen, sondern führt per Klick auf einen externen Produktlink wie z. B. einen Web-Shop des jeweiligen Anbieters. Einzelne Produkte aus dem Sortiment des Anbieters können somit attraktiv bei Facebook beworben werden. Die Einbettung erfolgt über die Facebook-Chronik. Das kann analog zur Integration eines YouTube-Videos erfolgen und ist insofern relativ einfach zu realisieren.

2.4 Social-Actions-App: Die Weiterentwicklung des Like-Buttons

Die Social-Actions-App bietet eine neue Art der Onsite-Werbung. Angelehnt an den „Like"-Button von Facebook können Sellaround-Anwender zum Produkt passende Buttons wie „I want", „I have", „I love", „I own", „I wish", „I bought" nutzen, welche die Stimmung und Empfindungen des Nutzers noch detaillierter widerspiegeln. Wenn ein Nutzer einen dieser Buttons anklickt, erscheint in dessen Facebook-Chronik ein Promotion-Widget mit Bildern, Texten und Informationen der Zielseite. Die App stellt die Buttons als Code-Baustein zur Verfügung, das der Nutzer in seine eigene Website in den Quelltext einbinden kann. Dieses erfolgt ähnlich wie beim Like-Button.

Bei genauerer Betrachtung des Selling-Widget fällt auf, dass dieser eine Art Werbebanner und Mini-Shop in einem ist, und zwar mit jeweils einem Angebot. Die Darstellung dieses Angebots ist bewusst auf das Wesentliche reduziert. Öffnet man das Widget, sieht man bis zu vier Bilder des Angebots, wovon jeweils eines in voller Größe angezeigt wird. Dazu gibt es eine Angebots-Beschreibung, den Titel, den Verkäufernamen, den Preis und einen großen Button „zum Warenkorb".

Klickt der Nutzer auf „zum Warenkorb", dreht sich das Widget und er gelangt zum nächsten Schritt der Kaufabwicklung. Auf dieser *Rückseite* kann das Versandland ausgewählt werden, auch kann der Kunde Produktvariationen wählen (falls es welche gibt, wie Farben, Größen etc.) und die Menge der gewünschten Produkte angeben. Hakt dieser dann die AGB ab und klickt auf „zur Kasse", startet der Bezahlvorgang. Dieser findet über PayPal statt – d.h. es öffnet sich ein weiterer Browser-Tab, in dem das PayPal-Login-Fenster erscheint. Nachdem sich der Nutzer dort eingeloggt hat, kann er dort die Versandadresse und die Zahlung bestätigen. Hat er dies getan, schließt sich dieser Browser-Tab und der Kauf ist abgeschlossen. Der Kunde ist jetzt genau da, wo er das Widget zuerst vorgefunden hat. Hat er also das Widget in seinem eigenen Nachrichtenstrom bei Facebook vorgefunden und geöffnet, ist er auch jetzt wieder genau dort und hat Facebook nicht verlassen. Der Point of Sale kommt direkt zum Nutzer, so dass kein Medienbruch stattfindet (vgl. Abb. 3).

Die Bezahlung über PayPal hat wesentliche Vorteile. So findet die gesamte Authentifizierung über PayPal statt, d.h. der Käufer muss keinerlei eigene Daten im Selling-Widget hinterlegen. Name, Lieferadresse und Kontoadresse oder Kreditkarteninfos werden nicht abverlangt. Gerade im Datenschutzsensiblen Umfeld von Facebook ist das ein großer Vorteil. PayPal ist als Zahlungsmethode weit verbreitet. Zudem wird ein Gast-Zugang für diejenigen angeboten, die kein PayPal-Konto haben. PayPal bietet außerdem einen einfachen Abrechnungsmechanismus für den Verkäufer an. Jede Transaktion wird direkt vom Käufer auf das PayPal-Konto vom Verkäufer überwiesen. Sellaround steht damit nicht *zwischen* den Parteien. Je nach gebuchtem Paket wird für jede Transaktion eine Provision von 3 Prozent bis 6 Prozent an Sellaround abgeführt.

Auch wenn immer wieder Facebook als Top-Beispiel genannt wird, ist die Widget-Technologie breit einsetzbar. Ähnlich wie YouTube-Videos kann jedes Widget direkt

Beschleunigte Conversion

Abb. 3 Widget Vorder- und Rückseite (eigene Darstellung)

als *Post* auf der eigenen Facebook- Chronik gepostet, auf einem Blog eingebunden, als Twitter via *Tweet* versendet oder auf einer Homepage eingebettet werden. Das Widget sieht überall exakt gleich aus und hat den gleichen Funktionsumfang. Da die Nutzung von Smartphones allein auf Facebook über 62 Prozent ausmacht, gibt es auch eine *mobil-optimierte Widget-Variante*. Rein technologisch wird es deshalb in Flash und in zwei HTML-Varianten (Desktop und Smartphone) vorgehalten. Der Nutzer bemerkt keinen Unterschied (vgl. Abb. 4).

2.5 Mit QR Codes direkt zur Kaufabwicklung

Für den Einsatz in Print-Medien wird automatisch für jedes erzeugte Widget ein QR Code erstellt. Dieses kann der Verkäufer an beliebiger Stelle verwenden, um in der Offline-Welt ein Kaufangebot machen zu können. Das können Plakate, Magazine, Flyer, Schaufenster, Litfassäulen, U-Bahnstationen etc. sein. Der Teilnehmer scannt dazu den QR Code mit einem beliebigen QR Code Reader ab. (QR Code Reader sind auf den meisten Smartphones vorinstalliert und können auch in den jeweiligen Appstores heruntergeladen werden.) Daraufhin wird im mobilen Browser des Selling-Widget aufgerufen. Der Kunde kann sich das Angebot mit Beschreibung und Preis detailliert ansehen und direkt an Ort und Stelle kaufen (vgl. Abb. 5).

Abb. 4 Das Sellaround-Widget als Post auf der Chronik der offiziellen Hertha-BSC-Facebook-Seite. *Quelle* Hertha BSC (2011a)

3 Aus Fans werden Kunden – das Beispiel HERTHA BSC

Der Berliner Fußballverein HERTHA BSC nutzt die Technologie von Sellaround, um für Fans attraktive Angebote zu machen und diese eng an die Vereinsaktivitäten zu binden.

Hertha BSC wurde am 25. Juli 1892 gegründet, wurde 1930 und 1931 Deutscher Meister und war Bundesligagründungsmitglied. In den Jahren von 1999 bis 2009 war Hertha insgesamt acht Mal im europäischen Wettbewerb vertreten. Der Verein machte in der Saison 2011/12 einen Umsatz von 59 Millionen Euro und beschäftigte

Beschleunigte Conversion 323

Abb. 5 Scannen des QR Codes führt zum Aufruf des Selling-Widgets (eigene Darstellung)

55 Mitarbeiter. Der Zuschauerschnitt bei den Spielen lag bei 53.000. Insgesamt gibt es 29.000 Vereinsmitglieder, 350 Fanclubs und 20.000 Dauerkartenbesitzer.

Das Thema Social Media wird bei Hertha BSC sehr ernst genommen. Deshalb ist Hertha auch auf den wichtigen Social-Media-Plattformen gut vertreten:

- Facebook (Gruppen: HERTHA BSC, HERTHINHO etc.)
- YouTube-Kanal HERTHA TV
- Twitter
- Google+
- Xing-Gruppen
- VZ-Gruppen (StudiVZ, SchülerVZ)

Die Anzahl der erreichten Fans ist am höchsten auf Facebook mit über 136.000 Fans, gefolgt von Google+ mit 46.000 Fans, Twitter mit 16.000 Followers und YouTube mit 3.200 Abonnenten. Wie in den meisten Unternehmen, liegt auch bei Hertha die Verantwortung für den Bereich Social Media für die Umsetzung und Kampagnen im Marketing. Die Redaktion und tägliche Pflege wird vom Bereich PR und Öffentlichkeitsarbeit getan. Der Fokus der Arbeit liegt dabei auf Facebook. Hertha sucht bewusst den direkten Kontakt zu den Fans und setzt auf Interaktion mit Fans und Kunden, Sympathisanten und Nicht-Fans. Dabei wird der Inhalt bewusst exklusiv gestaltet, um die Fans zu begeistern und Wertschätzung zu zeigen. Neuigkeiten werden z.T. zuerst auf Facebook kommuniziert, wie z. B. die Vertragsunterschriften von Neuzugängen. Es werden auch gezielt besondere Angebote gemacht, wie z. B. der Verkauf von Tickets des F-Blocks, des *Facebook-Blocks* im Olympiastadion für bestimmte Heimspiele.

3.1 Kampagnenbeispiel 1: Hertha-BSC-Virtual-Fanshop

Ein Beispiel der Nutzung von Sellaround als Technologie zum Anbieten exklusiver Inhalte war der *virtuelle* Hertha-Fanshop. Hier wurde in Anlehnung an die Strategie von TESCO gehandelt, mit der in Südkorea wichtige Marktanteile von TESCO zurückgewonnen wurden. TESCO hat im August 2011 ganze U-Bahnstationen mit Plakaten versehen, auf denen Einkaufsregale zu sehen waren. Dabei war jedes Produkt mit einem QR gekennzeichnet (Saunders 2011). Die wartenden Menschen in den U-Bahnstationen konnten damit während der Wartezeit bequem die Bestellung für Lebensmittel und Haushaltsgegenstände bei TESCO aufgeben und diese auf dem Heimweg beim nächsten Markt einsammeln und mit nach Hause nehmen. Diese innovative Möglichkeit des zeitsparenden Einkaufens wurde von den Südkoreanern sehr gut angenommen. Dadurch ersparte sich TESCO den finanziell wesentlich aufwändigeren Aufbau weiterer Warenhäuser. Hertha hat ähnlich dazu beliebte Artikel aus dem Fanshop auf Plakate gedruckt und jeweils mit einem QR Code versehen. Hinter jedem QR Code lag ein Sellaround-Selling-Widget, in dem das jeweilige Produkt dargestellt wurde (vgl. Abb. 6).

Damit wurden die physischen Hertha-BSC-Fanshops in sämtliche Berliner U-Bahnstationen erweitert und an 400 Plätzen in Berliner Untergrundstationen sichtbar

Abb. 6 Virtual Fanshop. *Quelle* Hertha BSC (2012a)

gemacht. Jeder der Berliner Fahrgäste konnte so bequem beim Warten auf die U-Bahn ein Trikot oder einen Fanschal von Hertha erwerben. Die erfolgreiche Bestellung wurde direkt nach Hause geschickt. Auch wenn diese Aktion sehr gut bei den Fahrgästen ankam, war doch eines der *Lessons Learned*, dass die Datenverbindungen in der Berliner U-Bahn noch nicht ausreichend ausgebaut war, um alle kaufwilligen Fans zufriedenstellend einkaufen lassen zu können.

3.2 Kampagnenbeispiel 2: Der Berliner-Freunde-Button

Eine weitere Kampagne lief im Rahmen einer Corporate-Social-Responsibility-Initiative (CSR) von Hertha BSC, der Stadt Berlin und dem Vermarkter SportFive. Hierbei wurde ein Button der *Berliner Freunde* für 3 Euro (inkl. Versand) verkauft, von denen jeweils 2 Euro als Spende für die Initiative abgingen. Die Initiative *Berliner Freunde* wurde von Hertha BSC und Sportfive ins Leben gerufen und steht unter der Schirmherrschaft von Berlins Regierendem Bürgermeister Klaus Wowereit. Die Berliner Freunde engagieren sich für Berlin und die Kinder dieser Stadt. Sie wollen gemeinsam einen Beitrag leisten, um diesen Chancen zu eröffnen und deren Potenziale zu entfalten (vgl. Abb. 7).

Abb. 7 Print-Anzeige mit QR Code. *Quelle* Hertha BSC (2012b)

Abb. 8 Spielankündigungsplakat mit QR Code. *Quelle* Hertha BSC (2012c)

Das besondere Highlight bei der Kampagne war die Möglichkeit eines jeden Käufers, am Weihnachtsfoto als Motiv für die offizielle Weihnachtskarte teilzunehmen, und zwar zusammen mit der Profimannschaft sowie den Trainern und Funktionären von Hertha BSC. Die Kampagne wurde auf mehreren Kanälen gespielt. Dieses erfolgte vornehmlich auf den Facebook-Seiten von Hertha BSC und den Berliner Freunden sowie auch auf der Web-Seite. Das Angebot wurde wiederholt gepostet, um den Absatz zu erhöhen. Dazu kam auf jedes Spielankündigungsplakat ein QR Code mit dem Berliner-Freunde-Button, von denen pro Spieltag 1.500 Stück gedruckt und im Berliner Raum ausgehängt wurden (vgl. Abb. 8).

Hier wurde gezielt das soziale Engagement sowie der Lokalpatriotismus in den Vordergrund gestellt. Die Fans konnten direkt auf Facebook in ihrem Nachrichtenstrom einen Berliner-Freunde-Button erwerben und sich damit sozial engagieren. Hierbei wurden nicht nur viele Buttons verkauft, sondern auch sehr viel Gemeinschaftsgefühl erzeugt, was sich in vielen „Likes" und positiven Kommentaren widerspiegelte (vgl. Abb. 9).

Als *krönender Abschluss* wurden alle Button-Käufer zu einer gemeinsamen Fotoaktion für die Weihnachtskarte eingeladen. Die Kommunikation lief erneut über die Facebook-Seite, auf der alle zu einem bestimmten Datum ins Olympiastadion eingeladen wurden, um sich mit Fan-Schal und blau-weißer Nikolausmütze in Hertha-Farben gemeinsam ablichten zu lassen. Dieser Event kam sehr gut an und wurde von den Fans begeistert angenommen.

Abb. 9 Fotoaktion im Olympiastadion. *Quelle* Hertha BSC (2011b)

Neben den Profis kamen mehr als 800 Personen zum Shooting ins Olympiastadion. Die gelungene Weihnachtskarte wurde wiederum auf Facebook an alle Fans gepostet und über das Sellaround-Selling-Widget zum Kauf angeboten. Dadurch wurde die gut angelegte Aktion zu einem schönen Abschluss gebracht (vgl. Abb. 10). Die Storyline und der jeweilige Aufhänger waren gut durchdacht und sind deshalb von den Hertha-Fans auch angenommen worden. Der Verein selbst war mit der Kampagne ebenfalls sehr zufrieden. Ingo Schiller, Geschäftsführer von HERTA BSC, sagte diesbezüglich zu Sellaround:

„Dank Sellaround können wir unseren Fans auf Facebook unter www.herthabsc.de/facebook mit wenigen Klicks besondere Deals rund um unseren Verein anbieten." (Schiller 2011).

4 Schlussfolgerung und Ausblick

Die Beispiele von Hertha BSC zeigen, das Social Commerce funktioniert, wenn man das *Social* richtig berücksichtigt. Auf Facebook geht es in erster Linie um Beziehungen und nicht um Angebote. Deshalb wird nur der erfolgreich auf Facebook vertreten sein, der es versteht, seiner Marke ein Gesicht zu geben und sich mit den Fans auseinandersetzen zu können. Je mehr es auch hier *menschelt*, desto besser. Die konsistente, nachvollziehbare Kommunikation durch die Social-Media-Kanäle ist dabei essentiell wichtig. Nur so kann eine aktive Fangemeinschaft entstehen, die wächst, die *dranbleibt*, die über die eigene Marke und die angebotenen Produkte spricht und sie auch gerne kauft. Wird hier alles richtig gemacht, kann eine starke Fanbase entstehen und damit der Grundstein für erfolgreichen Social Commerce gelegt werden.

Ein weiter wichtiger Faktor ist die Attraktivität des Angebots. Die Fans müssen sich durch Angebote auf Facebook wertgeschätzt fühlen. Das passiert vor allem dann, wenn

Abb. 10 Weihnachtskarte 2011 von Hertha BSC. *Quelle* Hertha BSC (2011b)

diese als exklusiv wahrgenommen werden. Ein Vorabverkauf von Produkten, bevor diese in den regulären Handel gehen oder eine Kollektion, die vom Designer handsigniert wurde, lassen sich als Beispiel nennen. Es geht um Produkte, die es nur über den Kanal Facebook gibt. Natürlich spielen auch der Preis und die Versandkosten eine Rolle, allerdings nur nachgelagert. Der Preis sollte nicht zu oft als primärer Anreiz gewählt werden. Dieser nutzt sich schnell ab und schürt Erwartungen für zukünftige Aktionen.

In Zukunft wird derjenige erfolgreich über Facebook verkaufen, Leads generieren und Neukunden gewinnen, der sich auf das Medium voll einlässt. Hier rückt der Kunde als Mensch ins Zentrum des Geschehens. Er will als solcher abgeholt und begeistert werden. Die Marke, die dieses schafft, hat nicht nur einen zufriedenen Käufer, sondern auch einen Multiplikator und Markenbotschafter gewonnen.

Literatur

Adobe Systems (2011). Adobe Online Marketing Suite – Best Practice Guide, Best Practice for measuring and optimizing the business impact of the Facebook Like button [Online]. Verfügbar unter: http://www.adobe.com/content/dam/Adobe/uk/solutions/social/pdfs/adobe-facebook-best-practice-whitepaper.pdf. Zugegriffen: 22. Jan 2013.

Anwar, N. (2010). PayPal X Developer Challenge: Top 10 Finalists. In thepaypalblog.com [Online]. Verfügbar unter: https://www.thepaypalblog.com/2010/10/paypal-x-developer-challenge-top-10-finalists-revealed. Zugegriffen: 22. Jan 2013.

Booz & Company (2011). Turning "Like" to "Buy" – Social Media Emerges as a Commerce Channel [Online]. Verfügbar unter: http://www.booz.com/media/uploads/BaC-Turning_Like_to_Buy.pdf. Zugegriffen: 22. Jan 2013.

Facebook (2012). Facebook Reports Second Quarter 2012 Results [Online]. Verfügbar unter: http://investor.fb.com/releasedetail.cfm?ReleaseID=695976. Zugegriffen: 12. Nov 2012.

Fittkau & Maaß Consulting (2012). Einkaufen auf Facebook noch unattraktiv. In w3b.org [Online]. Verfügbar unter: http://www.w3b.org/e-commerce/einkaufen-auf-facebook-unattraktiv.html. Zugegriffen: 22. Jan 2013.

Heinemann, G. (2012). *Der neue Online-Handel, Erfolgsfaktoren und Best Practices* (4. Aufl.). Wiesbaden.

Hertha BSC (2011a). Offizielle Hertha BSC Facebook Seite [Online]. Verfügbar unter: https://facebook.com/herthabsc. Zugegriffen: 15. Oct 2011.

Hertha BSC (2011b). *Fotoaktion im Olympiastadion für die Weihnachtskarte Winter 2011*. Berlin.

Hertha BSC (2012a). *Virtual Fanshop, Aktion Handy raus zum Trikotkauf mit QR-Code*. Berlin.

Hertha BSC (2012b). *Printanzeige mit QR-Code, Anzeige Berliner Freunde*. Berlin.

Hertha BSC (2012c). *Spielankündigungsplakat gegen Gelsenkirchen mit QR-Code*. Berlin.

IBM (2011). From social media to Social CRM [Online]. Verfügbar unter: http://www-935.ibm.com/services/us/gbs/thoughtleadership/ibv-social-crm-whitepaper.html. Zugegriffen: 22. Jan 2013.

Imrg (2011). B2C Global e-Commerce Overview 2011 – Executive Summary [Online]. Verfügbar unter: http://www.imrg.org/ImrgWebsite/User/Pages/B2C_Global_e-Commerce_Overview_2011.aspx. Zugegriffen: 22. Jan 2013.

McKinsey & Company (2012). Turning buzz into gold, How pioneers create value from social media [Online]. Verfügbar unter: http://www.mckinsey.de/downloads/publikation/social_media/Social_Media_Brochure_Turning_buzz_into_gold.pdf. Zugegriffen: 22. Jan 2013.

Saunders, M. (2011). How Tesco used QR Codes to increase online shopping. In marketingtechnews.net [Online]. Verfügbar unter: http://www.marketingtechnews.net/blog-hub/2011/aug/10/how-tesco-used-qr-codes-to-increase-online-shopping. Zugegriffen: 22. Jan 2013.

Schiller, I. (2011). *Interview mit Sellaround im Dezember 2011*. Berlin.

Seis, J. (2012). The Business of Social, Social media tracker 2012. In universalmccann.de [Online]. Verfügbar unter: http://www.universalmccann.de/wave6. Zugegriffen: 22. Jan 2013.

Socialtimes (2011). Social Commerce Is Next To Blow Up [Infographic]. In socialtimes.com [Online]. Verfügbar unter: http://socialtimes.com/social-commerce-infographic_b62963. Zugegriffen: 22. Jan 2013.

Über den Autor

Felix von Kunhardt ist COO und Geschäftsführer von Sellaround, verantwortlich für Business Development, Sales und Key Account Management.

1971 geboren, kann der eCommerce-Experte auf langjährige Erfahrungen in der Arbeit mit multinationalen Online-Unternehmen wie zuletzt eBay Europe blicken.

Von Kunhardt startete als Content Manager bei Lycos Deutschland, bevor er bei AOL Deutschland das lokale Produktmanagement aufbaute. Danach stieg der E-Commerce-Experte bei eBay ein und war maßgeblich am Aufbau des eBay-Markenshop-Programms in Europa beteiligt, davor hat er das Händlergeschäft des Unternehmens in Deutschland geleitet.

Felix von Kunhardt wechselte im Juni 2011 in die Geschäftsführung von Sellaround. Sellaround ist ein Start-up im Bereich Social Commerce, das Marken aus Bereichen wie Fashion & Lifestyle, Musik, Entertainment, Sport oder Gaming eine innovative Lösung zur Vergrößerung und Monetarisierung sozialer Reichweite bietet.

Von Kunhardt studierte Volkswirtschaft in Bonn und Münster. Er ist verheiratet und hat zwei Kinder.

Mobile Innovation bei ZEIT ONLINE oder Mobility is the message

Thorsten Pannen

Zusammenfassung

Wirtschaftliche Modernisierungsprozesse aufgrund veränderter Nutzerbedürfnisse sind zunächst einmal Prozesse der Steigerung von Komplexität und Unübersichtlichkeit, die alte Ordnungen und stabile Systeme fragil werden lassen. Das gilt auch und insbesondere für den sogenannten „mobility turn", der die Welt der Medien grundsätzlich zu verändern scheint, weil er auch grundsätzliche Dispositionen des Nutzers zu verändern beginnt. Damit einhergehend steigert sich die digital getriebene Dynamik der Veränderungen – und damit die Schwierigkeit, diesen Veränderungen zeitnah mit adäquaten, „medialen Produkten" zu begegnen. Der Beitrag versucht eine grundlegende Reflexion der gegenwärtigen, mobilen Mediatisierung der Gesellschaft und konkretisiert mit der Analyse ausgewählter Produktentwicklungen von ZEIT ONLINE Möglichkeiten und Grenzen von mobilen Angeboten im Bereich des Qualitätsjournalismus. Besondere Schwerpunkte bilden dabei die Fragen, inwieweit die historisch ausgeprägten Strukturen von Verlagshäusern sich überhaupt noch mit der exponentiell wachsenden Veränderungsgeschwindigkeit im Bereich der digital vermittelten Medien vertragen und inwieweit der Fragmentierung komplexer Medienkulturen, wie sie derzeit zu beobachten ist, ein fragmentiertes Produktportfolio gegenübergestellt werden kann, ohne dass dabei gewachsene Produktidentitäten gänzlich verloren gehen. Mit diesen Fragestellungen sollen abschließend die Eckpunkte eines zeitgemäßen Transformationsmanagements für Verlage skizziert werden, auf der Grundlage bisheriger Erfahrungen, aber mit dem Wissen darum, dass für einen erst im Anfang begriffenen Wandel im Bereich der medialen Mobilität längst nicht alle Fragen beantwortet werden können. So muss der Charakter dieses Beitrags flüchtig bleiben, der Flüchtigkeit seines Themas geschuldet.

T. Pannen (✉)
ZEIT ONLINE, Speersort 1, 20095 Hamburg, Deutschland
e-mail: thorsten.pannen@zeit.de

Inhaltsverzeichnis

1 The mobility turn? Eine Einführung 332
2 Verlage im Zeitalter der digitalen Beschleunigung. 334
3 Mobile Zeiten – DIE ZEIT mobil 338
   3.1 Zur Besonderheit mobiler Medienangebote 338
   3.2 Vertreten sein – ZEIT ONLINE mobil 339
   3.3 Universal sein – Die erste App 341
   3.4 Erster sein – ZEIT ONLINE auf dem iPad 343
   3.5 Bester sein – DIE ZEIT auf dem iPad und Tablet-PCs 344
   3.6 Einfach sein – E-Reader und PDFs 346
   3.7 Eine für alle – Das digitale Abo auf ZEIT ONLINE 347
4 Digitale Antinomien 348
   4.1 Die pragmatische Wende. 348
   4.2 Das Multi-Plattform-Dilemma. 349
   4.3 Das Entscheidungsdilemma 349
   4.4 Möglichkeiten ohne Wirklichkeiten: das Vermarktungsdilemma 350
   4.5 Ende der Zweimarkenstrategie 351
5 Eine Frage der ZEIT – Erfahrungen im Interim. 352
   5.1 Progressive Kontingentierung am Beispiel Kindle 352
   5.2 Medienneutrales Publizieren als regulative Idee 353
   5.3 Technologischer Pragmatismus 353
   5.4 Der heilige Gral – Paid Content 354
   5.5 Responsive Design versus Responsive Content 355
6 Bausteine einer pragmatischen Transformationsstrategie 355
Literatur 357

1 The mobility turn? Eine Einführung

Man kann sich des Eindrucks nicht erwehren, dass die technologisch getriebene Wirklichkeit unser strategisches Denken längst überholt hat. Dies gilt insbesondere für die Medien, die exemplarisch auch für andere Branchen einen neuralgischen Punkt im laufenden technologischen und gesellschaftlichen Transformationsprozess insgesamt markieren. Basierend auf einer historisch ausdefinierten Produktwelt, ausgestattet mit hoher gesellschaftlicher Reputation und einem ausgewogenen Konstrukt an Erlösmodellen, richtet sich der Blick in eine Zukunft, in der die angestammten Wertschätzungen und Produktidentitäten zu verschwinden drohen – und damit das eigene Selbstverständnis und Selbstbewusstsein verlegerischer Arbeit. Das Internet als Betriebssystem von Ökonomie und Kommunikation stellt eine ganze Branche von der Produktion bis hin zur Rezeption auf den Kopf. Das Eindringen digitaler Distributions-, Kommunikations- und eben auch Produktionsverfahren scheint der Realitätscheck für etablierte Systeme und auch Überzeugungen geworden zu sein, sei es im Journalismus selbst, in der Vermarktung journalistischer Angebote oder eben auch in der bloßen Verteilung von Inhalten.

Nirgends sonst konzentrieren sich dabei die Herausforderungen und Ambivalenzen so sehr wie in den Versuchen, die in Print – und auch im Web inzwischen bewährten

– Angebote adäquat zu *mobilisieren*. Denn mit der umfassenden Mobilisierung wird eines immer deutlicher: Es ist eine falsche und verkürzte Vorstellung, dass mit der Mobilisierung nur ein weiterer Distributions- oder Kommunikationskanal entstanden ist, den zu nutzen mit den bestehenden Angeboten ein Leichtes sei. Vielmehr muss eine Vorstellung entwickelt werden vom grundsätzlichen gesellschaftlichen Wandel der Kommunikations- und Rezeptionsmuster, in deren Wandlungssog bestehende journalistische Formate, Erlösmodelle und Produktidentitäten zu erodieren drohen. Medien müssen lernen, den kulturellen und kommunikativen Transformationsprozess in ein kontinuierliches Transformationsmanagement zu übertragen, das in der Lage ist, dem permanenten Wandel gänzlich neue Produktidentitäten fast seriell abzugewinnen. Entwickler müssen sich einstellen auf provisorische Produktenwicklungen, auf Interimsangebote und die ambivalente Erkenntnis, dass den Verlagen durch die revolutionäre Entwicklung mobiler Kommunikation mit einer Vielzahl neuer Geräteklassen und Ecosysteme zugleich ein dauerhaftes Entscheidungsdilemma samt chronischem Ressourcenmangel erwachsen ist.

Es muss also das Ausmaß der Veränderungen ein- und abgeschätzt werden, es muss Theorie- und Begriffsarbeit geleistet – und zugleich eine neue Praxis der Produktentwicklung ausgebildet werden. Zurzeit dürften nur wenige Verlage einen klaren Kompass für eine solche Ausrichtung haben.

In den Medien scheint alles möglich, aber es wird nicht alles möglich gemacht werden können. So heißt Transformationsmanagement auch, zu erkennen, dass das, was ist, nur ein kurzfristiger Übergang sein kann auf dem Weg zu *mobilen* journalistischen Angeboten, mit denen sich längerfristige Lösungen und neue Strukturen herauskristallisieren. Es bleibt ungewiss, ob nicht dauerhaft mit wenig dauerhaften Angeboten gearbeitet werden muss. Transformation also droht zum täglichen Geschäft zu werden.

Vor dem Hintergrund des so verstandenen allgemeinen Transformationsprozesses, versucht der vorliegende Beitrag die bisherigen Aktivitäten zur Mobilisierung von Angeboten der ZEIT sowie von ZEIT ONLINE für eine mobile Transformationsstrategie nutzbar zu machen. Welche Erfahrungen verbinden sich mit den bisherigen Entwicklungen im Bereich der Applikationen, E-Reader-Angebote und Sites im mobilen Internet? Welche Vorstellungen haben sich überholt, welche spezifischen Herausforderungen wurden deutlich. Wie lassen sich diese Erfahrungen für eine zukünftige Praxis der Transformation in Permanenz nutzbar machen? Lässt die beschleunigte Entwicklung im technischen und auch soziokulturellen Bereich überhaupt noch eine Akkumulation von Erfahrung im Bereich der Medienentwicklung zu?

Dabei wird es auch darum gehen, den Paradigmenwechsel hin zur mobilen Mediennutzung in ein Verhältnis zur konkreten journalistischen und verlegerischen Arbeit zu stellen, um stattfindende Veränderungen und notwendige Anpassungen zu lokalisieren. Was eigentlich verändert sich insbesondere für die klassischen journalistischen Angebote oder gerade auch die Angebote eines Qualitätsjournalismus, die einer literalen und reflexiven Kultur verpflichtet sind? Ist nicht insbesondere für diese auf eingehende Analyse und Hintergrundberichterstattung ausgehenden Angebote alle Mobilisierung der Anfang vom Ende? Zeichnet sich nicht längst eine neue Kultur und eben auch Medienkultur ab, die von den alten Vertretern der Branche kaum noch begriffen werden kann? Um die Kluft zwischen dem am Sender-Empfänger-Modell orientierten klassischen Medienverständnis und einer neuen, grundlegend veränderten Medienkultur zu begreifen, sei hier ein bemerkenswerter Beitrag von Piotr Czerski auf ZEIT ONLINE zitiert:

> „Wir sind mit dem Internet und im Internet aufgewachsen. Darum sind wir anders. Das ist der entscheidende, aus unserer Sicht allerdings überraschende Unterschied: Wir ‚surfen' nicht im Internet und das Internet ist für uns kein ‚Ort' und kein ‚virtueller Raum'. Für uns ist das Internet keine externe Erweiterung unserer Wirklichkeit, sondern ein Teil von ihr: eine unsichtbare, aber jederzeit präsente Schicht, die mit der körperlichen Umgebung verflochten ist." (Czerski 2012).

Hier soll nicht die inzwischen doch etwas fade Differenz zwischen den Digital Natives und den Digital Immigrants erneut diskutiert, sondern auf Ausprägungen einer neuen Kommunikationskultur verwiesen werden, für die ein adäquates Vokabular bisher nur rudimentär zur Verfügung steht, wenn es um die Verortung *klassischer* journalistischer Angebote geht. Denn diese Angebote scheinen nicht mehr das bevorzugte Medium kollektiver Selbstverständigung zu sein, Alternativen bilden sich aus und eben auch gänzlich veränderte kulturelle und politische Praktiken der Verständigung, neben denen sich die einstmals etablierten Formen zu bewähren haben. Das aber heißt auch, den eigenen Standort in einer neuen Medien-Landschaft bestimmen: favorisierte Verbreitungswege, Partizipationen, Aggregationen, Erlösmodelle und strategische Prioritäten sind zu definieren, Althergebrachtes zu hinterfragen.

So gilt auch hier ein für die Welt der journalistischen Medien abgewandeltes Diktum Adornos über die Kunst: Zur Selbstverständlichkeit wurde, dass nichts, was die Medien betrifft, mehr selbstverständlich ist, weder in ihnen noch in ihrem Verhältnis zum Ganzen, nicht einmal ihr Existenzrecht (Adorno 1970). Auch hier gilt: Es soll keine Apokalypse für die Medienwelt gezeichnet, sondern die Dimensionen skizziert werden, die unserer Ansicht nach beim Nachdenken über Mobilität und Medien unbedingt mitzudenken sind. Mediale Mobilität wird hier als ein Aspekt einer grundlegenden Veränderung der Mediatisierung von Gesellschaft und Kultur verstanden, nicht als bloß physische Mobilität, sondern als eine Facette des *mobility turn*, der stattfindet, auch wenn er noch längst nicht alle Lebensbereiche erreicht hat. Mobilität heißt in Konsequenz die restlose Mediatisierung und auch Ökonomisierung der Zeit, um das Schreckgespenst der nutzlosen Zeit zu bannen. Zu fragen ist, inwieweit die journalistischen Angebote mit der weiteren Entwicklung bestehen können, als Angebote von weitreichenderem Interesse und eben auch als kalkulierbare Erlösmodelle. Wie können qualitätsjournalistische Angebote ein fester Bestandteil der *Mobile Society* sein oder werden?

2 Verlage im Zeitalter der digitalen Beschleunigung

Dass eigentlich alles sich immer schneller verändert und die Menschen eben dieser Schnelligkeit kaum noch gewachsen sind, ist eine Binse, die sich auf fast alles übertragen ließe. Für Verlage aber entfaltet die banale Diagnose eine besondere Brisanz, da eigentlich über Jahrhunderte Selbstverständnis und Geschäftsmodelle der eigenen Profession konstant und stabil geblieben sind. Informationsmonopole, Trägermedien, Anzeigenmodelle und die anerkannte Relevanz im Kontext von Aufklärung und Meinungsbildung; seit den *Avisen* und *Relationen* des 17. Jahrhunderts hat sich tatsächlich nur wenig verändert am grundsätzlichen Modell. Aktualität, Periodizität, Publizität und auch Universalität waren die konstanten Kategorien dafür. Die Geschichte der Presse seit dem 17. Jahrhundert ist vor allem eine Erfolgsgeschichte, bis heute.

Und jetzt, mehr oder weniger plötzlich, sind die Zeichen der Krise unverkennbar – und sie erscheinen in rasanter Abfolge. Die Gatekeeper werden zu Getriebenen. Rubrikenmärkte sind längst abgewandert, Traditionsblätter wie z. B. in Nürnberg oder Hamburg werden eingestellt, große Titel erscheinen nur noch digital, eine Presseagentur meldet Insolvenz an, allerorten erscheinen neue Konkurrenten und die Bastion der fast institutionalisierten Meinungshoheit beginnt deutlich zu wanken. Zudem ändern sich die Kategorien der Rezeption: Aktualität und Periodizität nivellieren sich im jederzeit abrufbaren Stream des allumfassenden Netzes, Publizität und Universalität verlieren ihre Bedeutung vor dem Hintergrund schwindender Zugangsbarrieren und individueller Fragmentierungen. Die einstmals homogenen Funktionssysteme werden durch heterogene Netzwerke oder gar *Rhizome* ersetzt, je nach Lesart.

> „Es hat keinen Ursprung und keine Tiefe, sondern verbindet beliebige Punkte miteinander. (...) Es hat weder Anfang noch Ende, aber immer eine Mitte, von der aus es wächst und sich ausbreitet." (Deleuze und Guattari 1992).

Das Internet setzt den Verlagen zu und im ersten Abwehrreflex reagieren sie wie oftmals auf technische Revolutionen reagiert wird, es werden die Schreckbilder des Kulturverfalls und der zerstörenden Zerstreuung bemüht; finstere Anthropologie und das Ende einer menschlichen Ordnung der Dinge werden herauf beschworen. Das war schon bei der Inbetriebnahme der ersten Dampflokomotiven nicht anders:

> „Als in Bayern die erste deutsche Linie gebaut werden sollte, gab die medizinische Fakultät zu Erlangen das Gutachten ab, dass der Fahrbetrieb mit öffentlichen Dampfwagen zu untersagen sei: die schnelle Bewegung erzeuge unfehlbar Gehirnkrankheiten, schon der bloße Anblick des rasch dahinsausenden Zuges könne dies bewirken." (Friedell 2009).

Ähnlich drastisch lauten bisweilen die Diagnosen für den ungefilterten Informationsstrom aus dem Internet, die insbesondere in Print-Medien ausgebreitet werden, exemplarisch sedimentiert in einem schönen Titel des Anglisten Mark Bauerleins: Die dämlichste Generation – wie das digitale Zeitalter junge Leute verblödet und unsere Zukunft gefährdet (Bauerleins 2008).

Doch trotz aller Kritik haben es die meisten Verlage geschafft, sich einzurichten in den neuen, digitalen Zeiten. Durch expansive Strategien haben sie die Gefahr des Internets gleichsam gebannt, zumeist durch einen Dualismus *Print neben Online*. Mehr oder weniger stabile Verhältnisse also auch, obwohl die meisten digitalen Angebote noch immer defizitär sind. Und mit der mobilen Wende im Mediennutzungsverhalten scheint nun plötzlich eine weitere Zumutung auf die Verlage zuzukommen, die nicht nur die Print-Apologeten auf den Plan ruft, sondern nun auch die Avantgarde von einst in Aufruhr versetzt, die Vertreter der digitalen Revolution selbst, die unter ihrer allzu starken Fokussierung auf das stationäre Internet eine großflächige Verlagerung hin zur mobilen Rezeption kaum für möglich gehalten haben.

So kann die neue Dynamik in der Entwicklung digital getriebener Medien auch als Abfolge von Zumutungen an klassische Verlagshäuser interpretiert werden. Überall sollen die eigenen Inhalte an den Mann gebracht – Plattformen, Devices, Netzwerke und Aggregatoren bedient werden, in immer neuen Formaten und Bündelungen, mit immer neuen Technologien und teuren Dienstleistern. Und das alles ohne eine Vorstellung davon zu haben, welche Plattformen sich dauerhaft überhaupt durchsetzen werden, ob Erlösmodelle sich abzeichnen und ob überhaupt noch vermarktbare Reichweiten dauerhaft etabliert oder Vertriebsmodelle nachhaltig aufgebaut werden können. Und mit dem *mobility turn* scheint diese Abfolge von Zumutungen potenziert, scheint das, was Heinrich Heine einst bei Betrachtung der Pariser Eisenbahneröffnung für die veränderte Wahrnehmung in Raum und Zeit feststellte, nunmehr vollendet:

> „Welche Veränderungen müssen jetzt eintreten in unserer Anschauungsweise und in unseren Vorstellungen! Sogar die Elementarbegriffe von Zeit und Raum sind schwankend geworden. Durch die Eisenbahnen wird der Raum getötet, und es bleibt nur noch die Zeit übrig." (Heine 1988).

Doch auch die Zeit verliert nun ihre ordnungsstiftende Wirkung, der mobile Rezipient scheint außerhalb von Raum und Zeit(-zonen). Denn die Rezeption betreffend wird mit den mobilen Endgeräten ein weiterer Schritt weg von einer literal-reflexiven Kultur gemacht, die im stationären Internet letztlich noch prägend verankert war, wenn auch Hypertextualität und kontextsensitive Einspielungen erste Brüche markierten. Der Nutzer will im mobilen Kosmos stets und überall den Eindruck empfinden, dass die Welt sich verändert, während er liest – und er will irgendwie mit dieser Veränderung unterwegs sein, dabei sein. So wird die Zeitung von heute zur Metapher des immer schon Überholten und das Smartphone verkörpert nun

> „jene Ubiquität eines unentrinnbaren Gefährten (...), der sich durch jede Türe zwängt, in jede Tasche schleicht und dem modernen Menschen ebenso unausstehlich und ebenso unentbehrlich ist wie dem Faust der Mephisto." (Friedell 2009).

Worauf also müssen Verlagshäuser sich einstellen? Welche Produkte und Strategien sind zeitgemäß? Sicher ist, dass die stärkere Segmentierung in der Rezeption gepaart mit einer wachsenden Facettierung medialer Angebote und damit schwindender Zeitbudgets eine dynamische Informationsarchitektur erfordert, mit der einer nicht mehr aufzuhaltenden Fragmentierung durch Medienträger und Contentintegrationen oder -aggregationen begegnet werden kann.

> „Inhaltsströme werden verbreitet, die auf allen möglichen Geräten laufen, die in den verschiedensten Viewern – Flipboard& Co – gelesen werden. Die bereitgestellten Inhalte werden wieder

von Maschinen zerpflückt, semantisch aus- und aufgewertet und fließen dann neu aggregiert in verschiedensten Anwendungen wieder ein." (Matzat 2012).

Zudem wird die persönliche Konnektierung insbesondere in mobilen Kontexten eine notwendige Komponente von *Contents*, die soziale Anschlussfähigkeit. Statt Reflexivität der Rezeption wird die soziale Interdependenz von Inhalten Bedingung ihrer Wahrnehmbarkeit. Fast scheint es, als bewegten wir uns von einer literalen Kultur hin oder auch zurück zu einer neuen Mündlichkeit, die einstmals eben durch die Literalität überwunden werden sollte. Ebenso werden die der Moderne verpflichteten Maßstäbe von Abstrahierung und Universalisierung zurückgedrängt zugunsten von sozialen Konkretisierungen und individuellen Zuordnungen. Das Stichwort dafür: Social Reading, die Anschlussfähigkeit der einst eher einsamen Lektüre und die Dokumentation und Kommentierung der eigenen Lektüreerfahrung. Was diese Entwicklung für den Bereich der Nachrichten und anderer journalistischer Angebote bedeutet, machte Danah Boyd mit einem pointierten Kommentar auf poynter.org deutlich:

> „General news is not relevant to young people because they don't have context. It's a lot of abstract storytelling and arguing among adults that makes no sense. So most young people end up consuming celebrity news. To top it off, news agencies, for obvious reasons, are trying to limit access to their content by making you pay for it. Well, guess what: Young people aren't going out of their way to try to find this news, so you put up one little wall, and poof, done. They're not even going to bother." (Boyd 2012).

Statt der Diskursivität scheint vielmehr Intimität bedeutungskonstituierend, wird Subjektivierung Garant für Relevanz. Es entsteht ein neuer Rezeptionsmodus, der ausgehend von der Konnektivität und Personalisierbarkeit der Devices sich auch durch jederzeitige Aufnahmebereitschaft auszeichnet, ein *Always on* im hyperprivaten Netzwerk. Viele Informationen vieler Medien wollen effizient verarbeitet und zugeordnet werden, stets ist der Nutzer der Verführung paralleler Impulse ausgesetzt, ob Nachricht, Statusmeldung, Tweet oder den diversen Empfehlungen. Die mobile Kommunikation im speziellen ist dabei nicht neutral, sondern es geht mit ihr eine spezifische Art der Welterschließung einher. Es ist nicht nur die knapper bemessene Zeit, die Rezeption verändert, die kürzer werdende Aufmerksamkeitsspanne pro Information; es ist auch die höhere Instrumentalität, die ein neues Verhältnis zu jeglichem Inhalt bestimmt, situativ direkt und der effizienten Nutzung verschrieben. Zugespitzt formuliert: Wirklichkeit kann Relevanz nur noch als mobile gewinnen, bewegende Gedanken gibt's nur in Bewegung. Mobile Information scheint immer auch Aktion.

Im Bemühen, dem neuen Paradigma der Mobilität gerecht zu werden, müssen sich Verlage verabschieden von den Modellen, die bisher für eine zumindest relative Stabilität bei der Distribution und Monetarisierung von Inhalten standen. Dabei gilt es, Szenarien für den Übergang zu entwickeln, Produkte auch, die Erwartungen (für die Zukunft des Informationskonsums) mit den Erfahrungen und Bestandteilen der Vergangenheit zu verbinden wissen. Die Aufgabe gemahnt an das Bild vom Engel der Geschichte, das in Walter Benjamins geschichtsphilosophischen Thesen so eindrucksvoll beschrieben wurde.

„Ein Engel ist darauf dargestellt, der aussieht, als wäre er im Begriff, sich von etwas zu entfernen, worauf er starrt. Seine Augen sind aufgerissen, sein Mund steht offen und seine Flügel sind ausgespannt. (…) Er hat das Antlitz der Vergangenheit zugewendet. Er möchte wohl verweilen (…). Aber ein Sturm weht vom Paradiese her, der sich in seinen Flügeln verfangen hat und so stark ist, dass der Engel sie nicht mehr schließen kann. Dieser Sturm treibt ihn unaufhaltsam in die Zukunft, der er den Rücken kehrt." (Benjamin 2007).

3 Mobile Zeiten – DIE ZEIT mobil

3.1 Zur Besonderheit mobiler Medienangebote

Was die Rezeptionsbedingungen sowie auch die soziokulturellen Kontexte betrifft, so haben die vorausgehenden Anmerkungen den Rahmen abgesteckt für die konkrete Verortung und Bewertung mobiler Medienangebote. Ergänzend dazu die bekannten Zahlen: Bis spätestens 2015 werden weit über 50 Prozent aller deutschen Mobilfunkkunden ein Smartphone besitzen. Aufgrund der weltweiten Verbreitung von Smartphones und der damit begründeten mobilen Internetnutzung spricht Jay Jamison, Autor des Techcrunch IT-Blogs, von der dritten Epoche des Internet, wobei die erste nach seiner Sichtweise geprägt war durch Portale wie Yahoo oder Suchmaschinen wie Google, die zweite durch soziale Plattformen wie Facebook, LinkedIn oder Zynga. Nun also die dritte Phase, in der Smartphones als mobile Konvergenztechnologien auf komplexe Weise mit der etablierten Medienlandschaft insgesamt interagieren.

> „Sie stehen mit anderen Medien in Verbindung, weil sie Teil derselben Kulturökonomie sind und weil sich Bezugspunkte dadurch ergeben, dass sie verschiedene mediale Anwendungen und Funktionen in einem Gerät integrieren. Gerade durch ihre Hybridität und Vielgestaltigkeit sind Mobiltelefone angebunden an eine Vielzahl von Medien mit einer eigenen Genese, Geschichte und Ästhetik. Das Zusammenwirken der unterschiedlichen Medien und medialen Formen, die in der Mobilkommunikation zusammenlaufen, bildet zusammen mit institutionellen und ökonomischen Verflechtungen den Rahmen, in den sich die Mobilkommunikation einordnet." (Peil 2011).

Als Instrumente direkter Kommunikation sind sie zugleich Medien der Rezeption. Sie übernehmen lokale Verortungen und Identifizierungen, lesen Codes und dienen als Kamera. Im Bereich des mobilen Journalismus sind Smartphones journalistische Produktionsmittel, als Kamera, Text-Device und in naher Zukunft vielleicht auch als Steuerelement für Drohnen – Vision für einen *Journalismus von oben* (siehe auch http://www.drohnenjournalismus.de/).

Doch selten war die Schere zwischen Möglichkeiten und Realitäten größer als bei mobilen Medienangeboten journalistischer Marken. Schnittstellen und Feeds versorgen auch die diversen mobilen Devices, ein übersichtlich bis karges Layout sorgt für die verbesserte Lesbarkeit. Ein Anfang ist gemacht. Wie aber lassen sich die immensen Möglichkeiten der *mobilen Telefoncomputer* nutzen und wie müssen Inhalte im Idealfall mobil konfektioniert und modifiziert werden, damit sie zum exklusiven mobilen Medienensemble der Nutzer avancieren? Müssen nicht sogar, um der Größe der Veränderung Rechnung zu tragen, eigenständige Mobilredaktionen eingerichtet werden, um in Bildsprache und *Textdesign* den mobilen Nutzungsgewohnheiten wirklich gerecht werden zu können?

3.2 Vertreten sein – ZEIT ONLINE mobil

Die Anfänge der mobilen Medienangebote muten schon jetzt fast historisch an, auch wenn diese Anfänge noch gar nicht so lange zurückliegen. Das ist auch beim mobilen Internetangebot von ZEIT ONLINE nicht anders, erreichbar über die URL http://mobil.zeit.de, eine mobile Grundversorgung gleichsam, nach einfachen Prinzipien zusammengestellt. Es handelt sich um ein feed-basiertes Angebot von Inhalten, die nicht weiter für die spezifische mobile Nutzungssituation aufgearbeitet wurden. Die Artikel und Übersichtsseiten werden durch ein reduziertes Bildangebot flankiert, eine mobile Suchfunktionalität ist integriert, die Navigations- und Ressortstruktur ist einfach und übersichtlich gehalten. Leitlinien der Entwicklung waren die Ausrichtung an langsameren WAP-Handys - die Seiten sollten leicht und damit schnell ladbar bleiben – sowie die bestmögliche Skalierbarkeit und Kompatibilität für eine sehr heterogene Geräteklasse garantieren. Die prominente Integration von Fotostrecken und ein täglicher Wissenstest sowie Blogs sorgen inhaltlich für kleinere Akzente. Eine weitere Maßgabe lag im Versuch begründet, die redaktionellen Inhalte von ZEIT ONLINE möglichst vollständig in das mobile Angebot zu überführen (vgl. Abb. 1). Ausgenommen wurden technologisch aufwändige Projekte und datenschwere Contents wie im Bereich der Videos oder Audios.

Abb. 1 ZEIT Gesamtportfolio (eigene Darstellung)

Zudem fehlen wichtige Verlagsangebote oder datenbankgestützte Anwendungen wie beispielsweise das Hochschulranking oder die Studiengangsuchmaschine. Mobile Werbung zeigt sich primär in den konventionellen mobilen Bannerformaten, exklusiv in der Einbindung zwar, aber im Format meistenteils kaum geeignet für eine Markeninszenierung, wie sie auf ZEIT ONLINE selbst erfolgreich etabliert und als Leitbild kommuniziert werden konnte. Das alles definiert im Bereich der mobilen journalistischen Angebote noch immer den Standard, von dem ausgehend somit auch die wichtigen Fragen für mobile Entwicklungsparadigmen gestellt werden können. Inwieweit ist eine Ausrichtung am Angebot des stationären Internets maßgeblich wichtig? Müssen Inhalte möglichst vollständig überführt werden und erwartet ein Nutzer von ZEIT ONLINE auf mobil.zeit.de genau das wiederzufinden, was er zuvor vielleicht schon auf www.zeit.de lesen konnte? Oder müssen Inhalte dann eben doch spezifisch aufbereitet werden, mobil differenziert, um den mobilen Rezeptionsgewohnheiten überhaupt gerecht werden zu können? Müssen Bilder im mobilen Angebot gänzlich anders zugeschnitten werden und können nicht auch vollständig andere Bundles präsentiert werden, die nur ein sinnvolles Extrakt von Inhalten für den mobilen Gebrauch darstellen? Ist das jetzige Angebot nicht noch immer ein idealer Kompromiss, so denn ein Kompromiss ideal sein kann. Schneller Seitenaufbau und Lesbarkeit auf möglichst vielen Endgeräten. Alle wichtigen Artikel im Zugriff, mobil zu durchsuchen – und garniert mit ausgewählten Inhalten für den Zeitvertreib? Technisch besteht die Abhängigkeit von einer Technologieplattform, mit der die Skalierbarkeit der Inhalte auf die diversen Endgeräte realisiert werden kann. Wie sinnvoll aber ist eine solche Abhängigkeit und wie unflexibel macht sie ein Unternehmen in der notwendigen Weiterentwicklung mobiler Strategien?

Das entwicklungsbestimmende Schema hinter dem Angebot zumindest ist klar zu benennen: Produktidentität wird aus dem stationären Internet gewonnen, die mobile Präsenz gilt als reduzierte Variante des vollständigen Web-Angebotes, grundsätzlich aber ausgerichtet an den gleichen Kriterien der Strukturierung und Darstellung. Mobile Transformation heißt dabei die Bestimmung der mobilen Varianzen mit dem Blick auf das stationäre Kernprodukt, das als Quelle auch aller Inhalte fungiert (vgl. Abb. 2). Damit sind die mobilen Paradigmen benannt, nach denen mobile Produktentwicklungen bisher primär ausgerichtet werden. Dieses Identitätsdenken führt dazu, dass mehr oder minder unreflektiert davon ausgegangen wird, dass vom Kernprodukt auch die Erlösmodelle in einfacher Anpassung überführt und transformiert werden können. Dass aber muss für den Bereich der mobilen Applikationen mit einem Fragezeichen versehen werden. Mit der an Produktidentität orientierten Transformation könnte unter Umständen die ökonomische Basis ausgehöhlt werden, unbemerkt im Nebel einer euphorischen Rhetorik, die unbeirrt glorreiche Zeiten der mobilen Vermarktung in Aussicht stellt. Dabei gerät auch die radikale Fragestellung aus dem Blick, ob denn überhaupt das Gesamtensemble des stationären Web-Auftritts sich sinnvoll in einen mobilen Kontext überführen lässt. Eine Übersicht des kompletten ZEIT ONLINE-Angebots, wird auf (Abb. 3) dargestellt.

Mobile Innovation bei ZEIT ONLINE oder Mobility is the message

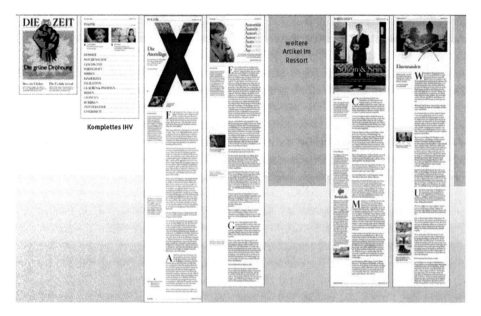

Abb. 2 Artikeltransformation (eigene Darstellung)

Abb. 3 ZEIT ONLINE-Angebote (eigene Darstellung)

3.3 Universal sein – Die erste App

Selten hat ein Zitat die Euphorie in Verlagshäusern besser zum Ausdruck gebracht als das des Axel Springer Vorstandschefs Mathias Döpfner während eines Auftritts in einer US-Talkshow. Döpfner empfahl huldvoll, dass jeder Verleger sich einmal am Tag hinsetzen solle, um zu „beten und Steve Jobs dafür zu danken, dass er mit diesem Gerät die

Verlagsindustrie rettet." (Döpfner 2010). Die im offenen Web schmerzlich vermissten Monetarisierungsmöglichkeiten wurden mit den von Apple etablierten Bezahlmodellen für digitale Contents gleichsam reinkarniert, um im religiös gestimmten Bild zu bleiben. Dementsprechend engagiert schritten die Verlage zu Werke, um ihre Produkte auf die iPhones und iPads dieser Welt zu bringen, ein regelrechter Wettlauf um die attraktivsten Applikationen begann. Die Wertigkeit der Endgeräte entsprach der angenommenen Wertigkeit eigener Produkte, samt der Erwartung, dass eine solche Wertigkeit sich in die ersehnten Vertriebserlöse ummünzen ließe. Nüchtern betrachtet bedeutete der Erfolg Apples vor allem die Durchsetzung eines geschlossenen Ecosystems, mit dem eine vollständige Digitalisierung auch von Print-Produkten in nativer Software sich abzeichnete. Der oft bemühte *Geburtsfehler* des Internet, eben das Fehlen klarer Bezahlmodelle für Inhalte, ließ den Appstore als das *gute Digitale* erscheinen. In technologischer Opposition hieß das: Apps versus Browser, geschlossene versus offene Konzepte. Im mobilen Kontext wurde so zudem das Print-Paradigma rehabilitiert, das im offenen Web ansonsten mit zumeist PDF-basierten ePaper-Angeboten ein graues Randdasein jenseits aller Wahrnehmbarkeit führte. Die innovative Digitalisierung der Print-Produkte rückte in den Fokus, das bewährte Konstrukt der Zeitung oder Zeitschrift feierte seine Wiederauferstehung.

Vor diesem Hintergrund entwickelte ZEIT ONLINE die Strategie für die ZEIT ONLINE plus App. Die Besonderheiten des Konzeptes liegen in der Kombination von Print- und Online-Inhalten, sprich von ZEIT ONLINE-Texten und der vollständigen Integration der ZEIT als XML-basierte Artikelausgabe – mit Anbindung an einen PDF-Reader, der bei der Smartphone-Lektüre primär der Einordnung von Artikeln im Originalkontext dienen soll. Zudem wurden mit den Inhalten drei Erlösmodelle kombiniert. Das Vermarktungsmodell für die inzwischen kostenfrei abrufbaren Inhalte von ZEIT ONLINE, das Bezahlmodell mit der Integration der ZEIT-Ausgaben und die Nutzung und Anbindung des digitalen Abos über eine eigene Schnittstelle. Sicher die bemerkenswerteste Ausgestaltung der App erfuhr das Produkt durch die kontingente Verknüpfung von Ereignissen, das heißt konkret von strategischen Änderungen in der internen Diskussion sowie mit der Ankündigung des iPad-Verkaufs durch Apple. Eigentlich als eine App für das Smartphone konzipiert, wurde in der Phase der Produktentwicklung eine Ausweitung auch auf das iPad beschlossen. Die einfache aber überzeugende Idee hinter dem Wandel: Eine App für alle Endgeräte, alle Inhalte in einer App. Das Konzept der *Universal-App* war geboren – und damit die höchst komplexe Realität einer Produktentwicklung, die die Abhängigkeit von zwei Device-Darstellungen nativ modellieren musste.

Die Ziele von Verlag und Redaktion waren klar benannt. Christian Röpke, Geschäftsführer der ZEIT ONLINE GmbH:

> „Mit der ZEIT ONLINE plus Universal-App für iPhone und iPad sowie mit einem für das iPad-optimierten HD-Angebot im Spielebereich, bedient ZEIT ONLINE die jeweiligen Möglichkeiten der Endgeräte optimal. Wir wollen damit neben den reichweiten- und anzeigengetriebenen Geschäftsmodellen von www.zeit.de im stationären und mobilen Internet, den Markt für digitale Vertriebserlöse entwickeln." (Röpke 2012).

Wolfgang Blau als einstiger Chefredakteur von ZEIT ONLINE dazu ergänzend:

> „Wir haben das Ziel, ZEIT ONLINE zu Deutschlands führender Plattform für anspruchsvolle Leserdebatten auszubauen. Mit der ZEIT ONLINE plus-App können unsere User nun auch mobil an den Leserdebatten teilnehmen. Besondere Stärken unserer neuen Universal-App sind außerdem die hochauflösende Darstellung auf dem iPad und eine sehr durchdachte, leicht verständliche Nutzerführung in ZEIT ONLINE-Qualität." (Blau 2011).

Die hohe Komplexität in der dualen Device-Ausrichtung zeigte Konsequenzen in den notwendigen Anpassungen nach dem Launch. Dieser selbst kann als sehr erfolgreich gewertet werden, die App als äußerst innovativ. Erste Nutzerkommentare und die Fachpresse vermittelten ein überwiegend positives Bild. Das Konstrukt war fragil und betreuungsintensiv, litt in Teilbereichen immer wieder an der eigenen Universalität. Damit nämlich wurde die konsequente Optimierung für ein Endgerät schwierig, wobei sich in der allgemeinen Entwicklung abzeichnete, dass der Nutzererwartung genau diese konsequente Optimierung für ein Endgerät entsprach, nicht aber die Skalierbarkeit über die Endgeräte mit einer Applikation. Zudem wurde über Nutzerkommentare und -befragungen deutlich, dass die Lese- und Nutzungsgewohnheiten für das iPhone und iPad als sehr unterschiedlich bezeichnet werden müssen.

3.4   Erster sein – ZEIT ONLINE auf dem iPad

Ähnlich einem Schisma bündelt die Entscheidung Browser oder App den Blick der Verleger aufs Digitale. Konzentriert wird dieser Widerstreit mit dem iPad, das gleichermaßen als Surf- oder Applikations-Device genutzt werden kann. Im strategischen Zugang von ZEIT ONLINE wird diese Opposition zu einer Symbiose von Pragmatismus und Idealismus. Verpflichtet bleibt man den Idealen des offenen Internets samt offenen Technologien und Systemen, pragmatisch partizipiert man an den neuen Erlösmöglichkeiten der *Walled Gardens*, sammelt Erfahrungen mit den nativen Transformationen der eigenen Produkte. Um dem iPad auch als einem Surf-Device mit dem eigenen Produktportfolio gerecht zu werden, entwickelte ZEIT ONLINE als erstes etabliertes journalistisches Angebot eine eigene iPad-optimierte Website auf der Basis von CSS-Anpassungen. Zudem wurden die Möglichkeiten des neuen Web-Standards HTML5 erstmalig umfassend ausgeschöpft. HTML5 ermöglichte dabei vor allem das komfortable Navigieren mit den Fingern ebenso wie das Blättern in Bildergalerien ähnlich wie in den nativen Apps. „Die enormen Möglichkeiten des iPad als Surf-Device wurden in der verständlichen App-Euphorie der ersten Monate vielleicht etwas übersehen. Es gibt Nutzer, die sich lieber an Apps orientieren, und andere, die das iPad primär zum Surfen via Browser nutzen", konstatierte Wolfgang Blau zum Launch der Seite. Und in der Pressemitteilung zum Launch heißt es weiter:

> „Wir haben in den letzten Monaten beobachtet, dass Websites, die für die Navigation mit einer Maus optimiert sind, sich nur bedingt für die Navigation mit bloßen Händen eignen. ZEIT

ONLINE ist nun eine der ersten Nachrichtensites weltweit, die den Bedürfnissen der Navigation per Touchscreen Rechnung trägt." (Blau 2011).

Aus Verlagsperspektive dient das Pionierprojekt der device-optimierten Website dabei auch der Erschließung von Anzeigenmärkten, da auch hier die Wertigkeit des Endgerätes in Verbindung mit der HTML5-veredelten Website eine neue Produktqualität begründet. Deshalb wohl auch betonte Geschäftsführer Christian Röpke zum Launch:

> „Wir erweitern damit nicht nur die Möglichkeiten für unsere User, ZEIT ONLINE mit Tablet-PCs zu nutzen, sondern auch speziell für Werbekunden, sich und ihre Marken auf dem iPad zu inszenieren. Die Gespräche auf der Dmexco haben uns gezeigt, dass Werbekunden ihre Marken in unserem Umfeld auf dem iPad und auf kommenden Tablet-Computern mit signifikanten Reichweiten bewerben möchten."

Eben die aber sind noch immer die Achillesverse für eigens device-optimierte Varianten des stationären Web-Auftritts. Zudem wird die Beantwortung einer weiteren Frage immer schwieriger: Für welche Geräte ist in Zukunft eine Anpassung der Website sinnvoll – und wo eben ist sie unnötig. Jenseits dieser Frage nach längerfristigen Perspektiven von device-optimierten Angeboten war die Resonanz der Netzgemeinde beachtlich:

> „Schon der Relaunch 2009 (von ZEIT ONLINE) war mein absolutes Redesign-Highlight und gefällt mir immer noch außerordentlich gut. Meiner Meinung nach gehört ZEIT ONLINE zu den besten Nachrichten-Seiten im WWW und zeigt der Konkurrenz nun erneut, wie man es richtig macht. Auch die generelle Resonanz auf Twitter und Co ist außerordentlich positiv und lässt sich sehr schön mit Hilfe der Twitter-Suche verfolgen. Jeder, der ein iPad griffbereit hat, sollte es sich jetzt auf jeden Fall schnappen und ein bisschen auf zeit.de rumsurfen, es lohnt sich!" (Frontand 2010).

3.5 Bester sein – DIE ZEIT auf dem iPad und Tablet-PCs

Nach Diskussion und Interpretation der Erfahrungen mit der ZEIT ONLINE plus App samt der Erkenntnis, dass bei nativen Technologien die Optimierung für die Besonderheiten eines Endgerätes entgegen aller universalen und hybriden Ansätze Priorität haben muss, wurde DIE ZEIT-App von Anfang an konzentriert für die Bedingungen des iPad ausgelegt (vgl. Abb. 4). Leitfaden der Produktentwicklung war dabei die Idee einer idealen Übersetzung der ZEIT auf ein neues Trägermedium, die bestmögliche digitale ZEIT gleichsam. Als besonders in der Entwicklung zeigte sich auch die *interdisziplinäre* Besetzung des Entwicklerteams. Layouter und Redakteure der Print-ZEIT arbeiteten eng zusammen mit den Produktentwicklern und IT-Spezialisten von ZEIT ONLINE. Auch das ein nicht unwichtiger und an späterer Stelle noch zu erörternder Erfolgsfaktor für ein umfassendes Transformationsmanagement.

Die hohe Qualität des Leseerlebnisses, einfache und intuitive Navigationskonzepte sowie optimale Bedienbarkeit waren wichtige Teilziele. Moderate und immer mit Mehrwert verbundene Multimediaerweiterungen setzen eigene Akzente für die digitale

Abb. 4 Die ZEIT-App (eigene Darstellung)

ZEIT, während das ZEITmagazin stärker die spielerischen Möglichkeiten des Endgerätes bedient. Nach diesen Maßstäben wurde bis hin zu typographischen Details optimiert. Skalierbarkeit und Medienneutralität wurden nicht mehr auf der Ebene der Applikation selbst verhandelt, sondern für die zu Grunde liegende Systemarchitektur geltend gemacht. Das Produktionssystem ist auch Grundlage für die inzwischen ebenfalls erhältlichen Android-Apps oder die reine Web-App, die auf Grundlage des gleichen Konzepts umgesetzt wurden.

Zudem mussten für die ZEIT-App Wege gefunden werden, Print-Produktionssysteme mit digitalen Publishing- und Informationssystemen zu kombinieren. Dazu mussten Prozesse vollends neu installiert – und Teilprozesse etabliert werden, mit denen möglichst viele print-spezifische Auszeichnungen von Inhalten in digitale Ausgabesysteme überführt werden konnten. Die ZEIT-App war damit auch eine hauspolitische Novität, eine übergreifende technologische Herausforderung und der Anfang einer neuen Entwicklungskultur, in der Limitierungen und Emanzipationen gleichermaßen prägend waren. Dass die Mühe bis ins Detail sich auch hier gelohnt hat, zeigen Kundenrezensionen und Reaktionen in der Fachpresse gleichermaßen.

„DIE ZEIT ist am Kiosk eine der größten Medienerfolgsgeschichten der letzten Jahre. Und auch auf dem iPad enttäuschen die Hamburger nicht: top App, ohne nervige Abstürze, schnell, mit toller Optik und den notwendigen Funktionen. Warum ich die App statt der gedruckten Ausgabe kaufe? In „Meine Zeit" kann ich alle Artikel speichern, für die ich erst später die notwendige Zeit und Muße habe. Außerdem lässt sich jede Ausgabe so leichter mitnehmen und später archivieren. Ebenso gelungen ist die integrierte digitale Version des ZEIT MAGAZIN. Ein rundum gelungenes Produkt und derzeit das beste deutschsprachige App-Angebot. Unbedingt ausprobieren!" (iTunes 2011).

Ergänzend dazu die Bewertung auf chip.de:

> „Die App der ZEIT macht vieles sehr richtig. Die Aufbereitung für das Apple-Tablet ist hervorragend gelungen auch die Bedienung ist einfach und intuitiv." (CHIP 2010).

Auf der anderen Seiten stehen die Erkenntnisse über gewachsene Abhängigkeiten. Zum einen die Abhängigkeit von einer zum Teil recht willkürlich wirkenden Politik eines Weltkonzerns mit ganz eigenen Vorgehensweisen, zum anderen die Einbettung in ganz neue Kundenbeziehungen und Erwartungen, die deutlich machen, dass Verlage als Anbieter von Applikationen Software anbieten und damit Gewährleistungen und Kundenservices garantieren müssen, die zuvor nicht zu den verlagseigenen Leistungen zählten. Auch das eine bisweilen zu wenig beachtete Konsequenz von Produkttransformationen und neuen Angebotsfeldern. Und nach einigen Jahren kann zudem konstatiert werden: Verleger müssen Steve Jobs nicht anbeten, denn die Verlage werden sich nicht allein mit Apps und iPads retten können. Aber eine bedeutsame Erweiterung der digitalen Entwicklungsfelder für Verlage wurde mit den Produkten von Apple begründet und damit auch die Möglichkeit, über den Dualismus von Print und Online hinaus nach Lösungen zu suchen, die Bestandteil einer entwickelten digitalen Lesekultur werden können.

3.6 Einfach sein – E-Reader und PDFs

Fast als *Abfallprodukte* wurden anfänglich die Formate bewertet, die inzwischen sich als ernstzunehmende Portfolioerweiterungen präsentieren, werden mit ihnen doch andere Anforderungen in der Rezeption sichtbar, die bei der Auseinandersetzung mit Print, App oder Online sonst kaum Berücksichtigung fanden. Eher als Experiment gestartet haben das mit dem Kindle nutzbare Mobi-Format sowie das dynamisch offene ePub-Format für E-Reader inzwischen größere Nutzerkreise erreicht, vergleichbar durchaus mit den Nutzerzahlen der iOS-Apps. Geringe Datenschwere, kostengünstige Lesegeräte und im Falle von Amazons Kindle komfortable Ecosysteme für den eBook-Bezug scheinen ideal für den eher puristischen Leser, für den die Arbeit mit dem Text im Vordergrund stehen dürfte. Auch in diesem Zusammenhang sei eine Amazon-Rezension zur Kindle-ZEIT zitiert:

> „Was sind die Vorteile? Der größte Vorteil ist m.E. die absolut handliche Kompaktheit. Wem also immer schon die Seriosität der ZEIT besonders bedeutsam war, sich aber an dem unhandlichen Format gestört hat, findet nun endlich eine gut lesbare Ausgabe, die man überall (!) mitnehmen kann. Überall, wo eine WLan-Verbindung steht, also in der Regel auch im Urlaub, bekomme ich die ZEIT zugestellt und muss keine Adressänderung vornehmen lassen oder jemand mit der Leerung meines Briefkastens beauftragen. Auch bei der abendlichen Lektüre im Bett, geht weder mir noch meiner Partnerin das Knistern beim Umblättern auf die Nerven. Und Wind kann mir nicht mal am stürmischsten Tag ein Problem bereiten. Das Layout – bislang ohne Bilder und nur in s/w – ist übersichtlich und hervorragend zu lesen. Man stelle sich die Texte der ZEIT als gedruckte Ausgabe in Buchformat vor. Dies ergibt ungefähr den Eindruck, den man beim Lesen

Mobile Innovation bei ZEIT ONLINE oder Mobility is the message

Abb. 5 E-Reader-Portfolio (eigene Darstellung)

auf dem Kindle erhält. Dieses Format stärkt die Fixierung auf den Inhalt enorm und das Fehlen von Fotos und Grafiken trübt mir die Lesefreude nicht. Im Gegenteil, würde ich sogar Wert darauf legen, die ZEIT auch ohne diese in Zukunft zu bekommen. Hier sticht auch der größte Trumpf des Kindles gegenüber den so genannten Tablet-PCs: Er dient der Vermittlung von Information, fokussiert den Leser auf das Wort und den Inhalt und das für einen vernünftigen Preis. Außerdem gibt es (noch) keine Werbeanzeigen, die beim Lesen stören könnten. Der Tablet punktet mit Buntheit und animierten Inhalten und spielt eher in der Klasse der oberflächlichen Medien wie TV und Illustrierte." (Amazon 2012).

Auch dieser Purismus gehört also zu den sehr heterogenen Rezeptionsmodi, die bei der Produktentwicklung zu berücksichtigen sind, entgegen der oftmals lautstark vorgetragenen Thesen von der unbedingten Nachfrage nach Hypertextualität und Rich-Media-Integrationen. Insbesondere für die literal-reflexiven Medien also stellen E-Reader mehr als einen Nischenbereich dar (vgl. Abb. 5).

3.7 Eine für alle – Das digitale Abo auf ZEIT ONLINE

Die neue Unübersichtlichkeit an Formaten und Device-Aufbereitungen erfährt ihre Bündelung für Abonnenten im digitalen Abo-Bereich von ZEIT ONLINE. Ziel hier ist, DIE ZEIT für alle relevanten Rezeptionsarten zur Verfügung zu stellen – und längerfristig auch die unterschiedlichen Nutzungen aufeinander zu beziehen. Am stationären Rechner DIE ZEIT als PDF konsumieren, ausgewählte Artikel als Audios hören, mobil weiterlesen als ePub oder Mobi-Format, mit dem E-Reader oder als App, über Cloud-Dienste memorierbar und aggregierbar, so kann das Leitbild in groben Strichen skizziert werden. Insofern stellt das digitale Abo eine Art Klammer dar, um die sich ausbildenden Multi-Device-Rezeptionen auch von Nutzern adäquat bedienen zu können. Zudem bleibt insbesondere bei mobilen Nutzungssituationen das Abo der Kern der ansonsten erodierenden Kundenbeziehung. In der Konkurrenz zu Plattformen wie iTunes, Amazon oder auch Google Play, auf denen der Vertrieb eigener Produkte um den Preis des direkten Kundenkontaktes längst eingeführt wurde, ist der Abo-Bereich auf ZEIT ONLINE zugleich die Möglichkeit der umfassenden Kundenbindung über spezifische Plattformen hinweg. Zudem fungiert der Bereich als Kommunikationsplattform. Denn auch das wird mehr und mehr absehbar: Eine der größten Herausforderung im Multi-Device- oder auch Multi-Screen-Universum wird die Erklärung des eigenen Portfolios werden. Was lässt sich für den Kunden sinnvoll kombinieren? Welche technischen Möglichkeiten bestehen? Welche Vorteile bieten welche Plattformen? Wie erklären sich Preisdifferenzen und technische Limitierungen? Wer ist für welche Fehler verantwortlich? Im Abo-Bereich kann der Versuch unternommen werden, die neue Komplexität eines Produktes transparent zu machen, insbesondere die seiner mobilen Nutzungsmöglichkeiten. In direktem Kontakt mit dem Kunden kann das entwickelt werden, was die Zukunft der digitalen Kommunikation und Information ausmachen wird, die Gestaltung eines mehrdimensionalen Grids, das den neuen Nutzungsgewohnheiten und -kulturen gerecht werden kann. Das digitale Abo ist dabei die trivial erscheinende, aber im Kern komplexe und immens wichtige Basis und Abbildung aller möglichen Kundenbeziehungen über alle Plattformen und Endgeräte hinweg.

4 Digitale Antinomien

4.1 Die pragmatische Wende

Es gibt sie nicht, die klaren und übergreifenden Antworten auf die Frage, wie denn die richtigen Produkte im digitalen Zeitalter auszusehen haben. Genauso wenig wie die viel zu oft zitierten generalisierenden Einsichten, dass beispielsweise Print tot und die Zukunft mobil ist. Keiner wird umhin können, die eigene Situation und die eigenen Perspektiven genau zu analysieren, die eigenen Produkte auch zu betrachten, um vernünftige Transformationsszenarien zu entwickeln – oder sie einfach zu unterlassen. Hier erscheint eine intensive Kasuistik sinnvoll, denn eine gute Übersetzung basiert auf dem Verständnis des Gegebenen, d.h. dem tiefen Verständnis der eigenen Produkte. Und eben diese Kasuistik für die eigenen Produkte fußt auch auf den vielen Dilemmata oder auch Paradoxien, die die Bewertung der Zukunft von Medien im digitalen Zeitalter durchzieht. Das Digitale scheint dabei immer Rettung und Untergang zugleich, bis in die Details: Apps sind die Rettung für Print – Apps sind das Ende von Print, Apps sind Print – Apps sind Online, App-Kunden sind zahlungsbereit – App-Kunden sind preissensibel, Apple ist gut – Apple ist böse, die Apps siegen – die Browser siegen. Geschlossen oder offen, Open Source oder nativ? Diese Antinomien seien hier nur beispielhaft genannt. Die Liste ließe sich fortsetzen. Die Verleger könnten Steve Jobs ebenso verteufeln, nimmt er den Verlagen doch die einstigen Privilegien und Einflüsse, sie könnten es täglich machen, mit jedem Bericht über neue Insolvenzen und Einstellungen in der einst so stolzen Medienwelt. Aber eben diese Widersprüchlichkeit in der Bewertung der Entwicklungen bedingt allzu oft eine konservative Strategie bei Weiterentwicklungen, die als Rettung gedacht zum Anfang vom Ende wird. Die Widersprüche, Antinomien und Dilemmata zwingen uns zur Entscheidung.

4.2 Das Multi-Plattform-Dilemma

Die größte Herausforderung für die Präsenz journalistischer Angebote wurde bereits mit dem Begriff Fragmentierung benannt, ein Phänomen, das seine Wurzeln nicht nur in der Heterogenität von Endgeräten findet, sondern eben auch in der vielgestaltigen Welt neuer Plattformen und Ecosysteme. Insbesondere die amerikanischen *Big Four* bestimmen dabei die neue Welt: Apple, Google, Amazon und Facebook. Hinzu kommen die wieder erstarkenden Klassiker aus Redmond, E-Reader-Anbieter, Browser-Apps und Kiosksysteme. Und mit jeder Pressemeldung eines Mittbewerbers stellt sich die bohrende Frage, ob man nicht auch auf dieser Plattform und in diesem Store längst vertreten sein müsste. Allein: Die Adaption eigener Produkte für jeden Store und jedes System übersteigt schlichtweg die Möglichkeiten der meisten Verlage, auch die der großen. Zudem steigen mit jeder Integration in eine Plattform die Abhängigkeiten. So schön sich die Möglichkeiten darstellen, neue Kunden zu gewinnen und neue Erlösmodelle zu nutzen, sie werden mit neuen Abhängigkeiten dargereicht. Kundenbeziehungen gehen über in Fremdsysteme, Margen werden durch globale Unternehmen dekretiert – und selbst die Preise fürs eigene Produkt sind nicht mehr autonom festzusetzen, wie Apple zuletzt eindrucksvoll durch eine unangekündigte Änderung der Preismatrix unter Beweis gestellt hat. Der Preis für die neuen Welten und Möglichkeiten scheint also hoch, ob zu hoch, wird die Zukunft zeigen.

Auf der anderen Seite werden Verlage außerhalb dieser Plattformen kaum eine eigene Existenz begründen können, denn nur noch über diese Plattformen wird sich in Zukunft nennenswerte Publizität realisieren lassen. Es mutet ein bisschen an wie die *kopernikanische Wende* der Medienwelt. Der Leser kreist nicht mehr um das zentrale Print-Produkt, ausgestattet mit allen Attributen lange gepflegter Bedeutsamkeit. Plötzlich buhlt eine Vielzahl von medialen Angeboten in allen möglichen Erscheinungsformen über eine Vielzahl von Endgeräten um die Gunst des Nutzers, der nicht mehr nur Leser ist. Und das bei gleichzeitig schrumpfenden Zeitbudgets.

4.3 Das Entscheidungsdilemma

Ähnlich wie bei der Frage nach der Partizipation (auf welchen Plattformen), stehen Verlage wie Budrians Esel vor der Entscheidung mit und in welchen technischen

Systemen sie ihre Zukunft gestalten wollen. Ganz neue Komplexitäten tun sich auf: Verlage müssen plötzlich eine verzweigte Datenwirtschaft beherrschen, müssen technischen Support gewähren, müssen im Verbund mit global agierenden Technologiefirmen ihr Produkt möglichst fehlerfrei und gemäß den technischen Standards der Plattform an die Frau oder den Mann bringen. Das alles sind relativ neue Herausforderungen in den Verlagshäusern. Und mit jedem neuen System müssen sich Verlage wieder entscheiden, um dem bekannten Dilemma zu entgehen:

> „Ein Esel steht zwischen zwei gleich großen und gleich weit entfernten Heuhaufen. Er verhungert schließlich, weil er sich nicht entscheiden kann, welchen er zuerst fressen soll." (Tyler 2008).

Verlage müssen also zu einem Urteil über die Heuhaufen finden – oder aber streng existenzialistisch die Entscheidung vor die Erkenntnis setzen. Denn welche Plattform sich langfristig wie entwickeln und welches technische System letztlich die Oberhand gewinnen wird, all das sind Spekulationen. Es geht um konkrete Teilhabe, um zumindest die notwendigen Erfahrungen machen zu können. Ohne diese Erfahrungen, wird es kaum gelungene Transformationen geben können – und vielleicht keine Zukunft für die eigenen Inhalte.

4.4 Möglichkeiten ohne Wirklichkeiten: das Vermarktungsdilemma

Das Erlösmodell der Anzeigenvermarktung bleibt die Achillesverse der Verlage, nicht nur durch die üblichen konjunkturellen Schwankungen, die die Zeitungen und Zeitschriften immer wieder vor krisenhafte Situationen stellen. Insbesondere für die Anzeigenvermarktung greifen einfache Transformationen nicht, ganz besonders im mobilen Umfeld. Als primäres Geschäftsmodell fast aller Verlagsangebote im Internet beginnt es sich auf dem stationären Desktop gerade erst zu entfalten, entwickelt es gerade einmal Konturen einer wirklich erfolgreichen Ausgestaltung.

> „ZEIT ONLINE erwirtschaftet mit kostenpflichtigen Angeboten schon heute stattliche Umsätze. Unsere Verlagskollegen verzeichnen aber auch rasant wachsende Umsätze mit großflächigen Display-Anzeigen. Aus meiner Perspektive steckt Online-Werbung noch in den Kinderschuhen und beginnt gerade erst, ihr wahres Potenzial zu entfalten. Dazu gehört auch eine Ausdifferenzierung des Online-Werbemarktes in Angebote, die auf schiere Masse setzen, und in Premium-Angebote, die eine qualifizierte Zielgruppe ansprechen"

erörtert Chefredakteur Wolfgang Blau gegenüber dem Fachmagazin Werben & Verkaufen eben diese Möglichkeiten.

Die Potenziale also werden absehbar, obwohl die Wirklichkeit auch im stationären Internet für die meisten Verlage noch immer eine defizitäre ist. Größer noch werden die Fragen nach der Zukunft der Vermarktung, wenn über mobile Kontexte gesprochen wird. Denn es geht eben um Flächenvermarktung – und die Flächen sind auf

Abb. 6 Das Formatproblem (eigene Darstellung)

mobilen Endgeräten bekanntlich ein knappes Gut. Zudem nivelliert die Heterogenität von Bildschirmgrößen und technischen Besonderheiten oder Limitierungen jede Form von Standardisierung, die eine Vermarktung über relevante Reichweiten erst möglich macht (vgl. Abb. 6). Auf der anderen Seite steht die Exklusivität der Einblendung und die mögliche Konnektivität der Anzeige selbst, eine Kombination, die eine wirksame Inszenierung verspricht. Und doch werden sie nur selten gesehen, es überwiegen die an vertrieblicher oder lokaler Performanz orientierten Werbeformen, die für reichweitenstarke Portale betriebswirtschaftlich sinnvoll einsetzbar sein mögen, in den seltensten Fällen aber für Verlagsangebote, bei denen aufwändig produzierte Qualitätsinhalte für Reichweite sorgen müssen. Mobil scheint also das Ziel einer erfolgreichen Vermarktung wie die Quadratur des Kreises, das allerdings in einer frühen Phase der Entwicklung, um auch der Hoffnung Raum zu geben. Zu fragen ist allerdings, ob in mobilen Kontexten überhaupt eine auf Markeninszenierung angelegte Vermarktung durchsetzbar ist oder ob nicht vielmehr die eigenen vertrieblichen Erlösmodelle über mobile Kontexte bedient werden sollten.

4.5 Ende der Zweimarkenstrategie

Dem immer wieder bemühten Dualismus von Print und Online entspricht der Burgfriede zwischen Print- und Online-Redaktionen, der in den meisten Verlagshäusern nur langsam entwickelt werden konnte. Ziehen die einen die Kraft aus vergangener Bedeutsamkeit, behaupten die anderen die eigene Deutungshoheit und kompetitive Relevanz für künftige Zeiten. Ergebnis dieses Dualismus ist oftmals eine Zweimarkenstrategie wie sie u.a. ZEIT ONLINE erfolgreich praktiziert hat. Im Schutz der mühsam erarbeiteten Grenzen können eigene Strategien konzentriert umgesetzt werden, auch eine digitale Profilierung wird möglich ohne permanente Legitimationen der eigenen Strategie. Erkauft wird das Modell zumeist mit der fragwürdigen Annahme, dass mit Print und Online zugleich zwei Marken sich differenzieren – und die dominanten Nutzerinteressen. Die Konsequenzen der Digitalisierung werden in kategoriale Gegensätze transformiert, die spätestens mit dem Erfolg von Tablet-PCs und mobilen Medienensembles fragwürdig geworden sind. Augenfällig wurde diese Fragwürdigkeit mit der schwierigen Verortung von Medienangeboten auf dem iPad, wurden doch printanaloge Bündelungen wieder attraktiv, mitsamt der Konzentration auf Vertriebserlöse und klassische Abo-Modelle. So setzt sich die Erkenntnis durch, dass der Gegensatz von gedruckter Presse und Online-Medien faktisch nicht mehr existiert, oder besser, dass die Kategorien der Definition unzureichend sind. Die New York Times oder auch der Guardian sind die imposanten Beispiele umfassenderer Strategien, die nicht mehr auf der Opposition von Print und Online fußen. In einer historischen Analogie sei daran erinnert, dass auch Gutenberg nicht eine Medienrevolution durch ein gänzlich neues, voraussetzungsloses System begründete, sondern dass seine eigentliche Leistung vielmehr in vielschichtigen Transferleistungen bestand, geschult an der genauen Analyse der Mechanik der Weinpresse und den neuen Legierungen der Zeit. Gutenbergs große Innovation bestand in der neuen Mischung und Nutzung von bestehenden Techniken für die Buchherstellung. Es gilt also, den Blick zu öffnen für das, was in Print-Modellen oder in digitalen Produktvarianten erfolgreich war, es gilt, ein Gespür für gänzlich neue *Legierungen* zu entwickeln. Dem ist kaum noch gerecht zu werden mit einer manichäischen Verengung auf zwei Verlagsreiche, in deren Legitimation ohnehin Inhalte und Infrastrukturen fälschlich vermengt werden.

5 Eine Frage der ZEIT – Erfahrungen im Interim

5.1 Progressive Kontingentierung am Beispiel Kindle

Mit den bisherigen Ausführungen und Produktvorstellungen wurde bereits der Rahmen skizziert, in dem Erfahrungen, Einschätzungen und Bewertungen mit dem Ziel einer Definition strategischer Wegmarken für den *mobility turn* konzentrierter beschrieben werden können. Ein für die Produktentwicklungen von ZEIT ONLINE bemerkenswertes Phänomen sei hier an den Anfang gestellt – und etwas kryptisch als progressive Kontingentierung benannt. Gemeint ist ein kreativer Umgang mit zufällig sich ergebenden Entwicklungsmöglichkeiten und auch Produkten, die vollends ungeplant neue Nutzungssituationen erkennbar werden lassen. Mit dem Erfolg der ZEIT auf dem Kindle zeichnete sich so nicht nur eine weitere Plattform für relevante Erlöse ab, sondern auch eine mobile Nutzung, die digital an die literale und reflexive Lesekultur anschließt, die mit der Digitalisierung eher unverträglich schien. Endgeräte, die auf die längere Lektüre von Texten hin optimiert sind, eigentlich konzipiert für die Rezeption von eBooks, sind nicht minder spannend für die Lektüre längerer Artikel oder auch von

Artikelsammlungen. Neben der wöchentlichen Ausgabe der ZEIT finden sich inzwischen auch Artikelsammlungen von ZEIT ONLINE im Kindle Store, Tendenz steigend. Neue Bündelungen bestehender Inhalte werden möglich und auch das online bereits verfügbare Archiv wird im Hinblick auf eine solche Nutzung hin analysiert. Möglich werden solche Erfahrungen allerdings nur durch eine Unternehmenskultur, in der ein Experiment ohne jeden Business Case gemacht werden kann, in der vermutete Irrelevanz oder der Misserfolg einem Experiment nicht unbedingt im Wege stehen. Dort, wo technologische Dynamik strategische Eindeutigkeit unmöglich macht, wird die progressive Integration experimenteller Elemente in der Produktentwicklung immer bedeutsamer. Dafür aber müssen sich alle Beteiligten auf das Experiment einlassen, ohne ein behauptetes Wissen um die Erfolge oder Misserfolge dieses Experimentes, ohne die für viele Unternehmen verbreitete Kultur der Klärung von Schuldfragen.

5.2 Medienneutrales Publizieren als regulative Idee

Spätestens mit den Entwicklungen digitaler Adaptionen des zentralen Print-Produktes wurde die Frage diskutiert, inwieweit die medienneutrale Datenhaltung auch in den für die Print-Produktion relevanten Systemen notwendig ist. Inwieweit also ist die Trennung von Inhalt und Form, Format und Ausgabemedium zwingende Voraussetzung auch und insbesondere für mobile Transformationen des Kernproduktes, da hier eine besondere Flexibilität in der Darstellung verlangt wird. In der Auseinandersetzung mit den historisch gewachsenen und eben auch optimierten Systemen aber zwingen die Realitäten zu einem Pragmatismus, der bestehende Welten nicht durch das Ideal einer neuen zu ersetzen sucht, sondern sie moderat und kreativ zusammenführt. Dabei fungiert die Idee des medienneutralen Publizierens lediglich als regulative Idee, die die Ausrichtung von Prozessen und Datentransformationen via XML bestimmt. Die Besonderheiten der jeweiligen Produktion von Inhalten, ob typografische, layouterische oder grafische Fragestellungen, bleiben bis zu einem gewissen Grad nicht transformierbar, sondern müssen in den je eigenen Gegebenheiten von Medienträger und Endgerät ausdefiniert werden.

5.3 Technologischer Pragmatismus

Der Einsatz von Prinzipien des medienneutralen Publizierens macht bereits deutlich, dass für die Produktentwicklung bei ZEIT ONLINE ein an den Realitäten ausgerichteter technologischer Pragmatismus sich als sinnvolle Grundhaltung etabliert hat. Das gilt auch für den oft ideologisch ausgetragenen Streit zwischen den Anhängern von nativen und offenen Technologien, der hier nicht im Detail nachvollzogen werden soll. Wichtig scheint die Erkenntnis, dass ein Sowohl-als-auch in den meisten Fällen die vernünftigere Haltung darstellt, auch wenn sie nur selten aufmerksamkeitsstark dem öffentlichen Diskurs zugeführt werden kann. Insbesondere im Rahmen der App-Entwicklung haben sich dabei folgende Leitlinien als sinnvoll herausgestellt: Konsequenter Einsatz von Web-Technologien und offener Standards, wo immer sie sinnvoll und ohne relevante Einbußen an User-Experience möglich sind. Darstellung von Inhalten und Navigationen mit nativen Technologien, wenn daraus ein erkennbarer funktionaler Mehrwert entsteht – und natürlich dann, wenn die Endgeräte selbst den Einsatz nativer Technologien erfordern. Die pragmatisch-effektive Nutzung bestehender Formate wie z. B. von PDF-Replika, wenn mit diesen kurzfristige Lösungen für bestimmte Plattformen realisiert werden können. Zudem eine Datentransformation, die ePub und das Mobi-Format unterstützt und die Entwicklungen dieser Formate mitträgt. Aus diesem Pragmatismus erst erwächst die Flexibilität, die notwendig ist, um auf die nicht vorhersehbaren Änderungen in der relevanten Nutzung von Medien kurzfristig zu reagieren. Auch hier sei eine Erfahrung aus der noch kurzen Historie der iPad-Apps skizziert: Nach den anfänglichen Maximalforderungen nach multimedialer Erweiterung von Inhalten und gerätespezifischen Navigationsmöglichkeiten wurden kurze Zeit später schon die immensen Vorteile der einfachen PDF-Reader auf dem iPad hervorgehoben. Eine genaue Analyse der tatsächlichen Nutzungsgewohnheiten steht bisher noch aus. Erkennbar aber scheint eine sehr differente Nutzerbewertung nicht. Auch das muss in einem noch jungen Umfeld konstatiert werden: Oftmals ersetzt die vehemente Vermutung die fehlende Empirie. Für den Fall der Produktentwicklung kann das eine fatale Voraussetzung sein.

5.4 Der heilige Gral – Paid Content

Die große Existenzfrage von Verlagen ans Internet sei im Kontext mobiler Produktadaptionen nur kurz tangiert. Welche Rolle also spielt die Frage nach den Paid Contents in mobilen Umfeldern? Dass für Verlage die digitale Wertschöpfungskette immer weiter erodiert, wurde mehrfach konstatiert, oft mit dem Verweis auf den vermeintlichen Geburtsfehler des Internet, eben diese Bezahlschranken nicht früh genug eingeführt zu haben. Dass es diese Inhalte und Produkte, für die Kunden zu zahlen bereit sind, längst gibt, scheint derweil ein wenig beachtetes Phänomen. Mit der Verengung des Blicks auf die nicht existenten Bezahlschranken, die zudem nur wenig Erfolg verheißen, werden die schon funktionierenden Bezahlprodukte, Paid-Services und Abo-Modelle marginalisiert, statt sie zu stärken. In der sinnvollen Verbindung von relevanten Reichweiten – auf Basis der Anzeigenvermarktung – und Bezahlprodukten, die vom Nutzer eine reale Akzeptanz erfahren, kann zumindest ein auch wirtschaftlich sinnvolles Gesamtkonstrukt modelliert werden. Journalistische Mobilangebote müssen vor diesem Hintergrund und mit dem Wissen um das skizzierte Vermarktungsdilemma auf mobilen Endgeräten, immer auch im Hinblick auf diese Mischung von zuführender Reichweite und kostenpflichtiger Produkte oder Services bewertet werden. Für die externen Plattformen wie z. B. Apple oder Amazon fällt die Bewertung leicht, da der Verlag in etablierten Ecosystemen mit anerkannten Bezahlmodalitäten vertreten sein kann. Hier werden lediglich die Fragen nach einem konsistenten Pricing und die Gestaltung von Kundenbeziehungen dringlicher. Wie aber – oft in der direkten Konkurrenz zu Applikationen oder Ecosystemen auf dem gleichen Endgerät – ein im Browser offeriertes Mobilangebot ausgelegt sein sollte, zählt noch immer zu den ungelösten Fragen der Branche. Die einfache Adaption des stationären Internetangebotes allein kann dabei die Antwort nicht sein, wenn weder Reichweite sich sinnvoll monetarisieren, noch bestehende Bezahlmodelle sich anbinden oder umsetzen lassen.

5.5 Responsive Design versus Responsive Content

Die zuvor erörterten Abhängigkeiten mobiler Produkttransformationen in Bezug auf Paid-Content- oder Reichweiten-Strategien, setzen sich fort in der aktuell diskutierten Möglichkeit von Responsive-Design-Ansätzen für journalistische Mobilangebote. Auch hier verstellt der Blick auf die reine Skalierbarkeit von Inhalten die produktkonstituierende Verbindung mit Anzeigenflächen, die nur schwerlich bei solchen Ansätzen adäquat zu berücksichtigen sind. So stellt sich also weniger die Frage, ob Designs unabhängig von den Inhalten responsiv gehalten werden müssen, sondern vielmehr Contents samt den diese Contents ermöglichenden Erlösmodellen. Für die mobilen Plattformen muss ein neues Verhältnis gefunden werden für die Verbindung von Inhalten, Vermarktungsflächen und verweisenden Funktionen. Letztere können als Paid Services konzipiert sein, als Aggregationsmodelle oder aber als Anker für mobile Ausgabenformate oder Applikationen. Alle im stationären Internet vorgehaltenen Contents sollten deshalb remixable konzipiert sein, sollten den mobilen Bedürfnissen radikal angepasst werden können. Der aktuelle Diskurs um die – technologisch faszinierenden – Möglichkeiten des Responsive Design, verrät bisweilen eine ähnliche Scheu der Onliner wie die der Print-Kollegen, denen die Auflösung der mit Abstand: Produktrespektive Artikelbündelung schon in Ansätzen sakrosankt ist. Für den mobilen Bereich aber wird eine solche Forderung der Inhaltsidentität widersinnig, umso mehr den mobilen Medien selbst die Fragmentierung eingeschrieben ist.

6 Bausteine einer pragmatischen Transformationsstrategie

Die Herausforderungen, denen sich Verlage mit dem *mobility turn* gegenübersehen, sind nicht mit den bewährten und bekannten Strategien zu bewältigen. *Mobilität* bezeichnet ein komplex verschlungenes Phänomen, das nur in den bedeutsamen Interdependenzen von Produktion und Rezeption, von Medium und Hardware sinnvoll begriffen werden kann. Dass gilt auch für die Transformationsstrategien und ein übergreifendes Transformationsmanagement, das hier in Grundzügen herausgearbeitet wurde. Der Ansatz ist sich seines eigenen Fragmentcharakters bewusst, wie auch die Produktentwicklung für journalistische Medien sich ihres derzeitigen Fragmentcharakters bewusst sein sollte.

In der Verkantung von alten Print-Ideologien und neuen Digitaldogmen, am Ende der Selbstverständlichkeiten – seien es die von der eigenen Bedeutsamkeit oder gar die von der gesellschaftlichen Notwendigkeit – werden Medien auf ihr ureigenes Geschäft zurückgeführt, das der Kommunikation. Um die Produkte von einst in die neuen Welten zu überführen, werden wir also vor allem reden müssen, jenseits der liebgewonnenen Privilegien. Der wichtigste Leitsatz also eines neuen medialen Transformationsmanagements ist die Notwendigkeit der vorurteilslosen Kommunikation, zwischen den Fronten von Print und Online, ohne all die Vorbehalte den eigenen Lesern und Nutzern gegenüber und jenseits auch der immer schon ideologisch besetzten Trennung von Redaktion, Verlag und Technik. Für diese Methodologie bleibt Heinrich von Kleists Aufsatz „Über die allmähliche Verfertigung der Gedanken beim Reden" eine inspirierende Quelle – und deshalb Vorlage für die Benennung dieses Schlusskapitels. Der entscheidende Absatz aus seinem Text sei hier ausführlicher wiedergegeben:

> „Und siehe da, wenn ich mit meiner Schwester davon rede, (...) so erfahre ich, was ich durch ein vielleicht stundenlanges Brüten nicht herausgebracht haben würde. Nicht, als ob sie es mir, im eigentlichen Sinne sagte; denn sie kennt weder das Gesetzbuch, noch hat sie den Euler, oder den Kästner studiert. (...) Aber weil ich doch irgendeine dunkle Vorstellung habe, die mit dem, was ich suche, von fern her in einiger Verbindung steht, so prägt, wenn ich nur dreist damit den Anfang mache, das Gemüt, während die Rede fortschreitet, in der Notwendigkeit, dem Anfang nun auch ein Ende zu finden, jene verworrene Vorstellung zur völligen Deutlichkeit aus, dergestalt, dass die Erkenntnis, zu meinem Erstaunen, mit der Periode fertig ist. Ich mische unartikulierte Töne ein, ziehe die Verbindungswörter in die Länge, gebrauche auch wohl eine Apposition, wo sie nicht nötig wäre, und bediene mich anderer, die Rede ausdehnender, Kunstgriffe, zur Fabrikation meiner Idee auf der Werkstätte der Vernunft, die gehörige Zeit zu gewinnen." (von Kleist 2002).

Es geht nicht um die adäquate Realisation einer bestehenden Vorstellung, sondern um die Entwicklung der Vorstellung selbst – in diversen Transformationen, Kommunikationen und Produkten. Das notwendige Setting dafür wurde benannt: Experiment statt Dogma, technologischer Pragmatismus, Stärkung des Abonnements als Kundenkommunikation, Distribution für alle relevanten Plattformen, Nutzung von Brückentechnologien, aggregierbar und anschlussfähig werden, pragmatisch und ohne Scheuklappen agierend. Die Produktentwicklung selbst wird zur sozialen Produktentwicklung, die über die intern manifestierten und historischen Grenzen hinweg sich vernetzen muss sowie extern die Beziehungen zum Kunden dialogisch gestalten. Nur so kann die technisch kulturelle Transformation gelingen, die Ausbildung eines *Content-Grids* als Antwort auf die heterogenen und fragmentierten Nutzungs- und Kommunikationsszenarien, in die auch journalistische Angebote sich integrieren werden müssen, so sie auch in Zukunft Relevanz behaupten wollen. Der Begriff Grid soll hier von Stromnetzen auf Informationsnetze übertragen werden, als ein Prozess der sich vernetzenden Dezentralisierung, an der auch in Details journalistische Angebote sich orientieren können. In einer restlos mediatisierten Gesellschaft wird die exklusive Profilierung als Medium, wie es in den vergangenen Jahrzehnten vielen Zeitungen gerade im Qualitätssegment gelungen ist, zur Unmöglichkeit. Exklusivitäten müssen übersetzt werden in Funktionalitäten und Netzwerkpartizipationen. Mobilität muss verstanden werden als komplexer Prozess medialer Entgrenzung, der nicht mehr viel zu tun hat mit der einstigen Vorstellung von der physischen Mobilität als Beweglichkeit. Die Medien selbst geraten in Bewegung – und die Produktentwicklung muss dabei Anschlussfähigkeit erarbeiten. Wir befinden uns also in der Phase des Reframings, um in der Sprache des Transformationsmanagements zu bleiben. Mutiges Experimentieren ist gefragt – damit *unsere Inhalte* auf allen Geräten eine Zukunft haben.

Literatur

Adorno, T. (1970). *Ästhetische Theorie*. Gesammelte Schriften (Bd. 7). Frankfurt a.M.: Suhrkamp Verlag.
Amazon (2012). Kommentar zur ZEIT Kindle-Edition. Verfügbar unter: http://www.amazon.de/DIE-ZEIT/dp/B004QZ9PQA. Zugegriffen: 12. Dez 2012.
Bauerleins, M. (2008). Die dämlichste Generation – wie das digitale Zeitalter junge Leute verblödet und unsere Zukunft gefährdet. Verfügbar unter: http://www.dumbestgeneration.com. Zugegriffen: 11. Dez 2012.
Benjamin, W. (2007). *Über den Begriff der Geschichte*. Frankfurt a.M.: Suhrkamp Verlag.
Blau, W. (2011). „Abschied von der reinen App-Lehre", Wolfgang Blau im Interview mit Frank Zimmer. Verfügbar unter: http://www.wuv.de/digital/abschied_von_der_reinen_app_lehre_das_interview_mit_wolfgang_blau. Zugegriffen: 12. Dez 2012.
Boyd, D. (2012). "General News is not relevant". Verfügbar unter: www.poynter.org. Zugegriffen: 11. Dez 2012.
CHIP (2010). Kommentar zur ZEIT App. Verfügbar unter: http://www.chip.de/downloads/Die-Zeit-iPad-App_51664600.html. Zugegriffen: 09. Dez 2012.
Czerski, P. (2012). Wir, die Netzkinder. Verfügbar unter: http://www.zeit.de/digital/internet/2012-02/wir-die-netz-kinder. Zugegriffen: 08. Nov 2012.
Deleuze, G., & Guattari, F. (1992). *Tausend Plateaus. Kapitalismus und Schizophrenie II*. Berlin: Merve Verlag.
Döpfner, M. (2010). DIE WELT 8.4.2010. Verfügbar unter: http://www.welt.de/wirtschaft/webwelt/article7100171/Mit-dem-iPad-beginnt-eine-neue-Aera.html. Zugegriffen: 09. Dez 2012.
Friedell, E. (2009). *Kulturgeschichte der Neuzeit*. Zürich: Diogenes.
Frontand (2010). Kommentar von „Niclas". Verfügbar unter: http://frontand.de. Zugegriffen: 14. Dez 2012.
Heine, H. (1988). *Lutezia. Historisch kritische Gesamtausgabe der Werke* (Bd. 13/1). Hamburg.
Matzat, L. (2012). Das Medium ist eine Baustelle. Verfügbar unter: www.datenjournalist.de. Zugegriffen: 22. Dez 2012.
Peil, C. (2011). *Die kulturelle Infrastruktur der Mobilkommunikation. Zur Kontextualisierung mobiler Mediennutzung am Beispiel Japan*. Bielefeld: transcriptverlag.
Röpke, C. (2012). Pressemitteilung zur ZEIT App. Verfügbar unter: http://www.zeitverlag.de/presse/. Zugegriffen: 13. Dez 2012.
Tyler, T. (2008). The Quiescent Ass and the Dumbstruck Wolf. In Configurations (Bd. 14, Nr. 1, S. 9–28). Verfügbar unter: http://www.cyberchimp.co.uk/research/pdf/Tyler_Ass_and_Wolf.pdf. Zugegriffen: 18. Feb 2013.
von Kleist, H. (2002). *Über die allmähliche Verfertigung der Gedanken beim Reden, Internetausgabe, Version 11.02*. Heilbronn: Kleist-Archiv Sembdner.

Über den Autor

Thorsten Pannen Jahrgang 1967, studierte Literaturwissenschaft, Philosophie und Kunstgeschichte an der Universität Münster. Journalistische Erfahrungen sammelte er bei den Westfälischen Nachrichten, der „tageszeitung" (taz) in Berlin sowie beim NDR Hörfunk. Ab 1997 war er verantwortlich für den Internetauftritt des Buchgroßhändlers Libri.de in Hamburg und übernahm dort ab 2000 die Leitung des Category- und Content-Managements. Anfang 2007 wechselte er zu ZEIT ONLINE an den Speersort und verantwortet hier die strategische Produktentwicklung mit dem Schwerpunkt neuer Produkt- und Erlösmodelle. Zentrale Projekte waren bisher die Entwicklungen der ZEIT-Apps sowie die strategische Weiterentwicklung des digitalen Abonnements der ZEIT.